Jko 金蔻

「童颜魔法
唤醒肌肤润白原动力」

卫生许可证：(2006) 卫妆准字06-XK-0021号

Jko 金蔻
CRYSTAL SILK INTENSIVE
WHITENING FACIAL MASK
Powerfully moisturize skin as the
"second layer of skin"

30ml×5PC

珍藏
升级版

水晶蚕翼臻白组膜

水晶蚕翼臻白面膜

金蔻面膜
形象代言人：甘婷婷

上海金蔻化妆品有限公司

地址：上海市闵行区莘建东路58弄绿地科技岛2205-2206室
服务热线：021-51688869　　网址：www.shjko.com

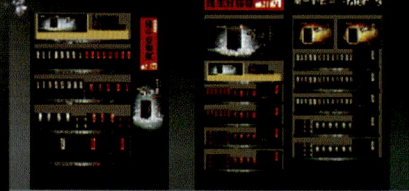

◀ 哈尔滨动力松雷商厦
   个人护理品专柜

▲ 杭州大厦香薰用品店

▼ 北京东方新天地
   个人护理品专柜

▲ 北京新中关
   购物中心生活店

大连罗斯福广场生活店 ▶

PrettyValley汇美舍（中国）

- 网络覆盖31个省、自治区、直辖市
- 大型生活店、香薰用品专柜/店铺数量接近100家
- 个人护理品专柜/店铺数量接近1000家
- 家饰品专柜/店铺数量接近100家
- 日化精品店授权经销网店总数超过1000个

Pretty Valley 汇美舍

有一种生活，在汇美舍……

在Pretty Valley汇美舍，舒缓透润的个人护理品、芬芳宜家的散香品、趣致怡情的家饰品，多元化的产品项目，在不同阶段，为各自领域里热爱生活的人们创造着不同的生活方式……

有一种生活，在汇美舍……

香薰生活

个人护理品、
香薰用品

居尚生活

家饰品

更多生活

And more…

再看榜

中国化妆品行业最具影响

有幸读到冯建军先生的《再看榜样，中国化妆品行业最具影响力200人》书稿，一气读完，不禁拍手称快。原来，我们所需要寻找的"巨人"或者"榜样"，被冯建军先生用十五年的心血总结出来，请上了书中"宝座"。

读完这本书，你会发现它真像一个宝库，有那么多的捷径可寻，有那么多的诀窍和奇招可学，有那么多的经验可以借鉴。它通过全面展现行业内最具影响力200人的平凡人生和不平凡经历，不仅让我们从中学习到层出不穷的成功方法、营销奇招，同时在这些不凡的历程中，所体现的胆识和再气，锲而不舍、执着追求的精神，将激励每一个渴望成功的人。

——北京叶茂中营销策划机构董事长叶茂中

从某种意义上说，本书当中所介绍的这些企业家或专家的从业经历，是中国化妆品行业这三十年来的一个缩影。正是有了他们在市场风风雨雨中辛勤耕耘，才有了今天行业的如日中天。他们都活跃在中国化妆品行业的舞台上，他们经历了很多的风风雨雨，了解行业的过去和现在，他们正在为行业的未来而辛勤谋划。他们是改革开放的见证人，也是中国化妆品行业三十年来巨大变化的见证人。

——中国美容博览会组委会主席桑敬民

样
力200人

作者：**冯建军**

国内日化美妆行业资深权威专家，现任广东精实营销管理顾问有限公司总经理，著有《榜样的力量》、《赢在策略》、《这样开店才赚钱》等多部营销专著。

EYE MAKE UP

아이 메이크업

从店员到店长的晋级阶梯　　从店长到店东的成长宝典
超级店长的职业策略秘笈　　金牌店长的实操达标手册

⑩ 位屈臣氏店铺店长现身说法　　**⑳** 位优秀化妆品连锁店店长经验分享
㉚ 位知名化妆品零售连锁企业领袖联名推荐

金牌店长 达标手册

JINPAIDIANZHANG
DABIAOSHOUCE

（第二版）

冯建军◎著

中国化妆品市场营销研究院
中国百货商业协会化妆洗涤用品分会
联合核定本书为中国化妆品连锁店店长指定培训教材

经济管理出版社
ECONOMY & MANAGEMENT PUBLISHING HOUSE

图书在版编目（CIP）数据

金牌店长达标手册/冯建军著. —2 版. —北京：经济管理出版社，2013.6
ISBN 978-7-5096-2473-9

Ⅰ.①金… Ⅱ.①冯… Ⅲ.①商店—商业经营—手册 Ⅳ.①F717-62

中国版本图书馆 CIP 数据核字（2013）第 104865 号

组稿编辑：勇　生
责任编辑：勇　生
责任印制：杨国强
责任校对：张　青

出版发行：经济管理出版社
　　　　　（北京市海淀区北蜂窝 8 号中雅大厦 A 座 11 层　　100038）
网　　　址：www. E-mp. com. cn
电　　　话：（010）51915602
印　　　刷：北京晨旭印刷厂
经　　　销：新华书店
开　　　本：720mm×1000mm/16
印　　　张：27
字　　　数：484 千字
版　　　次：2013 年 8 月第 2 版　　2013 年 8 月第 1 次印刷
书　　　号：ISBN 978-7-5096-2473-9
定　　　价：58.00 元

序一　从店长到金牌店长

我曾有幸聆听冯建军先生的关于"化妆品店金牌店长"的演讲。

那是一个金秋的夜晚，窗外明月皎洁，室内灯火明亮。来自某省的数百名化妆品店的老板们，在聚精会神地听冯先生的演讲。他由浅入深，旁征博引，既有系统的理论指导，又有现实的案例剖析，声情并茂，侃侃而谈，台下的老板们听得如痴如醉。

恍惚间，我仿佛回到了30年前的大学课堂。

每一个行业都要有自己的"圣经"。冯建军先生是国内美妆日化行业资深权威专家。他16年来潜心研究国内美妆日化行业，特别是近几年来，他将主要精力投入到如火如荼的化妆品这个新兴行业中，足迹遍布大江南北，对这个领域有着深刻的理解和认识。他的这本《金牌店长达标手册》新书，和他先前所著的《榜样的力量》、《赢在策略》、《开店赚钱的操作细节》、《再看榜样，中国化妆品行业最具影响力200人》等多部营销专著，可以说都是这个行业的教科书。

一本好的教科书，应该同时具备针对性、实用性、通俗性三个特点，《金牌店长达标手册》可以说在这三个方面都做得很到位。

一、针对性。化妆品专卖店这个行业发展到今天，取得的成绩是有目共睹的，但我们也要清醒地看到，随着市场的发展，这个领域暴露出的问题越来越多，突出的问题就是从业人员的整体素质不高。有的人昨天还在田里耕作，今天就开店当了老板。如何在激烈的市场竞争中做强做大，是老板们不得不天天面对和思考的现实问题。在全国超过16万家的化妆品店中，绝大多数的店长本身就是老板，因此，对他们来讲，当好店长和当好老板其实是一回事。《金牌店长达标手册》开篇即讲店长的素养，把做人放在第一位，确实是抓住了企业生存和发展的核心。因为只有自身素质提高了，你才能站得更高一点，看得更远一点。不管你是已开店多年的还是新近入行的，都应该先补上这一课。

二、实用性。具有很强的可操作性是《金牌店长达标手册》最大的特色。书中内容全部来自基层、来自市场，是从成千上万家成功的化妆品店中总结、提炼出来的，也是冯建军先生十几年辛勤探索、研究的血汗结晶。从店址的选择到门店的设计；从产品的挑选到商品的陈列；从谈判的技巧到商品的促销；从顾客的开发与维护到员工的管理和培训……总之，开店的所有环节和细节面面俱到，清晰详尽，全部是现成的，拿过来就可以用。

三、通俗性。《金牌店长达标手册》一书章节清楚，布局合理，重点突出。在内容上，尽可能照顾到从业人员的实际情况，由表及里、由浅入深，用大家听得懂的语言，配以大量鲜活的案例和图表，平易近人，通俗易懂。

化妆品店是整个产业链的终端。它的规范、繁荣和发展，直接影响到整个行业。在化妆品店中，店长又是灵魂和核心。这就好比军队里面的班长，虽然身处最基层，但班长和这个班战士的素质如何，却直接影响整个部队的战斗力。从这个意义上讲，把店长打造成金牌店长，实际上是牵住了整个行业的"牛鼻子"。

不想当将军的士兵不是好士兵，不想当金牌店长的店长不是好店长。

中国化妆品市场营销研究院总顾问
中国百货商业协会副秘书长
《中国化妆品》杂志总编辑
李　康
2010 年 10 月 12 日于北京三里河

序二　犹如一场春雨来

　　一次，与业界的朋友交流，我们一直探讨着一个话题，化妆品单店销售业绩靠什么？我清晰地记得，当时大家热烈地围绕着四个观点讨论：产品质量、服务态度、营销技巧、管理水平。就在大家热火朝天地讨论时，有人说道："单店销售，其实店长最关键。"这一句话，引起了所有人的共鸣。

　　店长，是企业中最基层的管理岗位，但却是门店中的最高指挥官。不同的店长将会有不同的思维方式、管理技巧、激励方法……同样的门店，同样的商品，同样的员工，如果委以不同的店长，其业绩是截然不同的，这一点，我们已感同深受。美乐集团从1990年进入化妆品行业至今已20个年头，始终在探索一条适合直营连锁店发展的人才战略，特别是在对店长的职业规划、业务培训、管理技能等方面的指导上，我们经历了很多坎坷，在商海的摸爬滚打中积累着点滴的经验。从最初的"业绩胜过一切"到"狼性店长"，再到"个人魅力感召"……可谓步履维艰，收效甚微。多年来，我们在借鉴国际知名连锁企业的单店营销经验时，内心在默默期待本土行业精英为我们带来化雨般的春风，渴望有一套贴近国内行情，兼备实用性、操作性、前瞻性的店长培训指南。

　　冯建军老师潜心研究化妆品行业十余年，尤其在化妆品营销领域的独到见解和精辟论述，为国内化妆品行业带来了勃勃生机。我曾有幸拜读冯老师《榜样的力量》一书，书中对国内化妆品行业发展演变进程的透彻剖析，对美妆日化市场行业领军品牌的精准诊断和战略分析，令我深深折服。多年来在化妆品零售业中无法释怀的疑惑，终于有了答案。之后，我又系统地拜读了冯老师的多部著作，许多案例我都曾亲身经历，一边回味往事，一边对冯老师的精致剖析肃然起敬。

　　《金牌店长达标手册》犹如一场春雨，给正在困惑中的基层店长们提供了成长最需要的滋润。本书对店长的职业素养倡导以及先做人后经商的理念，是避开了对店长传统的业绩指标要求，而将个人素养摆在了首位。其实，身边不乏销售精英，不少的店长也是由销售冠军而提拔至管理岗位，但真正在单店的经营管理中，能带兵打仗、独当一面的全能型店长却如凤毛麟角。对于销售以外的店面管理、人员激励、形象塑造等技能，许多的店长甚至还很陌生。业界亟待金牌店长的大量出现。

这是一个崇尚美丽的时代。愿这场春雨之后，众生受润，万千惠及，中国化妆品市场必将迎来又一个春天。

中国化妆品市场营销研究院零售管理中心专家委员
四川美乐集团董事长
张　彬
2010 年 11 月于四川绵阳

序三　金牌店长是这样炼成的

化妆品店的竞争，特别是连锁店，不在于产品，而在于人才。而店长，更是竞争的核心，是带领店铺走向盈利和可持续发展的"领头羊"。在行业中，很少听到同行抱怨缺少明星产品，但却经常听到抱怨说缺少优秀店长。一个优秀的店长有多重要，由此可见一斑。

金牌店长是怎么来的？许多人会认为是招聘来的，是挖墙脚过来的，其实不然，真正优秀的金牌店长，是培养出来的。很简单的一个道理，今天你许以高薪，从别处挖来一个优秀营业管理人才，但是，你不能保证，明天别人不会出更高的价钱把他挖走。因此，只有从内部培养起来，让他们感觉到在这里工作，除了能够拿到合理的报酬，还能真正得到技能的提升，以及看到清晰的职业规划，那么，他就会努力地工作。况且，每个人其实都怀有一颗感恩的心，你把他的技能培养起来了，他心存感激，肯定不会随随便便就一走了之。因此，许多店老板认为辛辛苦苦培养出来的店长，让别人挖墙脚，很不值得，这是错误的。因为，每个店长都清楚，老板既然敢花心思、精力和金钱来培养自己，那么，肯定在待遇上不会亏欠他。只有那些不敢对店员和店长进行投资的老板，其店长才会不断受到外界的诱惑而离去。

任何一个优秀的化妆品连锁店，除了在为消费者提供优质产品和贴心服务之外，都在从事着同一件事，那就是培养金牌店长，培养其在瞬息万变的市场中保持思考、理解和判断的能力，这在百分女人连锁系统中也不例外。

从 2002 年进入化妆品零售业开始，百分女人就感受到了店长是终端店的"灵魂"，其能力与素质决定了终端店的业绩与发展，优秀店长的紧缺更是星火之急。很多时候，开店计划已经定下了，但却由于找不到好的店长而延后开张。商场如战场，有时成败得失就在这么一瞬。因此，多年以来，百分女人一直坚持把培养金牌店长放在企业战略规划的重要位置。也正是对店长的重视，百分女人才得以向各个加盟店输送合适人才，才得以在短短几年间，发展成几百家店的规模。

当然，回想起培养优秀店长的历程，喜悦的背后，满是艰难和心酸。

因为缺少真正实用性向导，缺少系统的教材归纳，所有的经验，都是"百分女人"在经营实战的摸爬滚打中慢慢总结出来的。虽然说，百分女人也找到了一套属于自己的方法，但是，却付出了相当多的实践代价。在那时，我是多么希望业界能有关于化妆品零售连锁行业店长方面的实战培训资料啊！

金牌店长是如何炼成的？我认为，这是一个双向的过程，一方面是老板明确目标、舍得投入；另一方面是店长需要明白自己应该达成的目标。许多店员很努力，也很爱学习，但始终成不了管理人才的原因，在于他们缺少标准化的对比，他们不明白，除了把产品努力推销给消费者之外，自己还需要往哪些方面进行自我修炼，这就是造成目前业界优秀店长紧缺的主要原因。

《金牌店长达标手册》可以满足我多年来的期盼和渴求，虽然迟来了一点，"害"我走了不少弯路，但是，其中很多精髓，为我多年来摸索出来的经验起到很好的填充和验证的作用。我认为，它是目前关于化妆品店店长培训和自我修炼的最完善读本，从素养入手，沿着门店、货品、营销、服务一路深入，再到用人、发展、财务知识的飞跃蜕变，从店员到店长到金牌店长，一路成长，深入浅出，有理可据，有章可循，读完之后恍然大悟，原来金牌店长是这样炼成的。

一个达标的金牌店长应该是怎样的？作为老板，您了解吗？作为店长，您问过自己吗？您目前的店长还缺少什么技能？您目前距离成为金牌店长还有多远？带着这些问题，无论是店铺经营者还是店员、店长，都应该重新审视、定位自我，认真领略和细细品味冯建军老师的这本书，相信您读后一定会受益匪浅！

南京百分女人化妆品连锁机构总经理
蔡德水
2010 年 11 月 10 日于江苏南京

序四 解放老板——连锁发展的金钥匙

第一次认识冯建军老师，是在书上。2008年拜读了他的一篇文章——《屈臣氏在中国内地的竞争策略分析》，真是受益匪浅。读这篇文章的背景正值全国化妆品专营店热学屈臣氏，因此，冯老师便成了我慕名的偶像。

进一步认识冯老师，还是在书上。不过这次是冯老师自己的书——《榜样的力量》。通读之后，开阔了眼界，更加折服于冯老师对国际国内美妆行业的深度研究，从生产商到渠道商，从零售管理到顾客分析，从渠道建设到物流管理，从品牌塑造到团队建设，等等，书中行云流水的文字都是句句点睛，几乎成了我的"顾问"……

偶然的机会，很幸运地和冯老师相识并成为挚友！

一次我请教他：最让我头疼的是店长的选聘、培养和管理，因为要实现化妆品零售连锁的跨区域经营并持续发展，更关键的是店长的水平，而我却不知如何解决这个问题？冯老师有点兴奋且神秘地告诉我，他的新书《金牌店长达标手册》已经成稿，即将出版发行了。

几天前，终于收到了冯老师的手稿，我迫不及待地连夜通读，茅塞顿开。兴奋之余，有几点感悟与大家一起分享，以为序。

第一，这本书讲解得很系统，是标准的教科书版本，便于学习，又很生动。

全书从店长素养的职责与心态，门店的选址与形象，货品的选择、采购与陈列，营销的定价与促销，服务的顾客开发与管理，人事管理的薪酬与绩效，企业发展的培训与扩张，财务的流程与危机管理八个方面分21个章节来详细阐述。可谓化妆品界的"天龙八部"，奇书也。

第二，指导内容可操作性强，来自实践更适合实战。

本书虽然专业性强，但是处处浸透着实战的魅力，如"如何让橱窗吸引眼球"、"采购的谈判技巧"、"商品陈列方法多"等一招一式都是那样的精练、有效。

第三，本书有理论的高度和战略的眼光。

首先，理论的高度决定我们连锁店经营水平。缺乏理论支撑的连锁体系很难走出自己的本土区域，结果可能是一方诸侯，也可能四面楚歌。所以，很多事情不仅要会做，还要会说会总结，与行业发展同步提升理论水平，这样培养和复制出的店长团队才无往不胜。

其次，确切地说，这本达标手册绝不是一本普通的研究门店组织与管理的书，而是培训和复制门店老板的书，也就是说得到这本书的人，你的企业已经把你当老板来培养了，这也正是本书作者的战略眼光，通过本书把店长的职业生涯规划都做出来了。金牌店长就是企业的核心，企业的未来就是你的未来。而恰恰只有以老板甚至企业家的心态来经营店铺，才能全方位提升店铺，才能实现开一家店成功一家店，进入一个地区占领一个地区，从而改写只有老板会开店而店长只会看店的局面。站在这个战略高度上看，每个企业不仅是在培养店长，而且是在培养总经理或者说合作伙伴；店长只是你在企业的初级阶段，每个店长都有机会成长为连锁企业的地区级总经理，这样的企业才能持续经营，实现稳健的跨区域连锁。

其实，无论是单店、三五家店，还是拥有几十家店，可能是老板自己管店，也可能店面经理或区域经理管店，但店长这一环节是最重要的轴心！因为店长天天亲临一线，天天面对顾客和员工，只有他最了解自己的门店和本地市场，所以，一个成熟的店长就应该规划店铺的一切事宜，不用老板操心，解放老板，才能实现自己的职业规划。

综上所述，这是一部关于化妆品零售管理的"武林秘籍"。有了它，我们可以轻松实现"解放老板"，让老板用更多的精力研究战略、宏观规划，而不是研究卫生或是陈列之类的基础工作。

因此，我认为这本书是一把打开化妆品连锁店持续发展的金钥匙，这把钥匙可以解放我们的老板。由于拿钥匙的人也是我们老板，因此修炼这本"武林秘籍"同样需要付出时间和心血，因为需要把理论与我们的市场实践结合起来，充分地执行下去，金钥匙才会发挥最大的作用！相信得到这本书的人，都能操纵好冯老师给我们的这把金钥匙，开启我们持续发展的大门，开启我们的美丽梦想。

在此，真心希望这本书能尽快出版问世。相信如果你是老板，读完此书会惊叹不已——终于找到培训店长的"天书"了，可以塑造并复制团队；如果你是店长，读完此书也会惊叹不已——终于找到经营店铺的秘籍，自己成长就更快了。

在严峻的市场形势下，相信这本书将如及时之雨浸润我们行业的大地，助长无限生机！

中国化妆品市场营销研究院零售管理中心专家委员

山东阅美化妆品连锁机构总经理

吕明睿

2010 年 11 月 12 日于山东淄博

金牌店长达标手册（第二版）

序四 解放老板——连锁发展的金钥匙

序五　店长：店面成功的关键

欣闻冯老师又出新书——《金牌店长达标手册》，欣喜备至，这实为业界又一大幸事！

一家化妆品店能否成功，个人愚见，归结为四个方面：商品结构、选址、管理、资金。在当今这个大环境下，化妆品行业极不差钱，常闻某某风投入驻某家公司或某某连锁店；对于商品而言，虽不能说好品牌比比皆是，但能支撑一家化妆品店生存的品牌也绝不缺少；选址更是如此，目前房地产行业风生水起，楼房建了一栋又一栋，商业中心建了一个又一个，只要用心，找个合适的铺面自然也不是件太难的事情。我认为一家化妆品店能否经营好，最难就在人才的供求矛盾方面，若一家门店有一个称职的店长，店面就成功了一半。本人的连锁机构虽说不大，也有20多家门店，细细品味、认真思考，不难发现——真是有什么样的店长就有什么样的员工，正如《亮剑》中李云龙所说：一支部队的性格是由其第一任军事长官性格所决定的。

本人创建南宁千千色化妆品连锁店五年来，店面的发展和扩张实现了从"1家"到"25家"的跨越，员工队伍也从"3人"攀升到了"240人"的规模。在这些数字快速变化的背后，我认为"优秀店长"是我们得以快速壮大最关键的因素和迈向成功的基石。

店长作为店铺的经营管理者，不仅是整个店铺活动、运营的负责人，还是店铺的灵魂，在整个经营和管理中起着承上启下的作用。企业发展得越快，对店长的要求也就越高。

在化妆品零售行业中，大部分店长都是由销售员提拔上来的，由于受教育程度和综合能力较低，缺乏现代化的店铺经营管理经验和必要的岗位培训，而专业化妆品店店长培训教材更严重缺乏。目前市场上针对化妆品店店长的培训教程都是零散的、局部的，专业的、系统的店长培训课程很少，难以满足市场对优秀店长培训的巨大需求。

冯建军老师作为国内日化美妆行业资深权威专家，有16年的行业资历。以其个人的从业经历、专业研究和人脉积累为业界编写了这样一个行业零售课程，为国内数量众多的单店及区域连锁提供了一本不可多得的实用型教材。

中国化妆品连锁店的黄金十年已经结束，新一个黄金十年已经开启。在上一个黄金十年之后，能否继续辉煌，我本人认为，这关键在于能否完成从单店到多店、从多店到区域性连锁的跨越。如果不能从单店到连锁，就不是能否继续辉煌的问题了，而是面对生存和生存质量的严峻考验！

读完此书，细细回味，发现自己经营店铺生意几年来，想到的、没想到的，此书中都有了详尽的概括和解析。相信有了冯老师这本书的引导，我们行业中将会有更多的单店跨入区域性连锁的队伍之中，相信此书亦能推动下一个黄金十年的快速到来！

中国化妆品市场营销研究院零售管理中心专家委员
南宁千千色化妆品连锁机构总经理
方 利
2010 年 11 月 13 日于广西南宁

第二版前言

化妆品店提升营业额的八强原则

不知不觉中，拙作《金牌店长达标手册》一书已经上市发行两年多的时间了，在这两年中，本人深感欣慰的是，该书的市场表现和销售情况获得了行业内外一致的好评！据悉，截至目前，已经有超过100家行业知名连锁机构均以此书作为其店长的培训模板和学习教材，上游品牌商和渠道商更是争相批量订购，将其作为馈赠客户的答谢礼品。

在此，对全国广大读者致以诚挚的谢意！

从出版社获悉，根据该书的市场资讯反馈以及销量情况，《金牌店长达标手册》一书已经达到了再版的要求和条件。在再版修订之际，本人借再版序言的机会，由衷地同众多读者再次分享一下：行业中当前的市场现状和经营困局方面的问题。

在过去的两年里，很多化妆品店的经营者和店长经常抱怨：店铺的租金在飞涨，员工薪资的压力也已成为了不小的负担，相比之下，店铺业绩的提升却变得愈发困难了！这在笔者看来，主要原因是众多的行业从业人员对于系统性和原则性的缺失，在此本人简单概括如下：

1. 强化名品比例

店铺业绩不理想，在一定程度上反映出了店铺的客流量水平不高，如何将客单价型店铺转化成客流量型店铺，这个问题一直困扰着很多店铺经营者。客流量水平低下的原因，在一定程度上是由于店铺的商品结构存在问题，其中名品的比例过低，消费者一进店，充斥在眼前的、满眼的品牌都不认识，消费者想买的买不到，不想买的却被导购人员强行教育消费，久而久之，这就造成了很多店铺在客流量指标方面很难有根本性的突破。

通过笔者调研发现，诸如广州娇兰佳人、北京亿莎、四川美乐、四川金甲虫等国内区域优势连锁店其国际品牌占比都已经达到了25%以上。因此，提升店铺业绩，店铺内的名品主导的战略思想可见一斑。

2. 强化促销推广

很多化妆品店经营者都习惯了在应季季节推行诸如："面膜节"、"补水季"、"彩妆季"等促销主题活动，以活动海报告知为主线，结合会员数据化信息的传递和发布，通过户外路演、外场体验、买赠促销等各类主题促销活动的推广，不失为最直接、最有效的方法。私下里，很多经营者总是认为这样年复一年、日复一日的常规促销方式，是否劳民伤财、是否投入产出分析不合理？在笔者看来，虽然这些常规的传统方法看似简单、俗套，但是一以贯之地把它坚持做下去，自然就成为了不简单的事情，这对于顾客的培养、市场的宣传、销售的提升以及店铺品牌的推广都有着积极的效用！

3. 强化销售技能

我们都知道，在顾客进店后，决定顾客是否成交取决于三个方面的因素：其一，产品品质和商品价格；其二，店铺气氛和商品陈列；其三，导购技能和服务水平。其中，第三项指标则是重中之重。店员导购的销售技能和沟通技巧至关重要，面对不同需求的顾客，要有选择性地进行讲解和导购，为此，门店要经常进行沟通技巧培训和模拟演练，不断提高营业人员的表达能力和销售技能。

4. 强化品类驱动

目前全国的化妆品店店铺数量已经超过了16.5万家，在任何一个县城的主干街道上的化妆品店都不低于10家，虽然竞争惨烈，但是大家似乎还都能生存下来。究其原因，这主要是因为每个化妆品店都有自己个性化的定位和独特的商圈，如何结合自身的资源优势，打造出自身的核心错位竞争力，就成为了竞争的关键所在。

选择并培养适合自己店铺的黄金品类和冠军单品，进行全员培训、考核和激励，让团队中的每一位店员都熟知如何进行销售，就一定能取得良好的结果。通过笔者调研发现，在广州娇兰佳人连锁系统中，其面膜、卫生巾品类的占比已经分别达到了8%和7%；在四川美乐连锁系统中，其彩妆的销售占比已经超过了30%；在四川金甲虫连锁系统中，其自有品牌的销售占比已经超过了40%；在福建浓妆淡抹连锁系统中，MCC彩妆2012年2月的零售业绩已经超过了82万元……像这样单品驱动、品类爆破的实例更是不胜枚举。因此，不难看出，我们做好了单品培养可以稳定顾客群，提升到品类驱动则可以增强顾客黏合度，从而使店铺的营业额稳步上升。在单品培养进行时，笔者建议店铺要做好顾客档案管理和顾客回访工作，跟进顾客的使用效果、收集反馈信息，以便能更好地开发新顾客，还能稳住被访顾客。

5. 强化商品采购

现阶段，国内很多化妆品店铺在品牌引进和商品采购方面，大都还停留在店主喜好的主观评价阶段，他们认为有大广告、大支持、大配赠、大明星、大促销、大利润就是好商品、好品牌，其实这是非常错误的观点。客观地讲，时下，我们的化妆品店在品牌引进和商品采购方面，距离规范化、标准化的商品采购流程管理还相去甚远。从专业角度看，商品采购管理主要包括：商品采购的操作流程、商品采购标准、采购订单以及采购的考核指标四个方面业务指标。其中，当属商品采购的操作流程和采购的考核指标两项工作最为重要。

在商品采购的操作流程领域，主要工作步骤包括：①确定渠道；②考核商品；③谈判价格；④确定折扣；⑤售后承诺；⑥让利顾客；⑦广告赞助；⑧签订合同。

在商品采购的考核指标方面，主要作业标准包括：①销售额；②毛利率；③非主营业务收入贡献；④库存商品周转天数；⑤商品的有效销售；⑥新商品的引进情况。

为了优质、低价、高效地完成品牌引进和商品采购任务，并保证营销利润的最终实现，不仅需要一个论证充分、切实可行的采购决策，更为需要的是，还要建立起一个目标明确、步骤清晰的商品采购管理流程。

着眼长远、放眼未来，建立科学合理、有效完善的商品采购管理机制，将会强化店铺的系统免疫力，有效提升店铺的综合竞争力指数。

6. 强化团队效能

无论是单店还是连锁店，零售业绩和业务规模能够取得突破，团队的效能一定不能忽视。在笔者看来，团队是有目标的一群人，狼群之所以可怕，是因为它们行动协调一致，相互配合默契，团队也如此。店员在导购时若能相互配合，就能让顾客产生更强烈的信任感，也更容易成交。

7. 强化数据营销

在店铺零售管理工作中，定期地针对客单数、进店人数、销售额、毛利率等基础数据进行采集，进行综合汇总分析，再用数据来指导门店经营和零售决策工作。

比如，进入秋季后，化妆品店铺内的润唇膏销量激增，润唇膏的主要作用是走销量，以高周转率、大销售量带动人气，因此商品销售量、商品周转率、人气度是主要考核指标，而毛利率、毛利额不应该是主要考核指标。某品牌的深层隔离霜在店铺内的作用是获取毛利额，因此考核该品牌的重点指标是销售额、毛利额、毛利率，而不是销售量、人气度、周转率。比如，某品牌的洁面乳被选中作为DM（直邮邮件，快讯商品广告）促销商品，因此该洁面乳的主要指标应该是人气度、销售量、商品周转率、商品相关度，而商品的毛利额、毛利率不能作为考核指标。又如，海飞丝400ml的洗发水，其主要作用是通过低价形成与其他商品的关联购买，因此该洗发水的主要考核指标是商品关联度、相关商品销售量，而不是其他指标。

8. 强化会员管理

很多店铺经营者谈到发展会员时总是津津乐道，认为自己的会员数量早已成千上万了。但是为什么要关注会员管理？针对会员，如何展开促销推广活动？这就很有学问了！我们知道，目前领军中国化妆品连锁的零售巨头——屈臣氏，自1989年进入中国内地市场，此后的19年，从来就没有关注过会员卡。但是从2008年底开始，短短5年时间，屈臣氏的会员卡已经发行了2500万张（屈臣氏的会员卡是在全国门店每张10元进行零售推广的），仅这一项业务就为屈臣氏贡献了2.5亿元的利润。

目前，屈臣氏在全国的店铺数量已经超过1500多家，每日顾客流量超过250万人。对这些顾客消费习惯的研究，对一个零售连锁企业的未来战略将具有重大的意义。屈臣氏在推出会员卡后，除了给会员提供个性跟踪服务，对于会员的消费记录，利用后台功能强大的IT系统，进行数据分析后获得的市场资料，对以后的经营策略可谓意义重大。

屈臣氏认为：消费者的需求是不断变化的，只有紧跟消费者的步伐，因他们的需求而变。无论何时，消费者都是屈臣氏最重要的"另一伴"。赢得了"另一伴"，就赢得了未来。这是屈臣氏始终保持领先的秘诀之一，也必将使屈臣氏赢得未来竞争激烈的市场。

针对会员的目标策略和营销推广，屈臣氏在门店推出了五大优惠政策：

（1）每消费10元=1积分；

（2）20积分=1元；

（3）生日月购物双倍积分；

（4）每三周尊属商品推广；

（5）最新热销，网络速递。

对于会员，最具有吸引力的应该是每三周为一期推出的大量会员尊属商品。会员购物积分政策的吸引力居次。

综上所述，金牌店长首先应该是一位以一敌十的职业销售高手，其次是关系门店生存优势的职业经理人。除此之外，金牌店长还要具备以下八个标志性特征：

（1）金牌店长，就是那个拿得起放得下、大小事情做得有板有眼、被人作为标榜的人！

（2）金牌店长，就是那个工作时间最长和休息次数最少的人！

（3）金牌店长，就是那个制定目标时把自己与下属利益捆在一起的人！

（4）金牌店长，就是那个应对突发事件残局和说话分量最重的人！

（5）金牌店长，就是那个直面老板或区域运营经理而被批评次数最多的人！

（6）金牌店长，就是那个总喜欢给你画一个饼让你去抢的人！

（7）金牌店长，就是那个总喜欢拿人家优点予以表扬与宣传的人！

（8）金牌店长，就是那个没完没了让下属厌烦和忌惮的人！

古语有云：得其大者可以兼其小，未有学其小而能至其大者也。

在本书再版修订的过程中，结合市场最新资讯，笔者对于原书中的部分章节做了适度增删，通过系统的梳理和标准的升级，相信本书的参考价值一定会得以全面提升！

最后，由衷地感谢各位读者朋友对于本书再版的大力支持！

冯建军

2013 年 3 月 8 日于广东广州

前　言

"输血"和"造血"——"才荒"纠结声中的思考

西方经济学家认为："中国是现今世界上最具购买力的消费市场，也必将是未来世界零售业发展的核心。"诚如是言，当前全球最有影响力的零售业巨头都已进军这个古老而又新鲜的国度。所谓古老，是因为华夏民族自古便有开店行商坐贾的悠久历史。相传，辅佐周武王伐纣的太公姜尚就曾在街市卖过粮食，此当无从考证。然而春秋时代辅佐齐桓公成就一代霸业的贤相管仲曾是一位十分精明的商人却是确切的史实。据载，管仲在2700年前的时候就擅长连锁经营了。所谓新鲜，是因为我国实施市场经济体制改革后，零售业门店大规模高速发展的局势形成时间不长。因此，很多经营管理的事物和规律对于国人来说还处于学习和摸索阶段，而我们也需要在实践中不断地摸索和学习。

然而，作为世界经济增速最快的国家，中国的零售业在高速发展的同时，其竞争也是空前惨烈的，仿佛就是商品零售业的"战国时代"。在这个"凡有血气，必有争心"的大争之世，国内零售店所处的地位却是尴尬的。没有为世人津津乐道的零售店品牌，没有历史积淀深远的零售业百年老店，没有可以扩地四海的雄厚资本，没有深入人心、成为文化的成功理念，十多年间，面对外资的强大攻势，本土零售店铺的生存空间一再被弹压。广大的行业零售经营者不禁要问：究竟何以至此？说白了在零售领域土洋之争的关键因素，无非三点：其一，店铺品牌的基础；其二，标准化的流程管理和作业体系；其三，人才资源的建设。然而，前两项指标都是靠第三项指标贯彻和落实的。

有句俗语："兵熊熊一个，将熊熊一窝。"它却是分明地道出了人们对于团队领导者之重要性的认可。中国化妆品店正是面临着管理与经营之能兼具、理论与实操之才并重的人才青黄不接的局面，伴随着行业竞争的加剧，我们却遗憾地发现：行业零售管理人才匮乏的局面仍然没有得到改观，零售基层管理人才的流失现象依然得不到解决，以及团队建设过程中"造血"机能的缺失和紊乱，已经严重制约了行业零售企业的发展。

"才荒"！"才荒"现象正在蔓延！

现阶段，中国化妆品零售行业普遍缺乏基层管理人才，一味依赖人才的"输血"方式无法从根本解决"才荒"的矛盾，唯有建立可持续的人才"造血"机制和人才孵育环境，才是未来行业发展的出路！中国化妆品零售行业急需解决店长严重缺乏的现状，本土化妆品连锁店更是呼唤金牌店长！中国化妆品零售行业渴求具有实操能力的高水平人才！

面对"才荒"的现状背景、"输血"和"造血"的纠结讨论，于是本书应运而生。笔者历时7个月的缜密筹备和系统布局，从基本素养、门店设计、品类管理、商品管理、数字化管理、会员管理、人事管理、门店发展和财务物品管理等多个方面为店长们厘清思路，旨在打破实操过程中的理论"瓶颈"。在撰写本书的过程中，广泛征询了国际美妆连锁屈臣氏以及本土强势化妆品连锁，超过30位现任金牌店长的成长心得和实操经验，同时参考并结合了30位本土强势化妆品连锁企业掌门人的权威意见，辅以案例，期望能够成为行业内零售金牌店长的经营标准和管理规范。

常言道："宰相必起于州郡，猛将必发于卒伍。"

希望本书成为广大店长们的行动指南和良师益友，更希望此书能够成为广大店长晋级为金牌店长的速成宝典和成功阶梯，最后，衷心祝愿潜心好学、善于历练的您，早日成为"金牌店长俱乐部"的一员！

冯建军

2010年6月10日于广东广州

目 录

第一篇 素养篇

第二篇　门店篇

第三篇　货品篇

第四篇 营销篇

第八篇　财物篇

第一篇 素养篇

第一章　何谓店长

一店之长，一店之灵魂，一店之栋梁。
时而为统帅，时而是代表。
扮演多重角色，肩负兴衰使命。
不知店长为何物，怎堪胜其任？

一、店长是门店的灵魂

近段时间，无论是浏览招聘网站还是阅读报纸的招聘版面，我们都不难发现，招聘店长和店经理的信息越来越多，行业五花八门，规模有大有小，其中相当多的一部分甚至罗列出了很多条诱人的优厚待遇条件。这种情况，客观上体现出了零售业门店店长作为一类特殊的职场人才，越来越受到重视，而店长、店经理等零售终端管理岗位的人才缺口也以此种形式呈现了出来。

看过此类招聘信息之后，许多求职者会信心满满地认为：其实招聘方列出的聘用条件也不过简单几条、寥寥几语，似乎店长并没有什么过人之处，凭自己的本领完全可以胜任。那么事实真是如此吗？答案是否定的。许多正在担任店长职位的人和跃跃欲试要做店长的人可能都未必清楚什么是店长、店长职位意味着什么。

（一）店长的定义

店长是什么？顾名思义，一店之长。"店长"这个词语是受连锁经营企业委派管理一个单独门店的管理人员职位的名称，也可以是对自主经营门店业主的称谓，是在商品经济的大潮中新生的词汇。

店长是零售企业的终端——门店里的最高管理者和经营者，如果把一个店铺比作一个家，店长无疑就是这个家的家长，应该在这个家中，拥有一言九鼎的绝对权威和说一不二的决断能力。

（二）店长的定位

作为门店的"顶梁柱"，店长就势必要全力操持这个家，从人员调配到岗位安排，从商品买卖到顾客服务，从财务收支到店面形象，方方面面的所有问题，店长无一例外都得过问，都要操心。店长就像是一个大型交响乐队的指挥家，不仅要按照乐谱正确指挥每个乐章部分，而且要在演奏中很好地协调乐队的每个成员，

图1-1　国内某知名化妆品店店内实景

最终使得整个乐队在其正确指挥下，共同演奏出和谐美妙的交响乐。

毫无疑问，店长就是一个门店的灵魂，是这个门店的绝对核心和精神领袖。这样的定位可以让我们形象地联想到誉满全球的英格兰足球超级联赛中俱乐部的管理者职位，英超足球队的主教练就是俱乐部的管理者。例如，在全世界拥有众多"粉丝"的豪门——"红魔"曼彻斯特联队的管理者是著名的弗格森爵士。他在"曼联"这家全球著名品牌门店的"店长"位置上一干就是20多年，他是曼联的灵魂和核心，在这里他拥有绝对权威，他不仅负责员工的培训——球队的教练工作，还负责吸纳人才——买卖球星，另外还负责职员管理、薪资合同的制定、设施维护、赞助商谈判等事务，甚至制定俱乐部的战略目标和规划其经营模式等。他的出色管理经营为曼联带来了十多年的鼎盛辉煌，不仅为老板创造了丰厚的利润，更将"红魔"打造成了举世闻名的金字招牌，吸引了众多忠实的"顾客"，更培养了一代又一代像布鲁斯、奎罗斯、贝克汉姆、C罗、鲁尼这样的杰出人才。然而"弗店长"拥有着不容挑战的权威，纵然是像贝克汉姆、C罗这样的栋梁之才，桀骜不驯、不服管理的结果也是被扫地出门。

因此，店长不仅要负责店内员工的管理培训，还要负责协调和激励属下各自分内的工作，带领他们以团队精神塑造门店形象，创造业绩。同时，店长还要负责与其他商业伙伴建立良好的关系，并将所负责门店的工作情况以及市场动态等及时向上级企业汇报，自主经营的店长虽无须做向上级汇报这项工作，但是这些工作内容却不可轻视，也不能缺少，门店的灵魂当然应该重视与门店经营相关的一切工作。

二、店长扮演的角色

世界大舞台，人生一场戏。每个人身为社会的一成员，时时刻刻扮演着自己特定的角色。而演员如果不清楚自己在戏中所扮演的角色，可以肯定的是，基本上这场戏要演"砸"，甚至会影响到别人的正常演出。

门店作为零售终端，是一个相对独立的经营实体，如同接受航运公司指令被派出海的航船，在波涛此起彼伏、充满挑战的大海中如何乘风破浪、一往无前，就要看一船之长的能力。在茫茫无际的大海中，船员的一切行动都要靠船长指挥，船长的正确决策可以使航船挺过风暴、避开暗礁，直达目的地；而失误的决策则可能会使航船陷入险地或者误入迷途，甚至有可能让满船货物沉入海底、全体船员葬身鱼腹。可见，如同船长一样，店长在门店的经营管理中扮演着非常重要的角色。

主要的角色有：

（一）商贩

店长要按照企业的经营方针或者老板的指定目标，对门店运营的日常数据和市场动态进行科学分析，采取巧妙的策略开展商品营销活动，力争在满足顾客需要的前提下，创造最大的利润。

简言之，就是卖好货。

（二）管家

店长要善于运用自己的职权，控制和利用包括人员、货品、设施、财物在内的门店的一切资源，采取一定的方式力争达到经营目标。在这些资源出现问题时，要能够及时采取相应措施予以妥善处理。

简言之，就是管好店里的人、钱、物。

（三）外交官

店长要善于和顾客、店员、老板（上级企业）、供货商、工商税务机关等方方面面、形形色色的人打交道，主动建立并维护良好的人际关系对门店的经营发展很有益处。而解决经营中的各种问题也需要时常与各方斡旋磋商，即使平常看来一个很小的关系环节没有处理好，也可能会为门店经营带来困难。一个店长纵使不能是一位出色的"外交家"，起码也要像老舍《茶馆》中的掌柜王利发那样谨慎妥当行事。

简言之，就是搞好关系。

（四）老师（教练）

店长要经常负责对下属的员工定期进行业务培训，教授员工各种业务技能，督促员工不断学习，以提高工作质量，从而保持团队的整体素质不降低。

简言之，就是教会本领。

（五）居委会主任

店长要将总部的目标、方针、计划正确地传达给下属的员工，同时要时常关注员工的思想状况和工作生活中的困难，也负有维护门店安全与秩序的责任，并将在自己职权范围内无法解决的问题反映给总部，做到有效地上传下达。另外，在日常工作中还要经常适时利用宣传手段激励鼓舞员工的士气和工作热情，以促进门店的和谐融洽。

简言之，就是上传下达。

扮演好不同工作内容中的各种角色，有助于使自己成为一名优秀的、有威信的店长，使自己具有影响力、感召力、亲和力和凝聚力，使自己成为员工的模范和标杆，巩固自己在门店里的领导核心地位。

三、店长肩负的使命

运转正常的门店，其全体员工是一个有机协作的整体，是一个高效团结的团队。店长作为团队的领袖，肩负着重要的使命，归纳起来主要有四方面：

（1）贯彻落实营销策略，创造可观的销售业绩。

（2）领导、布置、管理和指导门店各部分的日常工作，激发员工的积极性和创造性，促使团队高效工作。

（3）对门店日常工作经常自检自省，努力维护企业（门店）品牌，为顾客提供优质的服务。

（4）维护企业精神，塑造企业文化，捍卫门店形象，忠于企业和集体的利益。

讲到这里，大家应该对店长的岗位职责描述有了较为清楚的认识。

那么，店长究竟是什么？店长是一个经验丰富的培训师；店长是一位门店团队协作的教练；店长是一座分店与总部之间的桥梁；店长是联结员工与上级的纽带；店长是让员工感觉既神秘又亲切的人；店长是那个为业绩悲喜交加的人；店长是那个对细节执行工作跟踪不止总不满意的人；店长是那个对原则问题穷追猛打绝不妥协的人；店长是那个制定目标把自己与下属利益捆在一起的人；店长是那个大事三六九、小事天天都有的人；店长是那个拿得起放得下、做事有轻重缓急之分的人；店长是那个着眼大局而又紧盯细节从不大而化之的人；店长是那个取得重大业绩激动得满脸通红的人；店长是那个会议上慷慨陈词、滔滔不绝的人；店长是那个应对突发事件收拾残局和说话分量最重的人；店长是那个让人欢喜让人忧、让人私下议论与学习的人。

图1-2 笔者同国内第一家获取风险投资注资的上海歌诗玛化妆品连锁机构董事长田千里先生的合影

第二章 店长的职责

本章要点：

店长需要做些什么？

店长都管些什么？

店长必要的权限有哪些？

店长应尽什么义务？

店长的工作重点何在？

店长，当尽职尽责；

店长，当恪尽职守。

一、四种权责不清的店长

除了自主经营的单店之外，通常门店的所有者，即我们常说的店老板将门店委托给店长进行经营管理，这就是说老板将整个卖场、商品、店员与顾客等重要的"财产"都交给了店长。因此，在日常经营管理中，店长就必须认真履行自己的岗位职责和管理权限。

但是，在实际运作中，并不是每一位店长都清楚自己的岗位职责和权限义务。很多店长经常在工作中无轻重之分，或者忙忙碌碌却不得其所，或者越俎代庖，结果很容易造成门店工作秩序的混乱。

在店长的实际工作中，常见的有四种权责不清的情况：

（一）形同虚设

很多老板都是通过多年的努力奋斗一步步将门店做大，而获得如今的成就，他们有丰富的门店经营管理经验，对于自己的门店总是事无巨细一一关心过问。此时的店长被分担去了相当的一部分责任压力，遇到问题后，老板也都会适时出面予以化解，而自己反而乐得清闲，逐渐地，门店的经营管理退化成了个体户式的经营，店长的职位形同虚设。很显然，这样的店长只拿工资不做事,是非常不合格的,而且严重影响门店的正常运营,甚至对于广大员工都会造成非常不良的影响。

(二) 避重就轻

一些店长,缺乏主持大局的意识,在日常工作中,总是热衷于处理具体事务,解决小问题。他们的眼光总是盯着店门口的地毯是不是铺放平整、店门的海报是不是贴歪了、店里的地板有没有拖过、橱窗货架上是不是有灰尘等细节问题,对于门店的经营战略决策问题一概不做主、不建议,总是汇报给上级,一切听老板的部署指导,绝不在重大问题上主动担责任。这样的店长逃避重要的职责,只做简单的事情,不求有功但求无过,显然也不能说是合格的,他们在激烈的市场竞争中不能正确把握门店的发展方向,会给门店的生存发展造成非常大的不利影响。

(三) 沉溺权谋

有的店长,认为店长的岗位职责重点就是人事管理,认为只要管好店员就万事大吉了,所以将自己的精力全放在施展权术上。更有甚者,一些店长名利欲过盛,整天想着以经营业绩为资本,获得升迁或被重用的机会,在门店管理中,不是关心销售事务,而是沉溺于权谋。久而久之,门店员工人人自危,不安心于踏实工作,而是也都将心力耗费在这些方面。这样的店长对于门店的健康发展是有害的,在他们的管理下,门店员工业务会荒疏,造成人多不做事、三个和尚没水吃的混乱局面。

(四) 个人英雄

许多店长是业务能力出色的百里挑一的人才,但是他们会认为出色的店长就是什么事都做在别人前边、把分内的工作都做好,而忽视对属下员工的管理、督促和激励。看过《三国演义》的人都应该知道:吕布虽然有赤兔马、方天画戟加上举世无敌的武艺,但他只是一个猛将而不是一个合格的统帅;陆逊虽然是一介书生,没有百万军中厮杀的武艺,但却是能火烧连营七百里的优秀统帅。个人英雄主义的店长绝不是一个合格的店长,干部努力、员工消极的门店也不是一个运转正常的门店。

二、基本岗位职责

明确店长的岗位职责对于门店的正常运营具有非常重要的作用。因门店所经营的内容和涉及的行业不同，店长的具体岗位职责也会有所差异，但是，大体上来讲，主要包括以下三个方面：

（一）硬件工作

店长对所在门店负有全面的管理责任，包括对门店的店面管理、设施管理、商品管理和财务管理负总责。

（二）软件工作

店长要负责制定门店管理的各项规章制度并切实有效执行；参与店员的招聘和录用；负责对下属员工的日常工作评定、考核和奖惩；负责下属员工的调动、晋升、降级和辞退等人事管理工作；负责向总部（上级）定期汇报门店各项工作并提供各种信息以供咨询；负责对门店内部的突发事件进行裁决；负责门店的各类报表、报告、汇报材料等文件的审批。

（三）增效创收工作

门店经营的最终目标是盈利，店长的最高职责就是实现营业目标，并开展落实一切工作以促增效创收。包括要负责与盈利关系密切的采购、销售及广告宣传等工作中的积极措施的实施；负责节约成本、减少费用等工作的落实。

具体来说，店长的岗位职责如表2-1所示。

表2-1　店长的岗位职责

岗位职责	说　明
组织管理	负责门店的各项规章制度、政策、规范的颁布、执行和解释，制订门店的总体工作计划和各岗位责任目标
经营管理	负责以销售为中心的各项门店工作，制定经营目标，掌握管理销售业绩，负责营销策略的调整，负责门店的各类促销活动的管理，负责顾客服务的管理
店员管理	确定门店的岗位，分配店员日常具体工作并对店员工作进行考核、奖惩，管理店员的调动、晋升、降级和辞退，负责店员的培训
商品管理	管理商品的采购、调货、陈列展示，管理商品的价格变动，管理每日的盘点以及损耗
财务管理	负责监督和审核门店的各项财务工作，管理好各种财务报表，特别是注重对支出费用和收银的管理，做到账目科学清晰
设备管理	检查并维护门店的各类设备，保持门店的卫生、安全以及正常营业
信息管理	及时了解收集商圈、竞品、市场需求等消费市场动向信息，建立并维护客户信息，汇总整理各类门店工作的资料信息，做好归档和上报工作
异常情况处理	维护门店的正常营业秩序，维护收款机、空调、照明系统等主力设备的正常运转，维护消防设施和电路的安全，负责顾客投诉等异常情况的紧急处理，负责停电、火灾、盗窃、抢劫等意外事故的紧急应对

三、日常工作的重点

店长作为零售终端的管理者和经营者，应对门店的整体运营管理有较为系统全面的了解，熟悉销售的各个环节，熟谙经营之道，了解顾客心理，并能在门店的日常工作中起到核心带头作用。但是人的精力是有限的，不可能在每一项职责中都投入百分之百的精力，而且，面面俱到是不切实际的，往往需要有侧重面的工作才能取得科学的效果。

而具体到店长岗位上，则需要店长具有统领全局的眼光，在日常工作中要有所侧重，将主要的精力放在重点工作方面，在重要的环节上不出现疏忽和失误。

那么，店长的日常工作重点有哪些呢？

首先，每一位店长都要保证掌握门店中各岗位的相关知识。

（一）店长必须掌握的门店岗位知识

店长必须掌握的门店岗位知识如表2-2所示。

表2-2　店长必须掌握的门店岗位知识

岗位类别	相关岗位知识
人事岗位	规章、制度 人事规范 劳动、人事、商业法规 各岗位职责、规范 员工排班、考勤 考核办法 企业文化
收银岗位	收银规范 前台操作 门店管理系统操作 岗位交接规范
理货岗位	理货规范 商品陈列规范 POP规范 盘点 设施维护保养
仓储岗位	安全保卫规范 货物进出规范和开单规范 服务质量规范 货物保管

（二）店长日常工作的重点

在掌握了相关岗位的知识之后，就可在每天的日常工作中有针对性地抓重点，店长的日常工作重点如表2-3所示。

表 2-3　店长的日常工作重点

工作时段	工作重点
营业前	自我检查 检查门店的设备、灯光、音响等是否运行正常 检查门店卫生清洁状况 检查员工到岗情况 清查货品陈列情况 召集早会，检查店员仪容、仪表，激励士气
营业中	维护门店环境 随时检查员工仪容、仪表和工作状况 随时检查货架陈列 检查员工交接班情况 检查午饭、晚饭时段门店各岗位工作情况，协助处理具体问题 检查主力商品销售状况 巡视门店
营业后	检查当日销售情况 核对报表和相关账目 做好货品补充 拟定次日工作 做好安全检查

四、金牌店长的工作权限

着眼于日常工作的重点，可以帮助店长形成良好的工作习惯和规范的工作模式。但是，只抓重点而放弃细节并非成功之道，店长并不能总对细节工作不闻不问，而是应该在紧抓日常工作重点环节的基础上掌控全局，行使自己的工作权限，对门店的各项工作适时管理。

要成为金牌店长，取得优秀的工作业绩，就必须科学、巧妙地行使自己的工作权限，对门店的人、财、物、资讯做到最合理的管理。

金牌店长的工作权限有以下六方面：

（一）财产管理

在财产管理方面，金牌店长拥有负责门店的资产管理和投资、负责相关设备的定期维护和维修、负责设备的更新等权限。

（二）商品管理

商品管理是金牌店长工作权限的重点，具体情况如表 2-4 所示。

表 2-4　金牌店长在商品管理方面的工作权限

工作权限	具体事项
商品订货及缺货管理	检查订货程序是否规范，执行是否严格 检查是否缺货 保证促销品不缺货 核对缺货商品清单
库存管理	定期检查仓库，控制库存 掌握长期无销量的单品库存情况 定期对货品的库存情况列表排序
收货管理	检查收货程序是否规范 严把验货收货质量关
退货管理	检查退货 执行退货程序，定期检查退货单据
损耗管理	控制报废商品 控制商品损耗 检查商品报废程序 控制门店、仓库的盗窃率
商品陈列管理	检查商品和促销品的陈列 根据先进先出原则补货 检查标价牌正确与否和与商品对应情况
商品市场调查	新品调查和流行趋势调查 季节性商品的市场调查 滞销品调查 定期检查市场调查报告并确定决策 竞品调查

（三）人力资源管理

在人力资源管理方面，金牌店长的权限包括：

执行既定政策、落实指标；

负责员工招聘；

负责薪资管理；

负责对员工的直接上级上报的晋升、奖惩、离职、辞退等情况进行审批，据实际情况决定；

负责新员工的上岗培训；

定期布置员工岗位培训任务并组织考核；

安排员工上下班时间和节假日；

检查员工考勤情况。

（四）形象景观管理

金牌店长对于门店的形象景观方面的工作从不忽视，主要行使的工作权限包括：

门店卖场布局、主要通道的景观管理和购物导向设置管理；

检查门店卫生环境；

管理门店的音响、灯光等购物环境；

检查指示牌和 POP 广告的布局；

检查店员仪表形象和语言规范。

（五）销售管理

门店工作的重中之重就是销售，因此，销售管理工作的质量也是评价店长工作优劣的重要指标。其工作权限如表 2-5 所示。

表 2-5　金牌店长在销售管理方面的工作权限

工作权限	具体事项
价格管理	管理商品的定价 根据实际销售情况和市场信息决定商品的调价策略
分析管理	制作销售日报表 统计销售额、销售量、利润排行榜 管理供货商结款报表 管理盘点，并进行分析 对每项促销活动做出分析 定期综合各类报表和资料完成销售分析报告
促销管理	检查日常促销商品 促销活动策划 监督管理促销方案的实施执行，跟进促销活动中各环节的管理

（六）财务管理

金牌店长的财务管理工作一定要做到清晰、透明、合理。很难想象一个账目管理混乱无序的门店经营业绩会好，因为善于理财才能赚钱。要想成为优秀的店长，就要清楚在此方面的工作权限包括：

（1）确定各项费用预算；

（2）确定营业额和毛利润目标；

（3）控制各项费用支出；

（4）供货结款审核管理；

（5）根据销售额、库存、报损、费用支出等统计数据进行损益分析。

五、店长在门店开业前期的主要工作流程

一般情况下，在开业之前，就已经对店长有了明确的任命。而这个还未上任的店长，其实对于门店来说，反而更为重要，他所应负责的具体工作也显得更加繁杂一些。大约在开业前三个月的时候，这个未上任的店长就要开始展开各项具体工作了。

（一）准备工作

1. 资料准备

（1）工程图纸。

①门店平面图。

②消防、空调安装位置图。

③水、电施工图。

④给排水、排污施工图。

⑤网络、通信线路图。

⑥报警头分布图。

⑦监控摄像分布图。

图2-1 南京百分女人化妆品连锁店店铺实景（一）

（2）当地基本情况及开业进程。

①当地 GDP 及人口情况了解。

②所在地行政分布图。

③《开店时间进度表》。

④招商平面图及用电、用水说明。

（3）营运设备及辅助营运设备资料。

①货架及配件清单。

②专柜设备清单及其功率大小。

③电脑设备清单。

④人资设备清单。

⑤收银台、服务台、寄存柜、购物篮等。

⑥收货营运设备及表单、清单。

⑦清洁器材。

⑧防损及消防器材清单。

（4）总部资料。

①总部营业执照复印件。

②法人授权委托书。

③法人身份证复印件。

④分支机构负责人身份证复印件、照片。

⑤《房屋租赁合同》。

（5）人资配置。

①人员配置表。

②初拟开业所需支援岗位情况。

（6）营业规范。

①员工手册。

②门店服务规范。

③商品陈列规范。

④仓库作业管理规定。

⑤门店盘点作业规定。

⑥市场调查作业规定。

⑦门店防损管理规定。

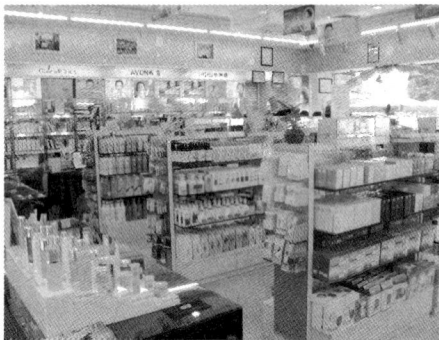

图 2-2　福州跳蚤屋化妆品连锁店店内实景（一）

⑧商品领货、标价、补货、理货、清洁作业规定。

⑨其他所需的营运规范。

2. 图纸的研读

（1）与工程和营运人员了解门店的设计规模、动线安排、区域划分、预期销售、设备配置、培训安排等事宜。

（2）对图纸上不能理解的部分充分了解，并对有异议的地方提出自己的看法，尽早地与营运和工程人员沟通。

（3）对照《开店时间进度表》，细化《××店开店工作计划表（店长）》，确定项目执行时间段，落实项目实施人、负责人（附表样）。

3. 实地调研

店长需要到门店所在地实地查看，了解门店所处的地理位置、周边的商业情况、居民状况、竞争对手的地理位置和销售规模。调查门店周围的通道位置，车辆的进出通道，停车区域，卸货区域，排气、排烟及噪声对周边居民的影响。

4. 成立筹办处

（1）选取筹办处。

筹办处地址要在目标店址附近，尽可能与房东协调，租用临时办公区。配备安装临时电话、传真机、电脑、打印设备、打印纸、本地城区地图。

（2）筹办人员就位。

按计划，筹办人员逐步到位。

（3）前期企划宣传。

①城市主要位置和目标店址周边广告宣传。

②周边商圈即将入驻的广告宣传。

（二）人员招聘与培训

1. 管理人员招聘

2. 员工招聘

3. 促销人员储备

（1）在员工招聘的同时，对落选的报名者，从中筛选部分愿意从事促销工作的人员，为门店储备专柜的促销人员，以待专柜供应商面试。

（2）储备人员的多少，以门店各部门所需促销人员数（采购确认或参照同规模门店）为基数，加招商专柜所需人员（营运招商经理提供），加30%的机动数。

（3）专柜供应商面试确认后，便视同本店员工进行体检，领健康证、培训。

4. 招聘人员的培训

5. 工资待遇的确定

（1）管理人员、员工等门店全部人员工资由总部人资统一确定标准，门店遵照执行。

（2）门店各级管理人员，不得承诺下属的薪资要求。

（3）员工调薪须经总部人资部门的核准。

（4）员工的劳动合同签订和相关保险的缴纳，按总部相关规定执行。

（5）配合总部协调好当地劳动部门的关系，维护公司和员工的利益。

（三）外部联络及各类证照的办理

1. 外部联络

（1）外联准则。

①门店的一切外部联络，均由门店店长负责。

②外联工作中，要坚持原则，维护公司利益，不卑不亢，树立公司形象。

③讲究工作效率，少花钱，多办事。

④重大问题，及时与总部沟通。

⑤接待、招待费用，坚持从简原则。超权限的费用执行公司先申报后实施规定。

（2）物色相关支持单位。

①首选政府机关（政府办公室、发改委等）。

②各职能部门（工商、税务、公安等）。

③原则上以为门店提供支持，协调能力强的机关、部门单位为主。

（3）联系职能部门。

①工商部门：

企管科：营业执照办理。

公平竞争科：市场不公平竞争督察。

稽查大队：市场检查。

消费者协会：处理客户投诉、消费者权益保护。

广告科：广告内容审核、收费等。

②国税：一般纳税人办理，国税征收、稽查，收银发票印制。

③地税：税务登记证办理，各项基金征收、稽查。

④物价：牌价卡审印，市场物价检查，促销活动检查。

⑤技术监督：

计量监督检查：电子秤、地磅等。

商品条码检查：商家冒用、盗用等不法行为。

定量包装检查。

⑥卫生防疫部门。

⑦交警大队：门店前停车，交通护栏设置，货车通行证发放。

⑧城管：户外广告发布，过街横幅，店前宣传，门前活动，气拱门、气球收费，门前停车、秩序维护、无证商贩治理。

⑨当地派出所：属地治安管理，突发事件的处理，重大客户投诉的处理，门店重大失窃处理。

⑩劳动局：用工管理，劳动仲裁，员工劳动合同签订和见证，用工稽查，招聘广告审核。

⑪供电局：用电计量收费，门店用电管理、故障抢修。

⑫环保局：门店排污收费，噪声、油烟检测，环评审定。

2. 各类证照的办理

（1）工商注册及经营项目的增加。

①工商部门企业科申领相关表格。

②按要求准备相关资料。

③及时与总部联系，确定门店负责人并提供相关材料。

④经营项目的确定，如暂时条件不具备的经营项目，可在以后增补，原则是不能影响营业执照的办理。

⑤刻制门店公章和财务用章。

（2）银行开户。

①离门店的距离。

②交款路线是否安全。

③要求提供货币交换服务。

（3）申办税务登记（国税、地税）。

①办理国税、地税的税务登记证。

②申办一般纳税人资格。

③办理印制卷筒式发票手续。

（四）设备购置

按照准备工作采购配置设备。

（五）商品收储及陈列

1. 原则

（1）参照营运部商品订货相关营运规范。

（2）参照营运部《仓库作业规范》。

（3）参照营运部《商品陈列规范》、《特殊陈列探讨》。

2. 收货

（1）准备工作。

①收货区交付使用。

②配送计划制订。

③场地要求：收货办公室交付使用；电脑设备安装调试；收货耗材到位；停车场地平整。

④搬运设备。

⑤仓库货架。

⑥防损安排。

（2）商品验收。

（3）仓库作业。

（4）商品分流。

（5）专柜商品收货。

3. 陈列

（1）准备工作。

①商品到货情况：跟踪每日各部门的到货品种数和总计金额。

②货架安装完毕，跟踪配件的短缺情况，以及最迟到达时间。

③加强防损力量。

④各部门的进度安排和员工排班。

⑤遮盖材料准备（彩条布、一次性塑料桌布）。

⑥保洁人员、设备。

⑦纸板箱存放位置。

（2）商品出样。

（3）促销区陈列。

4. 牌价卡、POP 等店内布置

（1）店内美观布置。

（2）牌价卡制作。

（3）POP 书写。

（六）消防与安全

1. 门店消防

（1）门店消防制度。

（2）门店消防应急措施及应急疏散预案。

（3）消防值班制度及记录。

（4）员工消防培训计划。

2. 安全防范

（1）员工安全作业培训。

（2）顾客安全防范。

（3）开业应急方案及预先措施。

3. 仓库防损

（1）店内仓库管理。

（2）精品仓库管理。

（3）店外仓库管理。

（4）收货区管理。

（七）开业计划安排

1. 店内指示标志

（1）服务总台指示牌。

（2）团购接待处指示牌。

（3）客诉中心、退换货中心指示牌。

（4）停车场路标、引路牌。

（5）电梯、楼梯指示牌。

（6）收银指示牌。

（7）卖场出入口、无货物通道指示牌。

（8）厕所指向、出入口标志及卫生敬语。

（9）员工专用通道指示牌。

（10）赠品发放区指示牌。

（11）商品分区指示牌。

2. 顾客须知

（1）服务台退换商品声明。

（2）总台寄放物品声明。

（3）电子寄包柜使用说明及注意事项。

（4）开发票须知。

（5）送货程序。

3. 员工胸卡、制服和标识

4. 电视、报纸宣传计划

5. 跨街横幅、灯箱、旗杆广告计划

6. 开业海报、DM 邮报

7. 开业防损计划制订

图 2-3　中国香港街头的万宁个人护理用品连锁店店铺实景

第三章　金牌店长的职业素养

一、理论素质是"鸡肋"吗

每一位从事营销相关职业的人士大概都有体会，营销是一种特殊的综合技能，是一种实践的学问，需要通过在实际工作中不断积累经验来实现自我提高。这种实践经验对于做好门店的经营管理工作也当然是必不可少的。然而，就在对这种认识的理解偏差影响下，许多走上店长岗位的人，过分迷信自己的实际经验和过往经历，而忽视了对理论的再学习和再提高。

那么，理论素质对于店长岗位来说是不是"食之无味"的"鸡肋"呢？它对于店长做好经营管理工作究竟能起到多大的帮助作用呢？

首先可以肯定，胜任店长工作需要掌握一定的经营管理理论，理论素质也是店长必须具备的基本职业素养。因为店长的工作就是做好门店的经营工作和管理工作，而无论是经营还是管理都是需要相应的理论作为支撑的。

那么，要成为一名金牌店长，需要掌握哪些基础的管理和经营的理论呢？

（一）泰勒的基础管理理论

泰勒的基础管理理论是有着"科学管理之父"之称的美国的古典管理学家弗雷德里克·温斯洛·泰勒（Frederick Winslow Taylor，1856~1915）提

图 3-1 "科学管理之父"
泰勒

出的。

泰勒是一个生前逝后都饱受争议的人，但是他对于现代管理学和现代经济学的发展都有着颠覆性的影响。他出生于富裕家庭，却在读完中学时因为视力原因被迫辍学。他推动了流水线生产方式的产生。伟大的革命导师列宁对泰勒推崇备至，他曾这样评价泰勒："他是一个影响了人类工业化进程的人。"然而由于泰勒提出的管理理论，他成为终其一生都与工会水火不容的人，他被同时代的工人称为"野兽般残忍的人"；在他逝世后，现代管理学家们一直没有终止对他的批判。

泰勒的基础管理理论的核心宗旨是追求谋求最高效率，核心内容包括五点：

（1）强化工人的工作技术，对工人提出科学的操作方法，以提高工作效率。

（2）对工人进行选择、培养和晋升。

（3）制定科学的工艺流程。

（4）采取计件工资报酬制度。

（5）管理和劳动分离。

今天看来，这几点都是再普通不过的管理方法了，甚至是约定俗成的制度、规则，但是这却是现代企业最基础的管理理论，是一切经营管理理论的发端，是每一位身处管理岗位的人必须清楚的。

（二）法约尔的管理过程五要素

亨利·法约尔（Henry Fayol，1841~1925）是法国著名的管理学先驱，他在长期从事采矿业的过程中总结出了一套科学的管理体系，该体系已成为现代企业管理的基本准则。法约尔的管理思想强调过程和组织，因此，他的理论的核心便是"五要素"。

第一要素是计划。制订计划可以使管理具有预见性。计划是根据企业的具体情况，确定一定时期内所要达到的目标，以及为实现这一目标在行动上所要遵循的途径、手段和方法。好的计划一般具备四个特征：统一性、连续性、灵活性和准确性。

第二要素是组织。所谓组织，就是企业物资管理和机构、人员管理的形式。物质组织是进行设备管理的，而进行机构和人员管理的组织则分为内部和外部两种不同的形式。外部形式是指如何建立组织机构，内部形式是指人员的选拔、配备、训练和考核。企业所使用的人员的质量企业组织结构和发挥的作用，而所用人员的能力的大小决定了企业本身的发展程度和规模。

第三要素是指挥。指挥是为了让企业的所有成员都能履行各自的职责，在各自的工作岗位上做出最优成绩，以实现整体的运营目标。

第四要素是协调。协调是指连接、联合、调和所有相关的活动和力量。企业作为一个统一的整体，要实现既定的经营目标，就必须使企业的各项活动相互衔接，使每个成员密切配合，做到和谐一致。

第五要素是控制。控制是指掌握工作的进展情况，检查是否与既定的计划、目标相符，而控制的根本目的在于发现工作中的缺点和问题，并及时采取措施纠正，以确保企业在正确轨道上运转，顺利实现经营目标。

法约尔的这一"五要素"理论可以说是为门店经营量身设计的，这五要素更加贴近于门店管理的实际。可以说，"五要素"理论是每一位店长的必修课，在实际工作中且不可恣意违背这些基本管理准则。在这之中，法约尔认为：计划是所有管理活动的出发点，也是其他管理职能活动的依据；组织是管理职能发挥效力的基础；指挥、协调、控制则是组织的各项活动正常进行的基本保证。可见，所谓管理也就是以计划为中心的各个管理职能交替发挥作用的循环往复的过程，因此，法约尔的这个理论又被称为管理过程理论。

（三）金牌店长津津乐道的几个实用管理理论

1. 蘑菇管理理论

所谓蘑菇管理，就是企业管理者对待新职员的一种管理方法，像栽培蘑菇一样将其放在阴暗的角落（安排在不重要的岗位，分配给一些平常琐事或打杂跑腿的工作），不会让它见到阳光，甚至还会隔三差五浇点凉水、淋点大粪（批评、指责甚至代人受过），不会给其任何特殊的关照（不会给予和其他员工不同的特殊关照，有功不奖，出错必罚），让新上岗的员工在这样的蘑菇管理之下能够消除不切实际的幻想，而更加接近现实，踏实地做好本职工作。

一个企业、一个组织对新进的人员都应该一视同仁，从起薪到工作都不应有大的差别。无论是多么优秀的人才，在刚开始的时候，都必须从最简单的事情做起，不拘一格重用新人对于门店管理来说并非是好事，而蘑菇的经历对于成长中的年轻人来说是非常有益的，可以有效帮助其走好事业的第一步。

2. 彼得原理

每个组织都是由各种不同的职位、等级或阶层的排列所组成，每个人都隶属于其中的某个等级。彼得原理是美国学者劳伦斯·彼得（Laurence J. Peter）在对组织中人员晋升的相关现象研究后，得出的一个结论：在各种组织中，雇员总是趋向于晋升到其不称职的地位。

这种现象在现实生活中无处不在：一名称职的教授被提升为大学校长后，却无法胜任；一个优秀的运动员被提升为主管体育的官员，而无所作为。对一个组织而言，一旦相当部分人员被推

图3-2　美国学者劳伦斯·彼得

到其不称职的级别，就会造成组织的人浮于事、效率低下，导致整个团队发展停滞。因此，这就要求改变单纯的根据贡献决定晋升的企业员工晋升机制，不能因某人在某个岗位上干得很出色，就推断此人一定能够胜任更高一级的职务。将一名职工晋升到一个无法很好发挥才能的岗位，不仅不是对本人的奖励，反而使其无法很好发挥才能，也给企业带来损失。

3. 木桶理论

木桶理论是讲一只木桶能装多少水，这完全取决于桶壁上最短的那块木板。这就是说，任何一个组织，可能面临的一个共同问题，即构成组织的各个部分往往是优劣不齐的，而劣势部分往往决定整个组织的水平。木桶理论对门店的管理和经营的方方面面都普遍适用。店长在进行经营决策和人事安排时必须注意认真考量和评估自己的最短的那块"木板"，从而清醒地判断自己的实力。

4. 手表原理

手表原理是指一个人有一块表时，可以确切地知道当前时刻，当他同时拥有两块表时，却无法确定。两块手表并不能告诉一个人更准确的时间，反而会让看表的人失去对准确时间的信心。

手表原理在企业经营管理方面，给我们一种非常直观的启发：对同一个人或同一个组织的管理，不能同时采用两种不同的方法，不能同时设置两个不同的目标，甚至每一个人不能由两个人同时指挥，否则将使这个企业或这个人无所适从。

二、乐观是基本的心理素质

心理素质是店长职业素养的一个重要属性，没有过硬的心理素质，就无法承受日常工作中的各种压力，也无法百分之百地施展出自己的才能，更加无法在困境中生存，无法在危局中立足。心理素质是人经过后天环境影响、教育、培养、实践强化等因素综合作用而逐步产生和发展的，因此，心理素质可以通过不断地后天训练而得到提高。

乐观的心态是心理素质健全的重要标志。美国著名的企业家、教育家、心理学家卡耐基认为：乐观是不可缺少的情商。

（一）乐观对于店长的五大益处

1. 能促使店长心胸豁达

比陆地宽广的是海洋，比海洋宽广的是天空，比天空更宽广的是人心。心胸豁达的店长才是真正的强者，才有可能在激烈的商战中取得胜利。保持乐观的心态可以帮助店长理智而冷静地面对困境和问题，以豁达的心胸为人处世，让员工看到企业和门店发展的希望，同时也让员工感受到店长的人格魅力，避免因为过于计较而出现干群关系危机。

2. 有益于店长生理健康

店长每天都要面对方方面面的事情，起早贪黑、废寝忘食是常有的事，没有健康的身体做保障还真的不一定能胜任。而近期的一项调查显示，企业的中层管理人员、销售经理和门店经理周平均工作时间超过70个小时，这对广大从业者来说，是对健康不小的透支，如果再总是带着忧郁、悲观等不好的情绪，势必会对生理健康造成严重危害。众多的店长在企业和门店步入正轨的过程中发挥着重要作用。在这一过程中，店长呕心沥血，乐观的心态也被逐渐消磨，最后生理健康也越来越差，导致众多的决策失误。在分析企业失败的原因时，很多专家都会将刚愎自用作为一条重要原因。其实刚愎自用从根本上来说，就是不乐观的表现，是身体状况不佳的表现。真正自信、乐观的店长不会用刚愎自用来证明自己的能力。店长保持乐观心态有益于其生理健康，能确保其在日常工作中做出比较理智的决定，避免刚愎自用或者好大喜功。

3. 帮助店长促成良好的人际交往

人都愿意和快乐的人交往。因为在人与人相聚时，快乐的心情、微笑的表情会让人觉得轻松和愉快，会驱除心中的烦恼。店长和各色人交往是必不可少的，因此能给别人带来快乐也自然是应该具有的能力。通过给别人带来快乐来协调人际关系是有利于管理的进行的。

4. 能促使店长顺利工作

店长面对各种困境甚至绝境时，如果保有一颗乐观的心，就能够使管理工作顺利进行。管理中的诸多失误往往不是因为店长的能力不足，而是因为悲观导致对前途丧失信心，在决策时出现慌乱所致。

5. 能够正确面对挫折

乐观是让身处困境中的人不致感到冷漠、无助、沮丧的一种心态。对于店长也一样。有这种心态，在面对挫折时，就仍坚信形势和情境能够好转，从而保持拼搏向上的精神。在遭受挫折面临绝境时，悲观的人不断地对自己说："这一行我干不了。"结果往往真的过不了多久，他就会从店长的职位上"下课"，不仅给企业工作造成损失，而且也在自己的心中留下了永远的阴影。而乐观的人往往会告诫自己说："可能是我的方法和思路不对，我应该重新来，我一定会是优秀的店长。"往往用不了多久，他就真的会成为一名优秀的店长。

（二）店长何以培养乐观的情绪

乐观的情绪对于店长来说虽是如此重要；但也是可以在日常生活和工作中培养的，而且看起来都是比较简单又行之有效的方法，店长们不妨现在就试试。

1. 找自信

面对镜子，从心底发出会心的微笑，然后深吸一口气，对自己喊道："我能行！别人能做到的我一样能够做到！"

2. 保持微笑

无论任何时候都要记得对你的员工保持微笑。

3. 运用幽默

幽默往往能够激发生活中的快乐，并把快乐情绪化，可以从容应对许多生活中的尴尬场面和令人不快、烦恼，甚至痛苦、悲哀的事情。

4. 参与活动

乐观的情趣可以培养乐观的情绪，乐观的人大多都有许多健康的兴趣爱好。店长虽然工作繁忙，任务繁重，但是也应该抽出时间来参加一些文艺、体育活动，培养活泼进取、开朗、积极参与的生活态度。

5. 合理要求

店长保持快乐的关键就在于管理中成绩的实现。要实现较好的成绩就不要对员工提出不合实际的要求，应该尽量体谅员工的难处，对员工的要求不要过于苛刻。

（三）金牌店长的幽默感

乐观者的一个重要标志就是富有幽默感。

幽默能使人感到亲切。美国的一些医院近年来开设了幽默室为病人疗疾。幽默室一经开放即受到了病人的欢迎，一些病人病情神奇般地好转，比药的疗效更好。这样的疗效显然得益于心理疗法恰到好处的运用。在门店管理中，幽默的店长能使他的员工体会到工作的愉悦。店长的目的是使他的员工能够准确而且高效地完成工作，轻松的工作气氛有助于实现这种效果。尤其是在一些令人尴尬的场合，比如，某位员工工作失误被传唤到店长的办公室时，恰当的幽默可以使气氛顿时变得轻松起来，利用幽默批评员工，既照顾了员工的面子，又能让员工欣然接受批评。

幽默不是天生的，幽默是可以培养的。美国前总统里根在当总统以前也不是很幽默。在竞选总统时，别人给他提了意见。于是他通过每天背一篇幽默故事来培养自己的幽默细胞，最后也变得幽默和风趣起来。金牌店长也并非天生就具有超强的幽默感，而是在丰富的生活、工作中不断积累、不断学习才培养出了自己的幽默感。通常来说，可以通过以下一些途径培养幽默感。

1. 与忧愁苦恼说再见

幽默与乐观是孪生姐妹。一个遇到困难和挫折便愁眉不展的人很难具有幽默感，相反，一个具有幽默感的人却能从自己不顺心的境遇中发现某些有助于环境改变的因素，进而使自己做到心理平衡。具有幽默感的店长只有自身具有感染力，才有可能感染别人。

2. 积极创造新灵感

幽默往往表现为将两个不相干的事物有机地联系起来，或者思考出一个看起来根本无法解决的问题，让人产生惊奇和有趣的感觉。进行创造性的思考，不仅可以拓展思路，锻炼思维，而更重要的是独创的想象力可以显著培养自己的幽默感。

3. 强化幽默训练

在日常工作中，多注意语言艺术，可以常说一些有趣的话，业余时间多读一些幽默小品、名人趣事等，尤其特别注意一下一些名人、学者在讲座时的用语，有时间、有条件的话，可以去现场听听他们的讲座（一般大型企业的年会、经销商会议、连锁店峰会都会结合会议主题和实际情况邀请一些业界知名专家进行讲座），亲耳聆听感受他们的幽默语言艺术。不过，有些时候幽默是一种灵感，是面对问题的时候瞬间产生的，容不得细致的思索和认真的考虑，这就需要在平时不断锻炼自己的思维能力，开阔视野，丰富自己的幽默感。

（四）金牌店长的最佳心境

心理学家认为：学会保持最佳心态，就好像一条鱼，能够自由自在地遨游在社会、家庭和生活的海洋中。一所肺结核医院里住着两个病人，第一个病人的肺结核比较轻，经过治疗已经基本痊愈；而第二个病人的结核病很严重，连医院都想不出任何办法，只好让他回家去休息。这两个病人同一天出院，但是由于医院工作人员工作失误，把两份病情报告单抄写颠倒了。结果，接到病情严重通知的第一个病人顿时紧张起来，忧虑重重。出院后病情逐渐加重，而且开始恶化，不久又住进了医院。而接到病情基本痊愈通知的第二个病人心情顿时轻松，回到依山傍水的农村，生活节奏开始恢复正常，精神愉快，心情舒畅，结果被认为治不好的严重肺结核竟然痊愈了。这并不奇怪，一个人的生存状态在很大程度上是由其心境决定的。

对于店长来说，保持最佳的心境是必需的。保持最佳心境的方法主要有：

1. 要善于控制自己的情绪

店长的情绪不会是一成不变的，有时好，有时坏，有时波动如浪，有时平静如水。因此，必须学会控制情绪。尤其是当店长有了不良情绪时，要能在最短的时间中，将不良情绪消灭在萌芽状态，使不良情绪得以控制，以免酿成灾祸。要做到这一点，关键是凡事应该三思而后行，善于压"火"，以此来显示自己的大方和不失高尚的人格，同时也便于"退却"，给自己充分的缓冲空间，以退为进。

2. 虚怀若谷，胸襟坦荡

君子坦荡荡，小人常戚戚。事实证明，在现代企业管理中，胸怀开阔的店长往往遇到的麻烦比较少，遇到的不愉快的事情也少得多。保持了良好的心境，自然就保持了良好的工作状态。

3. 要合理掌握处理问题的尺度

尺度就是有所为，有所不为。它是通过模仿和学习他人的长处来实现的。店长只有和周围的人们形成和睦的气氛，才有利于保持最佳心态，也容易把管理中的事务处理好。同时最好是不要揭别人的短，要在不知不觉中感化对方，促使其自己认识并改正错误。

4. 要文明规范地管理

店长对员工的管理既要规范又要文明，从而避免人际关系中的尔虞我诈。在愉快的氛围中，才会产生愉悦的心境。切忌对周围的人和事耿耿于怀。在企业中看不惯的而一时又解决不了的事，大可不必为此跟自己或别人过不去，闷闷不乐，要保持乐观心态，从长计议。

5. 亲近自然，保持宁静

离开喧嚣的大都市，走向宁静、清新的大自然之中，在青山绿水中徘徊，面对美景，荣辱皆忘，心中的阴影也会一扫而光。多参加体育、文艺活动，观看演出等都能营造良好的心境。

6. 装出一份好心情

好心情也是可以装出来的。美国著名心理学家霍特曾举过这样一个例子：有一天，他的友人弗雷德感到意气消沉。而弗雷德应付情绪低落的办法通常是避不见人，直到这种心情消散为止。但糟糕的是，这天他必须和上司举行重要会议，于是他决定装出一副快乐的表情。在整个会议的过程中，他都表现出笑容可掬，谈笑风生，装成心情愉快的样子。结果到会议结束，他真的变得不再抑郁不振了。在心理学中有这样一个原理：装着有某种心情，往往能帮助他真的获得这种感受。同样，心理学家艾克曼的研究表明，一个人如果老是想象自己进入某种情境，感受到某种情绪，其结果是这种情绪极有可能真会到来。

三、性格优劣定成败

所谓性格，是指表现在人对现实的态度和相应的行为方式中的比较稳定的、具有核心意义的个性心理特征，是一种与社会最密切相关的人格特征，表现了人们对现实和周围世界的态度，并表现在他的行为举止中。性格主要体现在对自己、对别人、对事物的态度和所采取的言行上。

常言道：思路决定出路，性格决定命运。人们在现实生活中常常表现出勇敢或者怯懦、诚实或者虚伪、积极或者消极、鲁莽或者谨慎等性格特征，性格就是由许多这样的特征构成的统一体。性格对于人的成功与否起着非常关键的决定作用，它决定了一个人在面临多种选择时最后做出何种决定，同时也决定了一个人在做事时会采取何种方式。

（一）金牌店长应具备的性格

1. 积极

任何事情都积极主动地去面对，无论何时都能迎难而上，积极迎接挑战。

2. 忍耐

能忍耐每天千篇一律的重复性工作，能承受冷清、辛苦、枯燥、误解等门店工作中常见的情形，还要具有能率领整个团队坚持奋斗、挺过艰难的忍耐力。

3. 开朗

诚如前面所说，乐观是一项基本的心理素质，而开朗和乐观是形影不离的，微笑会像阳光一样不仅照亮自己也照亮他人。开朗的情绪会使店员们如沐春风，让整个门店焕发春天的朝气。

4. 包容

每个人都有失败和犯错误的时候，店长要能够包容下属的无心之过，真心关怀和激励店员。

（二）如何培养良好的性格

1. 改正认知偏差

由于受不良环境影响，或接受教育的局限性，店长在自己的心中会对人产生错误的认知。例如，认为这个世界上坏人多、好人少；同人打交道，要防人三分。这种店长一般心胸狭隘、嫉妒心强、疑心大，对门店的管理十分不利，因此必须及时改变这些认知偏差。这就需要店长积极地参加社交活动，充分体验和感受生活。同时多看一些励志书籍或者成功者传记，看看别人的成功历程和为人处世之道。

2. 摘掉自己的"有色眼镜"

我们必须承认这个世界上有极度自私自利、为了自己利益不择手段的人，但是这世界上好人还是居多的。有些上过当或受过挫折的店长，对别人总存在一种提防心理，对员工总是往坏处想。这种疑心重、心胸狭隘的店长办起事来往往优柔寡断，而且不敢放权。作为一店之长，看待问题和与人交往不能戴着"有色眼镜"，要从好的方面着眼。

3. 助人为乐

不良性格的店长往往以自我为中心，他们对人冷漠，不愿与人交往，生活在自我的小天地里。这种性格是不利于管理活动的开展的，因为管理活动就是要和人打交道。因此，店长应该及时地改变这种性格，主动地去帮助别人。每一个人都需要关心，每一个人也都有需要别人帮助的时候，通过这种方式，店长也会得到人们的帮助，在人们的互帮互助中实现管理的成功。店长在这种状况下才能体现自身的价值，使心情得到改善，对人对事的看法和态度也会随之改变，进而有利于性格的完善。

4. 培养健康情绪，保持乐观的心境

店长偶尔心情不好，不至于影响性格，但是如果长期心情不好，就对性格有重要的影响。长年累月爱生气，为一点小事而激动的店长容易形成暴躁、易怒、神经过敏、冲动、沮丧等性格特征，这是一种异常情绪性的性格，久而久之就会逐渐不胜任店长的岗位。因此，一定要乐观地生活，要胸怀开朗，始终保持愉快的生活体验。当遇到挫折和失败时，要从好的方面去想。店长不能让苦闷积压在心，否则容易导致性格的畸形发展。

5. 取人之长，补己之短

金无足赤，人无完人。每个人的性格特征中都有好的因素，也有不良的方面，要善于正确地自我评估，正确地对待自己的优缺点。好的性格进一步巩固，不好的性格要努力改造，通过取长补短来使得性格完善发展。坚持取人之长，补己之短，就可以使自己的性格逐渐完善。

四、先做人，后经商

店长的为人处世方法和道德风尚往往会被年轻的店员所效仿。因此，一名拥有良好品格的店长能给他的店员带来巨大的影响力，好的品格可以让店员们崇敬甚至敬畏，从而无形地树立了店长的领导威信，有利于管理；而不好的品格则会受到店员们的鄙视甚至抨击，从而极大地损害了店长的形象和威信，造成离心离德的局面。因此，道德品格修养对于店长来说非常重要，应受到时刻的重视。道德品质是一切素质的基础，只有先做好了人，才能管好店，经好商。

时下许多企业在对员工开展培训的时候，都会注重道德、品格层面的培养，其中，许多培训师都会在课程中安排这样一个内容——"把信送给加西亚"。可能很多人都知道"把信送给加西亚"这个故事，它的情节很简单，但是道理却很深刻。在19世纪美西战争爆发之际，时任美国总统的威廉·麦金利急需与身处古巴高山密林深处的反抗军领袖加西亚将军取得联系，采取联合军事行动，然而当时没人知道加西亚的确切位置，加上几乎整个古巴都在西班牙军队的封锁之下，这可以说是不可能完成的任务。然而当安德鲁·罗文中尉被叫到总统办公室，接到"把信送给加西亚"的命令之后，就立刻出发了，甚至连问都没问一声"他在哪儿"之类的话就立刻出发了。结果罗文历尽艰险，仅用三个星期就不负重托将信送到加西亚将军的手中，罗文成为了民族英雄。以往，培训课程中主要是借这个故事来讲企业和雇主需要怎样的员工，员工需要怎样的工作态度。而作者阿尔伯特·哈伯德曾经说过，罗文之所以能把信送给加西亚，最重要的原因并不是他出色的军事才能，而是他令人敬佩的职业道德。多年来，许多国际知名的公司都将《把信送给加西亚》一书作为员工必读书籍，可见良好的道德品质对于职业能力的影响力。

那个将罗文推荐给麦金利总统的人断言"只有他才能把信送给加西亚"，很显然，凭借的就是罗文那让人折服的道德品质。论军事才能和野外生存作战能力，应该有成千上万的人都不会比罗文这个中尉军官差；而在接到任务后，他没有多问任何问题，也没有讲任何条件；在执行任务的过程中，没有任何强制约束，面对困难艰险他也始终没有放弃。什么是道德和品质？罗文的做法很好地回答了这个问题。

对于店长来说，良好的道德品质从责任感、忠诚度和诚信度三方面体现。责任感就是店长要始终具有主动承担店长的岗位职责的意识。忠诚度是店长要能够坚持自己的理念，忠于自己的使命、职责和事业。诚信度则需要信守诺言，也是一切道德品质的基础。因此，讲诚信也是做人经商的根本准则。从长远来讲，店长自我建立诚信体系对门店甚至整个企业都具有重大意义。它不仅可以降低门店管理的成本，还可以影响、规范员工的言行，更重要的是有助于树立门店和企业的品牌形象。

五、管理才能和领导气质缺一不可

店长是门店的最高管理者，如果将一个店比作一支军队，店长无疑是这支军队的统帅，需要管理好这支队伍，并带领他们行军作战。纵观古今，稍微留心一下，我们会发现人们对战无不胜的铁军都会有一个特别的称号——冠以统帅的姓氏，如著名的岳家军、戚家军等，之所以一支军队能如此深刻地刻下统兵大将的烙印，这与统帅卓越的军事才能和出众的领导气质密不可分。可见，作为一名店长，管理才能和领导气质是不可缺少的基本素养。

（一）店长在管理中的七大弊病

1. 不能把细节组合起来

任何一个成功的店长都不会因为太忙而不去做一些属于店长必须做的细节事情。

2. 不愿为他人出力

任何一个成功的店长都会乐于为他人服务，别人依靠了自己，那么其管理决策将会更加有效。

3. 以自我为中心

一个有管理才能和统帅气度的店长往往不会将工作推给员工而将荣誉归于自己，因为这样做注定会引起不满。成功的店长往往不苛求过多的荣誉，如果有荣誉，他会很高兴地将荣誉归于员工。因为他知道重用和嘉奖更能刺激员工的工作热情。

4. 只知道说而不知道做

店员不会因为店长说了什么而对店长有所佩服，只会因为店长做了什么并推动员工去做而对店长产生钦佩之情。

5. 计较名利地位

成功的店长不需要用名利地位来赢得员工的拥护，对此过分计较的店长往往是没有多大能力的人。优秀店长的办公室大门是敞开的，他在工作的地方是不拘礼节、不讲排场的。

6. 不忠诚

成功的店长往往坚守着自己对企业的忠诚。朝秦暮楚的人往往只会让别人看不起。而自己的不忠诚也往往带来的是下属员工的更加不忠诚。

7. 滥用权威

成功的店长懂得如何通过鼓励来教育员工，而不是通过吓唬人来领导员工。想用权威镇住员工的店长往往是极度缺乏自信或者没有足够的能力胜任店长职责的人。自古以来，暴君的统治之下不会产生盛世繁华，只会加速灭亡。店长进行管理需要的不仅仅是权威，更多的是人格魅力。

（二）金牌店长具有全面的管理才能

1. 养兵练兵的才能

养兵、练兵就是在工作中培养员工，而培养员工就是通过交付给员工适当的工作任务，培育、提高其工作能力。店长应敢于做"总教头"，并且制订恰当的目标计划，帮助下属成长，促使其提升业绩，让下属的能力发挥到极限，做到人尽其才。

2. 上阵拼杀的才能

店长身为管理者，要指挥全体员工、让员工心服口服。店长只坐在办公室里下命令是不行的，而是要能胜任到具体的工作，最好能做到样样都能干，样样都会干，样样都比人家干得好，如此才能获得员工的钦佩。

3. 军情分析的才能

店长要能够对信息资料、数据进行整理、分析，并运用到实践中去，以扬长避短、查漏补缺，加强管理，提升业绩。

4. 运筹帷幄的才能

店长要能够掌控全局，具有敏锐的判断力。敏锐的判断力来自不断的实践，通过实践锻炼自己对问题或事件客观评判、正确分析并快速解决的能力。

5. 自我修炼的才能

店长要具有善于不断学习、不断进步的能力，要留意自己周围的每一件事，并善于从中学习提高。不断充实自己，完善自己。

（三）金牌店长的领导气质

金牌店长一定具有统帅气度，受到员工的拥戴和同事的尊敬。与一般的缺乏领导气质的店长相比，金牌店长有六点不同的特征，如表 3-1 所示。

表 3-1　店长领导气质特征对比

金牌店长		缺乏领导气质的店长	
特征	说明	特征	说明
客观	调查研究，根据实际情况做决策	主观	凭主观意愿、个人感觉、狭隘经验做决断，不调查，不研究，瞎指挥
全面	从全局着眼，局部利益服从整体利益，做事顾全大局	片面	搞"一刀切"，常把局部的经验夸大为普遍适用的规律
开拓创新	敢于根据实际情况突破旧框框、老经验，看准了的事坚决做，看不准的事试着做，有冒险家的精神和企业家的谨慎	保守	因循守旧，安于现状，墨守成规
细致	工作耐心细致，对于有分歧的意见能采取民主的态度来统一认识	粗暴	通过强迫命令，以势压人，动不动就训人、骂人，根据自己的好恶来处理问题
讲求突破	说实话，做实事，言必信，行必果	追求形式	喜欢做表面文章，把工作停留在嘴上和纸上，注重"面子工程"
尊重员工	善于倾听员工的意见和建议，密切联系员工，善于集中员工的智慧和创造，共同搞好管理工作	轻视员工	认为自己相当高明，听不进不同意见，特别是来自员工的意见，其结果是使得员工在管理中不能发挥主观能动性

六、沟通交流技巧是重要的能力

与人沟通和交流是从事销售工作的一项重要的工作能力，店长应该善于与人沟通交流。门店的管理实际上 70% 的时间用在沟通上。开会、谈

金牌店长达标手册（第二版）

第一篇　素养篇

判、管理，甚至是写报告都需要运用沟通技巧与交流能力。很多门店常见效率低下的问题，实际上是由于有了问题后，大家没有沟通所引起的。企业内部管理混乱、店长缺乏沟通能力往往是因为其交流的能力水平太差所致。

（一）店长沟通交流中的忌讳

店长在日常的沟通交谈过程中，有些态度和表现是相当忌讳的。这些态度和表现很可能使店长丧失交谈中的主动权，导致交谈的失败。

1. 忌讳优越感

用一种优越于其他人和事的态度与对方交谈会让店长很快地陷入不利的地位，进而失去交往的机会。店长并不比他人优越，在整个管理过程中，店长必须和他人形成良好的关系才能将管理工作做好。有些店长认为自己的能力如何如何强，强到此地唯我独尊，他人的能力简直可以忽略，于是在管理的过程中，滔滔不绝地发表意见，不断地批驳对方的观点和意见，甚至在交流过程中不容别人发表意见，动辄以老师对学生、家长对小孩的训斥口吻交谈。这些都是有优越感的表现。殊不知真正决定管理有效与否的不是店长的优越感，而是他人的配合。优越感太强的店长是很难得到他人的认同的。

2. 忌讳以自我为中心

店长在和他人交流过程中，不要以自我为中心，以免给对方造成自己无法控制交谈的局面和无法再谈下去的印象。在交谈的过程中，应该尽量让他人感觉到自己把握话语权，这样他人才有可能自觉自愿地和店长形成一种良好的关系。

3. 忌讳争辩抬杠

在和对方的交谈过程中，店长应该尽量表现出十分随和，可以通过热情和真诚来感化人。但是千万不要试图通过争辩来说服他人，因为争辩只能使分歧加大，矛盾升级。在双方交流中，谁对谁错本是细枝末节，是无所谓的事情，交流的目的是达成一致，找到解决问题的方法，其中的关键是要和对方形成一种有利于管理的关系。

4. 忌讳挖苦别人

他人不管说了什么做了什么，店长都不应该挖苦他人。即使他人在众目睽睽之下有任何不雅的动作或者不雅的言谈，店长都不应该挖苦他们，要注意时刻体谅他人，原谅他人的过失。挖苦他人对店长来说没有任何好处，相反如果体谅他人往往能够得到全体员工的认同。

5. 忌讳无动于衷

对对方提出的意见和要求应该及时回应，不要无动于衷。无动于衷就是傲慢，当店长希望对方对自己说的话有所反应时，首先就必须对他人说的话有反应。

6. 忌讳言过其实

对他人的赞扬应该有度，对自己的介绍也应该有度。过分的渲染或者热情都会让人产生虚伪的感觉，而虚伪的感觉一旦产生，店长所致力建立的诚信体系自然土崩瓦解。言过其实的言辞是不足信的，这是每个人都知道的常识。

（二）如何提高和员工沟通的能力

店长无论是与店员还是上级或者客户沟通，首先必须注意沟通对象是谁。在进行沟通的过程中，要秉承两点：一是与当事人沟通。沟通当中最大的问题就是双方都不愿意或者害怕坐下来好好谈谈。因此店长可能跟所有的人都讲了这个问题，但是就是不跟当事人讲。这就是沟通的对象没有选择对。二是必须主动，这是一种十分积极的方式。店长的沟通的关键是必须迈出第一步。只要有人能够主动沟通，沟通障碍才有可能被解决。但是在实际的管理中，门店里出现的沟通障碍是以一种回避的方式解决，你不吭声，我也不吭声；你找我帮忙的时候，我就装糊涂，这样影响的就是整体的利益，而且这种回避的方式其实是在积累矛盾，当彼此的矛盾积累到一定程度，肯定会有一个爆发。

而沟通能力需要一些基本功，如表达的技巧。很多店长都不善于表达。如果店长表达不好，也就是说不能把自己的思想、想法清晰地向员工表达的时候，沟通障碍就已经产生。在国外管理比较成熟的公司里，新员工一进来就必须接受训练，这样大家都能充分表达自己的想法。店长要学会把要说的话归纳到几分钟里表达清楚。很多店长在开会的时候，可能会说："我来说几句。"结果，说了半个多钟头也没切中要害。表达能力强的人，在说话之前一般会先问："我有几分钟的时间？"如果是三分钟，好，他马上在自己脑子里归纳，先讲基本的想法是一、二、三。如果允许展开就适当展开，最后再总结一下。这样才能保证在规定时间内表达清楚，不给别人添麻烦。

沟通不良是店长容易存在的老毛病，组织越是复杂，其沟通就越是困难。基层的许多建设性意见未及时反馈到决策者，便已被层层扼杀；相应地，高层决策的传达也很难以原貌展现在基层办事人员面前。

对于店长来说，要改善和员工的沟通，必须从以下一些方面努力：

1. 沟通方式多样化

店长的沟通主要有三种途径：口头传达、书面报告和通信工具。书面报告容易掉进层层评报、文山会海当中，结果丧失了沟通的效率，而且在现在的门店中也越来越不被一般员工所接受，容易引起员工的反感情绪；口头传达则容易被个人的主观意识所左右，无法客观地传达沟通内容。因此，店长应该考虑采用一些不同于以往的沟通方式。例如，随着社会的进步和时代的发展，新潮思维完全可以运用到店长的日常沟通之中，利用手机短信、MSN、QQ、飞信等通信工具，可以大大丰富沟通交流的方式，减少企业内部沟通的障碍。

2. 要实现双向沟通

店长与员工的立场难免有不能共通之处，只有善用沟通的力量，及时调整双方利益，才能够使双方更好地发展，互为推动。时下，在很多企业中，所谓的沟通只是单向的，是上级领导对下级下达的命令，员工只是象征性地反馈意见，这样的沟通不仅无助于店长的监督与管理，而且时间长了必然引发员工的惰性甚至是抵触情绪。因此店长必须尊重下属员工的意见表达，鼓励员工各抒己见，即使员工所提建议不能被采纳，也要充分肯定和鼓励。

3. 要等距离沟通

沟通应建立在平等的基础之上，如果店长对下属员工不能一视同仁的话，所进行的沟通就一定会产生相当多的副作用。获得店长赏识的员工自然是心花怒放，没有多少怨言，但与此同时，会使大多数员工产生不满情绪，会给门店的正常经营管理埋下隐患。

4. 提高沟通效率

沟通是处理管理不当所引起矛盾的主要工具，如果沟通效率过低，当然就无法及时化解内部的矛盾，这个时候的沟通就是无效沟通。店长在进行沟通的时候，必须明确沟通的方向。而保证良好沟通方向的前提是门店的内部部门职能必须清晰明确，否则就将极大程度地弱化沟通的效果。一些正规的企业很注意这一点，往往在各门店之间或者店长与企业之间设置专门负责沟通的部门和人员，协助店长的沟通工作。

七、做善于思考的金牌店长

成功的店长，必然是一个勤于思考和善于思考的人。店长的工作无时无刻不需要进行思考，管理需要思考，经营更需要思考，往往一个思路的方向就可以决定工作的成败，影响到门店的命运。

金牌店长懂得去认真思考，在思考中不断追求创新，对一些突如其来的变化善于随机应变。

（一）金牌店长的思考具有前瞻性

门店的发展前途，归根到底取决于整个销售团队的素质。所以，店长的管理素质与能力直接关系到一家终端店铺的成败和兴衰。由于店长不仅是一个销售人员，而且还是一个团队的领导者，上级总部对门店面临的竞争情况、盈利的了解大都来自于店长的汇报，这就需要店长具备前瞻性的思考能力，以便及时应对各种情况的发生。而且，门店的目标计划、创新方法、促销等最终还是要依赖店长来管理并执行。假如店长的思路保守，不能对未来的前景有所预见，那么很难想象门店的业绩会提升。

（二）金牌店长拒绝做孤独的思考者

店长在门店的管理经营中发挥着重要作用，整天关在办公室里静心沉思是不行的，要将自己的思路呈现在大家面前，不但要让下属清楚地理解和认真地执行，还要使高层了解自己的思考方式和思路背景，使大家的思路能得到有效的沟通，将自己的能力和创意展现在大家面前，而不是去做孤独的思考者。

（三）金牌店长能够在思考的过程中不断创新、不断进步

金牌店长是一名优秀的导演，他们将门店看做是一个表演的舞台，而店内的硬件设施就是他们的布景和道具，一年四季不断变化的货品构成了故事的素材，店长要把这些素材组织成吸引人的故事，讲给每一位光顾的客人。故事讲得好不好，客人爱不爱听，全凭店长的组织、策划和安排带动。金牌店长要想组织出最吸引人的故事，就要在思考中不断求发展，不断进行创新。而店长要想使自己在店铺的品牌公司系统中不断成长，就应虚心向门店的高层领导学习，学习他们处理问题的方法，学习他们思考问题的方式，同时也要把自己放在领导者的位置上进行思考。只有这样，才会使自己的能力得到提升，才会使自己离成功越来越近。另外，要想在工作实践中提升自己的能力，还应注意对细节的追求。在努力使自己上升到一个比较高的位置的同时，店长还必须加强业务能力，使自己具备合理的知识结构，既有专长又有综合素质，管理起门店来才会得心应手。

八、提高职业素养的主要途径

优秀的店长时时刻刻都要兼顾经营和管理两副重担。而门店的经营环境时刻都在变化，竞争也日益激烈，对店长的素质要求也不断提高。因此，在具备本章所述的职业素养的基础上，店长还必须在实践中不断提高自身的素质和能力。

（一）在门店经营中提升自己

作为店长，必须对门店经营的风格有深刻的理解，并对门店经营的各个环节了如指掌，以门店的文化氛围、经营风格来提升自身素质。例如，开店的准备、清洁卫生的实施、柜台的布置整理、店面及店内的巡逻、商品的销售及保管、存货的盘点工作等。

（二）在失误中不断提升自己

店长要从失误中提升挑战力，就必须做到自我了解并掌握自己的性格、行为特征。事实证明，做笔记是一种非常有效的方式。做笔记时，一部分写自己的长处，另一部分则写短处，然后将自己的行为倾向表示出来。这些将成为店长提升挑战力的基本资料，也有利于店长在以后的工作中加以改进。

案例

屈臣氏金牌店长素养三则

截至 2012 年底，在国内拥有超过 1500 家直营店铺的国际美妆连锁巨头——屈臣氏个人护理用品连锁店，多年来一直致力于店铺管理者的工作素养培养和操作技能培训。在屈臣氏昔日广州第一店——广州天河城店，在店铺经理岗位上服务超过 3 年的陈小姐，同笔者详细讲述了屈臣氏对于店长基本工作技能的基本要求和考核要点。

1. 店长的早会技巧

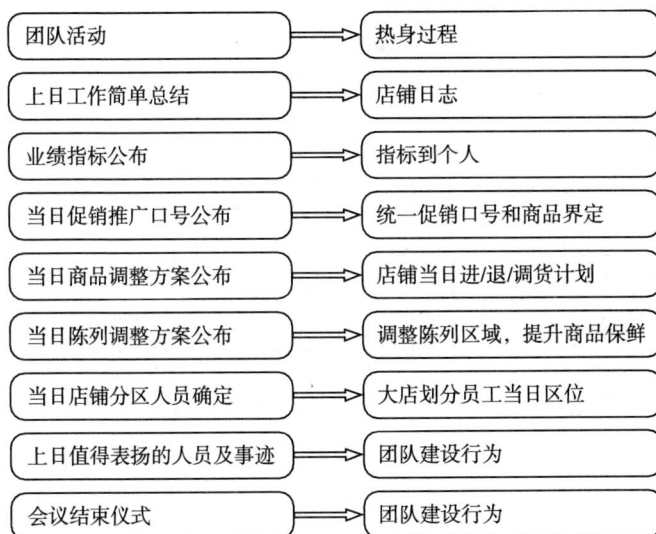

团队活动	⟹ 热身过程
上日工作简单总结	⟹ 店铺日志
业绩指标公布	⟹ 指标到个人
当日促销推广口号公布	⟹ 统一促销口号和商品界定
当日商品调整方案公布	⟹ 店铺当日进/退/调货计划
当日陈列调整方案公布	⟹ 调整陈列区域，提升商品保鲜
当日店铺分区人员确定	⟹ 大店划分员工当日区位
上日值得表扬的人员及事迹	⟹ 团队建设行为
会议结束仪式	⟹ 团队建设行为

2. 营业中的工作自检步骤

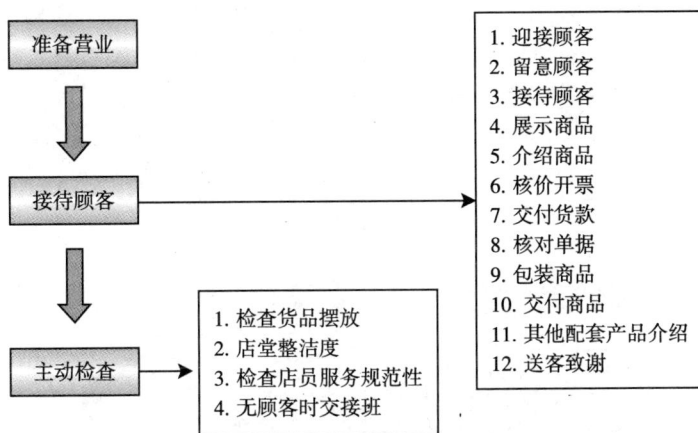

准备营业

⬇

接待顾客 ⟶

1. 迎接顾客
2. 留意顾客
3. 接待顾客
4. 展示商品
5. 介绍商品
6. 核价开票
7. 交付货款
8. 核对单据
9. 包装商品
10. 交付商品
11. 其他配套产品介绍
12. 送客致谢

⬇

主动检查 ⟶

1. 检查货品摆放
2. 店堂整洁度
3. 检查店员服务规范性
4. 无顾客时交接班

3. 营业中的特殊情况处理

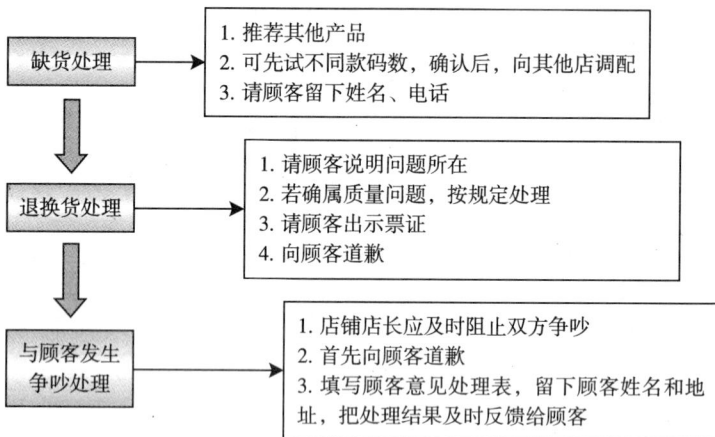

```
┌──────────┐      ┌────────────────────────────────────────┐
│ 缺货处理  │─────▶│ 1. 推荐其他产品                          │
└──────────┘      │ 2. 可先试不同款码数，确认后，向其他店调配   │
     │            │ 3. 请顾客留下姓名、电话                   │
     │            └────────────────────────────────────────┘
     ▼
┌──────────┐      ┌────────────────────────────────────────┐
│ 退换货处理 │─────▶│ 1. 请顾客说明问题所在                    │
└──────────┘      │ 2. 若确属质量问题，按规定处理             │
     │            │ 3. 请顾客出示票证                        │
     │            │ 4. 向顾客道歉                            │
     ▼            └────────────────────────────────────────┘
┌──────────┐      ┌────────────────────────────────────────┐
│ 与顾客发生 │─────▶│ 1. 店铺店长应及时阻止双方争吵             │
│ 争吵处理  │      │ 2. 首先向顾客道歉                        │
└──────────┘      │ 3. 填写顾客意见处理表，留下顾客姓名和地     │
                  │    址，把处理结果及时反馈给顾客           │
                  └────────────────────────────────────────┘
```

案例分析：

在笔者看来，以卡式管理和标准化管理闻名的屈臣氏连锁店，在强化店铺管理和品类管理的同时，对于店铺员工的规范化作业标准的要求，以及工作意识和商业触觉的培养更是不遗余力，尤其是对店铺经理和店铺经理助理等店铺管理岗位的达标要求。

图 3-3　广西惠之林化妆品连锁店店内实景（一）

第二篇　门店篇

第四章　金牌店长如何选址

本章要点：

选好地址，店才有"钱"途。

选对地址，莫陷入误区。

如何选址？要遵循原则。

怎样选址？有奇招妙策。

一、门店选址存在的三大误区

时下，零售业门店的扩张之势迅猛，而一时间，大江南北，各类门店也犹如雨后春笋般不断涌现出来。但是，如何选择开店的地址，在很多人的头脑中，却不甚明了。而关于选店址的问题，现实中仍存在着很多误区。

（一）人气旺就必定生意好

很多人都认为只要人多的地方，就好做生意。他们喜欢看人气，认为人越多越好做生意，来往行人越多，生意就越兴隆，这种想法是极其错误的。

在选店址时，人气因素固然重要，但关键要看是不是你需要的人气。如果对你的产品销售没帮助，即使有再多的人也是白搭。而并非人气越旺，财气越旺。

图4-1　广西惠之林化妆品连锁店店内实景（二）

往往我们会看到这样一些场景，从远处望去满大街都是人，但是大家都是行色匆匆，根本就没有进店的时间和意识，你也只能是望"人"兴叹了。或者虽然有大量的顾客拥入你的店内，可是因为商品的价位很高，他们又会被吓跑……这些都是欠考虑的结果，要么没有考虑行人的性质，要么没有考虑附近居民的消费水平和购买力。只看到人，而未对是什么样的人进行分析。

这就告诫大家在选址时要好好在人身上下一番工夫了，切莫只看表面，而忽略了对本质的分析。

（二）黄金地段的路边店必定是好选择

紧邻主干道，多路公交车在附近设点，至市中心仅几分钟车程，交通极其便利……这些字眼儿都是我们对路边店的评价，一些经营者亦因看到这些好处，对这些紧邻主干道的店面颇为垂青。

但是，大马路黄金地段也可能成为门店经营的"死穴"。首先，随着车流量的不断增大，紧邻大马路或主干道而带来的噪声、废气污

图4-2 零售标杆——汇美舍个人护理用品连锁店店铺实景（一）

染，与"绿色、生态、环保、健康"的流行居住趋势背道而驰。这是"路边店"的最大致命伤。其次，"路边店"由于受市政规划不确定因素的影响，遭受拆迁的风险很大。随着政府对城市改造、规划的不断深入，越来越多的道路会面临着拓建、改造的可能。在这种情况下，最容易受影响的无疑就是紧贴在马路边的"路边店"了。

（三）风水宝地必定就有好收益

"非风水宝地不嫁"是很多人在选址时普遍存在的一种心态。他们认为，在闹市区、商业繁华地带开店，能以较高的客流量带动销售。

一般来说，繁华地段是开店的"风水宝地"。但有的地方，表面看来车水马龙、人流如潮，实际上却不是聚客的地方。没有了聚客点，行人不在此停留，又哪里来的顾客呢？所以在选择地点时不要被表面的繁华所蒙蔽。

另外，如果你的经济实力有限，黄金地段的昂贵租金与激烈竞争所带来的经营压力，也将会是令你难以承受的负担。

这就是有人在闹市区开店很快失败，而有的人在小巷开店却生意红火的重要原因。其实，符合开店构想的店址就是好店址。只要能使铺面生意

兴隆的地方，不管位置在不在闹市，都是好店址。

二、好店好址四要素

零售业素有"选址的产业"之称，门店经营的成败很大程度上取决于店址的选择。俗语说，"失之毫厘，谬以千里"。开店就怕选错地。一旦选址不慎，投入的资金和付出的努力都会付诸东流，一去不复返。因此，开店前必须要审慎选址。

7-ELEVEn 在开店时，首先会对商店周围的地理环境、周围人群构成、交通等多项要素进行综合考评而决定是否在此开店。一般 7-ELEVEn 门店选址占地多为角落形或长条形；商店周围交通便利，主要消费群在十分钟内步行即可到达门店；而且在其方圆 100 米内不能有 7-ELEVEn 的便利店等。这些细节无不体现着 7-ELEVEn 对门店选址的重视。

那么，怎样才能像 7-ELEVEn 那样选择好的门店地址呢？好的门店地址又具有哪些要素呢？

（一）客流集中

对于经营者而言，顾客的消费是关键。门店的位置是否优越，首先要看它是否能带来充足的客流。在选择店址时，如果没有充分考虑客流因素，就算租金等其他成本较少，但最后带来的收益一般也不会很多。

选址时要牢牢记住："客源"就是"财源"，最好将门店的位置选在人流比较集中的商业区，这样才可能吸引更多的目标消费者。但就像之前所介绍的一样，应该认真分析客流人群，而不可盲目步入人流大的误区，而且也要因店制宜，不可盲目跟风。

在分析评估客流量时，你可以采取店面记录法，在目标店址门外，以计数器记录预计营业时间内有多少人与车子经过店门口？平日与假日差别多大？经过客人的年龄、性别为何？是学生、上班族还是家庭主妇、退休人士？如此不分晴雨记录三四个星期，大致便可了解客流是否符合营业要求了。

当然在评估客流因素时，也可综合考虑交通、地理位置等要素，如果是毗邻车站和住宅小区，客流量也会增多，而且顾客购物也方便。

（二）地理位置适宜

随着零售业竞争的日益激烈，店址的选择也变得更多元化以增强竞争优势。地理环境的细节也在考虑范围之内。例如，街道的拐角、门向等。

在综合分析时，气候因素也不容忽视。例如，在炎热的南方，门店应当选择太阳直射时间相对较短的一边，因为在夏天，顾客喜欢在有阴凉的一边行走，容易吸引顾客；在北方，则要选择日照时间较多的一边，因为北方冬天气候较冷，顾客喜欢在有阳光的一边行走。

此外，要选择较少横街或障碍物的一边。许多时候，行人过路口时，只顾着躲避车辆或行人，而忽略了一边的店铺。

最后，客流的走向也不可忽视。在我国，人们已养成靠右行的习惯，如果你的店门正好处在顾客的右手边，也会招徕不少顾客的。

通常情况下，门店地面最好与道路处在一个水平面上，以利于顾客出入。如有特殊情况，你不得不将门店选择在坡路上，或高出路面很多的地段上时，就要注意商店的入口、门面、阶梯、招牌的设计等，尽量做到既方便顾客，又引人注意。

你只要因地制宜、因店制宜，充分利用地理环境中的优势，避免不利因素，就能显出你的门店优势。

（三）交通便利

交通条件也是影响门店选择开设地点的一个重要因素，影响着门店经营的顺利开展和顾客购买行为的顺利实现。

（1）要考虑附近的道路交通能否承载货运要求及是否便于装卸，否则当运货出现障碍，会直接影响经济效益。

发展现代商业，要求集中进货、集中供货、统一运送，这有利于降低采购成本和运输成本，合理规划运输路线。因此，在零售店位置的选择上应尽可能地靠近运输线，既节约成本，又保证货物的供应，确保门店的正常营业。

（2）要考虑此处的交通条件是否方便顾客前来购物，这直接关系着客流量的多少。可以分析店址与车站、地铁站、码头的距离和方向。一般来说，距离越近，客流越多，购买也越方便。

（3）还要考虑客流的来去方向。如果选在面向车站、码头的位置，则以下车的客流为主。顾客在下车后，抬头就能看到门店，便于其进来购物。选在邻近公共车站的位置，则以上车的客流为主。顾客在等车之余，会进店逛逛以打发时间。在选择公共汽车站附近时，要分析公共汽车的性质，是中途站还是终始站，是交通枢纽还是一般停车站。一般来说，交通枢纽的商业价值更大，可以吸引的潜在顾客较多。

交通畅，才能财源旺。在你选择店址之时，应本着便利顾客、节约成本的原则考虑交通要素，这样的门店才能引来大量的顾客。

（四）竞争有度

当你购物时，你会发现一家饰品店的旁边，还有一家甚至好几家饰品店；童装店的旁边还会是另一家童装店。这种现象就是聚集效应。

俗话说，店大招远客。同行做生意越集中的地区，顾客就越多，因为这样的地区已形成了小气候、小环境，商店的集聚又会产生集聚放大效应，吸引更多的消费者前来购物，从而有效地扩大购物商圈。从顾客购物心理上讲，在这里购物，可以货比三家，因此会有更多的顾客慕名而来。事实也一次次证明：同行越扎堆，生意越"火"。

当然，在选择店址之前，还应看看是否存在发展空间。如果周围的竞争呈现白热化趋势，则不宜在此开店。尤其是以经营食品及日常用品的商店，因选择性小，在选址时更应注意避开竞争对手。

图 4-3　河南时尚女友化妆品连锁店店铺实景

以广州市为例，我们可以发现，"肯德基"、"麦当劳"、"必胜客"以及"真功夫"会经常聚在一个地段的附近，产生良性竞争，而也很方便招揽顾客；而每一家"苏宁电器"的附近不出 100 米必然会有一家"国美电器"，也有着聚集效应。但是，无论是"7-ELEVEn"、"喜士多"还是"OK"，每家连锁便利店的附近都不会有同行出现，这就是它们在选址的时候注意避开竞争对手的缘故。

如果我们换个思维，抛开竞争，而与旁边的门店在商品上优势互补，结果又会怎样呢？如果你把饰品店选在了一家女士服装店旁边，就恰好满足了顾客的连带需求，两家门店共同吸引客流，达到共赢，岂不乐哉！

其实，选址是一项综合的商事活动，需要你全盘考虑以上各要素及细节，而不能顾此失彼，这样才能找到开店旺址。

三、门店选址"三步走"

（一）搜索信息

7-ELEVEn 每开设一家分店，总部都要对新店址及其周边环境进行考察，并收集大量信息，以在此基础上探讨有无设店的可能，从而保证了开店的成功。

在开店选址之前，只有多调查，才能增加开店的胜算。此时，你需了解店址所属商圈的市政建设动向，以收集到更可靠的信息。

商圈是指门店所能吸引顾客的地理区域，或者说是来店顾客居住的地理范围。它是以门店所在地为中心，沿一定距离向四周扩散，进而形成吸引顾客的辐射范围。

商圈分析是门店选址的重要一环。通过商圈分析，再结合自己的经营内容，你可以确定自己的门店是选在商业区、住宅区还是商住混合区；你要了解商圈范围内的人口规模，分析客流的规模、职业、年龄层次、消费习惯、生活习惯等；还须了解店址附近的交通情况，有没有车站、码头及商圈范围内的竞争情况，是否还有发展空间等。

通过一系列的调查情况分析，再结合自己的经营内容，做到胸中有数。如若不然，结果会是另一番景象了。

杜先生一直想开一家家居装饰店，在朋友的介绍下，在一个居民区租了一个店面。开张两个月来，来他店里的客人寥寥无几。原因很简单，家居装饰是一种时尚消费，它的目标顾客是一些素质较高的人群，他们追求时尚，关注品位。而这个居民区里的人对时尚家居装饰并不了解。杜先生在没有充分调查的情况下就匆忙开店，其失败在所难免。

除此之外，选址还要收集有关市政建设和城市规划的信息。有人可能会提出疑问："市政建设、城市规划与我有何干？我开我的店，他搞他的城市建设，根本不是一码事嘛！"殊不知这里边有大学问！

1993 年，位于北京城北的万圣书店正式开张营业，以开架自助销售为特色，吸引了大量顾客。但不久后，便有大量施工人员和工程车辆从它店前绕来绕去。据了解，这里将成为北三环的建设工地。这样，万圣书店前尘土飞扬，车马寥落，书店的业务与交通一块儿陷于停顿。更糟糕的是三环通车后，租金猛跳了3倍，从每年9万元涨到了36万元。

相比之下，北京麦当劳动物园店（路南）门店，并没有像对手肯德基动物园店（路北）那样面临主干道，而是建在向南第二个街区。在2000年，这个选址的预见性终于体现出来：路南临街的第一个街区因为位于拓路的红线以内而被推土机铲平。现在，这一家麦当劳成了临街店。

从中不难看出获取各方信息的重要性。在选址前，最好多方面收集信息，通过亲戚、朋友、附近居民以及街道、政府部门或通过专业的咨询公司来获取信息，如附近近期内是否有较大的拆迁，市政对此地有无重大改建、马路规划等重要信息。信息收集完毕，"耳听为虚，眼见为实"，这些信息均属二手信息，是否真实可靠，还需要你亲自去验证一下，以便发现新的问题。

（二）实地考察

在确定了商圈的基本信息后，接下来需要深入腹地，感受一下那里是不是理想的"淘金地"。

广州的孙先生通过多年努力工作积累了一些财富，他很想在离家附近经营一家小型的百货超市，通过朋友了解到"美宜佳超市"在广州市一些像自己家规模的小区内都有，而且加盟的条件不错。为此，他把店址选在了自己所在小区外一条繁华街道上。经过一段时间的蹲点观察，他发现这条街道是周边多个小区的出入必经之路，人口密度很大，顾客群主要是周围的居民、上中小学的学生、打工者和外地经商者。而且这里距离公交车站和地铁站都很近，交通方便。于是他租了临街口的一间80多平方米的店面，月租金6000元，交了10000元加盟费和20000元保证金，又花了80000元进行了整体标准装修。开张营业后，在整个一条街只有他这一家正规的百货超市。由于人流大，品种齐全，价格相对便宜，门店在开张后半年就开始盈利。目前，孙先生正着手再开更大规模的店面。

看了孙先生的经历，你是否决定对你选中的"淘金地"进行一下摸底呢？

1. "摸顾客"

"摸顾客"是看这里是不是所说的客流高峰地，你可以定时蹲点调查计算客流量。并注意行人是匆匆而过还是有目的而来；了解行人来往的高峰时间和稀少时间以及顾客在此停留的时间等，这些都是需要实地考察的内容。

2. "摸地理位置"

虽然大致地点已确定，但一些细节问题不可忽略。例如，店面所在的路面如何？方位如何？走向如何？是否处在交叉路口？一般情况下，店面选址都要考虑所选位置的道路及路面地势情况，因为这会直接影响店面的建筑结构和客流量。通常，门店地面应与道路处在一个水平面上，以利于顾客出入店堂。其方位以正门的朝向为标准，坐北朝南为最理想方位。走向是指商店所选位置顾客流动的方向。

3. "摸交通"

"交通畅，财源旺。"店面周围的交通一定要便利，以利于顾客前来及商品的运发和装卸。同时还要注意周围的不利情况，如单行线街道、禁止车辆通行街道等，都会造成客流量在一定程度上减少。

4. "摸对手"

"同行密集客自来"，这是早已有之的经商古训。人流吸引人流，商业吸引商业，生意要大家做，才能造成一方繁荣的景象。因此在考察时你要看一下这里是否有和自己经营同类商品的商家，有多少家，是否达到了一定规模，竞争的余地在哪儿？有没有发展空间？这些都需要考虑。

（三）确定地点

在最终确定地点时，应该秉着因"店"制宜的原则，即根据门店的经营内容来确定。

如果经营的是日用生活品，如牙膏、肥皂、手绢、毛巾之类。人们购买这类商品时，并不反复挑选，但求方便就近。因此，应最大限度地接近消费者，以居民小区、大中专院校附近为宜。例如，7-ELEVEn 连锁便利店定位是为居民提供生活必需品，其销售商品均为一些畅销的日常用品，因此，7-ELEVEn 本着因"店"制宜的原则，其店址大多都选在居民住宅区内。

如果经营的是选择性消费品，如服装、家具、家用电器之类。此类商品一般价格高，购买频率低，消费者购买时不惜多跑路，货比三家后方肯解囊。因此，经营这类商品的商店应靠近店铺密集的商业区，便于顾客多家比较选择。

如果你经营的是消费者有某种偏好的特殊商品，如古玩、钓鱼用具、古装书等。经营这类商品的专业店店址不必设于闹市区，因为有特殊偏好的消费者是不惜跑点儿路来满足自己的需要的。但这种商店一定要品种齐全，各档次兼备，便于顾客挑选。

至此，我们已经走完了选址"三步走"计划。相信只要你在寻找过程中考虑周到，注重每一个细节，一定会找到理想中的"淘金地"的。

四、门店选址的四项基本原则

要选定一个好的店址，有多方面的因素是需要考虑的，既要有宏观的打算，又要有细节的追求。战略上得具备长远的眼光、广阔的胸怀和过人的魄力——"大选址"，战术上要因地制宜、灵活运用。但投资者首先要明确自己的选择原则，因为原则是你的作业导向和目标指引。一般来说，零售店选址有以下四项基本原则：

（一）便利顾客

满足顾客需求是零售店经营的宗旨，因此店址的确定，从节省顾客的购买时间、节省市内交通费用角度出发，以最大限度满足顾客的需要，否则会失去顾客的信赖与支持，门店就失去了存在的基础。

7-ELEVEn 在选店址时，首先考虑的原则就是便捷，即在顾客日常活动的范围内开设店铺，如距离居民生活区较近的地方、上班或上学的途中、停车场附近、办公室或学校附近等。

为了便利顾客，店面选址要符合以下条件：

1. 靠近交通枢纽的场所

一般车站或公交枢纽站附近，是过往乘客的集中地段，人群流动性强，流动量大。在此处开店，能给顾客提供便利的购物条件。

2. 靠近人群聚集的场所

店址宜选在靠近人群聚集的地方，可方便顾客随机购物，如影剧院、商业街、公园名胜、娱乐、旅游地区等，以使顾客在休闲娱乐之余，享受到购物的乐趣。

3. 靠近人口居住稠密区

这类地段人口密度大，且距离较近，顾客购物省时省力，比较方便。这类店址多容易培养忠实消费者群。

（二）利于发展

门店选址的最终目的不仅是要取得经营的成功，更要取得长足的发展，因此要着重从以下几个方面来考虑选址：

1. 有利于发展自己的特色

不同行业的商业网点设置，对地域的要求有所不同。在选址时，必须对消费心理、行业特点及消费者行为等因素进行综合考虑，之后才能确定是否有利于形成自己的门店特色，并在此领域取得长足发展。

2. 有利于发展前景

门店要想获得长足发展，在选址时，要把眼光放远。尽量搞清楚城市建设的规划，并了解该地区的交通、街道、市政、绿化、公共设施、住宅及其他建设或改造项目的规划，在此前提下，做出最佳地点的选择。

（三）利益最大化

衡量店址优劣的最重要的标准是能否取得好的经济效益。因此，地理位置的选择一定要利于经营，才能保证取得最佳的经济效益。

1. 提高市场占有率和覆盖率

店址的选择只有有利于提高本店商品的市场占有率和覆盖率，才能提高销售额和营业额，从而实现利益的最大化。

2. 合理组织商品运送

在选择店址时，应尽可能地靠近运输线，这样既能节约采购和运输成本，又能及时组织货物的采购与供应，确保经营活动的正常进行。

（四）因"店"制宜

在选择店址时，你要考虑自己经营的内容和经济实力，具体问题具体分析，进而选择合适的店址。

1. 经营内容不同，选址区域不同

不同类别的商品，要选择不同性质的商业区域。一般若经营选择性较大的商品，门店多选在较繁华的街区，因为这里的客流一般以购物为目的，停留的时间相对较长；如果经营选择性不强的商品，则可选在住宅区、机关、学校附近，虽客流停留时间较短，但购买频率高。

2. 实力不同，选址商圈不同

经营者在选址时还要考虑自己的实力，如果选在繁华的商业区，是否有能力付得起高昂的租金。总之，选址时要慎重考虑，切忌盲目跟风。

选址时，可以借鉴这些原则，但具体情况还要因人而异，因"店"制宜，以选中你的"淘金地"。

五、金牌店长选址有奇招

在选店址时，经营者既要有敏锐的洞察力，又要有出奇制胜的策略，这样才会得到意想不到的收获。

（一）善用"拐角效应"

拐角的位置往往是理想的店址之一，它处在两条街的交叉处，可以产生"拐角效应"。选择拐角位置的优点有：可以增加橱窗陈列的面积。两条街道的往来人流汇集于此，有较多的过路行人光顾；由于店面面临两条街，可以选择交通量大的街道作为店面的正门，交通量小的街道作为侧门，以缓和人流的拥挤。

选择拐角位置，既保证了顾客的流量，又节约了成本。国内烘焙界的大王"好利来"在选店址时就看到了这一点，认为拐角位置聚敛人气，进而招来财气，几乎所有的临街店都设在了道路的拐角位置。这也是"好利来"获得成功的秘诀之一。

（二）互补共赢

俗话说，"同行密集生意好"，如果相邻店铺能够形成互补，则有利于实现共赢。

互补关系是指两个以上的店面经营的商品互为补充，以满足消费者的连带需求为目的。例如，家电商品店与家电配件店聚集，即形成相互补充的关系。

互为补充的几种零售业也可以在共同的商业区内布店，如服装店、饰品专业店、鞋帽专业店、快餐店等，它们的聚集提供了更加全面的商品种类，能共同吸引客流，实现利润共赢。

（三）留意潜在商业价值

在选择店址时，你需要把眼光放远一些，留意一些不引人注目但有潜力的地段。这就需要进行潜在的商业价值评估。

潜在商业价值评估是指对店址未来商业发展潜力的分析与评价。评价店址的优劣时，既要分析当前的情况，又要对未来的商业价值进行评估。

随着城市建设的发展，昔日远近闻名的传统商业街，也会随形势的变化而逐渐失去光彩，由热变冷，而一些以往不引人注意的地段，也可能在不久的将来变成繁华闹市。因此，门店在选址时，更应重视潜在商业价值的评估。

对此，可以从以下几个方面进行评价：所选的店址在城区规划中的位置及其商业价值；是否靠近大型机关、单位、厂矿企业；未来人口增加的速度、规模及其购买力提高度等。

只要你注意到这一点，并进行了认真的评估，潜在的商业价值则会变成实实在在的商业利润。

(四) "背靠大树好乘凉"

在经营上，大鱼吃小鱼似乎天经地义。然而，也有小鱼吃大鱼的时候。把小店铺开在大商场门口，能吃掉大商场吸引来的不少顾客，利润也相当可观。

背靠"大树"，借"市"扬名。这些著名的品牌经营店在选择店址前已做过大量细致的市场调查，挨着它们开店，不仅可省去考察场地的时间和精力，还可以借助它们的品牌效应，赚些知名度和人气，省去一些广告宣传的费用。

如果把店铺设在某一著名的建筑物或自然景区附近，这些地段在当地人尽皆知，便于顾客寻找。当有顾客问及你的店址时，不用多费口舌，就能说得清楚。

六、不同门店的选址策略

门店不同，选址的策略方法也必然会有所不同。在选址时，要根据门店的经营性质和经营地域、经营规模以及主要面向的市场，采取相适宜的方法。

(一) 不同地域的门店选址要诀

1. 国际化大都市

这主要是指北京、上海、广州、深圳等经济发达、人口众多的国内特大城市。由于此类城市发展规模大、各类零售业的竞争也高度激烈，而且，外资零售业也较早地大规模进驻了这些城市，使得国内零售店的市场空间被大幅度压缩，造成了更为惨烈的竞争形势。以广州市为例，在个人护理店方面，"屈臣氏"已经有超过50家分店分布；在小型零售店（便利店）方面，7-ELEVEn 的超过200家分店塞满了羊城的大街小巷。可以说，在这些城市，外来零售企业势力庞大，留给本土门店的发展空间极为有限。如果不是资金实力雄厚、经营独具特色的话，在这些地方选址开店应尽量避开"超白金"区域。这样不仅可以减轻店租、税费等资金负担，还可以适时避开白热化竞争。

2. 一般大中城市

主要包括一般的省会城市和经济发展水平较高的非省会城市，如天津、南京、成都、杭州、武汉、大连、厦门等城市。这些地方一般是区域的经济中心，人口规模较大，具有相当的市场潜力，而且目前的发展速度要快于前边所说的几个特大城市，因此已经成为零售业投资者的主战场，时下，国内外的各家连锁店都在加大在这些城市的市场拓展力度。例如，国内的零售业巨头"华润万家"在这些城市拓展速度就非常惊人，其中以西安市为例，"华润万家"用了大约三年时间，卖场就从 4 家扩展到了 23 家。由此可见，这些"战场"的竞争也将会很激烈。在这些城市选址开店，应该对目标地址的各种因素进行认真细致的考量，尤其是对商圈信息要进行全面调研，避免陷于恶性竞争的旋涡之中。

3. 中小城市和县城

主要是指经济欠发达地区的中小城市、人口数量较少的小城市和县城。这些地区以往是商家不过多涉足的，因为公众收入水平相对较低，购买力有限，往往收益较慢，但同样，行业间的竞争就不会有那么的激烈，可以生存发展的空间就要广阔得多。国内零售业门店发展的契机也在这些区域。在这些地方选址开店，最先要考虑的因素就是地理位置和客流量了，往往这些地区的城市规模有限，而繁华的商业区范围也一般不会很大，而客流量大的地段也相对集中，因此抢占有利地段和密集人群就能占得先机。

(二) 乡镇是国内零售业发展的未来

在西方人眼里，中国有着 13 亿多人口，拥有着无与伦比的巨大购买力，于是许多国外零售业巨头对东方商机垂涎三尺，外资、台资、港资零售店纷纷采取各种方式进驻中国市场，并且在各自领域几乎都站在了强势地位。家乐福、好又多、沃尔玛、卜蜂莲花、麦德龙、大润发、屈臣氏、百盛、肯德基、麦当劳、必胜客、7-ELEVEn、OK 便利店等接踵而至，牢牢地占领了城市市场，特别是区域核心城市。

但是，国内外的经济学家都一直在重复着一个事实，中国的市场潜力还远远没有被充分挖掘，强大的购买力还有待进一步刺激。不错，中国的市场不仅在这些大城市，对于一个农业人口占到 80% 的农业大国来说，农村和乡镇才应该是消费市场的主体。但是在过去相当长的一段时间内，由于各种原因造成了我国城乡经济发展的严重失衡，农民的可支配收入远远低于城市居民，甚至曾经有很大一部分农民都没解决温饱问题，因此广大农村地区就成了零售业的沙漠。

2004年1月，针对农民人均纯收入连续增长缓慢的情况，中共中央下发了《中共中央国务院关于促进农民增加收入若干政策的意见》的一号文件，就此开始了解决"三农"问题的一系列政策。在随后的六年中，国家对农村的建设给予了极大的政策倾斜，并且采取了一系列大刀阔斧的措施，诸如免除农业税、实行农村地区教育收费的"两免一补"政策、实行农村合作医疗改革、构建农村社会福利保障体系以及各种补贴制度，从而使得农村群众的可支配收入显著提高。特别是从2008年以来，国家投入巨资，实行"家电下乡"、"汽车摩托车下乡"、"建材下乡"等一系列还实惠于民众的拉动内需的政策，使得农村的消费潜力被有效地激活起来。

随着国家进一步加大对农村的政策倾斜力度，可以预见，农民们的生活水平会得到越来越快的提高，消费能力也会显著提高，消费心理也会日渐成熟，而消费习惯也必将逐步得到培养。届时，农村消费群体才将真正体现出应有的市场价值。而我国农村从古至今都有着"赶集"的购物消费传统，可以预见，"下乡"将是国内零售业门店生存和发展的大势所趋。如何进军乡镇，占领集市，吸纳广大的农村顾客将成为零售店"下乡"的一个重要战略性问题。解决好这些问题，零售店在乡镇市场将拥有美好的未来。

七、门店选址的可行性评估

选好地址后，接下来要做的重要工作就是对所选店址的方案进行可行性评估。评估内容主要涉及以下两个方面：

（一）对常规要素的综合评估

主要是指对目标店址商圈的构成、特点和影响商圈规模变化的各种因素进行综合性的评估，依次对如下各个指标进行考量。

1. 客流量

足够的人流才能保证门店的利润回报，足够的人气才能支撑起购买量。

2. 地段潜在价值

潜在商业价值评估是指对目标店址的未来商业发展潜力的分析与评

价。这是因为一些现在的旺铺位置随着城市建设的发展可能会由热变冷，而一些以往不引人注目的地段也可能在不久的将来会变成繁华闹市。因此，有必要从以下几个方面进行评估：

（1）目标店址在城区规划中的位置及其商业价值。

（2）靠近哪些大型机关单位、学校、企业等。

（3）附近有哪些大型购物中心、商场、宾馆、影剧院、体育场馆、公园及其他地标性建筑，分别相距多远。

（4）未来人口增加的速度、规模。

（5）是否有"集聚效应"。

3. 其他配套设施状况

包括以下一些条件的评估：

（1）门前道路交通状况。

（2）公交地铁站的位置、距离和便利程度。

（3）停车场位置和车位。

（4）门店所在楼的供电、供水、供暖、冷气、通信等状况。

（5）公共厕所便利程度。

（6）银行、ATM 等金融机构及设施配套情况。

案例

肯德基的选址策略

20世纪90年代初，肯德基中国公司总裁苏敬轼先生一来到中国，就和员工阐述了肯德基的远景目标：把中国肯德基（KFC）品牌做成中国餐饮业的第一品牌，甚至是全世界最受欢迎的餐饮业品牌。多年后，经过苏敬轼先生和全体员工的共同努力，他们实现了这个目标：肯德基成为中国快餐业的第一品牌。他们的成功秘诀是什么？我想这和肯德基的选址策略有着很大的关系。

肯德基对快餐店选址是非常重视的，选址决策一般是两级审批制，通过两个委员会的同意，一个是地方公司，另一个是总部。其选址成功率几乎是百分之百，是肯德基的核心竞争力之一。

一、肯德基的选址步骤

（一）商圈的划分与选择

1. 划分商圈

肯德基计划进入某城市，就先通过有关部门或专业调查公司收集这个地区的资料。把资料收集齐了，就开始规划商圈。

商圈规划采取的是记分的方法。例如，这个地区有一个大型商场，商场营业额在 1000 万元算 1 分，5000 万元算 5 分，有一条公交线路加多少分，有一条地铁线路加多少分。这些分值标准是多年平均下来的一个较准确的经验值。

通过打分把商圈分成好几大类，以北京为例，有市级商业型（西单、王府井等）、区级商业型、定点（目标）消费型以及社区型、社区与商务两用型、旅游型等。

2. 选择商圈

即确定目前重点在哪个商圈开店，主要目标是哪些。在商圈选择的标准上，一方面要考虑餐馆自身的市场定位；另一方面要考虑商圈的稳定度和成熟度。

肯德基的市场定位以家庭成员为主要目标消费者。推广的重点是较容易接受外来文化、新鲜事物的青少年，一切食品、服务和环境都是有针对性地设计。另外，肯德基也在儿童顾客上花费了大量的精力，店内专门辟有儿童就餐区，作为儿童庆祝生日的区域，布置了迎合儿童喜好的多彩装饰，节假日还备有玩具作为礼品，希望通过小孩子的带动，能吸引整个家庭成员都到店中接受温馨的服务。

商圈的成熟度和稳定度也非常重要。如果规划局说某条路要开，在什么地方设立地址，将来这里有可能成为成熟商圈，但肯德基一定要等到商圈成熟稳定后才进入。否则，虽然这家店三年以后效益会很好，但对现今没有帮助，这三年难道要亏损？肯德基投入一家店要花费好几百万元，当然不冒这种险，一定是坚持比较稳健的原则，保证开一家成功一家。

（二）聚客点的测算与选择

1. 要确定这个商圈内，最主要的聚客点在哪里

例如，北京西单是很成熟的商圈，但不可能西单任何位置都是聚客点，肯定有最主要的聚集客人的位置。肯德基开店的原则是：努力争取在最聚客的地方和其附近开店。

为了寻找最聚客的地方，肯德基具体采取了店面测算法的技巧。

例如，在计划开店的门前测算人流量，测算单位时间内多少人经过该位置。除了该位置所在人行道上的人流外，还要测算马路中间的和马路对面的人流量。马路中间的只算骑自行车的，开车的不算。是否算马路对面的人流量要看马路宽度，路较窄就算，路宽超过一定标

准，一般就是隔离带，顾客就不可能再过来消费，就不算对面的人流量。

肯德基选址人员将采集来的人流数据输入专用的计算机软件后，就可以测算出在此地投资额不能超过多少，超过多少就不能开。

2. 聚客点选择影响商圈选择

聚客点的选择也影响商圈的选择。因为一个商圈有没有主要聚客点是这个商圈成熟度的重要标志。比如，北京某新兴的居民小区，居民非常多，人口素质也很高，但据调查显示，找不到该小区哪里是主要聚客点，这时就可能先不去开店，当什么时候这个社区成熟了或较成熟了，知道其中某个地方确实是主要聚客点才开。

为了规划好商圈，肯德基开发部门做出了巨大的努力。以北京肯德基公司而言，其开发部人员常年跑遍北京各个角落，对当地人都易迷路的地方都了如指掌。经常发生这种情况，北京肯德基公司接到某顾客电话，建议肯德基在他所在地方设点，开发人员一听地址就能随口说出当地的商业环境特征，是否适合开店。在北京，肯德基已经根据自己的调查，成功开了56家餐厅。

肯德基的选址策略，成功地运用了商圈的调查与选择，并重点考察了商圈内的客流要素，才寻找到了合适的商圈和聚客点，最终确定了店址。

二、肯德基的选址技巧

(一) 跟进策略

肯德基与麦当劳市场定位相似，顾客群基本上重合，所以我们经常看到一条街道一边是麦当劳，一边是肯德基，这就是肯德基采取的跟进策略。因为麦当劳在选择店址前已做过大量细致的市场调查，挨着它开店不仅可省去考察场地时间和精力，还可以节省许多选址成本。

(二) 选址时一定要考虑人流的主要动线会不会被竞争对手截住

因为人们现在对品牌的忠诚度还没到"我就吃肯德基，看见麦当劳就烦"的地步。顾客一般认为：只要你在我跟前，我今儿挺累的，我干吗非再走一百米吃别的。除非这家店人特别多，找不着座，我才会继续往前走。

人流是有一个主要动线的，如果竞争对手的聚客点比肯德基选址更好的情况下那就有影响。如果两个是一样的，就无所谓。

肯德基成功抓住了人们的这一心理，把每一家店都尽量地开在了比竞争对手更接近顾客的地方。

（二）费用成本综合评估

　　资金是开办门店的物质基础。从资金的筹备来说，一般有两种情况：一种是资金总量有限，这时就要在资金限量内对门店的规模以及从筹建到正常运作的周期进行严格的控制，避免资金和时间的无谓浪费，迅速走上经营轨道；另一种是资金雄厚，这样就可以充分考虑门店的经营模式和附加功能，甚至从一开始就可以着手制定较为长远的经营战略，充分地利用资金和时间，为经营打下扎实的基础。

　　1. 营业空间费用的估算

　　无论是租赁还是在房地产市场现行购买或新建建筑物，首先要考虑的是营业空间所在的地理位置是否处在营业的"黄金地段"。由于地段不同，因此租金、房产的售价和造价相差很大，即所谓"一分钱一分货"。若是开设中小型门店，对此就应全面权衡、慎重确定，并按照市场行情对目标店址分别进行估算。

　　2. 设备费用的估算

　　门店设备有档次高低之分，档次不同，配套设备也就不同，产生的费用也就不同。这要根据门店的规格要求和市场需求，分别拟订出不同的几套方案，分别进行估算。

　　3. 装修费用的估算

　　门店的装修要结合经营范围来设计，而且要体现出一种特色，或者一种情调。这是当代门店的装饰趋势，也是市场对经营者的要求。装修费用在保证经营要求的前提下，能节省尽量节省。

　　4. 其他费用估算

　　门店如果是接转过来的，通常需要支付一笔转让费，其数额依门店所处地段位置及之前的经营情况的不同而多少不等，一般可商谈的空间比较大。此外，办理门店相关的经营手续和证照也需要一定的费用。

屈臣氏个人护理店在选址和开设新店之前，对于开店的相关费用比例有着严格的作业指标要求（见表4-1）。

表4-1　屈臣氏连锁店新店开设可营利性评估测算表

单位：%

项　目　＼　指　标	优　良	合　格	上　限
租金	9.0	12.0	15.0
装修费摊提	1.2	1.5	1.8
人员薪资	1.9	2.2	2.5
水电费	0.5	0.7	0.9
其他销售管理费用	2.6	2.8	3.0
税金	4.8	4.8	4.8
合计	20.0	24.0	28.0

说明：目标店以预估月销售额为基准，测算上表各项目，内容明细如下：
①租金：含转让费、中介费的摊销（按租期摊销）。
②装修费摊提：分2年（24个月）摊销。
③人员薪资：按照当地同业标准执行。
④其他销售管理费：奖金、加班费、折旧摊提、电话费、促销费等。

为了便于广大读者理解和参考，我们提供以下两则案例：

案例1

赵先生在上海看中一个店面，年租金96万元，另加转让费8万元和中介费4万元，租期4年，预估月营业额42万元，装修费12万元，水电费约2800元/月，其他销售管理费用约8000元/月，合作方所提供的营业执照为"一般纳税人"性质，按店面规划编制为8人（店长1人，收银员1人，营业员6人）。此店面是否可以开设？

评估和测算如下：

项　目	计算公式	金额（元）	费收比例（%）
预估月营业额		420000	100
租金	（960000元/12）+（80000元/48）+（40000元/48）	82500	19.6
装修费摊提	120000元/24	5000	1.2
人员薪资	2000元+1200元+1400元×6	11600	2.8

项　　目	计算公式	金额（元）	费收比例（%）
水电费		2800	0.7
其他销售管理费用		8000	1.9
税金	（420000 元×30%）×17/117×1.1	20138	4.8
合计		130038	31.0

案例分析：

　　评估和测算结果显示此店盈利能力不强，因此赵先生决定放弃此方案。

案例 2

　　国内某化妆品连锁店决定拓展西部地区市场，拟在云南昆明开设一家分店，初选一处店址，年租金为 11 万元，另加中介费 4500 元，租期 3 年，预估月营业额 13 万元，装修费 6.5 万元，水电费约 2200 元/月，其他销售管理费用约 3500 元/月，合作方所提供的营业执照为"小规模纳税人"性质，并可以争取核定"定额税"2000 元/月，按店面规划编制为 6 人（店长 1 人，收银员 1 人，营业员 4 人）。此店面是否可以开设？

　　评估和测算如下：

项目	计算公式	金额（元）	费收比例（%）
预估月营业额		130000	100
租金	（110000 元/12）+（4500 元/36）	9292	7.1
装修费摊提	65000 元/24	2708	2.1
人员薪资	1200 元 + 800 元 + 750 元×4	5000	3.8
水电费		2200	1.7
其他销售管理费用		3500	2.7
税金	定额税	2000	1.5
合计		24700	18.9

案例分析：

　　评估和测算结果显示此店可以开设。

开设门店的三种常见的评估表如表4-2、表4-3和表4-4所示。

表4-2 店面环境评估表/租赁基本条件

<table>
<tr><td rowspan="7">基本资料</td><td colspan="2">地址</td><td></td><td colspan="2">表单编号</td><td></td></tr>
<tr><td colspan="2">分区代号</td><td>商圈类型</td><td></td><td>店别名称</td><td></td></tr>
<tr><td colspan="2">面积</td><td colspan="4">前场面积　　平方米, 后场面积　　平方米</td></tr>
<tr><td colspan="2">洽谈对象</td><td>洽谈者身份</td><td></td><td>签约人</td><td></td></tr>
<tr><td colspan="2">店面电话</td><td></td><td></td><td>联络电话</td><td></td></tr>
<tr><td colspan="2">使用情况</td><td colspan="2">□空屋, 已无使用□租约于　年　月　日到期</td><td>可迁入时间</td><td>年　月　日</td></tr>
<tr><td rowspan="9">洽谈记录</td><td rowspan="3">1</td><td>时间</td><td colspan="4"></td></tr>
<tr><td>方式</td><td colspan="4"></td></tr>
<tr><td>地点</td><td colspan="4"></td></tr>
<tr><td rowspan="3">2</td><td>时间</td><td colspan="4"></td></tr>
<tr><td>方式</td><td colspan="4"></td></tr>
<tr><td>地点</td><td colspan="4"></td></tr>
<tr><td rowspan="3">3</td><td>时间</td><td colspan="4"></td></tr>
<tr><td>方式</td><td colspan="4"></td></tr>
<tr><td>地点</td><td colspan="4"></td></tr>
<tr><td rowspan="6">洽谈记录</td><td rowspan="3">4</td><td>时间</td><td colspan="4"></td></tr>
<tr><td>方式</td><td colspan="4"></td></tr>
<tr><td>地点</td><td colspan="4"></td></tr>
<tr><td rowspan="3">5</td><td>时间</td><td colspan="4"></td></tr>
<tr><td>方式</td><td colspan="4"></td></tr>
<tr><td>地点</td><td colspan="4"></td></tr>
<tr><td rowspan="2">最终条件</td><td colspan="2">租金</td><td>每年　元, 每月　元</td><td>押金　个月, 合计　元</td><td colspan="2">附近房租每平方米　元</td></tr>
<tr><td colspan="2">其他条件</td><td colspan="4"></td></tr>
<tr><td colspan="3">主管核实</td><td>填表时间</td><td></td><td>填表人</td><td></td></tr>
</table>

表4-3 商圈及竞争条件评估表

<table>
<tr><td rowspan="6">商圈资料</td><td colspan="2">地址</td><td></td><td colspan="2">表单编号</td><td></td></tr>
<tr><td colspan="2">分区代号</td><td>行政区域</td><td></td><td>商圈类型</td><td></td></tr>
<tr><td colspan="2">行人流通</td><td colspan="4">每日尖峰　时至　时　共　时　分, □A级 □B级 □C级</td></tr>
<tr><td colspan="2">营业时间</td><td colspan="4">平时　点　分至　点　分, 星期六　点　分至　点　分, 假日　点　分至　点　分</td></tr>
<tr><td colspan="2">道路条件</td><td>□双向线道□单行道</td><td>停车场</td><td colspan="2">□无 □门口可停 □收费 □会拖吊</td></tr>
<tr><td colspan="2">店　名</td><td>距　离</td><td>面　积</td><td>形　态</td><td>营业人数</td><td>年营业额</td><td>竞争等级</td></tr>
<tr><td rowspan="5">竞争资料</td><td colspan="2"></td><td></td><td></td><td></td><td></td><td></td><td></td></tr>
<tr><td colspan="2"></td><td></td><td></td><td></td><td></td><td></td><td></td></tr>
<tr><td colspan="2"></td><td></td><td></td><td></td><td></td><td></td><td></td></tr>
<tr><td colspan="2"></td><td></td><td></td><td></td><td></td><td></td><td></td></tr>
<tr><td colspan="2"></td><td></td><td></td><td></td><td></td><td></td><td></td></tr>
</table>

商圈位置图									
主管核实			填表时间				填表人		

表4-4 现场情况评估表

现场情况										
基本资料		地址					表单号码			
		行政区域			商圈类型			变更使用	□是 □否	
建筑条件		□ 大楼有电梯 □ 无电梯		共　　层楼		□ 窄人行道 □ 宽人行道		屋龄　年		
	外观	□新 □旧　楼壁面 □水泥粉光 □金属 □石材 □其他								
基础设备	水	□自来水 □非自来水 □水压正常 □水压低 □水质不佳								
	电流						电载			
	电话									
	卫浴	□脸盆 □马桶 □浴缸 □明镜组 □莲蓬头					面积	平方米		
一般条件	空调	□无 □窗型　台 □分离　台 □立式水冷 □立式氮冷 □其他								
	天花	□无 □木作 □轻钢架　盏 □日光灯　盏 □坎灯　盏 □投射灯　盏 □其他								
	地面	□瓷砖 □木地板 □塑料地板 □地毯 □石材 □水泥 □磨石子								
	壁面	□内墙 □水泥粉光上漆 □木作上漆 □壁纸 □木作贴壁纸 □石材 □其他								
消防安全	防火	□消防栓 □灭火器 □撒水系统 □侦类器 □火灾警报器 □瓦斯感应器								
	避难	□紧急电源 □紧急照明 □出口标示 □防火门 □排烟 □避难梯 □其他								
	逃生	□避难绳索 □滑台 □救助袋 □缓降机 □避难桥 □避难梯 □其他								
招牌广告	横招	□长　厘米×高　厘米　离地　厘米　可利用面　□折角　□圈弧								
	直招	□宽　厘米×高　厘米　离地　厘米　车道上离地　厘米　可延伸至　楼								
	骑楼	□长　厘米×高　厘米　离地　厘米　单面　又面　一单一双								
	立招	□宽　厘米×高　厘米　离地　厘米　单面　又面　一单一双								
	方招	□宽　厘米×高　厘米　离地　厘米　单面　又面　一单一双								
	法规	□不符 □横招 □直招 □立招 □方招 □无								
主管核实					填表时间			填表人		

第五章　塑造金牌门店形象

一、打造金牌门店的店名店标

俗话说："付子千金不如教子一艺，教子一艺不如赐子好名！"人名是这样，店名亦是如此。好的店名和店标能招揽四方来客，自然是生意兴隆的基础。

（一）门店取名原则

正所谓"不怕生意难做，就怕店名起错"。可别小看了这店名，门店的名字起得好不好，与日后生意的好坏有着密不可分的关系。名正是金，一个好的店名是能够起到事半功倍的宣传效果，会激发顾客了解这家店及店内商品的欲望。顾客进不进店是销售的一个重要因素，而店名则是顾客是否进店的首要考虑因素。因为对顾客而言，一个自己从没有进过的门店，顾客首先会看店名，如果店名够吸引人，顾客就会进店；而顾客进店率的提高，也就意味着销售量的提升、收益的增加。

如何才能为门店取一个好名？

图5-1　零售标杆——汇美舍个人护理用品连锁店店内实景（二）

一般说来，要做到以下四点：

1. 瞄准目标市场

门店经营者在确定自己店铺的名字之前，首先要明确自己打算"开多大"。如果门店的名字与规模不相符，高消费顾客会不屑一顾，普通顾客则会望名止步，产生不信赖感。

其次，门店经营者要明确"卖什么、卖给谁"。门店命名必须能反映经营者的经营特色或门店的经营范围，让顾客一看到你的门店名字，就知道你是卖什么的。比如，"同仁堂"、"德仁堂"作为老字号的中药店已是家喻户晓，"堂"作为中药铺已成了约定俗成的识别标识，所以人们只要一看到带"堂"字的招牌，就知道是卖中药的。

2. 吸引顾客眼球

名字是门店的外在形象。在潜意识里，人们常常会通过名字对一个素不相识的人或事物做一个初步的判断，店名也起着这样的微妙作用。

门店的名称字体设计要美观、容易辨认；字数要少而精，以 2~5 个字为宜，同时还要避免将容易误会的文字和易于混淆的发音排列在一起，确保好读、好写、好听和好记。只有这样，店名才易于传播，迅速吸引顾客的眼球，引起顾客的兴趣。

例如，全世界最大的连锁便利商店集团——7-ELEVEn，它的店名是由一个阿拉伯数字与一个英文字母用连接符号连接起来的，吸引顾客眼球。其实，1927 年，美国南方公司始创 7-ELEVEn 便利店，当时商店的营业时间为早上 7:00 至晚上 11:00，故此得名。其店名读起来朗朗上口，易于传播。此外，该店名在拼写上，还充分体现了 7-ELEVEn 的国际性，它简洁、易记忆、易拼写。这也许正是 7-ELEVEn 成为便利商店国际共通语言的原因之一吧。

3. 适应当地文化

好的店名，有文化底蕴，能使顾客感到放心惬意。一般来讲，门店取名，既要适应目标市场的文化观念，又要适应地方市场的文化观念。

地方文化观念属于一个综合性概念，包括风俗习惯、价值观念、宗教信仰、民间禁忌、民族文化、语言习惯等。不同的地区具有不同的文化观念，你要想使商店进入这个市场，首先就要入乡随俗地起一个易于被当地顾客接受的名称。

4. 遵循法律法规

有一些门店经营者为了追求个性和新颖，门店命名五花八门："最高发苑"、"莉莉银行（银饰店）"等。

追求标新立异固然很好，但过分张扬就容易触及法律法规。根据《企业名称管理规定》，商店取名不能有损于国家、社会公共利益，不能取会给公众带来欺骗和误解的名字，不能以汉语拼音字母（使用外文名称除外）、政党名称、党政军机关名称、群众组织名称、社团名称及部队番号来命名。

总之，门店名字取得好坏，是能否引起顾客好奇心和能否把门店牌子打响的关键。所以如果想让你的门店红红火火，就请谨遵以上四个要点，从给门店起个好名字开始吧！

（二）门店店标的设计原则

门店需要做好自己的标志设计，一个寓意深远而又美观简洁的店标，是在店名的基础上用另一种更为形象的方式来传承门店的经营理念，可以为门店增色许多，可以让顾客永远铭记。

基本的标志设计原则主要有：

1. 有利传播

店标和店名的传播相类似，但名称的传播主要在口头，而标志的传播主要是在视觉。90%以上的信息是通过视觉获得的。标志有利于传播主要是要求标志较为简单和鲜明。像"麦当劳"的"M"形标志和"屈臣氏"的"Watsons"形标志等就是这方面的典范。当然，如果能将店名和店标有机地结合起来，像"7-ELEVEn"那样则会更有利于广泛的传播。

2. 新颖

新颖独特的标志能更好地吸引消费者的注意。醒目直观的标志对受众的视觉冲击力效果是相当显著的。在标志设计上，新颖的形象还是和竞争者相区别的重要手段。有些标志在设计上趋同是不利于该品牌被消费者识别和认同的。

3. 简洁

消费者反对任何繁文缛节，也无法记住过于繁杂的标志符号。简洁的要求是消费者从认知角度对企业提出来的。往往强势品牌的标志就是很简单的勾勒。

4. 有感染力

标志要被消费者接受就必须富有感染力，它本身要求能够引起消费者的广泛联想和认同。同时它可以具有时代气息，也可以具有古典色彩，但不管怎么说，它都必须能给消费者带来美的享受。

5. 符合法律法规要求和文化风俗习惯

有的门店为了追求个性和显示新意，往往在标志设计上反传统，甚至是颠覆社会文化习惯，这样不仅不能起到正面宣传门店形象的作用，反而会让顾客产生反感，甚至有的出格标志还有可能违反现有的法律法规。例如，骷髅形状、数字4等在我国社会文化中代表的含义是被人们所忌讳的，绝对不宜出现在店标中；太极符、万字符等表示宗教含义的图形也不能用于店标；已注册的其他公司和机构的商标不能用于店标；涉及政治含义的图形元素、标志不能用于店标；已被公众所习惯的公共事业的图形标志不能用于店标。

（三）店标的主要构成

店标通常由两部分元素构成：标志色和标志字，它们是标志中最核心的内容。

标志色是门店为其所选用的特定颜色。颜色对消费者视觉冲击的作用是相当大的。门店为了不引起消费者对其标志所表示的象征意义的模糊理解，标志色的采用一般不会超过三种，以两种最为合适，因为一种显得过于单调，而两种给人以协调的感觉。

不同颜色给人的色彩感觉和色彩联想是不一样的。一般而言，红色代表活力和动力；橙色是暖色，给人温暖的感觉；黄色较为中性，给人安静的感觉；而蓝色给人深沉感；黑色凝重，一般不宜单独采用；紫色没有多少刺激。色彩本身分为冷色系和暖色系。冷色系给人慎重和沉重感，而暖色系给人活力和温暖的感觉。冷暖色通常不搭配使用，否则会让消费者在感觉上无法适应。

标志字作为和标志色相结合而存在的标志要素，有着它特定的要求。一般细线体字表达了一种细腻的感觉，它往往让人联想起香水、化妆品等产品；而圆滑的字体容易让人想起食品；相比较而言，有棱有角的字体让人想起工业品的概率大得多。

标志字作为标志的重要组成部分，有它特有的设计要求。在选用标志字时应该注意以下内容：字体要和门店所经营的商品属性相吻合。根据不同商品属性，字体应该有所不同。食品店如果采用棱角分明的字体就会让人有食欲减退的感觉，而化妆品店如果用行书体字或者笔画硬挺的字体就会使消费者觉得缺乏温馨感和细腻感。此外，字体要符合审美的要求。标志字的结构和造型要符合美学原则，也是为了给消费者留下更深刻的印象。

二、店面设计四个"要"

店面设计，讲究与经营风格融为一体。店面视觉效果，要与周边环境相协调。金光闪闪、浓妆艳抹式的设计给人的感觉往往是华而不实或者肤浅低俗。怎样才能做到恰如其分呢？这就要求对店面进行设计时，必须想顾客之所想，根据实际情况做出适当的选择。

一般来讲，店面设计要遵循四个"要"的原则。

（一）要锁定行业特色

没有特色的东西难以引起人们的注意，没有特点的装饰也容易被别人忽略。因此，零售门店店面设计的最基本要求，是要注意体现行业和经营者的个性特征。

日本北海道的一家鱼味馆，初开张时生意并不太如意。老板向"高人"取经后，于每天开门前在店门口挂一张湿漉漉的渔网，结果生意很快便"火"了起来。

一家牛仔服专卖店，用图钉将一条牛仔裤钉在门头，店内每天都人头攒动；一家酒店在路边的门口设置一口大酒缸，回头客较多……这些颇具个性化的装饰，让顾客过目难忘，起到了很好的促销作用，展示了门店的形象，令人回味。

（二）要明确顾客定位

你的顾客是学生还是白领？是"平民"还是"总统"？在对店面进行店面设计时，只有搞清楚了这一点，店面设计才能有的放矢，达到预期的效果。

北京通州区有一家名为"××小吃"的小饭馆，店里主要卖土豆丝、家常豆腐、锅仔羊杂等低价饭菜，并且在分量上还十分充足，因此每天顾客盈门。这家"××小吃"没有豪华的门面排场，只求简单实惠，因为饭馆老板认为，进他饭馆吃饭的顾客大多数是手头并不宽裕的工薪阶层。高、中、低档饭馆各有各的主顾，关键是你的定位是否明确（当然，定位也得结合你的门店所处的环境）。

（三）要与周围环境相协调

门店虽然应有自己的特色以与其他商铺区别开来，但也要注意与周围环境相协调，切忌与周围环境的气氛格格不入。

例如，你要在北京开设一个时装专卖店。周围星级酒店林立，你的门店当然要讲究点档次，这样才能满足那些住酒店、消费水平较高的顾客的需要。若你的门店开在一个职工集中的小区，消费水平不高，那么你的门店大可不必富丽堂皇，只要看起来温馨整洁即可。因为高档的店面设计会使人误以为你这里的档次很高、东西很贵，反倒容易将顾客吓跑。

（四）要提升店面"能见度"

所谓的"能见度"，即行人能清晰地看到零售店外观标识（招牌）的程度。如果你的门店的外观标识"能见度"较差，不仅会给顾客带来不便，同时也会影响门店商品的销售。

所以，在店面设计过程中，一定要充分考虑如何提高店面的"能见度"。通常而言，零售店的能见度可通过独特的建筑外形、鲜明的招牌、光彩夺目的照明装置、宽敞的出入口、诱人的橱窗等要素来实现。这些内容，我们将在下文中详细讨论。

三、招牌设计"点睛"有术

门店的招牌是用来展示门店名称的标记，更是一种具体的广告道具，能清晰地反映出经营者的内容和思想。有时，构思精巧的招牌所起到的宣传作用是广告所不能及的，好的招牌能使顾客一目了然，刺激其消费的欲望。

在繁华的商业区，顾客往往首先浏览的就是大大小小、各式各样的门店招牌，寻找自己的购买目标或值得逛逛的店铺。尤其是在华灯初上、灯火阑珊之时，招牌的作用就更加关键了，点睛之笔的设计往往能够对门店的生意起到非常明显的促进作用。

从某种程度而言，门店招牌的设计代表着该店铺的形象，是门店交给顾客的第一张"名片"。能否吸引顾客进入门店，招牌的设计有着很重要的作用。

如何能够为门店的招牌"点睛"呢？

（一）招牌要有"形"

1.招牌的位置

通常而言，招牌分平行放置、垂直放置、纵横放置三种情况：

（1）平行放置，即门店的招牌设置在店面正上方的平行位置。

（2）垂直放置，即门店的招牌立于门店侧面，与店面垂直。

（3）纵横放置，即门店的招牌悬挂在零售店正面与侧面墙上。

提示：如果你的门店处于交叉路口，最好每侧上方均安置一块招牌，这样能使来自不同方向的路人从远处看到你的门店。

2. 招牌的造型

与经营内容相一致的形象或图形，能增强招牌的直接感召力。门店经营者可以根据门店的经营范围，合理设计招牌造型。

例如，如果门店的顾客群为女性消费者，就应选择时尚感强的招牌；如果顾客群为男性消费者，门店招牌则应正式、显得庄重；如果顾客群为儿童消费者，门店招牌则要活泼、有趣，能吸引小朋友。

3. 招牌的照明

招牌的照明是指人工光源的使用与色彩的搭配。霓虹灯和日光灯招牌不仅能使门店明亮醒目，增加门店在夜间的可见度，而且能渲染商店热闹和欢快的气氛，烘托环境，增加门店门面的形式美。

（二）招牌要有"料"

招牌的内容设计要做到简洁突出，使顾客过目不忘，并且能起到良好的交流目的。因此，必须要在有限的空间内呈现给顾客足够的信息，使招牌的内容丰富。

（三）招牌要有"色"

顾客对门店招牌的识别往往是先识别色彩再识别内容的。不同的颜色，能使人们形成不同的心理感受。

根据心理学研究表明，玫瑰色能给人以华贵、幽婉、高雅的感觉；淡绿色则给人以柔和、明快的感觉；深红色刺激性较强，会使人的心理活动趋向活跃、兴奋、激昂或使人焦躁不安；蓝靛色刺激性较弱，会使人的心理活动趋向平静，控制情绪发展，但也容易产生沉闷或压抑的感觉。

通常而言，红、绿、黄三色的穿透力最强，能够使人们从很远的地方就看到，因此在门店招牌中使用得比较多。

（四）招牌要有"情"

你对镜子笑，镜子才会对你笑。对门店招牌的设计，也是同样的道理。在设计招牌的时候，我们也要融入自己的真情实感，即渗入对顾客的忠实情感，这样顾客才会忠实于我们的门店。很多时候，顾客到一个店面购物，是因为在远处看到了它的招牌。

这样的例子不胜枚举。例如，麦当劳和肯德基就是大家十分熟悉的成功例子。在嘈杂的城市中，很多人在不知应到何处就餐时，第一反应往往就是向四周看看是否有"M"或"KFC"的招牌，因为在这些招牌处肯定有麦当劳或肯德基能够为他们提供香喷喷的汉堡和冰爽的可乐。

四、如何让橱窗吸引眼球

在现代商品活动中，橱窗广告是商店经常采用的广告形式之一，同时也是装饰商店店面的重要手段。

作为传达商品信息的陈列空间，橱窗的设计与宣传对顾客购买情绪有重要影响——可使看客变成顾客。顾客在进入商店之前，往往都会有意无意地浏览橱窗。一个主题鲜明、形态新颖、妙趣横生的橱窗设计，可吸引原来没有购买需求的行人驻足橱窗前，并因看到橱窗内所展示的某种商品而萌生购买动机，于是进店完成购物行为。

国外的零售商店非常关注橱窗设计，他们常常挖空心思地把自己的商店橱窗设计得与众不同，引人注目，并通过运用新的科学技术、新的道具（装饰材料）以及新的表现手法，充分刺激人们的好奇心，其目的就在于尽可能多地招徕顾客，为自己在激烈的商业竞争中争到一席之地。

曾有人将商店比作一本书，将橱窗比作书的封面。试想，假如一本书的封面设计得毫无吸引力，是否还会有读者打开这本书阅读呢？

对于零售门店而言，顾客的进店率与商品的销售率是成正比的，所以如何使橱窗吸引顾客眼球，提高顾客的进店率，是关系到门店销售成败的关键。

（一）什么样的橱窗才能吸引顾客眼球

如果说"眼睛是一个人的心灵之窗"，那么橱窗则是门店的眼睛。大多数人逛街总是习惯性地先看橱窗，然后再决定要不要进店。所以，作为把门店推向顾客视线的有效舞台，橱窗设计的重要性不言而喻。

那么，一个好的橱窗设计，应满足哪些要求呢？

1. 保证最佳视觉效果

橱窗是静止不动的，但顾客却是行走和运动的，因此设计橱窗时一定要考虑顾客的观赏角度和最佳视线高度，考虑橱窗自远至近的视觉效果。

通常而言，橱窗的高度应与一般人的身高差不多，且中心线最好与顾客水平视线相齐。这样才能使橱窗内所陈列的商品尽收眼底。橱窗底部的高度，一般离地面80~130厘米，以成人眼睛能平视的高度为宜。

图5-2 国内某知名化妆品店店内实景

2. 主题鲜明

橱窗的主题必须简洁鲜明、一目了然。因此橱窗的背景颜色要尽量用明度高、纯度低的统一色调，如粉、绿、天蓝等颜色。当然，如果你的广告宣传的商品色彩较淡，也可用深色做背景，如黑色。

另外，在道具（包括布置商品的支架等附加物和商品本身）的使用方面也要加以注意。支架的摆放越隐蔽越好。例如，首饰专卖店里橱窗展示的首饰，通常使用透明的有机或无机玻璃支架。这样能有效地突出商品，避免喧宾夺主。

最后，还应通过设计一些具体生活画面让顾客产生亲切感，或者使顾客产生身临其境的感觉，以促使顾客产生购买欲望。

3. 与门店的整体规模、风格相适应

橱窗是门店的一个部分，在设计上不能一味地追求橱窗本身的艺术效果，而背离了门店的整体设计风格。例如，橱窗的设计很简洁，门店里面的布局却很复杂；或橱窗设计十分现代，里面的设计却非常古典。

另外，橱窗设计的内容还必须与门店经营的商品一致，即卖什么布置什么，橱窗中所展示的商品，应是门店中现有的，也是最能体现门店特色的商品，这样才能使顾客看后就产生兴趣，并产生购买欲望。

4. 要和店面中的营销活动相呼应

从某种角度而言，橱窗类同一个电视剧的预告，它向顾客传递的是门店内的销售信息，这种信息的传递应该和门店中的活动相呼应。如果你的橱窗里是"新品上市"的主题，门店里陈列的主题也应以新品为主，并储备相应的新品数量，以配合销售的需要。

5. 适当的灯光照明

为橱窗配上适当的照明，既能起到一定的照明作用，又能使橱窗原有的色彩发生戏剧性的变化，给人一种新鲜感。光源一般要求隐蔽，我们可以参照舞台灯光的设计方法，为橱窗配上颜色柔和的顶灯和角灯，避免使用过于鲜艳、复杂的色光，尽可能在反映商品本来面目的基础上，给人以良好的印象。

（二）橱窗设计的表现手法

一般来讲，橱窗设计的表现手法大致可分为如下几种：

1. 直接展示

即尽量不采用道具、背景，而是通过运用商品陈列的技巧，充分展现商品自身的形态、质地、色彩、款式等，让商品自己"说话"。

2. 寓意和联想

即充分运用部分象形形式，

图 5-3　福州跳蚤屋化妆品连锁店店内实景（二）

以某一环境、某一情节、某一物件、某一图形、某一人物的形态与情态表现商品的种种特性，以唤起顾客的种种联想，从而产生心灵上的共鸣。

3. 夸张与幽默

通过适度的夸张将商品的个性因素放大，强调事物的实质，给人以新颖奇特的心理感受。这种橱窗设计往往可以达到既出乎意料又在情理之中的艺术效果。

4. 广告语

在橱窗设计中恰当地使用一些广告语言，更能强化主题。当然，橱窗广告只能是简短的标题式的广告用语，而不能像报纸、杂志广告那样用较大篇幅的文字来展示。因此设计者在撰写广告文字时，必须使整个橱窗设计与表现手法保持一致，同时也要生动，富有新意，既能唤起人们的兴趣又易于朗读、记忆。

5. 系列展示

系列展示主要是针对于同一牌号、同一生产厂家的商品陈列，能够起到延续和加强视觉形象的作用。通常可以通过表现手法和道具形态色彩的某种一致性，或通过在每个橱窗广告中保留某一固定的形态和色彩作为标志性的信号道具，来达到系列效果。

橱窗广告的设计构思和表现手法，综合了社会学、市场学、心理学以及现代科学技术等各种因素。风格各异的橱窗设计，体现了各个商店独特的品位，它能让顾客更直观、更迅速地认识你的商店和商品。

随着商品经济的发展，传统的一成不变的商品展示方式早已不能适应社会的发展，只有创意新颖、风格独特的橱窗设计才能吸引行色匆匆的脚步。如何在短短几秒钟内吸引顾客的眼球，这是每个门店经营者选择橱窗设计时应考虑的一个问题。

（三）橱窗设计，各显神通

通常而言，橱窗设计有如下三种类型：

1. 专题式橱窗设计

专题式橱窗设计，可以以广告为专题的中心，围绕某一件特定的事情，将不同类型的商品进行组织陈列，向大众传输一个诉求主题。例如，场景陈列：将一些专用商品、同类型的商品用一个橱窗进行单独陈列，在橱窗中设置成特定场景，以诱发顾客的购买行为；事件陈列：以社会上某一项活动为主题，将关联商品组合起来的橱窗；节日陈列：以庆祝某一个节日为主题组成节日橱窗。

2. 特写式橱窗设计

特写式橱窗设计，即在一个橱窗内集中展示，重点渲染、重点推荐某一产品，以树立品牌形象。例如，单一商品特定陈列和商品模型特定陈列等。

3. 综合式橱窗设计

综合式橱窗设计也称系统式橱窗设计，是指将许多不相关的商品综合陈列在一个橱窗内，以组成一个完整的橱窗广告，可分为横向橱窗设计、纵向橱窗设计、单元橱窗设计。由于商品之间的差异较大，这种橱窗设计把握不好就容易给人一种乱糟糟的感觉，因此在设计时必须谨慎，可以按照商品的类别、性能、材料、用途等因素，分别组合陈列在一个橱窗内。

五、合理设计门店出入口

出入口设置是店面设计中最关键的一环，设计得不合理，就可能导致人流拥挤或是顾客来去匆匆，这样将大大影响销售。

漂亮的招牌只能吸引顾客的目光，而设计合理的出入口才能吸引顾客进店。因此，出入口设计的好坏是决定门店客流量的关键。无论是什么店铺，出入口都应以便于顾客出入为原则。

如何科学合理地设计门店出入口？

在设计门店出入口时，必须考虑门店的营业面积、客流量、地理位置、商品特点及安全管理等因素。

（一）避免出入口的尴尬

门店的出入口设置不好，很容易造成尴尬的情形，让顾客产生误解，因此应注意以下几点：

（1）门面、地板必须保持清洁。门面、地板代表了门店的形象，如果你的门店门面不清洁，就会大大影响顾客进店率。

（2）门窗要尽量透明。要让顾客在外面能看到店内情景。

（3）入口处最好通畅，不宜在入口处设置玻璃墙、屏风之类的东西，而且门口不可堆放杂物，否则顾客往往会望而生畏，拒绝进店。

（4）出入口光线要合适，尽量不要与室外亮度有较明显的反差，以免给顾客造成不适。

（5）出入口通道的内外在营业时间不能有积水，特别是雨、雪天气，更要注意维护这些区域，以便顾客进出顺畅。

（二）出入口的主要类型

出入口有多种类型，我们一般将其分为封闭型、半封闭型、开放型、出入分开型四类。

1. 封闭型

这类出入口应尽可能小些。面向大街的一面，要用橱窗或有色玻璃巧妙遮蔽。一般而言，在以经营古董、金银首饰、玉石、品牌化妆品等商品为主的高级门店，购物氛围要求相对安静，顾客才能耐心选购商品，因此出入口设计比较适合采用这种类型。这类零售店的店面大多装饰繁华，讲究橱窗陈列，从入口就能给顾客留下较深的印象，可使顾客享有较强的优越感。

2. 半封闭型

出入口可以设计得小一些，以从大街上能看清店内陈设为准。此外，橱窗应实行倾斜设计，以吸引顾客入店。经营装饰品、化妆品以及服装等门店，比较适合采用这种类型的出入口设计。因为购买这类商品的顾客，往往是从外边看到橱窗，对商品产生了兴趣，继而进店，对门店的开放度要求不高。

3. 开放型

开放型出入口将门店面向马路的一边全开放，使顾客从街上很容易看到店内商品的陈列，且可以自由出入。比如，屈臣氏的大门就很宽，可以说没有严格意义上的门，它采用的就是开放型出入口设计，既吸引了消费者，又避免了建筑死角的浪费。

一般而言，经营食品、水果、蔬菜、日用品等大众商品的店铺，出入口设计多采用这种类型。采用这种出入口设计，门店前面应杜绝障碍物（如停放自行车、摩托车等），店铺内要合理设置橱窗，柜台不宜太高，店铺内也不宜塞得很满；否则会影响顾客选购商品。

4. 出入分开型

出入分开型即出口和入口通道分开设置。顾客进来之后，必须走完全场才能到出口处结算。这种出入口设计虽然有些强行的意味，对顾客不是很方便，但对门店管理却非常有利，可有效防止偷盗行为。这种出入口设计适用于经营大众化商品的门店，著名的外资零售企业沃尔玛采用的就是这种设计。

（三）出入口设计技巧

概括地讲，出入口设计应把握如下四点：

（1）车水马龙的马路边不宜设出入口，川流不息的行人步行街则是设置出入口的佳址。门店出入口以人流量、路线选取规律、目光辐射取向调查为基础，把门开在行人最多、路径最顺畅、最引人注目的地方。

（2）开设在楼上或地下室的门店，入口处应设置醒目且具特色的标识。在由地面通向门店入口的必经通道上要在醒目处标出入口方向和路线。

（3）出入口的设计应使顾客清楚地看见门店的内部，并且商品陈列要有强烈的吸引力，才能激起顾客的购买欲望。

（4）出入口的大小应根据当地的气温情况进行调整。在寒冷的冬季，出入口的开放程度应小一些；在炎热的夏季，则可将门取下，立于侧面的门架上。

总之，门店必须注重出入口的设计，系统化、组织化地设计出入口，才能树立良好的门店形象，使顾客轻松愉悦地进店购物。

六、"绘声绘色"的店内广告

门店的形象包装设计除了店名、店标、店面、招牌、橱窗和出入口这些之外，店内的整体氛围也相当重要，毕竟，顾客是在店内挑选商品从而完成购买交易的，即通常情况下，顾客是在店内做出购买的决定的。良好的视觉效果，辅以悦耳的声音效果，则会创造良好的消费环境，使得顾客身心愉悦，进而促成消费。

（一）店内色彩选择

色彩可以对消费者的心情产生影响。一般来说，彩色比黑白色更能刺激视觉神经，因此更能引起消费者的注意。每逢节庆日，红色格外引人注目，让人眼前明亮，精神为之一振。彩色能把门店商品的色彩质感等表现得极为真实，自然而然地增强了顾客对商品的亲切感。

红色、黄色和橙色被认为是暖色，人们看到它就有一种温暖、热情、亲近的感觉。很多餐厅都用这种颜色来影响顾客的心境，使他们感到温暖、亲切。而蓝色、绿色和紫罗兰色被认为是冷色，通常用来制造雅致和洁净的氛围。如果将冷暖两色并列，给人的总体感觉是：暖色向外扩张、前移；冷色向内收缩、后退。因此，门店对冷暖色应该有一个比较合适的搭配，这样可以提高门店的购物环境的整体效果。

不同的商品可以拥有各自不同的色彩语言，通过不同商品各自独特倾向的色彩语言，顾客更易辨识商品和产生亲近感。店长应根据门店所经营的商品进行色彩选择，以求顾客对其商品产生亲切感和购买欲望的目的。

（二）店内音乐选择

在门店购物环境中，音乐是影响消费者购物感受的一个重要因素。背景音乐的编排与设计，将随着声波的传递，直接触动消费者的神经，从而一定程度上影响着消费者是否停下脚步进店选购，这对产品销售起着推动或阻碍作用。

门店的背景音乐要注意以下六点：

（1）门店不需要营造喧嚣的氛围来吸引顾客注意，也不需要像沿街叫卖一样大喊大叫。门店的音乐应该柔和得体，能够为顾客营造出温馨舒适的购物环境，使顾客得以安心选购。很多门店的背景音乐是店内工作人员完全根据自己的喜好确定的，这种管理极为不规范。门店播放的音乐应该是能够吸引消费者的，而不是为了满足店员的个人喜好。如果店员个人喜好摇滚音乐，门店也播放摇滚音乐，那么很容易造成嘈杂的声音，破坏整体的购物环境，影响消费者的购物心情。

（2）门店播放自己的广告应该有所节制。有些店铺一分一秒都不放弃宣传，也不管顾客接不接受，从早到晚一天 24 小时播放自己的店面广告，不仅顾客听烦了，而且自己也听烦了。其效果自然是很差，甚至起到负面作用。

（3）背景音乐的声音不要太大，要制造一种舒缓的气氛，过大的声音只能是聒噪，要通过一种舒缓的气氛感染顾客。这种气氛应该能让顾客放松，不要让顾客神经绷得紧紧的。

（4）门店的音乐不要时断时续、时大时小。门店的音乐应该有连贯性，要让消费者自然而然地把音乐也当成门店商品的一部分，而不是断断续续、忽大忽小，那样的感觉让人不舒服。

（5）门店的音乐最好以曲为主。原因很简单，歌词抒发的只是人的情怀，而曲往往可以引起大部分人的共鸣。越是没有歌词的曲，给消费者的想象空间越大。在店铺中不要播放电台广播，广播的内容自己控制不住，同时也会影响店内的消费气氛。

（6）店内的音乐风格要与经营的性质相协调，也要适合所处的地理环境和顾客群体，同时不同的营业时段所播放的音乐也应该有所不同。

第六章 金牌店长让商品说话

本章要点：

门店的商品如何呈现给顾客？陈列。
陈列应遵循一定的原则。
陈列应趋向于差异化。
陈列有多种方法技巧。
金牌店长懂得根据门店特色陈列商品。

一、商品陈列讲原则

商品不仅是门店陈列和销售的对象，而且所陈列的商品也是构成门店氛围的重要因素。商品的品牌、包装以及在陈列时的摆放位置和布局，是决定陈列效果和风格特点的主要因素。成功的商品陈列，在某种意义上能够起到促销的作用。

（一）商品陈列的基本要求

门店商品的陈列应该做到以下的基本要求：

1. 突出核心或重点商品的特点

例如，对销售比较好的商品应该放在比较醒目的地方，在陈列上要与其他商品有些区别，尽量给人以强烈的视觉感受。

2. 要突出品牌效应

所有的商品标志应该清晰，广告生动、醒目，易于理解，也便于被记忆。

3. 要讲究艺术巧妙的构思

要充分运用照明、背景等造型手段和工具，形成独特的商品销售语言，从而准确有效地表现和突出陈列的主题，使人一目了然、心情舒畅。

4. 强调个性，避免雷同

在商品的陈列上，独特性、创新性相当重要，只有独特的设计创意才能让顾客耳目一新、过目不忘。

（二）商品陈列要遵循的原则

1. 醒目原则

重要商品应摆放在最醒目的位置上，以便吸引顾客购买。这个原则也是符合上面所说的突出核心商品的基本要求的。

2. 充实齐全原则

货源充足是商品陈列的首要原则，尽量保证同一品牌或系列的商品配套齐全，并且集中陈列，大量商品摆在一起能够引起顾客的注意与兴趣。

3. 分类明确原则

商品陈列不但要分门别类，还要按商品的不同特征顺序摆放，以便于顾客在不同的花色、质量、价格之间进行比较和挑选。

4. 集中陈列原则

同一类别的商品集中摆放在相邻的货架或位置上，以便于顾客找到自己所需的品牌或品种。

5. 易取易放原则

如果顾客选购商品时拿取不方便，或者放回去很麻烦，那么，再好的陈列也无法起到促进销售的作用，也不利于店员理货。

6. 卫生整洁原则

门店工作人员在摆放商品时应注意搞好商品、货架的卫生，将商品上的灰尘擦拭干净，体现商品的新鲜度。

7. 安全稳固原则

不仅要突出视觉效果，还要注意安全。要充分考虑到商品堆放的稳固性，以确保顾客的安全。

8. 先进先出原则

对于有保质期和有效期的商品，应遵循先进先出的原则，当货架前排的商品售完后，补货人员应该先将后排的商品移至前排，然后将新到产品摆到后排。

9. 美观原则

视觉上的冲击往往会激发顾客购买的冲动，应注意各种商品陈列时的色彩搭配，避免同种色彩的不同商品集中陈列，混淆顾客的视线。对于包装雷同的商品，更要注意进行区分。

10. 能见度高原则

商品应尽量摆放在光线较好、亮度充足的地方，以保证其易见、易找。

11. 关联性强原则

顾客在选购某种商品时，往往不是只选择单一商品，而需要购买其他相关的商品。如果能够将相关的产品集中摆放在一起，往往能促使顾客购买更多的商品，如香烟与打火机、茶具与茶叶、牙膏与牙刷等。

二、商品陈列的差异化

门店的商品陈列需要达到四个方面的目标：

（1）便于消费者购买。

（2）最大限度地吸引消费者眼球。

（3）促使商品提升与形象提升。

（4）在众多产品陈列中脱颖而出，进行差异化展示。

而在实现这些目标的过程中，商品陈列风格经历了四个发展阶段：

1. 陈列无序化阶段

这个时候正处在卖方市场，市场上产品供不应求，因此商家没有陈列概念，产品属自然陈列，消费者对产品陈列的要求并不高。

2. 陈列起始化阶段

一些知名企业率先开始进行产品陈列，消费者突然感到要找自己要买的产品这么容易，于是这些知名品牌的销售好于其他商品。在这个时候所有的厂商都开始重视产品的陈列了。

3. 陈列格式化阶段

在这一阶段，陈列趋于雷同，没有创新。商家将目光集中在端架、地堆、收银台等地方，对产品进行规范化陈列。由于消费者见得过多，因此这种陈列对消费者的吸引力不像当初那么大，同时商品间的陈列空间争夺趋于激烈，形成陈列费用加大，导致销售成本增加。

4. 陈列差异化过渡阶段

很多商家都对产品陈列做了修正，虽然格式化是基本形式，但是一些差异化的陈列往往更能吸引眼球。对于门店来说，格式化陈列和差异化陈列相结合是必需的，它能最大限度地保证门店的陈列为消费者所喜好。

所谓差异化，就是强调在商品陈列上要力求将商品个性与人所拥有的视觉、触觉、听觉、嗅觉、味觉等感觉器官结合在一起，产生有效的反应，使顾客依据自身感官不同的感受而对陈列的商品做不同的选择。

门店的商品陈列是个系统工程，差异化的陈列就是为了使顾客通过陈列对商品有更为直接和真切的了解，而达成交易。好的商品陈列本身为门店制造了良好的购物氛围，会受到顾客的喜爱，自然也有利于产品的销售。

三、商品陈列方法多

在实践中，大量关于门店商品陈列的经验和范例被积累下来，可供我们借鉴。主要有以下七种陈列法：

（一）系列商品陈列法

系列商品陈列法，即通过精心选择、归纳和组织，将某些有联系的商品按照系列化的原则集中在一起陈列。这样做可以突出主题，通过错落有致、异中见同的商品组合，留给顾客一个全面系统的印象；还可以有效地激发顾客的延伸联想，启发顾客配套选购。

（二）对比商品陈列法

对比商品陈列法，即把在色彩、质感和款式上形成强烈对比的商品摆在一起，达到主次分明、互相衬托的展示效果。这种陈列对比大大加强了商品的表现力和感染力。对比式陈列利用设计构图、灯光、装饰、道具、展柜、展台等道具，展示商品间的反差，以达到突出新产品、独特产品及促销产品的目的。

（三）对象商品陈列法

对象商品陈列法，即突出某一产品的功能、特点，或利用广告、道具和造景手段，引起顾客的兴趣和好感。对象式陈列目标明确、主题突出、标志性强，影响力集中；可以明确展示和宣传的目标，并加强与顾客的沟通。

（四）场景陈列法

场景陈列法，即指利用商品、饰物、背景和灯光等，共同构成一定的场景，给顾客营造很浓的生活气息。场景式布局形象、生动地说明了陈列商品的用途、特点，使顾客既有身临其境之感，又可得到启发和美的享受。一般场景式陈列适合在节日时使用，可以给顾客营造一种节日的氛围。例如，在圣诞节，好多店家将圣诞树、圣诞老人、各式各样的礼物、长筒袜和各种装饰品加以组合，为顾客营造了温馨的圣诞气氛。

（五）重复商品陈列法

重复的商品陈列，即将同样的商品、装饰等陈列主体，通过反复强调和暗示性的手段，加强顾客对商品或品牌的视觉感受。顾客受到反复的视觉冲击，就会对这种商品印象深刻、过目不忘。

（六）层次商品陈列法

层次商品陈列法，即将不同产地的相同商品或同一品牌的不同产品，按照一定的分类方法依次摆放。层次性陈列分类清晰、主次鲜明，可以吸引不同类型的顾客，方便顾客选购，容易营造热烈的气氛。在陈列时，应注意突出价格标签、品牌介绍等说明性标识。

（七）补充商品陈列法

补充商品陈列法，即把一些相对不重要的商品摆放在重要商品的尾部。这种方法既可以充分利用陈列空间，又能使顾客感觉陈列环境很饱满。对那些不是很重要、利润相对较低的商品往往采用这种方法陈列。如果位置得当也可以陈列一些重要的商品，可给人以鹤立鸡群的感觉。

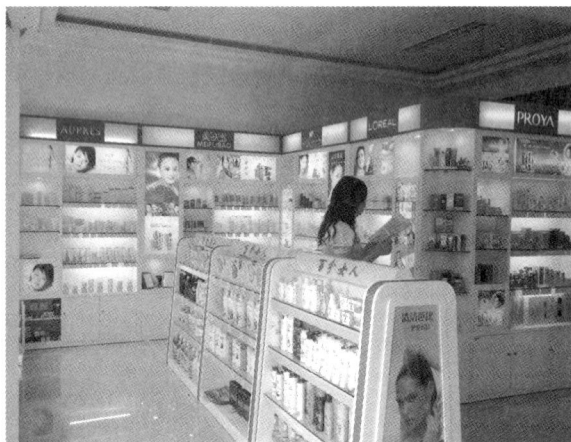

图6-1　南京百分女人化妆品连锁店店内实景（二）

门店种类各种各样，门店的商品陈列方式也各有不同。掌握不同店铺的商品陈列技巧，会给你的门店增色不少。店铺陈列检查表如表6-1所示。

表 6-1　店铺陈列检查表

店铺名称：_____　　　所属区域：_____　　　日期：_____年___月___日

店长：_____　　　当班店员：_____　　　检查人：_____

空间规划	内容	说　明	分数	需改进的具体内容	计划完成时间
陈列视觉	焦点区域	焦点区域内陈列最新的当季的产品			
		展示中的产品都陈列在它所在区域显眼的地方			
		焦点陈列的货品店内都有存货			
	空间陈列	店铺前部空间陈列为当季市场推广主题			
		新款、主推的产品挂在货架的最上部，每周一次以当季新品上市的陈列调整			
		采用交叉陈列，如在展台及服装墙上，服装与相关鞋款、配饰搭配陈列			
		陈列颜色由浅到深、使用色彩"二八"原则、交替使用亮色和暗色 一个板墙的颜色不超过 3 种（两个主色，一个搭配色）			
	灯光照明	所有的灯泡正常工作，直接投射在产品和陈列上，让顾客感觉舒适			
道具设备	模特	模特无破损，不与海报重叠，服饰需每周更换一次呼应每一期主题 全身模特不单独展示，两件以上套装人性化穿着，搭配相应的配饰有层次感			
	灯具	保持完整无损，线路无老化，灯光直接投射在产品和陈列上的照射角度正确			
	货架	无破损，不随处粘贴标签			
	播放器	保持正常使用，播放公司规定的内容			
	展台	要求每周更新，陈列同一系列货品，搭配叠装、配饰、鞋等			
	中岛	陈列断码，过季产品，搭配包类			
店内广告	视频内容	店内视频内容与主题背板或橱窗广告相关			
	广告品	所有 POP 海报整洁，无过期、过季、无损坏，相关产品放置在附近			
	产品标识	货架上的产品系列标识都非常显眼，没有被挡住			
	系列指示牌	所有货架都有产品系列指示牌（陈列台除外），且与产品陈列一一对应			

案例

屈臣氏的商品陈列

就屈臣氏的商品陈列标准及其数字化和信息化的作业要领，笔者曾经同屈臣氏广州中华广场的店铺经理余小姐做过深入的交流和沟通。她认为：屈臣氏的店铺竞争力在很大程度上得益于其店铺氛围营造、发现式的商品陈列，以及店铺关于商品陈列的细节管理和标准化要求。

一、发现式商品陈列

走进"屈臣氏"，给人的感觉，不是走进了一家超市，而是一家专业的个人护理店。从蒸馏水到面膜乃至精华水，丰富的产品种类以及完备的产品线，个人护理产品的方方面面几乎都可以找到。这都得益于它的"发现式商品陈列"。在商品的陈列方面，屈臣氏注重其内在的联系和逻辑性，按化妆品、护肤品、美容用品、护发用品、时尚用品、药品的分类顺序摆放。屈臣氏还在不同的分类区域推出不同的新产品和促销商品，让顾客在店内时时有新发现，从而激发顾客购买的欲望。

二、商品陈列的细节管理

细节一：收银台陈列

屈臣氏的收银台是一个促销中心，在屈臣氏的促销活动中，一直都保持着三种超特惠商品。顾客在一次性购物满50元就可以加多10元超值换购其中任何一件，所以在收银台前面摆放有三堆商品，就是这三种。当顾客在付款的时候，收银员会在适当的时候向顾客推介优惠的促销商品，让顾客充分感受到实惠。另外，在屈臣氏会经常举行商品的销售比赛活动，这是一种非常成功的促销方式；在付款处范围内，我们还可以发现一些轻便货品如糖果、香口胶、电池等一些可以刺激顾客即时购买意欲的商品；在收银台的背后靠墙位置，主要陈列一些贵重、高价值的商品，或者是销售排行前10名的商品。

细节二：商品价格标签

仔细研究屈臣氏的商品价格标签，我们会发现这与其他商场的并不完全一样，除了一些商品价格、商品名称、规格、产地外，还有一些小数字符号。

在屈臣氏个人护理用品商店中，我们可以发现有两种颜色的物价标签：一种是黄色，另一种是绿色。黄色标签所指示的商品是正在促销的商品，其标示的是促销价格，绿色标签是指正常售价的商品。

物价标签只要表明价格不就可以了吗?为什么要搞得如此复杂？原来，屈臣氏对门店的商品陈列有非常严格的要求，每个固定货架上的商品陈列都是按总部的要求来执行的，所以这就要求有一套指示体系。从物价标签中，屈臣氏的员工都能清楚地知道该商品的信息，很容易就知道该商品在门店中的位置。

细节三：货架

为了更方便顾客，以女性为目标顾客的屈臣氏将货架的高度从1.65米降低到1.40米。屈臣氏更将走廊的宽度适当增大，增加顾客选择的时间和舒适度。

案例分析：

伴随着屈臣氏门店形象系统的五次升级和改造，无论主题要素如何变化和调整，屈臣氏都系统保留和沿袭了其商品陈列标准和店铺气氛营造的特色。长期以来，屈臣氏的"发现式陈列"把顾客带进了一次商品发现之旅，满足了广大女性的购物需求。无数的细节管理让顾客感受到了无微不至的关怀与照顾，并体验到了"走进屈臣氏，就像走进家一样"的感觉。关注细节、细节制胜，真的会带来意想不到的收获。

图6-2　宁海米兰化妆品店店内实景

第三篇　货品篇

第七章　金牌店长选好货

本章要点：

什么产品好卖？

什么产品能赚钱？

如何选择新产品？

金牌店长必须善于选择最好的货物。

一、选择产品的最大误区

对于门店来说，核心功能就是销售，而销售的客体则是商品。作为店长以及门店的经营者来说，如何为门店选择最适合的产品来用于经营销售则是一项重要的职责，也是一项重要的决策能力。

时下，许多门店都愿意选择那些便宜的产品，不仅节约投资成本，而且风险较小，即使生意不好也不会有多大的损失。殊不知，投资与回报往往是对等的，如果你的店里摆的都是价格低廉的产品，就难以获得高额利润，甚至令顾客形成一种印象：这是一家面对低端人群的店铺……这对于门店经营而言，得不偿失。

（一）不能只卖便宜货

有一家服装专卖店，经营着高、低等级两大类服装，生意一直很好。老板发现价格便宜的服装卖得很快，而贵的高级品相对卖得慢一些，索性就取消了高级商品，只卖便宜的低级服装。结果这些价格便宜的服装也卖不出去了，成了囤积品。

这家门店的经营者不知道，对于想买便宜衣服的顾客来说，没有了高级服装的价格作比较，也就感觉不出低级服装价格的便宜；对于想买高级服装的顾客来说，没有自己想要的衣服，自然不再光顾，进而流失了顾客。

因此，无论何种等级的店铺，都要兼顾经营不同档次和价格的商品。

（二）兼顾不同等级产品

即注重门店中产品的合理搭配。既要有便宜的产品，又要有一些在价格和质量上都很高档的产品。这样才能显示出经营者的品位与眼光，满足不同层次顾客的需求。

不同等级的商品，具有不同的作用。

从创造利润来说，在一般门店里，中高档产品虽说成本高，但利润空间也大，是门店的主要利润创造者。相比之下，那些便宜的商品不但价格便宜，毛利也特别低，为门店带来的利润效益甚微。

从吸引客流来说，价格便宜的产品仿佛要技高一筹。它既可吸引喜好便宜货的顾客，增加顾客量，稳定客流，又能陪衬出高档商品的优点，成为顾客选择商品时的比较对象，以刺激顾客的购买欲望。

从门店形象来说，经营中高档的商品更容易提高门店的信誉和层次。如果只卖便宜产品，一些顾客受"便宜没好货"的影响，自然对你的门店不会有好感。即使你的产品再便宜，也难以卖出去。

总之，便宜产品与中高档商品，相辅相成，相得益彰。经营者选择产品，应分清哪种产品是门店的"利润"，哪种产品是吸引顾客的"武器"，综合发挥它们的作用，兼顾不同层次顾客的需求。只有这样，你的生意才能蒸蒸日上。

二、赚钱产品的五大特征

在众多的门店中，赚钱的不计其数，但赔钱的也绝非少数。很多经营者将不赚钱归咎于产品本身。殊不知，好产品需要经营者用明亮的眼睛努力寻找，用智慧的头脑认真分析，然后做出最明智的选择。

其实，判断一个产品是否赚钱并不难，你只要把握其中的关键点即可。通常而言，赚钱的产品都具备如下五大特征。

（一）具特色

笔者总是接到各地一些经销商打来的电话：冯老师，到底应该选择什么样的产品？的确，中国现在有成千上万家制造企业，每年更新换代的产品就不计其数，要选好一个产品还真是不容易。

俗话说："物以稀为贵。"稀奇的东西，总能给人留下深刻的印象。如果经营者选择产品能在新、奇、特、优上找到突破点，争取做到独一无二，生意一定不会差。

图7-1　浙江全雅化妆品连锁店店铺实景

当然，独一无二总是相对的，尤其是在生意场上，常新才有常利。所以，为了保持产品的独特，经营者应积极琢磨新的点子。

（二）有销路

销售畅通是指产品特别好卖。开店经营，只有把产品卖出去，钱才能赚回来。因此，在选择产品时，经营者一定要留意产品的销售是否畅通。

（三）前景广

赚钱产品的另一特征就是具有广阔的市场前景。一种产品只有具有很好的发展空间和前景，潜在的市场利润可观，才能称为赚钱产品。

如果市场不够大，产品没有立足的空间，经营一开始就没了底气，也不能成为赚钱产品。因此选择产品时，经营者一定要擦亮双眼，看它是否具有广阔的发展市场。

（四）利润大

利润空间大是赚钱产品的又一特征。有利润的产品才是好产品，才能发展下去，并为经营者带来长久的利润。如果利润空间不够大，毛利太薄，经营者则很难赚到钱，甚至会赔钱。

因此，在确定经营产品之前，经营者一定要计算好它的利润空间，选择利润空间大的产品。

（五）品牌强

赚钱产品大都具有强势的品牌效应。产品的品牌效应突出，意味着它的商品定位合理、经营模式多样、消费族群稳定和利润回报率高。

因此，做生意要懂得借用产品的品牌效应，选择品牌效应高的产品，关注具有潜力的品牌，这样才能有钱可赚。

以上是赚钱产品的五大特征，但经营者在选择经营产品时，不必求全责备，产品只要具有其中一两点特征即可考虑选择。

三、选择新产品的六个关键点

为突出自身优势，每家零售店都应尽可能地引进新产品来占领市场。然而随着市场竞争日益激烈，新产品的成活率越来越低。经营者一旦选择产品不当，就会浪费大量的精力和资源。

因此，经营者在选择引进新产品之前，一定要有明确的市场导向，冷静分析，找准自己的定位。只有这样，才能提高新产品选择的成功率，降低经营风险。

总体来讲，选择新产品，需要经营者从以下六个关键点着手。

（一）考虑自身资源

新产品的选择首先要考虑是否适合当地市场，同时也一定要适合经销商。有些新产品看起来比较适合当地市场，销量利润也很高，但往往看得起养不起。

因为，每种产品对操作平台都有一定的要求，例如，对市场服务的反应速度、仓储物流的特定条件、市场的开发能力、资金的占用及周转等，这些都需要经营者加以全面考虑。

因此，经营者在选择新产品前，务必考虑自身的资源是否有能力支撑新产品，否则就可能造成巨大损失。

（二）把握市场资讯

在选择新产品之前，经营者要广泛地掌握产品的市场资讯，判断该新品是否能被市场所接受。只有把握这一点，才能够掌握市场脉搏，导入适销对路的新产品，及时把握商机。

一般而言，门店经营者获取新产品资讯的途径有：

1. 供货商

门店经营者一般都与供货商保持着很好的关系，经营者可从供货商那里获得最新的商品推出计划及流行趋势等大量宝贵的信息。

2. 店员

店员是店铺中每天与顾客接触最多的人，对顾客所希望的商品倾向及价格水平也最了解。因此，经营者应以此为基础，搜集顾客的潜在需求，对是否引进新产品与店员进行沟通交流，形成初步设想。

图 7-2　河南色彩化妆品连锁店店内实景（一）

（三）评价新产品

评价新产品是否具有引进价值，可以从以下三个方面进行考察。

1. 产品质量

产品质量是产品的生命力所在，好的品质才能招徕回头客，实现顾客的重复购买。因此，经营者在选择产品时一定要重视产品的质量。

2. 产品价格

新产品价格不仅要符合当地消费情况，还要符合店铺的产品结构定位。经营者在选择新产品时，产品结构中不要出现太多同等价位的产品，新产品最好能够对产品结构有所补充。

3. 产品包装

包装是产品展示给顾客的第一印象，相当于半个促销员。产品的包装新奇、有特点，才能够从众多的品牌中脱颖而出。

(四) 注重产品的关联性

经营者在选择新产品时，除了需考虑自身的资源以外，还要客观分析新产品与自身的关联性。因为有时新产品可能与老款产品存在一定的关联性，可以充分利用已有的渠道资源，快速推出新产品，从而节省大量的人力、物力。

(五) 有计划地选择

选择新产品不是一时兴起，随意地选择，而应遵循一定的计划来进行。

1. 制订新产品计划

即对一定时期内引进的新产品做系统的计划，内容涵盖新产品的种类、品种数、增加的商品组合群等，并确定每一分类的利益标准。

2. 初评新产品

经营者根据搜集来的新产品市场资讯对新产品进价、毛利率、进退货条件、广告宣传、赞助条件等进行初步评价。

3. 复评新产品

进行初评以后，为保险起见，经营者还需请专业人士对选择新产品进行复评，对拟选择的品种进行筛选，防止不合格产品流入门店。

(六) 注重试销

对零售店而言，贸然选择新产品进行销售的风险很大，所以有必要先进行试销，再根据试销结果做出是否引进新产品的决策。

通过试销可以了解：消费者的反应如何，广告宣传是否有效，产品价格是否合适，各种政策是否恰当，各项销售指标能否达到预期目标等，从而全面评估新产品，决定新产品的去留。通过试销还可以针对新产品出现的问题，提出修订方案，为新产品修订和正式面市打下良好的基础。

总之，在选择新产品时，一定要谨慎，擦亮双眼，看清新产品的"真面目"，这样才能避免风险。

屈臣氏金牌店长的排面管理

货架管理、商品出样和排面管理，一直以来被视为零售门店商品管理的重要内容和考核标准。对于店铺内的商品分类以及排面管理，国际美妆连锁巨头——屈臣氏个人护理用品连锁店，自然有着自身的系统理解和深刻解读。

2010年9月，由于工作原因，笔者就屈臣氏店铺的商品排面管理和具体作业要求，曾和屈臣氏广州的第一家分店——广州江南西门店店铺经理曾小姐做过深入的交流和沟通。她向笔者详细讲述了屈臣氏对于商品排面管理的系统标准和作业要求。

一、金牌店长的排面管理

曾小姐透露，根据她的经验和判断，在屈臣氏的开架区内，不同的排面陈列就会产生不同的销售量，相同位置货架单位平方米的产出量由品牌决定。

开架区的端架、有机斗柜、立柱陈列架是屈臣氏刺激冲动性购买的重要工具。有数据表明，屈臣氏8%的商品是从端架、有机斗柜和立柱陈列架上买走的，而且端架、有机斗柜和立柱陈列架的产出量也是由品牌决定的。

所以，在店铺内，单位面积的货架销量由品牌决定，单位面积的货架利润则由品牌、陈列位置、促销道具和排面管理共同决定。

根据该店长的经验分享，在其店铺内进行排面计划和排面管理，首先要清楚开架区的货架排面的总销量，可以分为：最上端=10%，眼睛平视=40%，伸手高度=25%，高于地板=25%。

排面的计划和排面的追踪管理可以遵循如下原则：

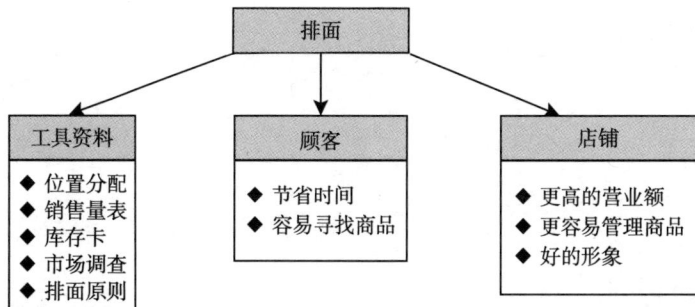

二、金牌店长心中的 20/80 法则

在销售金额中的表现:

主力商品　80%
基本商品　15%
形象商品　 5%

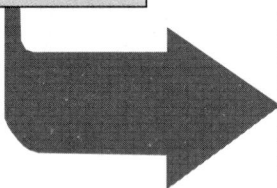

在商品品类中的比例:

主力商品　20%
基本商品　55%
形象商品　25%

案例分析:

以发现式陈列、体验式营销闻名行业的屈臣氏,其实一直在强调,顾客导向的零售模式(消费者价值模型)、品类管理和供应链管理。在其店铺管理的作业体系中,排面管理同其他九项管理标准,统称为屈臣氏店铺管理的十项作业规范。

具体主要包括:

1. 顾客服务
2. 陈列标准
3. 排面管理
4. 促销管理
5. 订货管理
6. 员工管理
7. 标准管理
8. 氛围布置
9. 技能培训
10. 安全管理

第八章　货品采购奥妙多

本章要点：

货品采购奥妙何在？
采购要经历哪些步骤？
采购谈判有什么技巧？
金牌店长如何规避采购的风险？

一、采购九部曲

商品采购就是通常所说的进货。采购管理是指店铺为了完成销售计划，在保证商品质量的前提下，在适当的时候，以适当的价格，从合适的供应商那里购买一定数量的商品所采取的管理活动。

商品采购是一项复杂的工程，整个过程可分为九个环节。

（一）制订采购计划

采购什么样的商品是采购计划中的关键。首先，需要做一番市场调查，什么样的商品适销对路？竞争对手的商品如何？通过对市场上的消费需求及其变化趋势预测出的有关信息，进行综合分析后确定采购计划。其次，当确定商品采购范围以后，还必须将各商品品种及详细要求详细列出来，形成商店的商品采购目录。商品采购目录是商店经营范围的具体化，也是商店进行采购的依据。商品采购目录包括全部商品目录和必备商品目录两种，全部商品目录是商店制定的应该采购的全部商品种类目录，必备商品目录是商店制定的经常必备的最低限度商品品种目录，其中必备目录不包括商店经营的全部商品种类，只包括其中的主要部分。这样有利于在采购时分清轻、重、缓、急的前后次序。屈臣式连锁店中国区进场费用如表8-1所示。

表 8–1　屈臣氏连锁店中国区进场费用一览表

付款期（对账后收发票日起算）	月结 90 天或月结 60 天
销售扣点	40%
残损折扣	1%
宣传牌及促销用品制作费	1%
送退货运输费	6%
周年庆促销	300 元/店
节庆促销费（春节、五一、国庆）	250 元/店×3
新店宣传推广费	2500 元/店
重新开幕推广费	1500 元/店
新地区市场发展推广费	1000 元/店
货架费、场地费、促销费、宣传单制作费	250 元/店/次，每年最少 4 次
货品延误/错误发送补偿金（每一次/每一分店）	500 元/单品/店
新品种发展费用（每一品项/每一分店）	250 元/新单品/店
BARCODE 条码使用费（只限屈臣氏店内使用）	2000 元/单品/店

（二）选择供货商

在确定了要采购的商品之后，然后就要寻找供货商。

选定供货商就是确定供应渠道，通过比较选择最有利的供应商作为合作伙伴。如果是首次开店，你就必须对候选对象的基本情况加以比较，需要重点考察：货源的可靠程度、商品质量和价格、交货时间以及服务情况。一般而言，在同一市场同一区域内，供应商所提供的条件相差不多，通常首选的渠道是对自己实现利润最有利的供货商。

此外，还应该根据所掌握的供货商资料档案，选择信誉好、生产能力强、商品质量高的供货商，并与其建立长期的合作关系，固定进货渠道。

（三）进行市场采价

采购商品的成交价格是采购事项中最重要的项目之一。在采购前，你应充分调查市场价格，不可仅凭供应商一面之词，遵从"货比三家"的原则，对几个供应商的报价进行比较，以确保自己拿到最优惠的价格。

（四）查看样货

在进行市场采价之后，你需要亲自查看供应商提供的样货，包括产品的质量、包装等是否如供应商所言。

零售商品具有复杂多变的特点，因此，采购方为了避免商品与货样不符，造成损失和纠纷，应要求供应商提供样品封存，并明确对残次品和意外损坏的商品保留要求退货或还款的合同细则。你还要向供应商索取有关质量的文件，如质量合格证和商检合格证。

在这个环节上，应该重点把握对商品品种、质量、数量等指标的控制，并用合同保证自己的权益不受损害。

(五) 议定采购价

价格是所有谈判项目中最重要、最敏感的一项，它关系着交易双方的直接利益。在谈判价格时，最重要的是向供应商列举出由你销售他的商品的好处，这样才有利于双方达成合理的价格。

值得注意的是采购中的折扣问题。折扣有许多种，一般为新产品折扣、数量折扣、促销折扣、无退货折扣、季节性折扣和经销折扣等。采购人员应该分别提出各种折扣形式，要求供应商做出最大的让步。

(六) 发出订购合同

在与供应商定好价格后，你就可发出订购合同了。

订购合同的内容应包括：商品的品名、品质规格、商品数量、商品包装、商品的检验验收、商品的价格，包括单价和总价；商品的装卸、运输及保险；货款的收付；争议的预防与处理等。

在签订合同之前，应当明确一些问题，如缺货问题的规定，产品成分及品质规定，价格变动以及付款方式变动的问题处理方法等，以避免双方在以上问题产生纠纷。

(七) 审阅供货商的各种发票单据

在收到供货商的货物后，应该对供货商的各种发票单据进行详细而认真的审阅，以确保发票单据上的内容与合同上所写的一致，从而确保自己的利益不受损害。同时还要妥善保管此单据，以便在日后发现问题时有据可循。

(八) 严格把好提货及验收关

商品验收是加强商品管理的重要环节。采购人员办完进货手续后，要及时组织提货，商品到达后，务必要把好商品验收这一关，使商品在质量、数量等方面避免出现差错，造成重大损失。

(九) 跟踪管理

在商品上柜以后，要详细记录每样商品的销售情况，并根据销售情况，调整商品的摆放位置、陈列面积等，以促进商品销售。同时商品的销售情况也是以后采购的依据。

这样，完整的商品采购步骤就完成了。俗话说"采购好商品等于卖出了一半"，"只有错买，没有错卖"。所以你应该重视采购过程中的每一个环节和细节，这样才能确保你的生意红红火火。

表8-2是货品采购单的样例，供读者参考。

表8-2　南京百分女人化妆品连锁店货品采购单

供货商		采购时间	
采购方式		提货方式	
经手人		填表日期	
货品采购明细							

序号	品名	产地	型号	规格	单价	数量	金额
1							
2							
3							
4							
5							
6							
7							
8							
9							
10							
合计	大写：						

二、采购的谈判技巧

进行货品的采购，需要与供货商打交道，在这个过程中，需要采购人员具有很高的谈判技巧。谈判技巧是采购人员的利器。谈判高手通常都愿意花时间去研究这些技巧，以求事半功倍。

无论个人的应变能力有多强，在谈判前都应该有充分的准备。正所谓"知己知彼，百战不殆"。成功的谈判最重要的前提就是要先有充分的准备。这些准备包括对商品知识的了解，对市场及价格的了解，对供需状况的了解，对本企业、门店和供应商的了解，门店所能接受的价格底线、目标和上限以及其他谈判的目标等。

谈判时要尽量避免谈判破裂。有经验的采购人员，在谈判时即使实在谈不下去，也不会让谈判完全破裂，否则一切目标都将彻底无法实现，那样就根本不必谈判，总需要给对方留点退路，希望下次谈判能达成协议。对于供求双方来说，没有达成协议总比勉强达成协议要好。

在和供应商的谈判中，一定要注意谈判对象，不要和那些没有决定权的人谈判，以免浪费时间，同时也要严格避免事先将自身的立场透露给对方。在谈判之前，一定要问清楚对方的权限。有经验的采购人员知道对手的需要，在非原则的问题上可以尽量满足对方，但是原则问题上一步也不会让，通过非原则问题上的妥协来达到原则问题上的坚持，逐渐引导对方满足自己的需要。

通常在采购的谈判过程中，可以采用如下一些策略技巧。

1. 必要时转移话题

如果买卖双方在某一细节上争论不休，无法谈拢，那么这个时候最应该做的就是转移话题，尽量以肯定的语气与对方谈话，不要否定对方而让对方觉得下不了台，否则谈判因此难以进行。同时，还要尽量肯定和称赞对方。

2. 尽量多听少说

不要以为自己能说善道就滔滔不绝，很多采购员就是容易犯这种毛病。采购人员要尽量学会少说话，让对方说，同时表明自己在仔细倾听对方的说话。在谈判中，也要尽量为对手着想，不要赶尽杀绝、毫不让步。事实表明，大多数成功都是在彼此和谐的气氛下进行才可能达成。

3. 以退为进

有些事情如果超出了采购人员的权限，就不应该操之过急且装出自己有权决定的样子，在这个时候不妨以退为进，同店长商量后或弄清事实情况后，再给答复或决定也不迟。草率、仓促的决定在很多时候是没有办法达成的。

三、采购贵在适时适量

适时适量地采购商品，就是在采购商品时，要根据门店的商品销售周期、资金周转周期和每种商品的销售情况来确定采购商品的时间和数量。而不能看到某种商品热销就盲目跟风进货，否则就会使门店蒙受损失。

（一）把握最佳采购时机

采购并不是一件能够随心所欲的事情。过早购入会延长商品的储存时间，导致资金积压；过晚购入则容易错过销售的最好时机。

一定的商品有一定的采购季，商品种类不同，采购的时间也就不同。每一位店长都应秉着具体问题具体分析的态度，合理地选择采购时间。

对于货源时断时续、供不应求的商品，要根据市场需求，开辟货源渠道，随时了解供货情况，随供随进；对生产和销售具有季节性的商品，季初多进，季中少进，季末补进；对新产品要先行试销，打开销路，进货量也要从少到多。

（二）掌握最佳采购数量

在采购货物时，除了适时以外，还要适量。

商品采购安排根据数量的多少可分为大量采购和适量采购。一般来说，规模不算很大的门店由于资金、库存方面的有限性，想要享受大量采购的优越条件，困难重重。相对来讲，适量采购更合适。可以在商品预测的基础上增大商品的周转率，并降低库存量。当然，对于目前比较畅销的商品，只要资金情况允许，利用大量采购的优越条件，也是必要的。

可是，很多门店在采购的过程中，常常会出现这样的一对矛盾：采购商品过多，造成商品的保管费用增多，资金长期被占用，从而影响资金的周转和利用率；商品采购太少，不能满足顾客的需要，出现商品脱销，失去商机。并且，每次采购商品过少还要保证商品供应，势必增加采购次数，频繁的采购又会增加采购支出。

在这里，你必须明确一对矛盾，即采购数量分别与采购费用、保管费用之间的矛盾，在这对矛盾中寻求最适当的采购数量。

一般情况下，采购数量与采购费用成反比例关系。假设在一定时期内的采购总量不变，每采购一次商品，就要耗费一次采购费用，因此每次采购数量大，采购次数少，采购费用也就少；反之，采购数量少，采购的次数就多，采购费用也就越多。还有一种情况就是，采购数量与保管费用成正比关系，在一定时期内采购总量不变的情况下，每次采购数量大，平均库存量越大，保管费用支出也就越多；反之，采购数量小，平均库存量就小，保管费用就少。

采购费用与保管费用之间形成了矛盾关系，处理好这个矛盾，就有利于确定最恰当的采购数量，即经济采购批量，从而使这两种费用之和减少到最小限度，减少门店的经营成本。

在确定经济采购批量时，需要考虑的因素有资金周转的周期、商品销售的周期、库存空间的大小与费用以及运输条件，这些都会对采购数量产生影响。总之，你要根据自己的实际情况，量力而为，切不可盲目进货。

适时适量地采购商品，既可以节约成本开支，又能够保证商品销售活动的顺利开展，何乐而不为呢？

四、货品运输有良策

在零售店的采购过程中，商品的运输是一道必不可少的环节，它是货物流通的关键所在。运输方式及运输路线的选择，都直接关系着门店的利润多少。要搞好商品运输工作，就必须坚持及时、准确、安全的三标准，即"快、准、好"，这样才能提高整体的效益。

及时是指不失时机地把商品从产地或供货地运到销售地，通过选择最合理的运输方式和运输线路，尽量缩短商品待运时间和在途时间，以及时满足市场需求。市场千变万化，竞争无处不在，若不及时，就容易贻误商机，把好机会白白给了竞争对手；或时过境迁，本来畅销的商品在突然之间成了滞销品，造成巨大经济损失。

准确是指在整个运输过程中，你要确保商品不错不乱，手续清楚，防止出现差错，使商品准确无误地运到目的地。

安全是指在整个运输过程中，无论采取何种运输方式都要确保商品不发生霉烂、变质、渗漏、残损、丢失、燃烧、爆炸等事故，安全到达目的地。

商品在运输过程中的及时、准确、安全，是商品经营活动的重要保证，否则将造成严重损失。

在运输的过程中，除了及时、准确、安全地运输之外，还必须注重运输的成本。选择合理的运输路线和运输方式，避免过多的中转环节，减少商品运输损耗，可以为商店节约不少开支。作为门店经营者，在进行货物运输时，一定要精打细算，选择合理的运输路线和运输方式。

（一）选择便捷的运输路线

在采购和进行商品运输时，要考虑运输路线的远近，是否方便快捷等。要知道货物在运输过程中也耗费了大量的成本，并承担着一定的风险。所以选择便捷的运输线路，能让你在第一时间收到货物，安排货物上柜，从而节省开支。

根据店址附近的交通情况，选择合理的运输路线，才能有效避免对流、迂回、过远、重复等不合理的运输现象。

（二）选择合适的运输工具

不同的运输工具，具有不同的运输特点。例如，火车运量大，运费低，有较高的准确性和连续性，且不受外界气候影响，但只适宜大宗商品的远程运输；轮船运量大、运费低，但受气候影响大，准确性差；汽车灵活、迅速，适宜短途运输；飞机速度快、准确性好，但运量少、运费高。

在选择使用何种运输工具时，要根据你的实际情况。商品种类、数量不同，运程不同，地理条件和交通条件不同，选择的交通工具也不同。如果你开了一家日用百货店，且批发市场离门店所在地不远，你就可以选择机动灵活的汽车运输。

一般情况下，零售店采购的商品数量不多，进货灵活，存在一定的随机性，商品运输以汽车运输为最佳。

（三）确定科学的运输方式

运输方式包括直达直线运输、合装整车运输、联合运输、四就直拨运输。在选择时，要坚持能直达运输的不中转，能集中运输的不分散，搞好运输干线与支线、长途与短途的衔接与配合，大力开展联合运输和集装箱运输。

如果你与供货商达成了协议，采取直拨运输，即就工厂直拨、就车站码头直拨、就仓库直拨、就车船过载直拨，这样也可降低商品损耗，节约流通费用。

总之，应以节约成本为目的，因人而异，因物而异，选择适合的运输方式。

此外，无论您选择什么样的运输方式，都要重视商品的在途管理，降低物流过程中的损耗，这样才能加速商品周转，保证经营活动的顺利进行。

五、金牌店长善于规避采购的风险

在商品采购过程中，虽然有规律可循，但同样也存在着一定的风险，这就需要你在采购时擦亮慧眼，审时度势，规避风险。

在不断变化的市场环境中，门店经营必然会面对众多的不确定因素，这些不可预测的风险，很可能给门店造成重大损失。

由于采购是商品供应链的源头，因此对于零售店来说，采购活动是一项很重要的行为和活动。采购过程中的任何一个环节出现偏差，都会影响到采购预期目标的实现，使采购活动面临着采购风险。

（一）采购存在的风险

采购风险通常是指采购过程可能出现的一些意外情况，根据不同的发生原因可分为以下几类：

1. 预算风险

经营者由于自身经验不足或疏忽造成预算资金不足或超支。

2. 供应商延迟交货的风险

由于供应商在生产要素的组织管理以及在运输上存在不足或失误，因此其实际的交货日期迟于采购合约所要求的日期，从而使采购机构不能及时采购到委托单位所需的货物、工程或服务，给采购带来延期交货的风险。

3. 采购不符合要求的风险

采购到的货物在质量或数量上不符合采购实体的要求。

4. 采购中的道德风险

采购的供应商由于自身生产能力上的局限或是为了一味地追求自身利益的最大化而不择手段，偷工减料，以次充好，弄虚作假。

5. 合同风险

合同风险是指经营者在签订、履行合同过程中，由于合同条款考虑不当，或供应商违反合同条款，从而给门店造成经济损失。

（二）金牌店长的对策

任何事物都有风险，采购风险归根结底，也是可以通过一定手段和有效措施加以防范和规避的。规避风险的主要方法是先分清风险产生的原因，是内因还是外因，再对症下药，采取不同的措施。

针对内因即店铺方面造成的风险，你可以采取的手段：做好定期采购预算及策略规划以应对预算风险；慎重选择供应商，重视供应商的筛选和评级以应对选错供应商的风险；严格审查订货合同，尽量完善合同条款来应对合同风险；重视采购后的细节，把好提货及验收管理关，以应对货物不符合订单要求的风险。

针对外因即供应商、市场等方面造成的风险，你可以采取的手段有：拓宽信息渠道，充分利用专业化的信息网站，了解商品的市场；加强对商品采购过程的跟踪和控制，发现问题及时采取措施处理；在商品发出前充分与供应商沟通。

要降低采购风险，最关键的是与供应商建立并保持良好的合作关系，树立与供应商"双赢"的信念，这会让彼此的店铺文化、行事习惯、交易条件等极为默契，进而使得双方效率提高，降低采购风险。

图 8-1　零售标杆——汇美舍个人护理用品连锁店店内实景（三）

图 8-2　零售标杆——汇美舍个人护理用品连锁店店内实景（四）

Trading & Promotional Agreement 2009
2009 年度业务及业务推广协议

Log No. 编　　号： *****
Brand 品　牌： Skin
Dept. 部　门： *****
Buyer 负责人：

甲方：广州屈臣氏个人用品商店有限公司

销售方式：　□ Purchase 购销　□ Consignment 寄售　■Sale Return 可退货

	2008 年	2009 年
TRADING TERMS 交易协议		
PURCHASE/CONSIGNMENT SALES YTD 全年采购/寄售金额		
TRADING DISCOUNTS 购货折扣 (Consignment Only)		
FLAT REBATE 购货退佣		
INCENTIVE REBATE 年终退佣		

	2008 年		2009 年	
	购货额	佣金比例	购货额	佣金比例
第一层	400 万元		1000 万元	
第二层	500 万元		1600 万元	
第三层	600 万元		大于或等于 2000 万元	
第四层	700 万元			
第五层	1000 万元			
第六层	1600 万元			

SETTLEMENT TERMS 付款项 (列账后收货发票日起算)
EARLY PAYMENT DISCOUNT 提前付款折扣
DAMAGED GOODS ALLOWANCE 残损折扣
DISTRIBUTION ALLOWANCE 送退货运输费
PROMOTION FUND 宣传牌及促销用品制作费
INTRODUCTORY OFFER (first 6 months from product launch)
新额外折扣 (首 6 个月)
DISPLAY RENTAL 专柜陈列费
COUNTER RENTAL 专柜陈列费

一般协议附件：
■ I Rate Card（标准收费明细表）
■ II 协议生效及收款地区协议书
■ III 屈臣氏集团简介资料
■ IV 供应商资料
■ V 供应商义务及商品安全实施协议

OWN LABEL 协议附件：
■ VI 委托生产协议书
■ IX 质量技术协议
■ X 供应商操守指引

专柜协议附件：
■ VII 专柜补充协议
■ VIII 促销人员行为守则

甲　方： National: 全国 IV 名称（见附表）
Regional: 当地 IV 名称（见附表）

甲　方：
盖　　章：
签　　署：
代表姓名：　董事兼总经理采购总监
职　　务：
日　　期：

*11000 万元以上目标采购额的合同必须有董事以及采购总监同时签署

乙方：
（EFFECTIVE 01/01/2008-31/12/2008 协议有效日期）

OTHERS:
进度　□FIRST　□SECOND　□THIRD　□FINAL
销售区域　■华南　■华东　■华北　■华西

	2008 年	2009 年
TRADING TERMS 交易协议		
ANNIVERSARY & FESTIVAL SALES SUPPORT 周年庆、春节、劳动节、国庆节、圣诞节促销费 (分 2/4/5/10/12 月份收取)		
3.8 WOMEN'S DAY PROMOTION SUPPORT "三八"妇女节促销赞助		
NEW CITY MARKETING FUND 新城市市场发展费		
NEW STORE SUPPORT 新店宣传推广费		
REFIT STORE SUPPORT 店铺装修补偿费		
PROMOTIONAL LEAFLETS (DM & FLYER) 宣传单张制作费（快讯及传单）		
NEW PRODUCT LISTING FEE (previously named New Product Development Fee) 新品种发展费用		
NEW ACCOUNT ADMIN FEE 新开户口手续费 (含更改公司资料)		
FREE GOODS (At net cost) 免费货品（不含税及扣除所有折扣及退佣之金额）		
BUSINESS DEVELOPMENT FUND 商业发展基金		
DISPLAY RENTAL 陈列费		
COUNTER RENTAL 专柜陈列费		

* 双方在此同意并确认对以上述协议完全接受，并扫描已签署正本。
所有条款自 2008 年 01 月 01 日起生效，直至被两方辅认及修改之版本取代。
"三地仓"指屈臣氏的北京、上海、广州三地货物运送中心。

乙　方：
盖　　章：
签　　署：
代表姓名：
职　　务：
日　　期：

第九章　货品管理金点子

一、货品 ABC 管理法

在门店经营中对产品的管理可以采用 ABC 分类法来进行，这是一种比较实用且简单的管理方法。

ABC 分类管理法又称巴雷托分析法，它是根据货品在技术或经济方面的主要特征，进行分类排队，分清重点和一般，从而有区别地确定管理方式的一种分析方法。由于它把被分析的对象分成 A、B、C 三类，因此称为 ABC 分析法。

ABC 分析法是由意大利经济学家巴雷托首创的。1879 年，巴雷托在研究中发现少数人的收入占全部人口收入的大部分，而多数人的收入却只占一小部分，他将这一关系用图标示了出来，这就是著名的巴雷托图。这种分析方法的核心思想是在决定一个事物的众多因素中分清主次。它承认了一个基本的事实，这就是：在事物中，普遍存在少数的但对事物起决定作用的关键因素和多数的但对事物影响较少的次要因素。后来，巴雷托法被不断应用于管理的各个方面。1951 年，管理学家戴克将它应用于库存管理，命名为 ABC 法。不久，朱兰将 ABC 法引入质量管理，用于质量问题的分析，被称为排列图。到 1963 年，德鲁克将这一方法推广到全部社会现象，从而使得 ABC 法成为企业提高效益的普遍应用的管理方法。

对于门店的货品管理来说，ABC 分析法的基本步骤分为如下五步：

1. 收集数据

针对不同的对象和分析内容，收集有关数据。收集各种商品的销售量、商品单价等数据。

2. 统计汇总

对原始数据进行整理并按要求进行计算，如计算销售额、商品数、累计商品数、累计商品百分数、累计销售额、累计销售额百分数等。

3. 编制 ABC 分析表

在总商品数目不太多的情况下，可以用大排队的方法将全部商品逐个列表。按销售额的大小，由高到低对所有商品按顺序排列；将必要的原始数据和经过统计汇总的数据进行排序，如销售量、销售额、销售额百分数、累计商品数、累计商品百分数、累计销售额、累计销售额百分数。将累计销售额占 60%~80% 的前若干商品定为 A 类；将累计销售额占 20%~30% 的若干商品定为 B 类；将其余的品目定为 C 类。

如果商品数目很多，没有办法全部排列在表中，也没有必要全部排列出来，可以采用分层的方法，先按销售额进行分层，以减少商品栏内的项数，再根据分层的结果将关键的 A 类品目逐个列出来进行重点管理。

4. 绘制 ABC 分析图

以累计商品百分数为横坐标，累计销售额百分数为纵坐标，根据 ABC 分析表中的相关数据，绘制 ABC 分析图。

5. 确定重点管理方式

对于 A 类产品自然是要重点进货和销售，因为这类产品受到消费者的欢迎，能满足市场的需求；对于 B 类产品就要适当地做一些促销工作，争取将 B 类产品的销售提上去；对于 C 类产品就要有选择地淘汰一部分，以减少对店面资源的占用。

二、货品的科学储存

怎样在实际的门店管理过程中采用如 ABC 分析法等科学方法对货品进行科学管理呢？

实现货品科学管理的中心问题就是要使门店储存的货品科学化、经济化。经济化地储存货品非常重要，有利于提高仓库利用率，减少商品出入库时间，节约储存费用，让整个经营流程显得井然有序。

要想做到货品储存经济化，使得门店的货品管理真正走向科学化的正轨，就要做到以下四点。

（一）科学选择货品存放地点

货品的存放地点要根据货物的性能、种类、品种、规格等要求进行选择，不同种类的货品对存放地点的要求也不一样。例如，危险品和一般商品、有毒物品和食品性能互相抵触，严禁混存。互相串味的货品也不能混合存放。

此外，货品的存放要科学，要便于寻找检查，便于进行商品养护，便于仓库业务操作，便于储存货品的先进先出。

图9-1 辽宁美程化妆品连锁店店内实景

（二）准确掌握库存量

要实现货品储存经济化，就要在存储货品时符合商品存放的规定，科学地、合理地利用仓储容量。仓储容量是指仓库能够用于堆放货物的容量，由仓库的面积和高度或载重构成。而要合理地利用仓储容量，就要把握好库存容量，找到最佳的储存数量。

门店可以根据商品的周转期（商品从进货到卖出的时间）、商品订购前置时间（从订货到进货时间）、平均每日销售量来规划安全存量。经过粗略估算，便可估算出安全存量。在经营过程中，安全存量要根据缺货情形和淡旺季销售做适当的调整，不能一成不变。

（三）实行分区管理

为了便于寻找检查货品，确保仓库的安全和便于仓库业务操作，必须根据每种商品的自然属性和仓库的建筑设备条件，采取仓库分区管理，把货品分类存放，并且按顺序编号。

具体要做到：不同品种，不同规格，分开堆放，不相混杂；合理间距，走道宽度，分清次序，先进先出；成行成列，标志在外，不偏不斜，确实稳定；定量堆放，装卸方便，节省货位，提高仓容。

这也是对 ABC 管理法的更加细致的运用。

（四）建立货品保管账卡

为了更有效地节省时间和精力，你还应为每一批货品建立一个库存档案，即货品保管账卡，以免去在检查时翻厚重账本的麻烦，只要浏览一下货品保管账卡，所有货物内容便一目了然。

货品保管账卡内容包括：品名、编号、规格、等级、凭单号码、收发货日期、入库数、出库数、结存数、商品堆存货位等。由于商品保管账卡是用于记录所储商品的数量动态，它必须真实反映库存货物情况，在填写时必须如实填写，以便于仓库清查、盘点。商品保管卡片通常一货一卡，悬挂在货垛或货架明显处。

做到了以上四点，对所储存的货品就实现了规划控制，科学管理。它可以促使商品的采购、销售、存储之间保持基本的平衡，也可以节省资金和精力以集中于流转速度最快、利润最大的商品项目上，还可以测定每种商品的存货周期，减少不必要的资金占用，并有利于制定恰当的营销策略。

三、盘点管理需及时

盘点指的就是通过清点货品的库存余额，与账面余额进行核对。盘点是门店经营活动中极为重要的一环。

（一）及时盘点很重要

在对货品进行有效存储之后，你要对所储存的货物进行及时的盘点。这是因为：

（1）货品存储的数量随着销售活动的进行，一直处在动态的变化之中，你只有及时盘点掌握货品的存量，才能在第一时间了解其进存状态，从而准确决定进货的商品名称、时间和数量。

（2）门店经过每天的营业，在大量进货及销售的过程中，账面上的存货金额与实际的存货金额往往会产生不一致的现象，只有通过盘点才能知道金额的差异，确定一定时期内商品销售数量，弄清盘缺的具体产品与数目，从而使账面与实际情况一致。

（3）从货品的安全考虑，及时盘点是确保安全储存的重要保证。货品在储存期间，面临着残损、霉变、失窃、火灾和各种人为破坏的危险，只有及时盘点检查，才能有效避免各种危险的侵袭。

（二）盘点的基本程序

盘点根据时间可分为定期盘点和临时盘点，无论是哪一种盘点，都要掌握每一个细节，做到程序完整。

门店经营者应掌握的货品盘点的程序和注意事项有：

（1）将实地盘点的目的和工作手续向店员进行详细说明。如果没有店员，你就要亲自盘点，做到心知肚明。

（2）将逾期到货的商品及损坏商品的品名和数量记录下来，以备处理。

（3）根据采购员的负责范围做明确指示，以免发生重复现象。

（4）在执行盘点工作前，要控制入货量，千万不要使库存量增大。

（5）对顾客预订的商品和已经向供应商预订且未到货的商品都要事先确认，并且记录清楚。

（6）尚在加工中或在检验中未完成的商品，应在事前把它列入"尚在加工未完工之商品"栏内。

（7）盘点单及盘点表等必要的东西要事先备齐，不要等到盘点日才到处找。

（8）库存场所的整理。整理要在盘点日之前就进行，同一商品原则上把它集中在一个地方。并将破损品及污损品区分开，并记录下其数量。

（9）在盘点日之前把店面所需要的商品尽量补充完毕。

（10）数量的清点及盘点表记录，盘点时不要单独一个人进行，数量的清点、读数、书写分别由不同人担任。记录的内容应有商品品名、数量以及价格。

只有进行细致认真的货品盘点，才能了解所储存商品的实际情况，做出合理的采购决定，才能保证账面金额的一致性，实现利润的最大化，从而保障经营活动的顺利进行。

四、利用合理的库存提升业绩

库存管理越来越受到经营者的重视，这是由于库存管理成本相对来说在零售企业的总成本中占的比重最大，而且最不易控制。

库存管理是从物流管理的角度出发，重点是在保障供应的前提下使库存的数量最少，它考虑的是合理性、经济性和最优性。库存管理是门店的一项非常重要的内部管理活动，它的主要工作就是研究门店的库存水平，保证恰当的库存以维持销售的正常进行。这就要求门店在进行库存管理的时候设定合理的库存，只有这样才能够为门店的业绩提升提供保证。

门店的库存量与服务水平的平衡是在经济订购批量条件下最突出的问题，而库存的实际情况可能会更加复杂，一些畅销货品的库存决策不好分析，而许多门店在库存货品上可使用的资金非常有限，对于库存的数量应该保有多少是最佳的状态，要根据整个运作成本来确定。配送中心从补货到入库再到库存管理，直至能否满足顾客的要求，都涉及一定的成本。对于任何一个门店来讲，追求的目标都是利润最大化。因此，进行库存量控制的标准是整个供应到销售的过程总成本最低。

（一）库存量的影响因素

1. 库存量与服务水平的平衡

对于大多数门店来讲，如果要增加销售额，就必须满足客户的需求，就需要增加商品库存。但是在增加库存量的同时，营业利润则会下降。商品处于库存形态时相当于流动资金被冻结，无法产生任何利润，而且还要面对各种可能出现的损失。

对于库存水平与服务质量之间的权衡很难用一个准确的公式来计算，因此，能够保证客户服务需求的库存量才是一个比较合理的库存量。

2. 门店的年销售目标

对于大多数门店来讲，经营的首要工作就是制订销售计划，设定门店全年的销售目标，然后就可以根据行业标准周转率来计算年度平均库存量。计算公式为：

货品平均库存额＝年度计划销售行业÷标准周转率

标准周转率的选用可以利用自己门店所设立的目标周转率，也可以参考其他门店或者企业总部的经营指南。但是实际情况却并非如此简单，因为通常情况下门店不可能在一年中的任何时间都持有相等数量的库存。市场行情随时都在发生变化，并立即带来货品需求量的波动。此外，还有许多货品的需求是有季节性的，消费者的喜好也在不断变化中。这些不确定的因素导致了货品需求量的变动，因此门店不可能也不应该长时间保持固定库存量。

3. 月需求的变动

商业结算通常都以月为结算周期，因此货品库存可以参照已经发生的月需求变动来推算下月初应有的库存额，计算公式为：

月初库存额 ＝ 年度平均库存额 × $\frac{1}{2}$（1 ＋ 季节指数）

季节指数 ＝ 该月销售目标（或计划）÷ 月平均销售额

4. 货品毛利率与周转率的关系

通常情况下，周转率高的货品毛利率低，而周转率低的货品毛利率则比较高。最显著的例子是价格昂贵的货品流转速度都比较慢，而日用品的流转速度则比较快。因此,门店可以依据货品的这种属性来制定不同货品库存策略。

这个问题可以利用交叉比率来进行分析。交叉比率是货品周转率和毛利率的乘积,计算公式为:

交叉比率 = 货品周转率 × 毛利率 × 100%

通过公式我们可以看到,一旦毛利率下降,就必须提高周转率才能保持良好的交叉比率。换个角度来讲,如果门店采用的是低价策略,就必须通过提高货品周转率来增加销售额,而足够的库存是保证销售的前提。

(二)确定库存量的依据

进行库存量控制的标准是使整个供应到销售的过程中总成本最低,在这一过程中涉及的成本如下:

1. 订货成本

为补充库存而进行的订货都涉及多种业务活动,这些活动都会给门店增加成本。这些成本包括准备订单及所有办公及通信成本、安排货物接收以及处理和保持所需信息的各种成本。

2. 价格折扣成本

在许多行业,供应商都对大批量采购提供价格折扣。对于小批量订货,供应商则可能收取附加费用。

3. 缺货成本

如果因订货批量决策失误发生缺货,门店便会因不能满足用户需求而遭受损失。

4. 库存占用流动资金的成本

在购方发出补充货单,供应商将要求为前期货品付款,而此时库存货物还未销售完,也就是说,在向供方付款与得到用户付款之间会存在时间差。在此期间,库存占用了门店的流动资金,不能将资金投向他处。

5. 存储成本

这是指货物实体存储所导致的费用。房租、供暖、雇员和仓库照明费用也是高昂的,当要求特殊仓储条件时,如需要低温或高度安全的仓库时,尤其如此。

6. 损耗成本

如果门店订货批量很大,库存产品便会在仓库中储存很长时间。在这种情况中,产品可能过时(如因时尚变化)或者可能变质(如多数食品)。

（三）CVA 管理法

前面所说的 ABC 分类法也有不足之处，通常表现为 C 类商品得不到应有的重视，而 C 类商品的缺货往往也会导致顾客对门店的负面评价。因此，有些门店在库存管理中引入了 CVA 管理法，也称作关键因素分析法。CVA 管理法的基本思想是把存货按照关键性分成四类，分别为如下等级：

（1）最高优先级：这是经营的关键性货品，不允许缺货。
（2）较高优先级：这是指经营活动中的基础性货品，但允许偶尔缺货。
（3）中等优先级：这多属于比较重要的货品，允许合理范围内的缺货。
（4）较低优先级：经营中需要这些货品，但可替代性高，允许缺货。

CVA 管理法比起 ABC 分类法有着更强的目的性。但使用中要注意，人们往往倾向于制定高的优先级，结果高优先级的商品种类很多，最终哪种商品也得不到应有的重视。CVA 管理法和 ABC 分析法结合使用，可以达到分清主次、抓住关键环节的目的。

五、妥善处理滞销品

在门店经营活动中，我们总会遇到滞销的商品，即便是畅销品也会时常遭遇这样的尴尬。不断推出新品牌或许是一个办法，但由于既有产品和品牌已在顾客心中占有重要的位置，让他们尝试新产品或者转移到新品牌，则需付出更多的精力。难道要坐以待毙吗？当然不是，而是想尽一切办法，妥善地处理好这些滞销品。

（一）重新组合，创造整体需求

通过将商品组合在一起，对商品重新定位，创造顾客对商品的整体需求。例如，面包店将全麦面包和酸奶组合，提出营养曲线套餐，就会创造新的价值，满足消费者渴望美、渴望苗条的精神需求。

（二）巧"傍"畅销品

这是营销中常见的方式，需要注意的是不要因为滞销品的质量等原因，影响到了原有产品的销售。

（三）内部挖掘，对应深化需求

这是许多经营者容易疏忽的地方，比如，现在水果店遍及各地，但是我们看到各类水果旁边只是放着产品名称和价格，却没有店主在旁边注明营养成分，适合谁吃，会带来什么效果，错过进一步扩大销量的机会。所以应深度挖掘商品的内在价值，使它重新畅销起来。

（四）免费奖励

将这些滞销品作为销售其他产品的免费奖品。这将提高你所销售的产品的感知价值。顾客也会感到他们得到了更多的实惠。

（五）退回厂家交换

把你的滞销品退回厂家或供应商那里换成当下畅销的商品。如果你的采购合同里包含这一条，你就可以这样做，既为你节省金钱，又帮助你弥补利润损失。

（六）和其他商家联合

了解一下和你具有相同目标顾客的商家，看他们是否有兴趣将你的商品和他们的商品联合出售。这样你们就可以将产品打包销售，分享所得利润。以这种方式销售产品，你就有可能获得意想不到的结果。

（七）捐赠

你也可以根据自己的实力，将这些滞销品捐赠出去，为自己的门店获得更好的名誉。

（八）适度特卖

掌握好节奏，将滞销品在适当的时候做适当的特卖：会员可以优惠购买，做 VIP 特卖，发优惠券特卖等。通过这种方式回馈顾客，对维护门店的固定顾客有一定作用。

在采取这些方法处理滞销品时，你首先应做好宣传工作，在店面内外张贴醒目明了的宣传海报，让顾客一看到海报就能找到想购买的商品；这些促销品要集中陈列在一起，但不要喧宾夺主，

图 9-2　广西惠之林化妆品连锁店店内实景（三）

z

金牌店长达标手册（第二版）

第三篇　货品篇

否则滞销商品的促销气氛太浓，反而使正常商品成了陪衬。

简言之，方法总比问题多，滞销品只是放错地方的黄金，相信经营者掌握了这些技巧之后，因店而异，结合自己的行业特点和自身资源，定能开辟出一条持续的发展之路。

六、货品防损很重要

提高门店经营利润的最好方法便是"开源节流"。开源方面包括如开发新产品，建立新顾客群，进行各种促销活动等；节流方面则包括如防止资金滥用、精简人事、减少商品缺损等。有些零售店在"开源"方面做得很好，但却把"节流"忽略了，结果获利还是有限的。所以如果零售店能够做好商品的管理，减少商品的损失率，就必定能够提高获利能力。

（一）善于发现货品损耗

在零售店的经营过程中，一些货品损耗是能够用肉眼看得到的，比如水果店发现水果腐烂。而有些则不然，除非经过一定的时间，损失达到一定的数量，或在某种巧合的情况下，才有可能被发现。这就要求要想达到减少损耗率的目的，就必须要善于发现储存的商品发生损耗之处。

一般货品损耗容易发生在以下几个阶段：

1. 进货阶段

进货阶段容易发生的损失主要有：

（1）货品的实际数量和进货合同有出入。尤其是电话订货时，进货传票记载的商品种类、数量可能与送货不符。

（2）向批发商订货时，发生货品包装、重量或容量的错误，以致价款与实际货款不符。

（3）在销售繁忙的时候，商品直接被搬入仓库或橱窗、货架，没有及时把数量和规格详细验收核对。

（4）由于没有检验到货的数量、质量就拨入库存，当从库中取出来销售时，就有可能发生短损、污损等现象。这种商品污损的原因，可能在对方送货之前就已存在。由于验收的不当而造成无法弥补的损失。

（5）进货记账上的货品损失。虽然进货传票记载无误，货品的验收也很正确，但是在把它转记到账簿时，可能由于记录员记载的失误，而造成货品的"损失"。

2. 存储阶段

在存储阶段的损耗通常表现为以下三个方面：

（1）货品的自然损耗。主要为库存商品的干燥、风化、黏结、散失、破碎等。

（2）人为因素或自然灾害造成的损失。由于仓库保管人员的失职或保管不善、温度管理不良、防火不良、光线的照射、虫害、水灾、地震等造成的非常损失，以及堆积方式的不妥造成被压在下层的货品损坏，包装破损而造成的漏损等。

（3）装卸、搬运、上垛和磅差。商品经装卸、搬运、中转到分库验收、过磅、上垛、入库，每一个环节都可能发生损耗。磅差是商品在进出库时，由于计量工具精度的差别造成的商品数量的差异。

3. 陈列期间

商品在陈列期间，由于顾客的原因或陈列不当而带来的损耗。主要有：

（1）顾客原因所造成的商品损耗。这种情况很多，顾客有意或者无意造成商品包装破损、污染等使商品无法再销售。例如，小孩拿商品玩耍而摔坏、在衣料品上沾墨水或把包装好的东西偷偷地打开以及把禁止触摸的商品弄脏等。

（2）温度管理不当所引起的商品损失。一些需要冷藏的商品由于管理人员忘记打开开关或停电，引起温度的上升，使得商品变质。

（3）陈列场所不良引起的商品损失。有些店面朝向不妥，经常遭受太阳暴晒，使陈列的商品在这种情况下容易发生变质、变色等。

（二）减少货品损耗

找准了容易发生损耗的地方，就需要对症下药，采取相应的措施来防止这些意外的发生，从而把损失降到最低。

（1）在进货时，将进货的传票和进货的商品一定要核对清楚，特别是单价、数量、订货的单位等。收货时一定要严格把好验收关。

（2）加强仓库管理人员的管理意识，避免失误所造成的损失。

（3）根据商品的不同，采取不同的安置方式。事先做棚架，把轻的东西和重的东西分别安置，重的东西放在下面，轻的东西应放在上面。

（4）在保存的时候，应该避免被日光直射；忌讳潮湿的商品，应该避免受潮。

（5）货品在中转装卸过程中，要小心轻放等。

（6）把一些易摔碎商品陈列在小孩触及不到的地方。

（7）对吃着巧克力或冰淇淋等食品进店的顾客，应该加以留意。

（8）经常盘点、检视陈列架上的商品，尽量减少销售时的损失。

（9）应多加注意冷藏或冷冻库的温度。

在经营过程中，损耗是在所难免的，主要在于你该如何去发现并有效防范它。只要你用心，一定能找到减少损耗的技巧，使损耗率降到最低限度。

第四篇　营销篇

第十章　金牌店长的营销手法和经营谋略

本章要点：

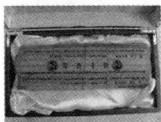

完备的计划是成功营销的一半。

营销要出奇招；

营销也有计谋。

金牌店长凭借智慧决胜市场。

一、制订切实可行的销售计划

"凡事预则立，不预则废"。

做任何事都要预先谋划、准备。门店在进行销售活动之前应该做好充分准备，这就需要制订科学合理而又切实可行的销售计划。

销售计划是指店长在对过去一年的市场形势和现状进行分析的基础上，对未来一段时间内的销售进行预测，设定销售目标额，分配销售任务，编制销售预算，以便最终实现销售目标。

制订销售计划的目的是实现门店的销售目标，但它并非简单的数字分解，而是一个体现团队发展、增强团队凝聚力、激发团队工作热情的过程，也是店长管理、指导店员，从而不断提升队伍战斗力的重要措施。

通过制订销售计划，不但有助于店员了解门店的营销计划及发展方向，还有助于店长理清销售思路，为具体的市场操作指明方向。

（一）制订销售计划的原则

卡耐基曾经说过："毫无目标比有坏的目标更坏。"也许你听过这样一个笑话：在巴黎一条商业街上住着三个裁缝，有一天，他们聚在一起谈论自己的理想，看看谁最优秀。第一个裁缝说，他要成为法国最优秀的裁缝，另一位说他要成为世界上最优秀的裁缝，第三位说要成为这条商业街上最好的裁缝。我们从另外一个角度来看这个笑话，其实是三个人设定目标的方法不一样。

其实，包括销售计划在内的所有目标的设定都应该遵循以下五点原则。

图 10-1　四川美乐化妆品连锁店店铺实景（一）

1. 具体性

首先，目标要具体，并具有可衡量性。例如，店长在设定营业员销售目标时，如果只写"这个月要完成 10 万元的营业额"这一句话是不够的。每个营业员的销售目标是多少？要向多少个顾客销售多大的营业额才能完成？

2. 可衡量性

没有明确衡量标准的目标是没有实际指导意义的。目标必须是通过努力就可以实现的。

3. 可实现性

实现目标会给人以成就感，从而不断获得前进的动力。因此店长在设定销售目标前，必须客观地对自己的门店现状、店员水平及各种客观因素进行衡量，不可好高骛远，也不能搞"浮夸风"，要制定符合实际的目标。

4. 现实性

现实性是指销售目标应该与现实销售工作紧密结合，让能量能够集中体现在实际销售过程中。目标的现实性要求在设定目标时对现实情况做仔细分析，并将那些急需改进、直接影响销售成效的因素首先设立成目标。

5. 限时性

限时性指的是设立目标时必须同时限定目标实现的时间，这一点很容易被理解，但也容易被忽视。而这种疏忽恰恰是造成很多目标不了了之的主要原因。

无论什么时候，当为自己设立目标时，都要遵循上述这五个原则。

（二）制订销售计划的步骤

1. 分析现状

对市场竞争格局、竞争对手、促销工作等进行分析，然后由市场部门配合其他部门对销售量、市场份额、利润等进行预测。

2. 确定销售目标

销售目标是年度销售计划的重要部分，店长可以结合计划执行情况、现状分析和预测结果，根据上一年度的销售数据，按照一定增长比例（如20%或30%）来确定当年的销售目标。销售目标不仅要具体到月，还要责任到人。

3. 制定销售策略

销售策略是实现门店销售目标的重要保障。主要包括商品策略、价格策略、促销策略、服务策略等。店长可以制定几套销售策略，然后从中选择最佳的策略。

4. 评价和选择销售策略

综合评价各部门提出的销售策略，权衡利弊，从中选出最佳的策略。

5. 综合编制销售计划

首先编制各项商品的销售计划（包括销售量、定价、促销等），然后进行汇总，形成门店的全面销售计划。

6. 执行销售计划

按照既定的销售策略，努力实现计划中的销售目标。

7. 评价与反馈

在执行计划的过程中，要根据评价和反馈制度，检查计划的执行情况，评价计划的执行效率。当遇到突发事件时，销售部门要及时修订原计划或改变销售策略，以应对新的局面。

（三）销售计划的内容

一般来说，销售计划的内容涉及两个方面。

1. 门店销售事项

（1）解释门店的总体目标、部门目标和个人目标。

（2）确定行动步骤，明确每个步骤的次序和负责人。

（3）明确目标的完成期限，目标要责任到人，每个步骤都有规定的完成期限。

（4）确定每个步骤所需的资源。

2. 销售数字

（1）注明预期销售量。

（2）注明预期销售额。

（3）注明促销费用。

（4）注明市场活动成本。

（5）注明销售成本占销售收入的比例。

（6）注明毛利。

（7）注明毛利占销售收入的比例。

而销售计划的主要内容则包括：

（1）商品计划：销售什么商品？以哪些商品为主？主力商品是什么？促销商品是哪些？

（2）成本计划：用多少钱？促销费用是多少？

（3）人员计划：谁来销售？个人目标是多少？每天必须完成多少？

（4）销售总额计划：每个柜、组的销售目标各是多少？比重如何？

（5）促销计划：如何销售？

从以上几项内容可看出，销售总额计划是最主要的，销售计划的内容大致可涵盖在其中，销售总额计划经常是销售计划的精华所在，也是销售计划的中心课题。

在销售计划中，必须包括详细的商品销售量和销售金额。一般而言，门店的销售业绩当天就能知道。为了实现每天的销售目标，店长必须制订详细的销售计划，并在实践中反复验证，不断积累经验。

二、营销需要出奇招

门店的营销是日常工作中最重要的内容之一。随着企业、门店之间的竞争越来越激烈，现代营销也越来越注重策略和技巧，很多时候，需要店长有灵活的思维方式和善于进取的创新意识，在施行营销计划、进行营销活动的时候可以适时打破常规，使用一些出人意料的招数。

日本有一家 SB 咖喱粉公司，由于企业知名度太低，产品滞销，公司入不敷出，濒临破产。新上任的领导却出人意料地制造了一场耸人听闻的危机，利用日本人对富士山的特殊感情使公司扬名。公司为滞销的咖喱粉推出的广告：

"富士山将旧貌变新颜了。本公司将雇数架飞机，把满载的黄色咖喱粉撒在雪白的富士山山顶上。届时，人们将会看到一个金顶的富士山。"

这个消息犹如水滴油锅，瞬时舆论哗然，群情激愤：富士山是日本的象征，不是某家企业的私有财产，岂容随意改头换面！还有人强烈抗议，要对这种非法行为提出申诉。然而各种斥责和抗议正中该公司的下怀。几天后，这家公司在报纸上公开表态："本公司原意在于美化富士山，如今考虑到社会的强烈反对，决定撤销撒咖喱粉的计划。"很快人们的生活回到了原来的轨道。但SB公司却因此大出风头。很多公众不仅知道了SB公司，而且对该公司的咖喱粉也产生了比较深的印象，于是争相购买，公司从此踏上坦途。

20世纪50年代，美国有一家小企业开发研制了一种新产品，但由于企业知名度不高，新产品的销售量很难扩大。企业的老板日思夜想，希望能够找到一个少花钱的方法来迅速提高知名度。就在这个时候，美国为了追赶苏联将第一颗人造卫星送上天，正在日夜加紧研制自己的卫星。于是老板异想天开，策划了一个"越轨"的方案。他郑重其事地写了一份报告，交给美国国防部，诚恳地请求国防部批准他们在即将升空的人造卫星上，为难以打开销路的新产品做一次广告，而且很郑重其事地询问所有相关的事宜。当然也问了广告费用需要多少、用什么方式支付、广告要在什么时候制作完毕等细节。国防部相关官员收阅到这封信时，当场就笑了起来，因为卫星一升空，马上就连踪影都看不到，此时企业在卫星上做的广告怎么可能看得清楚呢？这件过于无知、令人笑掉大牙的事情立即在国防部各部门传开，而消息灵通的记者得知了这件事，立即写了一条新闻，与卫星升空的现场新闻一同见报。于是，这件令人捧腹的事与举世瞩目的人造地球卫星一样，很快就路人皆知了。人们在谈论人造地球卫星的同时，都会谈到这个笑话。在很长一段时间里，要在人造卫星上做广告的老板也成了人们茶余饭后的话题。其实，老板的目的是很明显的，就是要出名。不论是议论也好，批评也罢，取笑也罢，老板的目的达到了，而且效果比预料的更好。最为难得的是，他没有花一分钱，很多报纸自动为他做了广告，而他的企业和产品居然很快就扬名天下了。这是那些花了很大成本做广告的企业收不到的效果。

从上面的两个例子可以看出，店长要彻底转换观念，学会为门店扬名。并且要学会用最少的投入，以一种大智若愚的方式巧妙地为门店扬名。"假装无知"、"制造危机"、"无事生非"等行为都可以为门店赢得扬名的机会。这些行为的核心是一个"术"字，既是战术又是权术。门店经营一要有积极宣传自己的思想，二要懂得扬名的方法，争取用最少的投入，换来最大的回报。

三、营销战的计与谋

商场如战场，营销如临阵对敌、布阵定策，门店的经营必须要有计策，有谋略，不然是很难在残酷的商业竞争中取得胜利的。

商人熟读兵书战策并非奇事，而是自古就有之。据史籍记载，在距今2500多年前的春秋战国时代，就有熟读兵法并以此成为富甲天下的名商巨贾者。帮助越王勾践成就一世霸业的范蠡就是熟通兵法的重要谋臣，司马迁的《史记》中这样记载："范蠡遂去，自齐遗大夫种书曰：'蜚鸟尽，良弓藏；狡兔死，走狗烹。越王为人长颈鸟喙，可与共患难，不可与共乐。子何不去？'……蠡浮海出齐……而怀其重宝，间行以去，止于陶，以为此天下之中，交易有无之路通，为生可以致富矣。於是自谓陶朱公。复约要父子耕畜，废居，候时转物，逐什一之利。居无何，则致赀累巨万。天下称陶朱公。"陶朱公被誉为天下商人之祖，不仅是因为他的财富，更是因为他的智慧和谋略。

我们这里所说的"计"，主要是店长针对自己的战略策略，而"谋"主要是针对竞争对手的行动采取的策略。面对竞争与机遇，店长只有事先进行战略规划，料敌知己，才有可能在竞争中立于不败之地。为此，店长必须树立长远战略意识。

（一）店长应有的战略意识

1. 立意高

高明的立意往往能迅速打开市场，达到事半功倍的效果。可口可乐出现危机时，巧妙地利用媒体的关注将可口可乐和美国文化画上等号，进而化解了危机。

2. 心态正

战略管理不是包治百病的灵丹妙药，要用平常心去看待营销工作。

3. 思虑远

战略管理不是为了短期利益，而是围绕着长远的利益进行谋划。从不允许退货、有条件退货到无条件退货表明了经营者的目光越来越长远。

4. 谋划深

战略管理中必须有能料敌制胜的谋划。比尔·盖茨曾说："让中国人去盗版吧！最好盗我们的，10年以后我们会去收钱。"正是盗版的盛行一时为微软打开了中国市场。

5. 筹划全

战略管理要环环相扣，最忌讳出现万事俱备、只欠东风的情况。往往一个环节的失误或考虑不周就会造成整个计划的破产。

6. 关键明

店长必须明晰战略管理的关键和营销工作的重点。不能在实际工作中丢西瓜、捡芝麻。

7. 应变快

针对目前日益激烈的市场竞争和突发情况，店长不仅需要掌握全面的零售技术和高超的管理才能，更需要保持清晰的经营思路，通过瞬时指标、定时数据和门店参数，及时指导店铺员工的工作重点。尤其是恶劣天气情况下的应对策略。

（二）营销战的进攻与退却

当看到市场机会的时候，店长就要学会进攻，进攻是十分必要的。同时退却也是相当必要的，市场机遇无时无处不在，但环绕在机遇周围的往往是困难、障碍和风险。店长往往需要根据情况权衡利弊，对机遇做出取舍。

被誉为"万能博士"的阿曼德·哈默，在大学时期便展现出了他超人的商业才华，成为大学生中第一个百万富翁。如果说睿智为他攫取了第一桶金，那么大胆则造就了他的整个事业。1921年6月，当得知当时世界上唯一的社会主义国家——苏联瘟疫流行、饥荒严重时，哈默不顾很多人的反对，带领一所流动医院前往苏联——这个与他意识形态完全对立的陌生国家。当来到乌拉尔山时，他看到一边是饿殍遍野，一边是白金等矿产应有尽有。他感觉到苏联人是坐在金山上挨饿。哈默于是向当地苏维埃建议，赊销给他们价值100万美元的小麦，双方一拍即合。不久，列宁在克里姆林宫接见了哈默，给予他经营特许权。偌大一个资源市场立即向哈默打开了大门，那年他才23岁。

哈默的大胆进攻带给他丰厚的利润，打赢了一场漂亮的营销战。哈默的大胆进攻并非盲目，当他做出决定时，首先确定这个市场是有利可图的，而且利润丰厚足以抵消风险。同理，店长们也完全可以像哈默一样，对你的营销方案做一次评估，如果能够确保以上内容，就要迅速行动，抢占先机。

但这并不意味着任何时候都应该勇往直前、义无反顾。有时，后退往往能起到更好的进攻效果。《潜伏》中的余则成说过："有一种胜利叫做撤退。"一个拳头缩回来然后再打出去时，其威力往往比直通通地打出去时更大。在激烈的市场争夺中，店长及时收缩战线，可以保存实力，进而为下一次进攻做好准备。

德国汉高是全球 500 强企业，曾经与美国宝洁、英国联合利华和日本花王齐名，被称为中国日化市场的四大国外品牌。汉高有着 124 年的历史，于 1994 年强势进入中国市场，陆续收购了"天津加酶"、"海鸥"、"天天"、"桂林"、"孩儿面"、"可蒙"、"力士"和"光明染发剂"等著名国产品牌，一时间，技术和资本深入到了中国各地。然而，与联合利华和宝洁相比，汉高在中国市场的策略一直停留在 20 世纪 90 年代的层面上，自主品牌推广不力，而收购的也多为原先的地方性品牌，很难打破地域市场的界限，而自身的市场定位也趋于中庸，完全被两个竞争对手淹没在了立体式的广告轰炸之中，几乎丧失了主力市场的竞争力。于是，2009 年元旦，汉高公司针对这种现状，决定全面退出中国大陆地区的洗涤市场。这一决定一时让人震惊，此举使得 8 个品牌从中国日化市场消失，让很多人为之叹惜。但是正如汉高公司做出的解释一样，在随后的一年多时间，汉高在中国黏合剂和化妆品的业务却得到了强化和提升。

店长应该懂得，采取后退措施的目的是更好地进攻，是保住既得利益。店长要学会顾全大局，舍小利，成大义，以图今后更大的发展。

（三）关于商业秘密的问题

店长要确保自己的商业秘密不泄露，这样才能在经营中不阴沟里翻船或者受制于人。

一个企业的商业秘密不仅关系到本企业的生死存亡，而且直接影响到竞争对手的生死存亡。你的办公室废纸篓里的碎纸屑也许就是被对手关注的秘密。

据统计，世界 500 强中 90% 的公司都有完善的情报系统，有专门的"商业间谍"从事收集商业秘密的工作。我国一些传统工艺在世界上享有很高的声誉，但是由于保密意识不强，对外商防备不够，导致工艺泄露，国际竞争优势丧失。据报道，日本有家企业觊觎我国景泰蓝工艺，收买了一个华侨，让他以代理商的身份回国参观。由于厂家保密意识薄弱，不但让他参观了生产线，向他介绍了整个制作过程，而且还协助他拍摄了工艺流程。不久，日本就生产出了景泰蓝，和我国产品在国际市场上竞争，而且由于日本制造工业发达，技术掌握能力较强，国内这个厂的景泰蓝产品只能处于劣势地位。

店长要防范商业间谍，门店经营的重要机密只能掌握在极少数人手中，同时要防范"家贼"，不要让自己的员工泄露了门店的经营秘密。

企业的行动方向是企业最高的机密。但如今信息技术的发达，企业99%的动向都可以在公开发行的刊物上找到，这给企业进行战术奇袭、以奇制胜制造了障碍。门店经营中也经常遇到这种问题，许多店长都有这样的感慨："对手对我们非常了解，毕竟大家都是多年的竞争关系了，我们的人和举措人家都能事先做出预案。"其实，这完全可以通过设置虚招来迷惑竞争对手，以此来隐蔽企业的行动方向。

在当今美国汽车业巨头中，福特虽然在市场占有率上远远比不上通用，但是就在通用成立后仅一个月，福特推出了一款新的汽车——T型车，足以让福特公司在世界汽车史上写下浓重的一笔。20世纪初，当福特的竞争对手们还在经营高价的 R 型和 S 型车时，福特一方面正常经营原有车型，另一方面秘而不宣地开始了 T 型车的推广活动，整个活动紧凑有序，丝毫没有引起竞争对手的注意。1908 年 10 月 1 日福特公司开始了对 T 型车的大量宣传，其宣传的力度在当时是空前的，效果也相当显著。正如《纽约时报》在悼念亨利·福特时所说："当他来到这个世界时，这还是马车的时代；可当他离开时，整个世界已经变成汽车的世界了。"

门店如果进行比较有分量的营销活动，一定要学会虚中有实、实中有虚，不要让竞争对手捷足先登，这样才能保证有出奇制胜的效果。

（四）营销战场，骄兵必败

骄兵必败，用在门店经营中也是完全正确的。金牌店长应该有王者的气度，只有这样才能创造出市场上大一统的格局。

历史上有很多企业经营得相当成功，但最后都被其他不知名的小企业赶上、超过甚至兼并，很重要的一个原因是这些企业骄傲了，躺在正在枯竭的已有优势上睡大觉。飞利浦是荷兰电子消费品行业的巨人。它于 1972 年推出了世界上第一台录像机，领先日本竞争者 3 年。然而飞利浦公司满足于初战告捷的喜悦，开发第二代产品整整花了 7 年时间，而在这 7 年间，日本竞争者已经至少推出了三代新产品，之后，世界录像机市场一直是日本人一统天下。

胜利对于门店经营来说并不重要，重要的是胜利的过程。店长应该注意自己的性格和气度，毕竟性格左右命运，气度影响格局。胜败是兵家常事。对于在市场上角逐的企业来说，一时无法战胜对手或者被对手打败都是很正常的事情。

瑞士曾是举世闻名的钟表王国，一直雄踞"钟表之王"的宝座，而日本精工集团则是后起之秀。在 1963 年击败瑞士"欧米茄"获得东京奥运会计时权后，精工集团乘胜参加了瑞士纽沙蒂尔天文台举办的钟表比赛。

比赛中，虽然精工石英表表现不凡，但机械表仅排第 144 位，大败而归。面对失败，精工人没有气馁，他们真正感受到了精工表与世界一流的差距，于是更加努力地工作。三年后，正当瑞士人还沉浸在胜利和骄傲之中时，精工表卷土重来，再次参加了国际钟表比赛。但这一年的结果却迟迟没有公布，而且组织单位决定从下年开始取消比赛。精工人后来才得知，原来精工石英表独占了前五名，在机械表方面也表现不凡。瑞士人狼狈地结束了让他们引以为豪的已经进行了一百多年的国际钟表比赛。

店长遭遇失败并不可怕，可怕的是不知道为何失败。其实失败是一次机遇，是经营者对门店进行自我改造的契机。失败中往往存在着许多有利因素，它是门店在未来竞争中取胜的先导。

在进行营销战的时候，店长要时刻清楚，竞争的结果并不一定就是战胜或者败给对手，而很有可能是在激烈的市场博弈中两败俱伤。甚至出现"鹬蚌相争，渔翁得利"的情况，因此应避免竞争中的直接冲突。所以，店长在思考计策、制定谋略的时候应该注意遵循两个原则：

1. 及时

如今的市场竞争除了大鱼吃小鱼之外，更多的是快鱼吃慢鱼的竞争。统一在国内的速食面市场和饮用水、果汁、茶类饮料市场的营销措施每每只比康师傅晚一个月，但却造成了其只能甘居人后的尴尬地位。

2. 防止第三方渔利

市场竞争很大的一个陷阱就是容易出现第三方渔利的情况。两个企业比拼资源在价格上难解难分，往往会出现第三方在科技上大做文章，来吸引消费者的注意，因为人们对价格已经开始麻木，这时候推出的科技产品往往能激起人们的新鲜感，进而占领市场。

四、金牌店长紧盯市场

市场营销的起点是市场调查，店长进行市场调查是必需的。

市场竞争犹如博弈，在开始之前未必是两强相争，竞争双方都有充分的准备时间。谁在这段时间内能做好有针对性的准备，谁就能把握主动权。

店长必须有自己的专业调查人员，报酬与调查效果挂钩。如果选择专业调查公司，经营者一定要仔细考量调查公司，加强对调查过程的控制。好的市场调查是成功的一半，但不要盲目相信调查结果。

对于店长来说，紧盯市场能够及时发现问题，有效地降低经营风险；同时市场调查也能及时发现市场机遇，有效地提高企业市场开拓的成功率。

图 10-2　广西惠之林化妆品连锁店店内实景（四）

另外，店长要学会控制资源，最主要的是控制上游企业。市场竞争的一个重要指导原则就是控制资源。如果能控制上游企业就能置竞争对手于死地。如果不能，则要确保上游企业不被竞争对手所控制。这种控制不是指行业垄断，进行不公平竞争，而是和上游企业建立优于竞争对手的关系，降低运营成本。

农夫山泉在饮用水行业的发展相当迅速。"农夫山泉有点甜"一时间传遍大江南北，它挑起的"水业大战"很快改变了饮用水行业的格局。除了广告语和饮用水行业的大战以外，农夫山泉最大的举措就是控制了水源。对于经营水的企业来说，水源的选择和控制是企业的生命线。农夫山泉不惜巨资控制水源体现了一个企业的前卫意识。优质的水源意味着带给消费者健康，而健康产业又是 21 世纪中国最大的产业。

门店经营的一个基本立足点也在于控制资源，同时要确保上游企业不被竞争者控制。但不要进行损人不利己、容易引起公愤的不正当竞争。

一步先，步步先。率先进入一个正在形成需求的市场往往能够给品牌和门店带来丰厚的利润。如果一个市场正处在快速成长阶段，那么店长应该迅速进入。先进入的往往成为市场领先者。

第十一章　定价盈利是经营之本

本章要点：

商品如何定价？
定价要遵循什么原则？
定价有哪些策略？
如何调整商品价格？
金牌店长善于随行就市。

一、价格战是下下策

价格是零售门店的魅力源头之一，它在吸引顾客、加强门店竞争优势、塑造良好门店形象等方面的影响不容低估，是门店竞争的重要手段。然而很多门店经营者常常对价格体系的实操和控制感到头疼。为了争夺顾客，许多门店不惜使出浑身解数地在价格上大打出手。

在争夺顾客的战争中，价格战是商家手中最常挥动的武器。以低价吸引顾客固然无可厚非，但盲目地采取降价只会给你带来利润的急剧下降，更令顾客对你和产品不信赖。不容否认，价格的确是决定销售至关重要的因素。然而，在价格战铺天盖地的今天，顾客对商家频繁推出的各种价格策略已越来越不"感冒"。

（一）低价并不能真正取信于顾客

有一对夫妻在翻阅晚报时，在广告栏目看到一个新款手机的背景图。妻子高兴地捏了丈夫一下："亲爱的，这个手机真漂亮！想一想，如果揣上这样一款手机，是不是就显得有品位极了？"

丈夫答道："嗯，的确非常好看……下个礼拜就是我们的结婚纪念日了。我正在为送什么礼物给我亲爱的犯愁呢！这下子，我有主意啦！"

"嗯！谢谢老公！"妻子开心地说，"可是广告上没有标价，我们不知道得花多少钱。"

"这个好办。明天不正好是周末吗？我们去手机城转一圈看看。"丈夫用手指轻轻地点了一下妻子的鼻头。

他们商定，只要那款手机不超过3000元，就买回来。

星期天，他们在手机城寻了一整天，快天黑时终于在一家店中发现了这款手机。"对了，就是它！"妻子眼睛一亮。

"嘘，小声点。先看看价格再说。"丈夫轻声提醒着。

他们仔细地看了看标价，"5888元？哎呀！这不是天价吗？"妻子低声道，"算了，我们还是回家吧！"

"对面还有一家店我们没有看过。去看看再说吧，说不定也有呢？"丈夫提议。

在第二家店，他们真的也看到了那款手机，价格也便宜得多——5008元。"我们说好了不能超过3000元的，还是回家吧！"妻子有点灰心。

"都找这么久了，总不能空手而返吧？况且，那是我想送给你的礼物！这样吧，我去讲讲价，他们应该多少会让点。"丈夫知道用3000元买下这款手机的希望很小，但为了不让妻子失望，他还是打算硬着头皮试一下。

他鼓起勇气，对店员说："我逛了好几家店，你们这款手机的定价有点高。"既然已经鼓起勇气了，他接着说："我告诉你我想干什么吧，我想给这款手机出个价，只出一个价。你能卖就卖，不能卖，我们就去之前看好的那家。"他停下来，观察了一下店员的神色，然后说："2000元。"

店员迟疑了一下，赶紧找来销售经理。

"我们也快打烊了。奔着明天有个好开端，这款手机今晚就赔本给你了！"销售经理爽快地说。

"真的？"妻子有点儿喜出望外。

"当然是真的。"店员迅速将手机包装好，递到了她的手中。

成交顺利得出人意料。在回来的路上，丈夫越想越觉得不对头："我太笨了！我应该只出1200元。"

"这个手机该不会是有什么毛病吧，或者是山寨版的。"妻子这样说。

尽管手机在使用中似乎用得也不错，但是夫妻俩总觉得不放心。因为他们断定手机肯定存在着某方面的不足：如果不是手机有毛病，那个销售经理会那么爽快，2000元就把那款手机卖给了我们……

价格竞争是一种最为普遍的销售手段，然而，商家如果运用得不好就可能适得其反。

其实，很多顾客最担心的往往是你随随便便地降价或爽快地打折。在顾客看来，所谓"无商不奸"，商家永远都是以追求利润为第一目标，绝

图 11-1　海城世都化妆品广场店内实景（一）

不会傻到做赔本的买卖。因此无论你如何强调低价和折扣的原因（如打烊、促销等），顾客永远认定你还有利润，否则就是你的商品存在问题。

正如故事中的主人公，就因为自己买得太便宜了，反而怀疑起商品的实际价值。对于商家而言，这种结局无疑是分外尴尬的——销售经理也许只是为了争取顾客或者薄利多销。

（二）价格战是把"双刃剑"

在销售竞争中，商品价格的敏感性和诱惑力不言而喻，顾客对能够买到物美价廉的商品毫无疑问是趋之若鹜。因此，很多商家理所当然地都将价格战作为销量的助推剂，隔三差五不是"大甩卖"，就是"大减价"。

殊不知，对顾客而言，商家的打折和降价销售，只会给他们一种心理暗示：同样一件商品，没有谁愿意低价出手，除非急需出手（如服装的换季清仓），或者是有残疵。于是就会出现这样一种现象，在商家低价销售的时候，商场人潮涌动，讨价还价，而在平时不打折或者折扣比较少的时候，商场就门可罗雀。

对于商家而言，低价销售的确能够吸引顾客，但是却也容易令顾客形成"不打折不消费"的观念。这对商家毫无疑问也是一种压力。而商家经常这样打折、降价，必然会压低自身的利润，制约自身的成长。

为了争夺顾客，商家往往会从供货商身上动心思，尽可能地降低供货商的价格。而供货商为了保证自己的利润，会想方设法地降低成本，就可能在商品的材料、原料和品质上动手脚，这样极有可能影响到商品的质量。一旦商品出现质量问题，顾客就会成为受害者，但最终伤害到的还是商家的信誉。

一句话，不要盲目地去打价格战！因为这对商家而言，将是得不偿失的——想争取顾客，最终却是失去了顾客！

二、定价的原则与策略

对于零售门店而言，定价是其整个经营过程中最为紧要的环节。定价高了，可能没人买；定价低了，可能利润目标完成不了。门店经营得好坏，能否生存下去，商品的合理定价的重要性不言而喻。定价的优劣可决定门店的命运。商店一旦在价格策略上失误，会给商品竞争力、商店盈利能力及活力带来直接的负面影响。

商品的定价是一门学问，也是一种艺术。只有合适的定价才会刺激顾客的购买欲，对门店的经营起到积极的作用。它要求我们在对商品进行定价时要讲究一定的原则与策略。

（一）定价的四项原则

1. 市场调研原则

充分的市场调研是商品合理定价的基础。市场调研既要了解竞争对手的售价，又要了解行业售价。没有进行充分的市场调研就定价，是一种盲目，是大错特错的。因为价格要能够让买卖双方都能接受，就必须以市场调研做基础，做到比竞争对手更低价，但又不牺牲自身利益。只有这样，门店才会生意兴隆，实现盈利。

2. 确定定价目标原则

门店经营的目的就是赚取利益，故其价格制定必然涉及利益的回收，亦即应先找出利润目标。如何找出这个目标呢？

我们可从"损益平衡点"的观念来着手，以损益平衡点需要的毛利率作为最简单的定价基准。其公式为：

损益平衡点＝固定营业费用÷（1－变动成本÷销货净额）＝固定营业费用÷（1－成本率）＝固定营业费用÷（毛利率－变动费用率）

假设一家 100 平方米的门店，每个月需要 10 万元的费用，而平均的毛利率有 16%，且变动费用率为"0"，损益平衡点为：10 万元/0.16=62.5 万元，亦即该店每个月要做 62.5 万元的营业额才不会亏本。

现在换另一个角度来看，经营者在商圈调查时，估计每个月可做 120 万元的生意，而该门店估计的费用支出每月需 30 万元，则其平均毛利率必须控制在 30 万元/120 万元=25%以上，才算平衡，亦即毛利率如低于 25%就会亏损，高出 25%才能有利润。

总而言之，门店整体的定价目标只有高于损益平衡所需的毛利率目标，才能产生利润。

3. 消费者心理效应原则

心理效应是某种人物或事物的行为或作用，引起其他人物或事物产生相应变化的因果反应或连锁反应，是社会生活中最为常见的心理现象和规律。它具有积极与消极两方面的意义。

正确地认识、了解、掌握，并在商品定价中利用消费者心理效应，在门店的日常经营中具有非常重要的作用和意义——巧妙的定价犹如甜言蜜语，能够引发人们的购买欲望。

中国人大多数都喜欢"8"这个数字，并认为它会给自己带来发财的好运；而"4"字因为与"死"同音，被人忌讳；"7"字，人们一般感觉不舒心；"6"字，因中国老百姓有"六六大顺"的说法，也比较受欢迎。

4. 商品生命周期原则

商品生命周期即商品从引入到退出的全过程。我们一般将商品的生命周期划归为四大阶段：

引入期：一般而言，商品在引入期的定价最高，毛利率也最高，但销售量往往会很少。如果想提升销售量，商品定价可适当低一些。

成长期：在这一时期，商品价格稍低，但商品销售量稍高。

成熟期：这一时期商品价格应比成长期再低一点，销售量会激增。但此时店长应注意到替代品的出现和竞争者的价格行为，必要时应适当加大促销力度。

衰退期：在这一时期，商品销售量减少很多，甚至滞销，几乎无利可图，此时经营者应积极出售存货，并及时将商品撤离货架。

（二）金牌店长的定价策略

所谓定价策略，即根据市场变化的具体情况或顾客的心理状态灵活地制定价格的方法，具有很强的艺术性。以下为门店经营中的几种比较常用的商品定价策略。

1. 差别定价策略

差别定价，即按照两种或两种以上不反映成本费用比例差异的价格销售商品。差别定价通常有如下几种形式。

（1）顾客差别定价。顾客差别定价指按照不同的价格把同一种商品卖给不同的顾客。例如，某彩电经销商按照目标价格把某尺寸彩电卖给顾客甲，同时按照较低价格把同一尺寸彩电卖给顾客乙。这是根据顾客的需求强度与商品知识的差异而作出的一种灵活定价策略。

（2）商品差别定价。即对不同型号或形式的商品分别制定不同的价格，但它们价格之间的差额和成本费用之间的差额并不成比例。

（3）时间差别定价。即根据不同季节或不同时期，制定不同的价格。例如，某时装店挂出日价招牌，对店内出售的时装价格每日递减，直到销完。此招一出，门庭若市。短短数日，店内时装即销售一空。最后结算，该时装店赚钱竟比同行卖家多。

2. 渗透定价策略

渗透定价策略可分为快速渗透定价与缓慢渗透定价两种。

（1）快速渗透定价。即根据商品成本，确定相对较低的售价，再以较高的促销投入"获得更高的关注率"，以期吸引、争夺顾客，获取同类商品中的领先地位。如果商品同类卖家很多、竞争激烈，消费者对这类商品的价格又敏感，你就可以考虑使用这种定价策略。

（2）缓慢渗透定价。即根据商品成本，确定相对较低的售价，再以较低的促销投入，逐步吸引顾客群体，挤压竞争对手（别的卖家）的生存空间。这种定价策略适用于日常消费类、需求量大，且消费者又对价格很敏感的商品。

3. 撇脂定价策略

撇脂定价策略可分为快速撇脂定价、缓慢撇脂定价两类。

（1）快速撇脂定价。即根据商品成本确定相对较高的售价，并应用较高的促销投入，以"获得更高的关注率"，从而实现快速获取较高的销售利润。

（2）缓慢撇脂定价。即根据商品成本确定相对较高的售价，应用较低的促销投入，从容地获取销售利润。

需要提醒的是，使用上述这两种策略，你需要具备如下条件。

①市场上存在一批购买力很强并对价格不敏感的消费者，且数量足够多。

②暂时没有竞争对手推出同款产品。

撇脂定价策略若想取得好的效果，上述这两个条件缺一不可。同时，经营者还必须明白，撇脂定价策略会随着市场变化而变得不合时宜，因此需要做的是：保持敏感。

4. 折扣定价策略

折扣定价策略，即通过给用户的产品在原价的基础上增加部分产品的方式以争取更多的顾客。如数量折扣、现金折扣、推销让价折扣等，鼓励顾客大量购买。

（1）数量折扣。即根据顾客购买商品数量的多寡，分别给予不同折扣的一种定价方法。数量越大，折扣越多。目的是吸引和鼓励顾客长期、大量或集中在本店购买商品。

（2）现金折扣。实质为变相的降价赊销，是一种鼓励顾客提早付款的办法。例如，如果付款期限为一个月，若当场付现折扣10%，10天内付现折扣5%，10~20天内付现折扣1%，20~30天内付款无折扣。这种定价策略有利于门店及时回收资金，扩大商品经营。

（3）推销让价折扣。推销让价是商家对顾客的口碑传播所给予的一种降价优惠。由于顾客关系分布广，影响面大，因此商家常常借助他们开展各种商品推广活动，而后以降价、折扣等方式作为回报。

5. 心理定价策略

即根据顾客心理因素而采用的定价策略。例如，卖家为给顾客经济实惠的感觉，在定价时采用"取九不取十"的销售策略，即定0.99元，不定1.00元；而为满足部分顾客"显贵"、"争胜"的心理，又对一些商品采取"取十不取九"的销售策略。

总之，商品定价策略多种多样，你可以采用多种定价策略，来争取顾客、促进自己商品的销售、打压竞争对手。关键是你要具备一定的审时度势的眼光，选择适合、能够促进商品销售的定价策略。

三、随行就市调价格

市场在变，人在变，商品价格也应适时而变。

兵法曰："兵无常势，水无常形，能因敌变化而取胜者，谓之神。"也就是说，用兵作战没有固定不变的方式方法，就像水没有固定的形态一样；能根据敌情的变化而变化进而取胜，就称得上用兵如神了。

商品定价属于作战方案的一个环节。精明的经营者都对市场非常敏感，他们懂得"随

图11-2　山东阅美化妆品连锁店店内实景（一）

行就市调价格"，从而维持和抢占更多市场份额或获取最大利润。

在德国多特蒙德城某商贸公司中，有一家名为奥斯登的零售公司。该公司是全多特蒙德首屈一指的快速销售公司，无论出售什么商品，都很热销，资金周转非常快。有一次，奥斯登推出了约1万套内衣外穿时装。这在当时的德国，尚属一件新鲜事物。这种时装一反人们传统意识中的内外有别的穿着观念，对于求新、猎奇的顾客有着极强的吸引力。奥斯登对这种时装的定价虽然超过普通内衣价格的4.5~6.2倍，但销售依然一片火暴。后来，当德国各大城市相继大批推出这种内衣外穿时装时，奥斯登却出人意料地迅速将价格降到接近于普通内衣的价格，短短两天时间，所有的时装就被抢购一空。8个月之后，当内衣外穿时装销量呈现下降趋势时，奥斯登当机立断，迅速将这种内衣外穿时装以不到普通内衣价格60%的"成本价"出售。对于那些经济拮据的顾客而言，此时无疑是尝新不容错过的大好时机。因此，这种过时衣服在奥斯登仍然十分抢手。

无论是畅销、平销，还是滞销商品，之所以都能够在奥斯登手上成为畅销货，与奥斯登充分分析、了解市场行情，灵活的调价策略是分不开的。

毋庸置疑，价格是商店竞争中的重要武器，商品经营就价格而言，就是不断追求在调整和变化中的成功。谁操作得当，善于随行就市，调整价格，顺应顾客，谁就能取得胜利。反之，就会在商战中败得惨不忍睹。

当然，商品价格的调整，会令顾客在心理上产生不同反应，有利也有弊。因此，经营者在调整商品价格时，需灵活掌握调价时机，灵活把握调价幅度，灵活选择调价策略。

（一）灵活掌握调价时机

所谓灵活掌握调价时机，即在该降价时降价，能提价时提价。

1. 降价

降价有利于提升商品竞争力，激发顾客购买需求，迅速取得规模销售效益，从而提高商店资金周转率。

一般而言，只要满足如下条件，经营者就应考虑降价：

（1）进货成本降低。

（2）市场上同类商品供过于求，销售日渐萎缩。

（3）竞争对手已经在采取降价措施。

（4）商品的需求弹性较大（可买可不买、存在代用品）。

（5）商品陈旧落后。

2. 提价

提价有利于增加商品利润，却也容易引起顾客及中间商的不满。因此，这种方法一般很少被采用。但是，你如果能提之有理、涨之有因，顾客大多也是能接受的。

一般而言，当满足如下条件时，经营者就可以考虑给商品提价：

（1）进货成本增加。

（2）市场上商品供不应求。

（3）市场上同类商品都在涨价。

（4）商品的弹性需求较小（无代用品）。

（5）对商品进行了包装改进，或加强了售后服务。

（6）商品信誉度、知名度提高了，而原价较低。

（二）灵活把握调价幅度

1. 降价幅度

降价导致的"薄利"应只是针对单位商品而言，"多销"不能作为主要目的，因为它会增加商品流通费，所以降价的目标应该是增加商店经营的利润总额。

一般来讲，商品降价幅度过大，会导致入不敷出；而降价幅度过小，就无法达到刺激消费需求的目的，增大商店经营的风险。因此，降价的适当幅度，应该是商品降价后增加的毛利额，能够最大限度地超过所增加的商品流通费。只有这样，商店才能获利。

2. 提价幅度

即使你有一千条理由、一万个原因，顾客都不会对你的商品涨价表示欢迎。他们在心理上多多少少都会产生一种不平衡感。

因此，在提价前，商店应广泛收集市场信息，剖析商品价格形成的主要原因，确定合理（顾客心理承受能力范围，国外一般以5%为界限）的提价幅度，才能有效地避免出现因商品提价而导致的销量锐减。

（三）灵活选择调价策略

1. 降价策略

经营者应慎重对待商品降价，否则将会给商店经营带来不利影响。而慎重对待，首先表现在对顾客反应的认识与了解上。

（1）了解顾客。据调查，很多顾客对于商店商品的降价，往往会做出这样一系列猜测：商品销路不好；商店财务有问题，无法继续经营下去；商品价格还会继续降，先不急着买；该商品有瑕疵。

可见，顾客对商店的降价之举基本上是持消极态度的。而竞争对手还有可能利用你的降价展开大规模的宣传攻势，将你的降价归结为质量有问题。这就是前面所说的经营者为何应慎重对待降价的原因。

（2）降价方法。经常有许多学员很困惑地问我："冯老师，我们经常搞降价促销，可是为什么就没有多少顾客买账呢？"原来，他们所谓的降价，即明码标价——原价多少，现价多少。

其实，降价的方法是有讲究的。

降价的方法多种多样，但总体可归结为两种形式——明降和暗降。这两个词的定义，相信是不需要我来解释的。这些学员使用的降价方法，很显然就是明降，不仅未起到促销效果，还令顾客徒生各种各样的猜测——得不偿失！因此在通常情况下，我们是不提议商品价格明降的。

经营者完全可以采取如下暗降手段，有效达成促销目标。

（1）再包装。即对原商品进行重新包装，使其以新面貌出现。这种新商品定价比老产品的要低，会比较容易销售，且与现有产品"毫无关系"。

（2）实物馈赠。某蛋糕店为了推销蛋糕，想出了精彩的点子：给1万名顾客邮赠生日贺卡，并在附言中写道："亲爱的朋友，您或您的亲朋好友，肯定乐意在生日的当天收获一份惊喜。为此，特赠送您一张生日贺卡。凡是持此贺卡到指定蛋糕店的顾客，蛋糕一律六折优惠。请勿错失良机。"结果，当年该蛋糕店的销售额比往年增加了3倍。

（3）派发优惠券。经营者可通过发放或在宣传彩页、报纸广告栏中刊登优惠券，告诉顾客凭券购买指定商品可以享受几折优惠。

这种做法有利于打消顾客的商品滞销、过时以及质量差等疑虑，从而有效激发顾客的购买积极性。当然，使用该方法，也应遵循一定的条件：一是优惠券的发放面不宜过大；二是优惠券应有较强的时间限制，期限切忌过长。只有这样，才能使顾客产生紧迫感。

（4）返还部分购物金额。通过商店海报告知顾客，上交指定商品的标签或购买证明，可以换取一定金额的返利。

上述这几种暗降的方法十分灵活，随时可行，收放自如，可有效避免明降给商品在消费者心目中的形象带来的负面影响；更有助于避免招致同行的不满与攻击，也不会引发令人不寒而栗的价格战。

2. 提价策略

提价策略也可分为明提和暗提两种形式。同降价策略一样，经营者在可能的情况下，最好是以暗提的方式进行涨价较为合理。暗提的方式也多种多样，以下仅介绍两种：

（1）通过更换商品包装变相提价。更换商品包装，使商品以全新的面貌出现，再对其进行提价。这种做法很隐蔽，消费者几乎觉察不到，自然就谈不上心理能不能接受的问题了。

（2）通过改变计量单位提价。例如，茶叶每千克100元报成每50克5.3元等。即通过改变计价单位，来达到提价的目的。这样提价比较隐蔽，顾客往往不太容易察觉。这与消费者的习惯有关，也与顾客对涨价的反感厌恶有关。

总之，形式多样的调价策略给经营者提供了一种重要的、能持久地带来丰厚利润的手段，谁能灵活地选择和明智地运用调价策略，谁就将在市场竞争中立于不败之地。

四、新店要抓好价格指标

现在市场竞争越来越激烈，一家独大、垄断竞争的时代早已过去，大家都在谈要增强竞争力、提升门店的经营业绩，因此就必须关注各项经营指标，用数据说话。

作为一家新店，刚开业不久，各方面要开展的工作很多，在经营指标的关注上到底哪些是重点呢？一般门店需关注的经营性指标如图11-3所示。

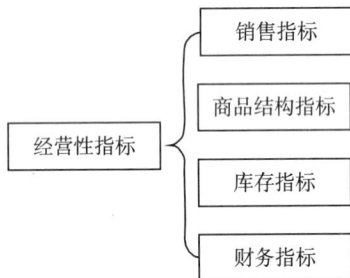

图11-3 门店需关注的经营性指标

以上四大项指标归类了超市业态众多数据指标，反映了门店的经营现状、经营成果，是门店应该了解、掌握的指标。但对于新店，由于开业时间较短的缘故，对以上指标的关注程度各有侧重点。

下面将从门店店长角度，谈谈作为新店店长必须关注的四项重点指标。

（一）客单数与客单价

众所周知，门店的总销售由客单数和客单价两项指标构成，客单数指标反映的是人气，而客单价反映的是消费者的购买能力。客单数越高则人气越旺；客单价越高证明当地消费者的购买能力越强。只有客单数和客单价都最高时才能达到销售的最大化（如图 11-4 所示）。

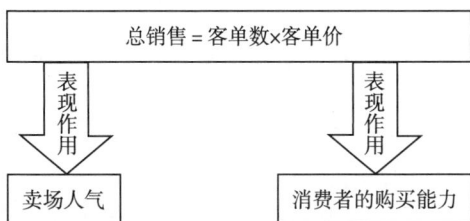

图 11-4　客单数与客单价

作为新店，前期应重点关注客单数指标，原因有两个。

（1）从消费者的购买程序上来看：

消费者要实现购物，必然会经历以下流程：知道门店开业→到门店选购→对门店评价（影响购物金额）→达成消费（如图 11-5 所示）。

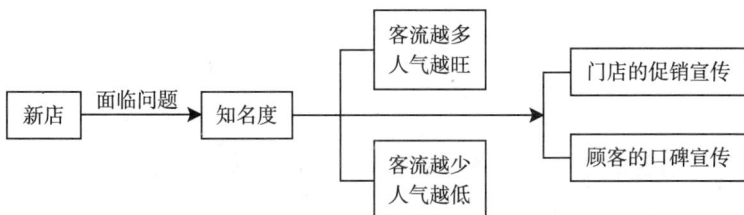

图 11-5　消费者实现购物的流程

从消费者的购物流程可看到，消费者要实现购物，首先是知道门店开业了，这就是新店首先面临的知名度问题。其次，消费者有购物意愿后要到门店才能实现购物，到了门店会对其进行评价，这是影响客单价的主要因素，然后才是决定是否购买或购买多少。不难看出，"知名度"问题首先是核心，需要门店主动的促销宣传及顾客的口碑宣传。

（2）从提升客单数和客单价的难易程度上看：

客单价的提升有两个方面：一是吸引高购买力的顾客；二是调整卖场的商品结构。这两者都需要一定时间才能完成；而客单数的提升可通过促销的带动完成，相对较为容易（如图 11-6 所示）。

（二）门店客源结构

了解门店的客源结构包括两个方面：一是在门店外进行的消费者市场调查，通过了解消费者的来源、消费习惯、消费偏好等来判断顾客的购买

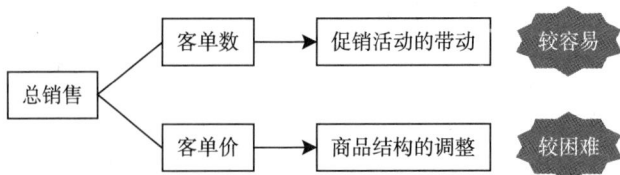

图 11-6　提升客单数和客单价的难易程度

倾向；二是通过对门店内消费者的购物篮分析而得，它能了解目前门店的消费者构成、购买能力以及目前主要购买的商品等，能分析到门店目前哪些是优势品类，哪些需要调整，是对消费者分析的重点方法（如图 11-7 所示）。

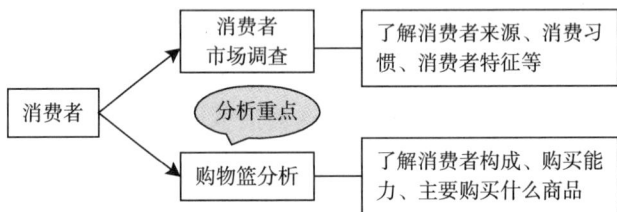

图 11-7　了解门店客源结构的方法

（三）敏感商品的价格

我们要明确一个观念，即价格形象并不等于门店有某几个单品是最低价商品，也不等于所有品类所有单品都要求达到最低价，它是一个门店价格的综合反映（如图 11-8 所示）。

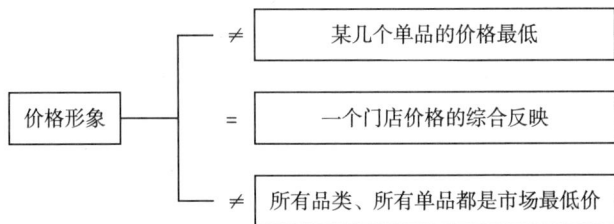

图 11-8　商品的价格形象

作为新店，门店首先要规划出敏感商品的范畴，这是小组采价工作的重点，做到一天一次，对于部分商品如生鲜类要做到一天两次或三次。对敏感商品的价格要做到比竞争对手低或持平；对于非敏感商品可实行周/半月采价制度，做到某一个小分类有一到两天单品的最低价，并且拥有合理的商品品质。

（四）畅销商品的缺断货

由于新店的"四新——新市场、新员工、新主管、新团队"，因此很容易出现畅销商品的缺断货（如图 11-9 所示）。

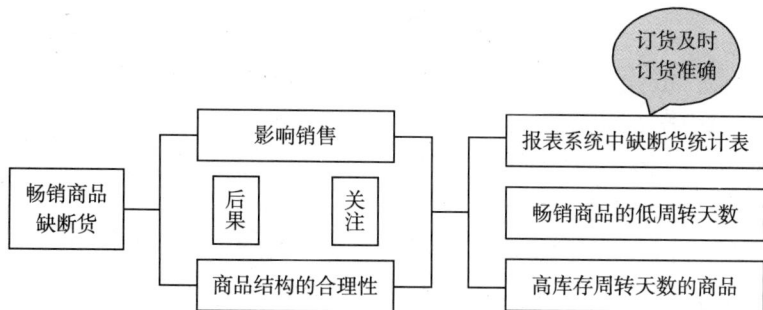

图 11-9　畅销商品缺断货的后果及需关注的方面

除了关注敏感商品外，作为新店还必须重点关注畅销商品，因为新店的"四新"很容易产生缺断货现象，一旦畅销商品出现大量的缺断货就容易给消费者造成卖场买不到商品的错觉。因此必须对界定的畅销商品进行销售、库存及周转天数的定期分析，保持原有商品结构。

> ## 案例
>
> ### 屈臣氏的动线管理
>
> 在零售学中，动线管理被视作一门学科。
>
> 在屈臣氏连锁系统内，商品陈列、服务规范、品类管理和动线管理四项标准化作业标准，一直被屈臣氏视为店铺的核心竞争策略。在同屈臣氏深圳城市广场店铺经理陈小姐的接触中，由于她此前曾在沃尔玛大卖场服务过，因此她在屈臣氏店铺不到两年时间，最大的体会就是：
>
> 一般的店长看动线，通常都只会死板地遵循总部采购部下达的门店陈列作业指令，直接看主通道在哪里、主通道多宽；促销道具、促销堆位如何设置和陈列；不同的品类在动线延伸的过程中如何过渡等。

而她不一样，她看动线，是通过看顾客的走向，看不同类型的顾客的走向，看顾客在不同驻留点的停顿时间，从而研究品类布局的合理性与过渡性、促销区域设置和堆放的有效性、视角障碍及视觉疲劳的解决方案。

她看顾客走向，采用的是跟随法。

在自己的门店里，她会对自己门店的顾客群进行分析，然后每日随机选择一个具有代表性的顾客，进行跟随。她会带着打印在坐标纸上的门店布局图，从顾客入店开始，便随着顾客行动，画出顾客的轨迹线，并标注出顾客的每个驻留点以及驻留的时间长度，同时记录下顾客在每个副通道中视线对货架商品的扫视过程，研究顾客的视觉疲劳度（顾客在视觉疲劳后，通常眼睛直视，走出通道）。

日积月累，她掌握了各种类型的顾客（年龄段、性别、层次）的行动轨迹线后，将同类顾客的轨迹线进行合并，就能够绘制出不同类型顾客在其门店里的主要走向，有重合的、有不重合的，她就会在不同顾客群的主动线上设置针对不同类型顾客的商品陈列或促销堆位；同时在顾客较长时间的驻留点上，陈列重点推荐的商品或者悬挂有针对性的促销提示（POP）；而在研究了副通道中视觉疲劳点后，她会在视觉疲劳点处改变商品陈列方式、调整过渡品种、加强促销提示（如店长推荐等），甚至调整货架长度等。

除此之外，她也会经常去看竞争对手门店和学习对象门店。同样，看动线，她也采用跟随法。首先在坐标纸上复制门店的布局图（通常大型的门店都有布局提示图，可以描绘或者偷摄；没有的话，她也能大致绘制），然后有目的地挑选要跟随的顾客，记录下轨迹线、驻留点和时间、视觉疲劳处等。然后研究别的门店在顾客的主要轨迹线上的促销行为、在动线变化处的品类过渡、在驻留点上的商品陈列以及促销陈列和提示、缓解顾客视觉疲劳度的方法等。在学习他人长处的同时，研究打击竞争对手或者与竞争对手错位促销的方案。

案例分析：

也许正因为有着与众不同的学习方法和工作习惯，这位屈臣氏店经理陈小姐的店铺业绩一直保持着深圳市场前三位的骄人业绩。

零售的标准化管理虽然是细节的执行和坚定的贯彻以及落实，但是对于细节的理解和变通，亦是一门实践中的经验心得和操作技术。

第十二章　促销是门店求胜的重要武器

促销无处不在，促销无时不在。
开业造势，节庆打折，
商家妙招百出，却常陷入误区。
金牌店长能洞悉其中奥秘，
采取适宜的促销方式。

一、促销的五大误区

促销是零售店增加销售、提高利润的重要手段。不想、不做促销，只是消极地等客上门，相当于守株待兔、坐以待毙。

门店的促销是应该经常举行的，促销能够促使客户多购买，能够加深客户对门店和商品的印象。但如果促销走向误区，反而会起到相反的效果。

（一）赠品不具吸引力

促销的第一个误区就在于赠品往往不能够抓住顾客的心。促销中之所以用赠品，一是为了诱导顾客重复购买，二是迎合顾客喜好得到小利的习惯，刺激其购买欲望。但门店在选择赠品的时候，往往会犯如下两个错误：第一个错误就是强调赠品价格而非价值。对于顾客来说，赠品并不是越贵越好，而是让

图 12-1　海城世都化妆品广场店内实景（二）

人越喜爱越好。促销就要选择最能打动顾客的赠品，而不是一味地强调赠品价格。店长可以根据顾客的不同来分别赠送一些商品，比如对家庭主妇，就赠送一些调味品、洗涤用品等，对年轻人赠送一些饮料则更能够打动他们的心。第二个错误是促销缺乏连续性，赠品只是意外收获，而并没有成为诱导顾客重复购买的原动力。好的赠品促销应该能够诱导顾客重复购买，很多产品在促销的时候会选择一个赠品系列，凑齐了赠品系列可能有更大的惊喜，因此往往能够吸引顾客重复购买。门店也可以在这方面用心思，用编号等手段来连续促销。当然促销的频率不宜太高，因为太高的频率往往会让产品的价格或者档次降下来。

（二）促销手法了无新意

促销的第二个误区在于缺乏创新，总是使用一些陈旧手法。很多门店复制超市的促销手法，在门店的显著位置往往写着"买一赠一"、"促销价"、"优惠价"等，这些手法在已经用得比较多的情况下，很难再激发顾客的购买热情。其实对于消费者来说，价格并不是主要因素，便利应该是主要因素，因此在价格上做促销并不能够很好地吸引顾客，不妨转变一下思路，通过其他的方法来促销，比如给产品编号，然后抽取号码，定期公布幸运号码，这些手段往往能够更加吸引顾客。如果需要降价或者买几送几，那么最好的办法就是将价格先抬高，然后再做这样的促销。其目的首先在于保证商品的利润，同时也能保证促销活动有足够的吸引力。总体而言，经常有促销活动的门店对顾客的吸引力是比较强的，即使顾客不是冲着那些促销去的。

（三）促销时间不合时宜

促销的第三个误区就是没有选择好促销时间。对于门店促销来说，最好的时机莫过于节日和店庆。在这样的日子搞促销活动往往能够得到别人的认同，而且觉得理所当然。如果平时就频频进行促销，顾客往往不知道为什么。做促销一定要名正言顺，这样才能够得到最广泛的认同。

图 12-2　广西千千色化妆品连锁店店内实景（一）

金牌店长达标手册（第二版）

在平时的时候，可以打出一些特价商品，这些特价商品同样能够起到为整个店面促销的作用。这些特价商品往往以它的超低价格刺激了顾客的购买欲望，并且容易将这种超低价转移到对其他商品的印象上去。其实其他商品未必就价格很低，这样自然能够促进其他商品的销售。

然而，很多商家虽然一年不分时机地进行促销活动，但是却经常不分主次，忽视应该作为重点促销时间的关键节庆、重要活动等。更有甚者，一些门店的促销活动漫无目的，常常是"晴天卖伞、雪天卖扇"。这样的促销当然不会起到任何好的效果。

（四）促销活动能卖一件是一件

促销的第四个误区是忽视对忠实顾客的培养。对于门店来说，忠实对于顾客是十分重要的。门店往往服务于比较稳定的顾客群，因此这些顾客往往是稳定的，在门店的销售中最能体现"二八原则"。80%的商品是由20%的顾客消费的。因此，门店在促销的时候要注意忠诚顾客的培养。门店可以设计出自己的优惠卡，对那些在店中经常购买产品的顾客给予一定的优惠，同时还可以通过赠送优惠卡，了解到顾客的一些信息，比如顾客的姓名，等到下次顾客光顾的时候，能够直接叫出顾客的姓名来，这无疑对顾客是一个很大的惊喜。优惠卡的使用还可以捆绑销售，比如顾客购买了一种商品，因为有了优惠卡，再购买另一种商品可以享受一个比较低的折扣，这样无疑又能促进产品的销售。而且店长可以将一些滞销商品或者一些新产品进行捆绑销售，滞销商品的捆绑销售是为了回笼资金，而新产品的捆绑销售是为了吸引顾客再次购买。

促销不是"一锤子买卖"，而是提供优质的产品和长期的服务。当门店进行大规模促销的时候，要学会和顾客建立更加深入的联系，要通过促销活动来了解顾客的需求，向他们询问一些比较私人的信息，充分做好售后服务和客户维护。

（五）一味打折降价

促销的第五个误区在于盲目进行价格战，认为促销就是打折降价。一味地打折降价未必能够刺激消费者购买，反而会引发竞争对手在价格上的血拼，造成恶性价格对战，其结果就是两败俱伤，市场利润迅速减少，同时还破坏了门店的

图12-3 广西千千色化妆品连锁店店内实景（二）

形象。如果一个门店长久给人以打折降价的印象，如果顾客已经适应了，那么门店哪天不打折，顾客就没有办法适应了，而最终门店将很难经受住市场的冲击。

对于店长来说，促销不妨在抬高价格上花点心思，这样既能保证利润，又能促进销售，一举两得。事实上，这种现象是普遍存在的。很多产品在低价格体制下没有办法销售出去，但是在高价格体制下却销售得很好。

促销活动的本意是要一举三得：一是门店得利润，要增加利润；二是顾客得实惠，同样的支出能够获得更多的商品或者服务；三是门店和顾客之间取得互信，更加促进销售。

如何避免促销活动陷入上面所说的误区呢？不妨借鉴一下可口可乐公司的做法。

2010 年南非世界杯前夕，在北京、广州等地的可口可乐公司推出了"激情世界杯"的促销活动：凡购买可口可乐系列的"可口可乐"、"雪碧"、"芬达"等碳酸型饮料塑料瓶装，可收集内侧印有世界杯 32 支参赛队国名和"十六强"、"四强"字样的瓶盖，收集一枚印有任意进入十六强国家名的瓶盖加上一枚印有"十六强"字样的瓶盖，可获得二等奖，奖品是价值 1080 元的阿迪达斯 2010 年世界杯官方比赛用球"普天同庆"一个；收集一枚印有任意进入四强国家名的瓶盖加上一枚印有"四强"字样的瓶盖，可获得一等奖，奖品是价值 4299 元的索尼 vpcw218jc/w 便携式笔记本一台。虽然获得二等奖的机会全国只有 100 个（全国只有 100 枚印有"十六强"字样的瓶盖），而获得一等奖的机会则更少，只有 20 个（全国只有 20 枚印有"四强"字样的瓶盖），可谓中奖的机会比中彩票还要小，但是可口可乐公司这种促销活动很切合中国人的消费心理，而且恰逢世界杯的热情，人们不免抱着"说不定有可能会碰上好运气"的想法多买饮料，在这种氛围下，销量必然得到很大提高。

二、常见促销方式及其优缺点

促销不只是花钱打广告、贴海报等，而是为了达到吸引顾客的注意及消费、提高销售业绩、活跃店内销售气氛、激励士气、提升形象、开拓市场、稳定顾客的目的。

根据调查显示，大约 60%的消费者会因为店内的一些促销、广告、陈列而影响到其购买决策，而这些消费者在事前是没有任何想法要去购买的。由此可见，促销对于门店来说是非常重要的。

门店促销的主要方式有广告、人员推销、营业推广、宣传报道等。促销策略就是对这几种方式的选择、组合和应用。

（一）媒体广告促销

媒体广告促销是最常见的促销手段，因为广告能迅速而广泛地向消费者提供产品信息。主要广告媒体有广播、电视、互联网、报纸、杂志及其他醒目的有形物体等，如脑白金保健品就是应用这种方式的成功代表。但媒体广告的缺点是费用庞大，处理不当就很可能陷入严重的财务危机之中。

（二）公共关系促销

公共关系促销是指为了获得人们的信赖，树立产品形象，或者帮助实施销售，用非付款的方式通过各种公共宣传工具所进行的活动，包括一切对企业或产品形象有利的公共宣传。例如，召开各种会议、提供各种优惠服务、开展公益性的社会（赞助）活动、展销、展览会等。

享誉全球的麦当劳，这个为世人所熟知的品牌之所以声名远播跟麦当劳到位的公关宣传有着密切的关系。创始于 20 余年前的麦当劳叔叔之家，在世界各地已达 160 多所，每年帮助 100 万名儿童和 50 万名家长，麦当劳公司对此直接投资已超过了 3500 万美元。这些公益活动取得了良好的社会效益，同时也给麦当劳带来了巨大的经济效益。

（三）营业推广促销

营业推广促销指运用各种短期诱因鼓励购买以促进产品销售的一种方式，其最大特点是即期效用明显。在推销新品或为了与竞争对手进行直接竞争方面，营业推广的作用非常明显。营业推广工具有样品、优惠券、现金折扣、赠奖（或礼物）、竞赛（抽奖、游戏）、惠顾网报、免费试用、产品保证、观场陈列和示范表演等多种形式。

（四）人员推销

人员推销是指营业人员亲自去向目标客户对产品进行介绍、推广、宣传与销售，是与消费者面对面的口头洽谈交易的一种促销方式。人员推销促使推销人员与顾客的关系可以从单纯的买卖关系向友谊与感情方面发展，建立一种长期的合作关系，这是其他促销方式所不能及的。

以上四种促销方式各有优缺点，为达到传播信息、影响消费者态度与行为的最佳效果，店长可以综合多种方式，并结合促销目的、顾客特性、产品特性、当地市场特性等多方面因素来考虑。

三、开业造势点子多

好的开始是成功的一半。每一家门店开业，经营者都充满期待，希望有个"开门红"。开业造势吸引到的人越多，门店的经营就越有成功的希望。然而，开业伊始并没有那么雄厚的经济实力来进行大规模的广告宣传。店长就要懂得利用现有条件，争取以最低的成本获取最好的造势效果，切忌盲目。

（一）装修造势

一个新门店的装修，少则十来天，多则一个多月，经营者可以考虑在此期间实施开业宣传。

例如，制作一幅显眼的、临时性的喷绘广告，对即将开业的店铺进行品牌形象的宣传，也可以是开业促销措施；或者拉一个大红的横幅，上写"距××店开业还有××天"，让路过的人从倒计时中对该店的开业充满期待与好奇，为门店开业造势。

另外，开店必然需要招聘店员，经营者完全可以在门店装修期间制作并张贴精美的招聘广告，既可以招来应聘者，对即将开业的门店又是一种宣传。事实上，招聘广告的意义有时大大超过了招聘本身，有些公司通过在报纸上刊登整版的招聘广告来显示公司的实力，与这个道理是一样的。

（二）假日造势

许多店长迷信良辰吉日，不注意选择开业时间，这样是难以招徕顾客、造成轰动效果的。节假日是大部分人最有时间也最有心情购物的时候，人流量也往往多于平时。而且大多数顾客是有从众心理的，他们往往喜欢热闹、人多的地方。因此，开业时机应定在节假日。

（三）促销活动造势

促销活动是新店开业时最常见、最重要的造势方法。顾客由于在长期购物过程中积累了一些经验，总喜欢在某家新店开业时去"淘宝"。如果该店开业没有促销活动，顾客就会不适应。因此，促销造势是门店开业必不可少的一种手段。促销活动可以是部分商品打折促销或买赠促销，也可以是免费办理会员卡等。

此外，为了增强促销活动的宣传效果，经营者可以采取张贴海报或通过在店门口向行人发传单等方式，尽可能多地吸引过往行人的目光，使潜在消费者成为门店的顾客。

（四）气氛造势

开业一定要有开业的气氛。只有营造出开业的气氛，顾客才知道你的门店是新开业的，才会关注你的门店。营造气氛的方法如下：

（1）邀请亲朋好友、左邻右舍来为你捧场。

（2）在门口摆满"祝贺生意兴隆"的花篮，以示人际关系良善。

图12-4　南京百分女人化妆品连锁店店内实景（三）

提示：如果没有那么多朋友，你可以自掏腰包，制造"繁荣"，或者请一支乐队做一场歌舞表演，营造热闹气氛。

（3）在门口摆个充气拱门，并播放一些有动感的音乐，让顾客放松心情进店购物。

（五）商品造势

开业伊始，很多顾客进店时都是抱着"随便看看"的想法。如何打动顾客，让顾客疯狂购物呢？这是我们要考虑的问题。我们可以准备一些物美价廉，人人都可以购买，多一个不多、少一个不少的商品进行突出陈列。这类商品一般比较实惠，容易令顾客产生购买冲动。购买的人多了，门店人气自然就上来了。更重要的是，顾客总喜欢去熟悉的店购物，他在你这里购物之后，下次再来就会有一种熟悉感，可能从此之后就会时常光顾。

总之，开业造势是做好门店宣传的第一步。成功的开业造势能够为新店积攒大量的人气，甚至令你的店一炮而红！

四、各类促销活动大比拼

在竞争激烈的今天，仅靠采购适销对路的商品、制定有吸引力的价格是远远不够的。经营者要想使商品销得多，销得快，还须重视促销活动。但前提是一定要懂得促销的方法，否则就有可能适得其反。

(一) 免费赠品促销——建立顾客信任

人们对意料之中的收获可能无动于衷，但对于意料之外的收获却激动不已。对于大多数顾客而言，花钱无疑是件痛苦的事情。不花钱白拿的东西，则往往能够令他们欣喜。

很多经营者正是摸清了顾客的这一心理，所以在免费上大做文章。例如，他们会开展一些"回馈顾客"的活动，如降价销售、发行赠券、发行代金奖等。

图 12-5 广西千千色化妆品连锁店店内实景（三）

其中，"免费赠送"是最为门店经营者所热衷的一种促销手段，也十分有效。

20 世纪 90 年代初，有一家专门销售煤油的店铺，开业一年门可罗雀，店内产品几乎无人问津，经营陷入困境。有一天，老板灵机一动，迅速从一煤油炉生产厂家批发了近百只煤油炉。店员十分疑惑：煤油都卖不出去，又进来这么多"累赘"！更令店员吃惊的是，老板居然还吩咐店员挨家挨户无偿赠送煤油炉。附近的住户得到商店无偿赠送的煤油炉后，都欣喜万分。后来，他们都纷纷涌进该店，要求购买煤油。店老板用免费赠送煤油炉的方式成功地刺激了顾客的消费欲望，从免费赠送中引来了煤油的旺销。这种"放长线钓大鱼"的促销方法值得所有门店经营者借鉴。

俗话说：世上没有免费的午餐！虽说免费赠送就是不要钱白送，但作为一种促销手段，免费赠送自然有着一定的目的性——让顾客购买你的商品。

对于欲实行免费赠送促销的店长而言，需要考虑的一个问题就是：怎样才能让免费赠送不白送？

1. 找对目标对象

怎样用最小的成本催生出最大化的收益？这是每个经营者开展免费赠送促销前必须明确的问题。不同的产品，目标顾客群是不一样的，你不能见人就实行免费赠送，这样既浪费资源又无法起到任何作用。我们看到酒类的赠饮对象一般都是男性人群，药品的测试对象一般都是老年人群，化妆品的试用品赠送一般是女性人群等，这些都是目标顾客群导向的结果。

没有目标人群的免费赠送只能是白送。

有个经营某品牌化妆品的学员曾跟我分享了这样一个案例：2009年5月，她在大望路开了一家化妆品专营店，平时生意冷冷清清。为了拉动销售，国庆长假头一天，她发动三位店员开展了一场免费赠送促销活动，要求每位店员在一天之内赠送200份试用装及宣传彩页。由于时间紧迫，目标人群不明确，三位店员在外一通乱送，对一些老头、老太太、清洁工等都进行了赠送，甚至是两三份一起赠送。结果可想而知，这次免费赠送促销自然是石沉水底。

2. 选准赠送地点

可以选择上门赠送，也可以选择社区赠送，还可以选择人际关系网赠送等。每种产品的赠送地点是不一样的。

例如，化妆品的赠送大多数都选在女性活动密集的地段（如服装商城、SPA馆附近等）摆摊进行，也有通过散发商品彩页让目标顾客于指定时间到店内领取并借机做一次调查问卷，以了解到一些利于销售的信息，进而顺利推销。店长要想通过免费赠送达成促销目的，必须选择恰当的赠送地点，否则就容易送错人，达不到宣传和促销的目的，导致白送。

3. 消除顾客疑问

同样是免费赠送促销，为什么有的非常受顾客欢迎，有的却引起顾客反感？

以化妆品赠送为例，在开展免费赠送活动时，如果是品牌产品，顾客就会想，天上哪里有免费掉馅饼这样的好事，不会是你另有意图吧？如果是不知名的产品，她们就会这样想，你是想拿我做试验，还是觉得我买不起你的产品呢？结果是，你送东西给顾客，想拉拢顾客不成，反而得罪了顾客。

那么，如何才能避免这种情况？开展免费赠送，你一定要设计出一套打动人心的说辞："这个牌子很少做免费赠送促销，这次做免费赠送，主要是厂家想回馈消费者。居然就让您遇上了！您的运气真是太好了！"

只有与顾客沟通好，消除了对方疑问、被对方高兴接受后再把产品送给对方，才是成功的免费赠送。

当然，免费赠送最终是要达到促销的效果，要达到这个效果，你还应详细向顾客讲解产品相关的知识。在顾客使用之后，还要注意收集顾客的反馈信息，询问顾客对该产品的印象，让对方感觉到你对这次免费赠送十分重视，对他/她十分重视。

此外，还有一点需要提醒的是，免费赠送只是消除顾客心中疑虑，建立产品信誉度的一种手段。作为经营者，你要时刻谨记，你的目的是促销，因此要借此多向顾客提供产品相关的信息。只有这样，免费赠送才可能真正达成促销的效果。

（二）有奖促销——抓住顾客的侥幸心理

作为吸引顾客、提高销售业绩、抢占市场份额的促销手段，有奖促销已被证明是很有效的"销售拉动"手段，且被商家屡试不爽。

1996 年三得利啤酒在上海大搞深度分销的时候，4.5 元/瓶的售价让三得利快速地抢占了一片市场。然而近在咫尺的杭州却是西湖啤酒的天下，当时西湖啤酒零售只卖 1.5 元/瓶，这是令所有对手头痛的问题：考虑到运输成本、营销成本等因素，外地啤酒想进入杭州简直是妄想。但在 2004 年时，雪花啤酒采用开盖有奖"再来一瓶"的促销策略入主杭州市场，一举拉走了西湖啤酒的大批消费者，之后销量大幅攀升，一路凯歌。后来，许多企业都纷纷尝试这一招，且都有斩获。

在所有促销方式中，有奖促销独具魅力。很多商家在促销活动中不断采用有奖销售的方式刺激消费，而顾客在购买商品时，也往往存有侥幸心理，希望自己购买的商品不仅物有所值，而且能获得意外收获。因此，我们经常可以看到，在商店举行有奖销售活动的日子里，人们的购买力特别旺盛，商家亦是笑逐颜开，喜上眉梢。

对于商家而言，产品本身有效用，能够引起顾客的需求，而奖励是一种超额的效用，能够起到激励和刺激顾客的效果；且奖励的形式可以多种多样，奖品可以任意选择，奖励的幅度可大可小，操作十分灵活。因此，有奖促销也经常被许多门店经营者采用。

那么，有奖促销有哪些形式？

1. 即时开奖

即时开奖就是顾客拿到开奖凭证后，能够立刻就知道自己是否中奖。常见的操作模式有：

（1）限额法。例如，活动规定，顾客购物金额满×元之后，即可获赠一张刮刮卡。奖品可以是优惠券、现金、小商品等。

（2）限时法。例如，活动规定，顾客于指定时间段来店购物，即可获赠刮刮卡。奖品也可以是现金、优惠券或者小商品。

2. 免费抽奖

免费抽奖是最能聚集人气、创造轰动效应的促销方式，即顾客参与抽奖无须任何参与条件，也不需要在店内购买任何产品，能调动几乎所有人的神经，对于提高顾客参与度十分有效。

但是需要注意的是，免费抽奖并非单纯为抽奖而抽奖，也不仅是为了聚聚人气、轰动一下显热闹，而是要利用这种人气来达到有效销售和传媒效应。所以经营者应将免费抽奖与其他促销方式配合使用，并根据不同的促销目标，选择最合适的免费抽奖方式，以将人气转化为销售的良性循环链。

免费抽奖有如下两种常见的操作方式：

（1）个人信息法。即向参与者发放卡片，参与者依据卡片要求填写完自己的姓名、地址、电话或是调查信息等内容之后，投入指定的抽奖箱内即可。开奖时，经营者从箱子里任意抽出一定数量的中奖者。

（2）公开号码法。经营者向每个参与者发放一张带有公开号码的卡片，约定开奖时间，然后在规定时间内开奖，随机开出的中奖号码公布后，由参与者自行查看自己的号码是否中奖。有些精明的经营者还把卡片制成会员卡或优惠券，这样即使没有抽到大奖的顾客也可以凭会员卡或优惠券享受到购物优惠，于无形中成为该店的忠实顾客。

3. 收集得奖

这种方式是指顾客购买门店所售的商品，可收集商品包装上的特殊标识，依据制定规则收集一定的指定标识即可兑奖。这种方式对于促进销售量具有很显著的效果，但是事先必须认真核算好相关成本，设置恰当可行的规则，防止获奖名额过多造成成本过高的情况。

前面所说的可口可乐公司的世界杯促销活动就属于这一种。

4. 竞赛得奖

参与者通过技巧、思维、判断力在竞赛中获胜才能得奖，是通过组织各种特定的比赛、提供奖品，以吸引人潮，从而带动销售量的一种促销方式。这种促销方式是树立品牌、加强品牌与顾客沟通的有效方式，且其影响的人数要远远多于最终参与的人数。因此，这种方式也是门店促销不错的选择。

竞赛有奖有如下几种常见的操作方式：

（1）技能型竞赛。这类活动是通过场面吸引观众、引导需求和消费。例如，化妆品举办化妆竞赛、调料产品举办口味品鉴竞赛、啤酒举办喝啤酒大赛等。

（2）思维型竞赛。思维型竞赛，即参与者充分运用自己的智力在博弈中获胜才能获得奖品或礼物。例如，广告语征集、消费感受征集、创意大比拼等。

（3）知识型竞赛。知识型竞赛旨在培养顾客对行业、产品、品牌等的认知。例如，行业知识竞赛、产品知识竞赛、品牌知识竞赛等，具体方式有：问题竞答、试卷型判断、填空或找不同之处等。凡回答正确的都有一件礼物，再在回答正确的参与者中抽出×名特等奖、×名一等奖。

无论是何种形式的竞赛，都只是一种形式。把奖品或奖金送给表现突出的参与者，目的是吸引顾客，激起人们对产品、促销活动等的关注，引导消费。

但是，竞赛活动的设计工作较为复杂，管理工作也比较困难。因此，商家在设计竞赛形式时，不仅要注意活动的趣味性和比赛难度的适宜性，还要注意竞赛活动的可行性和安全性。只有精心策划，周密准备，方能取得最佳的效果。

有奖促销必须遵循三个原则。

（1）以小额度、大刺激为原则。奖金金额最高不能超过 5000 元（依据《中华人民共和国反不正当竞争法》第二章第十三条规定，抽奖式的有奖销售，最高奖的金额不得超过 5000 元），奖品不能靠高额度的大奖取胜，而应以新奇和独特性取胜。

（2）以调动顾客积极性为原则。奖金、奖品组合中应设一两个有诱惑力的大奖，二等奖与一等奖的价位不要相差太多，但数量可以稍多一些。这样才能充分吸引顾客参与到活动中来。

（3）真实可靠，说到做到原则。这是很重要的一点。有奖促销必须做到真正有奖，不能与宣传内容脱节或有半点虚假，奖品要杜绝假冒伪劣产品。

有的商家想造声势，做宣传，却不想多花钱，因此在选购奖品时，挑选同类产品中最便宜的作为赠品或奖品奖给顾客。这样不仅不会产生丝毫的促销作用，还会引起顾客的反感。因为当顾客回味过来之后，肯定不再信任你，信任你的商品。所以这种贪小利的行为是得不偿失的，只能给你接下来的销售工作带来麻烦。

总之，有奖促销，目的在于销，不仅只是顺应、满足顾客侥幸心理那么简单。在顾客对有奖促销越来越不"感冒"的今天，众经营者要想通过它真正推动门店销售，是需要费一番心思的。

（三）打折促销——激发顾客的购买热情

在培训过程中，总有学员向我抱怨："冯老师，现在这生意真的是越来越难做了。我降价、打折，希望薄利多销，可顾客却并没有表现出多大的热情，甚至怀疑我的商品快过保质期……"

任何事物都有一个度的问题，打折促销同样无法回避这个规律，它也是一把"双刃剑"。薄利多销固然无可厚非，但盲目地（过度、过频）打折和降价，只会给你带来利润的急剧下降，更令顾客对你和你的产品不信赖。这一点，我们在前面的内容中已经提到过。

其实，在门店经营中，打折促销的确是提升销售业绩的非常有效的途径——既能在比较短的时间内显露出效果，又能有效打击竞争者。但还存在一个关键问题，那就是，你是否懂得正确、合理应用？

1. 不同的打折促销形式

在商品的促销活动中，打折是一种强有力的促销利器，但如果我们运用不当，就会收效甚微，甚至得不偿失。因此，要恰当地使用好这个利器，必须"对症下药"，根据不同情况采取不同的打折促销形式。以下为几种常用的打折促销形式。

图 12-6 四川美乐化妆品连锁店店内实景（二）

（1）数量折扣。数量折扣又称批量作价，是商家对大量购买产品的顾客给予的一种减价优惠。顾客购买量越大，折扣就越大。例如，×护手霜 10 元/盒，购买两盒为 8 元/盒，购买三盒则 5 元/盒……如果顾客只是零星购买，则不享受折扣。

（2）季节折扣。季节折扣，是指根据顾客购买行为发生的时间来确定是否给予和给予多少折扣，一般用于刺激非旺季商品销售。例如，冬季快来临时，经营者将库存的秋季服装打折销售。

（3）促销折扣。促销折扣，是指经营者为达成某种促销目的，而对目标商品进行暂时性及短期性的降价。例如，某手机商城在国庆假期所有手机一律七折销售，国庆假期后即恢复原价。

（4）交易式折扣。交易式折扣，是指顾客在购买新产品时，可用自己旧的产品冲抵新产品的部分价格。例如，买新车时将旧车卖给经销商。

2. 打折促销的原则

打折促销的关键在于"销"。如何打折才能促销呢？这是每个经营者应该认真考虑的问题。

（1）要让顾客清楚打折促销的原因。为什么要打折销售？这是你在给某件商品打折前必须明确传达给顾客的一个很重要的信息。否则，顾客就容易心存疑虑，认为是商品不好或商品存在质量问题等。

（2）要选合适的时间打折促销。商品的打折销售，要考虑平时客流量和目标顾客群走向，合理选择打折时间，灵活确定打折时间。

（3）要清楚哪些商品适合打折促销。不是任何一种商品都能够随便打折销售。一般而言，应选择那些质量稳定、适用大众商品进行打折销售，切忌对品牌商品进行打折销售，除非获得厂家支持，否则后果会很严重（顾客容易对品牌、商品质量产生怀疑）。

（4）打折的目的是使效果最大化。要想通过打折使商品销售实现最大化，一般需要遵循以下两点：

①直观醒目。据调查，标注"立即节省××元"比标注"原价××，现价××"的商品销量大得多。这是因为，前者更直观，能够给顾客一种人文关怀的温暖感，让顾客心里感觉是少花钱了，占了便宜；而后者则容易被顾客当做一个陷阱。

②简便易行。很多化妆品店进行打折促销活动，比如买某产品金额满×后，送你×券，但很多商品却不在用券范围内，且只能在特定商区购买，导致消费券形同虚设。这种操作模式只会使顾客产生上当的感觉，不利于门店经营。目前，有很多网上商店实行会员积分策略，××积分为银卡会员，××积分晋级金卡会员，××积分晋级钻石卡会员，而顾客则根据自己所处的级别直接享受相应的商品优惠价或返还现金，反而真正促进了销售。

总之，商品打折促销是一个促销策略，更是销售技术。具体效果如何，关键在于你是否合理操作，是否能够充分激发顾客的购买热情。

（四）悬念促销——吊足顾客的胃口

"一代文学巨匠老舍先生经典代表作，曾经的舞台话剧巅峰之作将首次搬上荧屏，看演惯帝王贵胄的陈宝国如何演绎裕泰茶馆王掌柜的悲苦人生。"在解说的同时还配有精彩的片花，这就是我们熟悉的电视剧、电影的预告。还未开演，就轮番滚动播出，吊足了观众的胃口。我们平时看电视、报刊或者书籍的预告，往往都是这样，只是给我们展现几个精彩镜头或者扣人心弦的片段描写，然而就只那么一瞬间，我们的兴趣和注意力就被其牢牢地抓住了，以至于产生非看不可的愿望。

要想诱发人们的好奇心，最好的办法就是制造悬念。

某超市食用油大量积货，管理员灵机一动，立即策划并制作好了一个广告牌："本超市食用油，每人限购一桶!"第二天一开张，超市管理员就将该广告牌摆在门外最显眼的地方。没一会儿，就引起很多人止步观看、猜测，人们议论纷纷："为什么只能买一桶?""莫非油又要涨价了?"渐渐地，这家超市里就开始热闹起来了。为了能多买一桶油，很多人发动亲友前来排队购买，甚至还有一些人通过关系找上门来进行批发。结果一天时间不到，该超市所有积压的食用油全部被人们抢购一空。该超市这招之所以灵，正是因为利用了人们的不安心理、好奇心理、争胜心理、逆反心理以及心理定势——对于越是难以得到的东西，人们就越想得到。可以说，通过设置悬念，该超市可谓是吊足了消费者的胃口。

对于零售店而言，设置悬念不是难事，要使悬念发挥促销作用，却不是随随便便哪个店都能实现的。

国内零售专家经常提到，做好悬念促销，其实只需要掌握好两点：一是要设置悬念，二是要解开悬念。悬念设置越"玄"才越有吸引力，解悬念则要掷地有声，解得巧妙才能发挥促销效果。

某药妆店在门外放置了一个醒目的广告招牌，上书一句："无条件奉赠十万元!"见此招牌，很多人大惑不解。进店之后，又发现一个牌，上面写着："凡使用本店出售的××产品，如发生过敏反应的，如经查属实，即奉赠十万元。"原来，这就是"无条件奉赠十万元!"的详细说明。据此，也许有些人会产生些许受骗的感觉，也许有些人会不以为然地付诸一笑……可不管怎样，谁都会对该药妆店产品的质量和信誉产生深刻印象。等到有需求时，他们是不是就毫不犹豫地想到它呢?

因此，设置悬念要把顾客吸引住，吊胃口要吊得起，这才是悬念促销的关键所在。否则，即便再好的商品，藏在"深闺"无人知，又怎么会生意兴隆呢?

五、促销成本的控制

门店在进行促销活动的时候不但要考虑促销的效果，更要注意促销的成本控制。促销的成本控制主要由两大块组成：促销预算管理和促销品管理。

（一）促销预算管理

促销预算管理的方法很多，较常用的方法主要有谨慎支出法、销售额比例法、竞争对等法和目标任务法。

1. 谨慎支出法

谨慎支出法是指门店确定促销预算的依据是所能拿得出的资金数额。门店根据其财力情况来决定促销支出，方法简单易行，但它忽略了促销与销售之间的因果关系，忽略了促销对销售的影响。所以，严格来说，谨慎支出法在某种程度上存在着片面性，不利于门店制定长期的市场开拓计划。

2. 销售额比例法

销售额比例法是指门店按照销售额（销售实绩或预计销售额）或单位产品售价的一定百分比来计算和决定促销支出。这就是说，门店按照每完成100元销售额（或每卖1单位产品）需要多少促销费用来计算和决定促销预算。

使用销售额比例法来确定促销预算的主要优点：暗示促销费用将随着门店所能提供的资金量的大小而变化，这可以促使那些注重财务的高级管理人员认识到门店所有类型的费用支出都与总收入的变动有密切关系；可促使门店管理人员根据单位促销成本、产品售价和销售利润之间的关系去考虑门店的经营管理问题；有利于保持竞争的相对稳定，因为只要各竞争门店都默契地同意让其促销预算随着销售额的某一百分比而变动，就可以避免促销大战。

而使用销售额比例法来确定促销预算的主要缺点：把销售收入当成了促销支出的"因"而不是"果"，造成了因果倒置；此法基于可用资金的多少，而不是基于"机会"的发现与利用，因此会失去有利的市场营销机会；促销预算将随每年的销售波动而增减，从而与促销长期方案相抵触；不能提供合适的比率，而是随意确定一个比率；不是根据不同的商品或不同的时间确定不同的促销预算，而是所有的促销都按同一比率分配预算，造成了不合理的平均主义。

3. 竞争对等法

竞争对等法是指门店比照竞争者的促销支出来决定本门店促销支出多少，以保持竞争上的优势。在市场营销管理实践中，不少门店都喜欢根据竞争者的促销预算来确定自己的促销预算，形成与竞争者旗鼓相当、势均力敌的对等局势。采用竞争对等法的前提条件是：

（1）门店必须能获悉竞争者确定促销预算的可靠信息，只有这样才能随着竞争者促销预算的升降而调高或调低。

（2）竞争者的促销预算能代表门店所在行业的集体智慧。

（3）维持竞争均势能避免各门店之间的促销大战。

但是，事实上，上述前提条件很难具备。一是门店没有理由相信竞争者所采用的促销预算确定方法比本门店的方法更科学；二是各门店的促销信誉、资源、机会与目标并不一定相同，可能会相差甚多，因此，某一门店的促销预算不一定值得其他门店效仿；三是即使本门店的促销预算与竞争者势均力敌，也不一定能够稳定全行业的促销支出。

4. 目标任务法

目标任务法的具体步骤是：

（1）明确地确定促销目标。

（2）决定为达到这种目标而必须执行的工作任务。

（3）估算执行这种工作任务所需的各种费用，这些费用的总和就是计划促销预算。

（4）门店在编制总的促销预算时，先要求每个促销策划者按照下述步骤准备一份促销预算申请书：尽可能制定详细的促销目标，该目标最好能用数字表示；列出为实现该目标所必须完成的工作任务；估计完成这些任务所需要的全部成本。

目标任务法的缺点，是没有从成本的观点出发来考虑某一促销目标是否值得追求。

（二）促销品管理

1. 合理使用促销品

金融危机后的这一两年，商家普遍压缩投放促销资金，一掷千金的时代已经结束，促销更加趋于理性。那么作为促销重要一部分的促销品，怎样才算合理使用呢？

首先，促销品的使用要讲究关联性原则。所谓关联性原则就是指所选择的促销品与促销商品本身有一定的关联性或互补性，即顾客需要有或者必须有这个赠品后方能使用或更好地使用该产品。

例如，买空调送空调被、空调罩，买冰箱送保鲜盒与冰箱把手套，买彩电送靠垫、抱枕、电视罩，买运动产品送洗浴用品、毛巾浴巾甚至是买瓜子送饮料，等等。

门店这样做的目的是让顾客看到赠品就马上想起产品，进而想起该门店形象，起到传播门店服务品牌形象的功效。

其次，促销品的使用还要讲究实用性和适用性原则，就是所选用的促销品一定要有实用价值，最好是易于使用的，不需要售后服务。例如，纺织产品、塑料制品、不锈钢制品等。这样做是为了让顾客感觉到促销品是个实在有用的东西，自己花了一份产品的钱买了两份东西，特别是对女性顾客而言，花一份钱买两样东西会使顾客增加购买欲，而且这些促销品不会产生这样那样的问题，这个钱花得值。

再次，促销品的使用讲究新颖性原则。新颖性原则就是促销品要力求新颖突出，不要挑门店正在销售的商品，并且要有很强的价值感，要新颖而不高档。说起来很容易，但做起来很难，因为中国是个超级制造大国，什么东西好卖，一夜之间就会出现众多的同质化产品，即使今天新颖，明天也就普及了，这就需要门店不断推陈出新。

最后，促销品的使用讲究季节性原则。暑期促销应以夏令家庭实用品作为促销品为佳。千万不要做"夏送被子，冬送伞"的事情，因为这是对促销品最大的浪费。

2. 解决促销品内部流失

许多门店在促销活动进行之后会发现，促销品的派送和实际准备的数目有一定的差距，其中一个很重要的原因就是促销品的内部流失。解决促销品内部流失主要有以下三种方法。

（1）敲山震虎。许多门店的员工之所以有胆量贪污促销礼品，是因为他们觉得促销礼品不属于财物范畴，反正是要送出去的，多一个少一个没什么，即便被查出来也不会有大碍，贪污促销礼品和贪污门店钱财是两回事。店长和其他管理人员非常有必要把促销礼品与门店的钱财画等号，让大家知道贪污促销礼品就是贪污门店的钱财，性质是一样的，不但要在门店内进行处理，达到一定额度，还将受到法律的惩处。

（2）通报曝光。分支门店的店长一般不大会贪污促销礼品，但他们经常对下面员工弄点促销礼品睁只眼闭只眼，若员工做得不太过分的话，一般也不会进行及时的制止。若想真正进行促销礼品的管理，就要考虑利用分店店长之间的牵制力和企业高层的威慑力。具体做法是统计出各分支门店月度或单个项目促销礼品的使用情况，全部列在一张表上，使各分支门店状况一目了然，甚至还可以设置警戒线，着重对一些管理不善的分支门店进行提醒。也可以下发文件提倡大家学习某几处分支门店的礼品管理经验和事迹，这份文件既可以以专项分析报告的形式送相关人员，也可以在内刊上登出来。总之，要让企业高层和所有分支门店的店长都能看到。

（3）互相检查。使用不定期抽查的办法来监督门店的促销礼品管理情况。这里要注意的是，尽量安排各分支门店之间相互检查，或者单个门店内不同柜组、岗位之间相互检查，利用大家的竞争心理，这样才能使其互相认真仔细检查。

屈臣氏的促销管理

在零售门店的日常经营过程中，各类促销活动基本上成了常态业务。即便是在屈臣氏系统内，被誉为主题化商超氛围的屈臣氏，更是把商品促销、提高客单数、促进客单价以及店铺品牌推广等系统作业指标整体融入进来，成为自身的零售促销和商品推广的经营秘籍。

对于屈臣氏的促销管理和店铺品牌的整合推广，笔者一直非常感兴趣。在同屈臣氏广州宜安店店铺经理林小姐的接触中，在屈臣氏系统工作服务年限超过4年的她，自然有着很深的体会和感触。为了直观描述自己的观点，她居然在短短几分钟时间，将几个等式呈现在了笔者面前：

销售额 = 客单量 × 客单价

客单量 = 消费者人数 = 客流量 × 交易比例（商品吸引力指数）

客流量 = 顾客 = 来客数 = 进店人数 = 潜在顾客数 × 商店吸引力指数

潜在顾客 = 目标市场容量 × 商号吸引力指数

销售额 = 目标市场容量 × 商号吸引力指数 × 商店吸引力指数 × 商品吸引力指数 × 客单价

她还逐项向笔者介绍和分解：

商号吸引力指数指的是目标市场消费群（户数/人口数）有多少比例可以成为我们的潜在顾客。商号吸引力的提高，通常通过品牌宣传、地面推广、公益活动、媒体行销等。

商店吸引力指数指潜在顾客有多少比例能够走入我们的店铺，成为我们的顾客。我们通常通过店外提示、广场秀、会员积分回馈、DM宣传等提高商店吸引力。

商品吸引力指数指的是进店的来客数中有多少比例成为我们的消费者，实现了购买。商品吸引力的提高，更多地通过店内活动实现，如店堂促销、信息提示、关联性陈列、叫卖等。

客单价的提高，常用的方法有捆绑销售、买赠、加价购、换购、买100送100等。

此处先不讨论店铺促销和零售品牌推广，首先我们得回答一个问题：我们促销的动机、目的是什么？

通常动机都是销售下降了，目的都是提升销售。

那么，我们就得看看销售额等式中的因子，是商号吸引力/商店吸引力指数/商品吸引力指数/客单价不够呢，还是下降了，或者是哪个因子下降的比例最大？

这样我们促销就有针对性了，我们就可以采取适当的促销手段或者合理配置各种促销资源，有目的地去提升某个销售因子，这样也就不会"头痛医脚"了。

因此，我看自己门店的促销，就是看门店的促销手段和资源配置是否与促销的目的相匹配。

那么，如何看别人的门店促销呢？

通常，我们都会收集竞争对手每一期的促销手段，分析其促销的目的性，研究他们采取的促销手段，并现场考察促销行为的有效性。

对竞争对手的有效促销方式，直接采取拿来主义；对其无效促销方式，在今后自己的促销设计中避免采用。

案例分析：

一位普通的店铺经理，能够将零售的常用公式进行描绘，这不算什么。但是结合自身的理解和贯通，却能够将零售哲学的公式和计算方式进行演绎和变换，这就不能不让我们肃然起敬了！

笔者认为：时至今日，我们很多本土化妆品连锁店，之所以不能形成自己的竞争优势，其中的关键因素在于很大程度上自身还停留在低价竞争策略阶段，还没有告别商品吸引力时代。将商品吸引力快速过渡到店铺吸引力，再从店铺吸引力提升到店铺品牌吸引力，唯有这样，本土化妆品零售店铺的生意才能够形成自身的生存竞争优势。如果用一句话来概括，那就是中国化妆品连锁店只有早日走上零售品牌的推广之路，才能算是从边缘进入主流！

第五篇　服务篇

第十三章 怎样开发和管理顾客资源

本章要点：

售后服务，客户开发，
一切都需要完善的顾客资料库。
如何开发顾客资源？
怎样维护客户资料？
金牌店长教你如何管理顾客资源。

一、开发顾客资源的主要途径

对于门店来说，顾客的价值是不可估量的。虽然每个顾客一次购买的金额不见得会有多少，说不定还会什么都不买，然而，他一生带来的消费总额，他自己以及对亲朋好友的影响，这样累积起来，数目是相当惊人的。因此，成熟的店铺在经营过程中，除了采取花样繁多的促销手法吸引顾客外，顾客资源的开发和维护工作也很重要。不仅要设法满足顾客的需求，维持老顾客的忠诚，还需要重视对新顾客的不断开发。

（一）顾客的价值

不管你的门店是大是小，任何时候都千万不可低估一个顾客的价值，一个只买 10 元东西的顾客，其实也是门店的一个大顾客，也会带来无限财富。

例如，一个顾客第一次购买的商品价值为 10 元，又因导购员介绍而多买了一份相关性的价值 5 元的商品，顾客对商品的品种及质量甚为欣赏，也十分满意服务态度，成为老顾客，一年有 10 次的购买且连续购买10 年，还不断将店铺良好的信誉告诉朋友。以每年有 10 人次被介绍到该店消费同样金额为例，这个顾客的价值最终为 $(10 + 5) \times 10 \times 10 \times 100 = 150000$ 元，这还是不考虑新介绍的顾客也有可能成为老顾客的情况下，每个顾客为门店带来的就是 15 万元的销售。因此需要为顾客提供尽量好的商品与服务，促使顾客从购买到持续购买，并向自己的亲朋好友传播口碑，这些过程都将给门店带来丰厚的利润。

（二）顾客的传承

门店的顾客无非两种：新顾客和老顾客。而老顾客都是从新顾客变成的，而新顾客又有赖于老顾客的介绍发展。门店的生意要发展，就必须发展更多的新顾客，也就要更好地维持与老顾客的良好关系，培养老顾客对店铺的信任和忠诚，争取让老顾客介绍新顾客。

1. 顾客传承的意义

（1）维持费用低而收益高。据调查资料显示，吸引新顾客的成本是保持老顾客的 5 倍以上。所以，假如门店一周内流失了 100 个顾客，同时又获得 100 个顾客，虽然从销售额来看仍然令人满意，但这样就是按"漏桶原理"运营业务了。实际情况是，争取 100 个新顾客已经比保留 100 个老顾客花费了更多的费用，而且新顾客的获利性也往往低于老顾客。据统计分析，新顾客的盈利能力只相当于老顾客的 1/15。

（2）能产生良好口碑的效应。老顾客如果对店铺的商品拥有满意和忠诚，便会为自己的选择而感到欣喜和自豪。因此，他们也能自觉不自觉地向亲朋好友夸耀、推荐所购买的产品及得到的服务。这样，由老顾客就会派生出许许多多的新顾客，给店铺带来大量的利润来源。

一个忠诚的老顾客可以影响 25 个消费者、诱发 8 个潜在顾客产生购买动机，其中至少有一个人产生购买行为。老顾客能给店铺带来源源不断的新顾客。

（3）能带动相关产品和新产品的销售。当老顾客对店铺产生好感后，极易接受店铺的其他相关产品，甚至新产品。例如，有些顾客认为虽然IBM 笔记本电脑在外观、端口设备配置方面存在一些需要改进的地方，但在服务、口碑和性能方面无与伦比，因此老顾客能耐心等待公司对不理想产品的改进及新产品的推出。

2. 顾客传承的关键

（1）树立真正"以顾客为中心"的经营理念。门店应以服务于顾客的真正需求为宗旨。应该让全体员工都认识到，顾客是门店的利润之源，是生存发展的"衣食父母"，因此也是每个员工经营工作的最终目标。

美国著名的零售业经营专家、企业管理专家斯图·伦纳德说："每当我看到一位恼怒的顾客就像看到 5 万美元从我的店中不翼而飞。"因为斯图·伦纳德奶制品商店的一位顾客平均每周开支 100 美元，一年到商场购物 50

次，并且在该区生活 10 年，所以如果顾客有一次不愉快的经历，并转向其他店消费，伦纳德就会损失 5 万美元。如果再考虑到失望顾客不良传播的影响而导致其他顾客离去，这一损失还被低估了。伦纳德说，自己有两条重要的经商法则：法则一，顾客永远是正确的；法则二，如果顾客错了，请参照法则一。

（2）尽可能提供零缺陷的产品。留住老顾客的关键是把以顾客为中心的观念转化为实际行动。门店要清楚地认识到，顾客购买商品和服务的真正需求是希望由此获得舒适和快乐，若产品质量或服务存在令人不满的缺陷及问题，顾客就可能断绝已有的联系而转向其他店购买。同时还要认识到，零缺陷的商品所满足的还只是顾客需求的预期，而要超越其预期，创造顾客的高度满意和忠诚，仅停留于此是远远不够的。

例如，顾客说想要一辆"昂贵的汽车"，作为销售人员必须深入全面理解这位消费者的各种需要：说出来的需要（顾客想要一辆昂贵的车）；真正的需要（这辆车虽然价格不菲，但开起来省钱）；没有说出的需要（顾客想获得优质服务）；满足后令人愉悦的需要（顾客买车时，附赠一份道路图）；秘密需要（顾客想被他的朋友看成是识货的人）。

（3）制定公平合理的价格策略。制定一个有助于同顾客形成持久合作关系的价格策略，即关系定价策略。门店的利益是建立在顾客的利益之上的，应对忠诚的老顾客实行优惠，特别是用价格这一有效手段予以回报。关系定价策略常用的是长期合同和多购优惠两种基本方式：一是运用长期合同向顾客提供价格和非价格刺激，使双方进入长期关系之中，将一系列相当独立的交易转变为一系列密切联系的关系，如会员制就是其中的一种；二是采用多购优惠促进顾客长期重购、多购，以不断增多的让渡价值维系与老顾客的关系。

（4）建立与老顾客的情感联系渠道。老顾客之所以忠诚于你的店铺，是因为他们不仅对你的商品有一种理性的偏爱，而且更有一种情感上的依恋。因此，企业在为顾客提供优质产品和服务的过程中，还要做到心系顾客，把顾客当做自己一生的朋友来对待，并利用感情投资向其注入亲人般的情感和关怀，以努力建立起"自己人效应"。感情联系的方式、方法很多，如通过经常性的电话问候、特殊关心、邮寄销售意见卡、邮寄节日或生日贺卡、赠送纪念品、举行联谊会等来表达对老顾客的关爱，加深双方的情感联系。

（三）电话开发和维护客户资源

电话极大地方便了人与人之间的交流，由于电话通信独具的便捷性与互动性，使得电话营销手段可以最大限度地跨越空间的局限，而且利用电话进行营销推广的成本几乎比其他任何手段都要低。

电话营销是指通过使用电话、传真等通信技术，来实现有计划、有组织，并且高效率地扩大顾客群、提高顾客满意度、维护顾客资源等市场行为的手法。门店在经营过程中可以充分利用电话营销的方式开发和维护客户资源。

1. 受众对象

老顾客：曾来过本店并留下资料的顾客。

潜在顾客：商圈内的公司、单位、可查询到电话的团体。

2. 注意要点

在平时阶段，对老顾客，可进行例行性电话访问，维持相互关系；对潜在客户，争取机会上门送产品目录表，方便其随时来店洽购。

在促销活动期间，主动打电话给老顾客和潜在顾客，扼要说明促销活动内容，吸引他们前来消费。如果人手不足，可以团体客户为主要对象。

（四）关联店的合作

关联店的合作涉及关联店的业种、条件、合作方式、运作要领等方面。

关联店的业种选择主要考虑以下几个方面：顾客层与本店的互补作用；对方的主营商品和服务与本店有无冲突；主力客户是否为本店的目标顾客群。

联合关联店的条件主要遵循以下原则：

（1）商圈范围在一公里以内。

（2）优先考虑连锁企业。

（3）业绩在商圈内为同业态中实力较强的。

（4）经营财务状况良好。

（5）在顾客群中口碑信誉度良好。

关联店的合作方式主要包括：

（1）互相交换同等数量的基本顾客资料。

（2）相互寄放或联合寄发 DM。

（3）区域性联合促销活动。

（4）共同举办社区休闲、公益活动，提升门店形象。

关联店的运作要领主要包括：

（1）搜集商圈内适合做关联店的候补名单。

（2）依照行业互补性程度及该店来客频度多少排定优先顺序。

（3）依照顺序，排定拜访日程表，并事先以电话或口头方式与对方店长约定时间前往拜访。

（4）携带 DM、名片，或折价券、点券，依约拜访。

（5）说明成立关联店的原因、合作方式，同时征求对方的意见。

（6）将有合作意愿的候补关联店推荐表填妥送回公司。

（7）通知关联店准备签合同，并致送空白契约书，合作内容需经由法务单位制作规格化。

（8）依约定日期签订合同。

建立关联店的合作关系之后，需至关联店拜访，以建立彼此合作友谊，并视对方受重视的程度，之后定期拜访，采取主动友好的态度，依当初合作的条件，请关联店配合支援。关联店若有活动，本店也有义务参加支援，例如，关联店的促销活动，我方也可以关联店名义参与联合活动，而不是以专卖店名义参与。

二、大客户资源的开发维护

门店的顾客可以根据其身份不同分成两大类：个人和家庭客户（消费品客户）、商业客户（团体大客户）。根据"二八"法则，店长要确定带来80%利润的20%的大客户在哪里？并且要设法留住他们。

（一）大客户资源的开发步骤

1. 确定对象

针对商圈内 20 人以上的公司、企事业单位、机关，通过电话号码簿或实地调查等形式搜集基本资料，包括确切名称、电话、地址、大约人数等。

2. 具体执行

以电话事先预约，专人携带名片、DM 上门当面洽谈，说明价格方案、服务优势等，加强彼此印象。有促销时，要强调促销内容，若有赠品则别忘记赠送，拜访完毕填写拜访表。

（二）大客户资源的维护

大客户是门店的"看家客户"、"摇钱树"，是门店的主要服务对象，因此大客户关系的管理是店长的首要工作。店长是代表门店的最高责任者，对大客户关系的管理责任重大，要亲自掌管大客户档案资料的收集、整理和报告。在每个新销售季节和新品上市到来前对大客户进行电话访问，并做好电话访问记录。大宗客户购买一周内，由店长亲自致谢。每个月至少定期上门拜访一次，亲自处理每一件大客户的投诉。

时下，各大企业都非常重视对大客户的服务，对此，笔者深有体会。因为经常要奔波于各大城市的各大公司的培训会和讲座，笔者就要频繁飞行于广州与各城市之间。每次在广州白云国际机场候机时，机场贵宾室成了笔者最好的休息场所，那里不仅有舒适的沙发，还有咖啡、水果、杂志等可供享用和阅读。而排队换登机卡、托运行李等事务则有贵宾室的服务小姐代劳，手续办好之后，还会有专门的小车送笔者登机。这一系列服务就是中国移动广东分公司与白云国际机场合作推出的"易登机"服务，专门为获得移动公司贵宾卡的大客户开辟的贵宾通道，提供贵宾服务。

三、建立和完善顾客资料库

吸引顾客、留住顾客是门店经营的终极目标。随着零售业的快速发展，门店相互之间的竞争也越来越激烈，对顾客的争夺成为门店竞争的焦点。由于顾客是门店宝贵的战略资源，因此对顾客信息进行收集与应用，对于门店提高自身的经营管理与服务水平，更好地满足顾客需求都具有重要的现实意义。

传统意义上认为门店经营最重要的竞争资源是人、财、物，而随着人们对门店经营的认识越来越深入，研究越来越透彻，则认为顾客是门店经营的核心资源。因此，店长必须做到像了解商品一样了解顾客，像了解库存变化一样了解顾客的变化，没有完整的顾客资料，经营状况是无法想象的，对顾客信息的收集越完整，为门店经营提供的空间就越大。

（一）顾客信息的含义与分类

顾客信息又称为顾客数据，是顾客特征、需求、购买、消费等各个方面的一系列相关信息的总称，一般包括顾客的姓名、年龄、身份、住址、电话等，当然还包括顾客对产品的需求偏好、消费习惯等。

对于门店而言，顾客是一个数量庞大的群体，相应的顾客信息也是成千上万，一般可以按照如下三种标准分类。

（1）按顾客行为分类：顾客购买信息、顾客需求信息、顾客消费信息等。

（2）按顾客特征分类：顾客构成信息、顾客信用信息、顾客分布信息等。

（3）按顾客的消费状况分类：现有顾客信息、潜在顾客信息等。

除了以上分类之外，还可以根据顾客心理、顾客性质、顾客对企业的利润贡献等进行分类。

（二）顾客信息的基本资料

顾客信息是商家与顾客进行不受距离限制的直接接触的基本条件。门店所收集建立的顾客信息的具体内容包括顾客的基本信息，顾客对产品质量、售价的评价，对售前、售中、售后服务的评价、顾客对产品的需求和期望等。

1. 顾客的基本信息

包括姓名、性别、年龄、婚姻状况、学历、职业、工作单位、职务、收入状况、家庭住址、邮编、联系电话、电子邮箱、消费习惯等。

2. 顾客的购买信息

包括顾客所购商品的名称、规格、型号、价格、数量等。

3. 顾客的其他信息

顾客对门店或商品的要求、建议、意见，购买过程的长短，选择在本店购买的原因等。

（三）顾客资料信息库的建立和应用

在信息技术高度发达的今天，掌握一定数量的顾客信息，可以帮助门店把握顾客类型及其消费心理，引导顾客的消费行为，从而销售更多的商品。因此，店长应重视顾客信息的收集和利用，包括顾客数据库的建立和应用。

1. 顾客信息收集与应用的流程

顾客信息的收集→顾客信息的存储→顾客信息的处理→寻找理想的消费者→顾客信息的使用→顾客信息的完善。

2. 收集顾客信息的方法

顾客信息的收集是获取信息的第一步，只有拥有足够多的信息，才有可能对顾客进行深入的分析。门店顾客信息的收集方法一般可划分为直接收集法及间接收集法。

（1）直接收集法。直接收集法是指门店通过自身的努力来获取顾客的相关信息，通常有如下一些途径：

①请顾客自己填写。顾客在购物时或购物后填写的"顾客资料卡"、"服务信誉卡"等。

②从各类单据中收集顾客信息。找出所有单据，如送货记录、维修记

录、预订记录、投诉记录、有奖销售记录、顾客问卷和购货合同等，这些票据上的内容就含有顾客信息。将所有信息全部记录下来，按照年龄、性别、居住地等不同进行分类，形成初步的顾客信息系统。

③通过发行会员卡收集顾客信息。吸引顾客主动申请成为会员，通过磁卡对顾客信息进行跟踪管理。顾客的档案及每次在商店的消费记录通过会员卡输入计算机系统，并由计算机储存。

④通过门店的 POS 系统收集顾客信息。通过门店的 POS 系统快速地了解顾客购买的商品种类、数量、单价等方面的信息。

⑤通过设立专门的服务机构收集顾客信息。例如，设立全国免费服务电话、顾客服务中心等来收集顾客信息。

⑥通过门店现场收集。当顾客到店里购物时，询问他们问题，并记录下来。这是最基本的方法，也是最有效的方法。或者通过门店现场促销活动散发问卷等活动获取。

⑦营业员现场观察记录。当顾客到店里购物时，营业员观察他们的反应并记录下来。

对于门店来说，通过发行会员卡的方式可以以较低的成本收集到非常有用的顾客数据。门店在发行会员卡的时候，可以要求顾客填写证件号码、住址、电话等基本资料。这样，当他们使用会员卡购买商品时，只要在收款时刷卡，就可以将顾客信息记录在相应的数据库中。

（2）间接收集法。间接收集法是指门店通过外力来获取顾客信息，主要有以下一些途径：

①委托其他机构收集。例如，委托专业的市场调查公司、咨询公司等，通过发放问卷、实地调查等方式进行市场调研，以此来收集顾客信息。

②通过查阅公开的资料收集。例如，查阅行业报告、报纸、杂志、互联网等来收集顾客信息。

③异业购买或交换。向与客户层相同的异业单位进行客户信息交换或购买，如婴儿用品专卖店与妇幼医院、宝宝摄影机构交换或购买相关的顾客数据。

由于直接收集法是企业通过自身直接了解顾客，因此往往更贴近现实，具有较高的可信度。但是，这一方法也有很大的缺陷，那就是只能对现实顾客进行观察、研究，却很难了解到企业潜在顾客的情况。而使用间接收集法获取顾客信息在很大程度上能够弥补这一缺陷。

3. 顾客信息收集的实施方法

顾客信息的收集可以从以下几方面着手。

（1）顾客意见调查表。顾客意见调查表是被门店广泛采用的一种获得顾客信息的方式。其具体做法是将设计好具体问题的意见征求表格放置于收银台或其他易于被顾客拿取的地方，由顾客自行填写后投入门店设置的意见收集箱或交至收银台。顾客意见调查表的示例如下：

顾客意见调查问卷

填表日期：　年　月　日
尊敬的顾客：

　　非常感谢您光临本店，为了向您提供更加优质的服务，我们需要您的宝贵意见和建议。顾客意见信息的有效获取，是我们提高自身的管理和服务水平的主要依据，您所留下的个人信息仅作为联系之用，因此您无须担心资料外泄，请放心填写。

　　另外，本店每周将从所收集的问卷中抽出 1 张，作为幸运顾客，每月月底将给当月的几位幸运顾客奉送精美的小礼物。非常感谢您的热心协助及合作! 下面，请您开始填写。

　　请留下您的基本信息资料：

姓　　名：_____　　　　性　　别：□男　□女
职　　业：_____　　　　联系电话：_____
电子邮箱：_____　　　　邮　　编：_____
联系地址：_____

您今天购买的商品是：_____

　　对于您在本店消费的感受，请根据满意度在相应的分数上打"√"，满意度越高分数越高。

项目	5分	4分	3分	2分	1分
商品齐全程度	□	□	□	□	□
商品款式满意度	□	□	□	□	□
商品品质满意度	□	□	□	□	□
商品售价	□	□	□	□	□
营业员态度	□	□	□	□	□
本店服务满意度	□	□	□	□	□
环境卫生满意度	□	□	□	□	□
店内气氛	□	□	□	□	□
配套设施	□	□	□	□	□

您今天对本店总体的感觉如何?

□5分　□4分　□3分　□2分　□1分

金牌店长达标手册（第二版）

第五篇　服务篇

您是否愿意再次光临本店？ □愿意 □不愿意

如果愿意，你打算再次光临是在？ □明天 □一周之内

□大约一个月 □以后再说

您是否愿意向其他人推荐本店？ □愿意 □不愿意

您属于哪个年龄段？ □16 岁或以下 □17~25 岁 □26~35 岁

□36~45 岁 □46~59 岁 □60 岁或以上

您的月收入是 □10000 元以上 □5000~10000 元

□3000~5000 元 □2000~3000 元

□1000~2000 元 □1000 元以下

您最喜欢本店的商品是：_____

_____

您今天光临本店的时间段是：□09：00~12：00 □12：00~14：00

□14：00~17：00 □17：00~19：00

□19：00~22：00

您认为本店的不足之处有哪些？ _____

_____

您对本店还有什么希望和建议？ _____

_____

最后，多谢您的支持与配合！

采用顾客意见调查表这种调查方式有优点也有缺点。

优点：

由顾客自愿提供信息，是对顾客打扰最少的一种调查方式；

信息收集的范围广泛，几乎所有的顾客皆可容易地取到并填写此表；

信息由顾客自愿填写，客观性比较强；

意见调查表的内容由门店设计，可获取的信息量比较大。

缺点：

顾客对这种方式习以为常，因此提供意见的热情不是很高；

顾客大多只在调查表上选择答案，往往很难进一步了解顾客的感受与想法，能够获取的信息深度不够；

调查信息的准确性及收集的频率易受顾客情绪的影响，如顾客倾向于在特别不满或特别满意时才填写意见调查表。

（2）电话拜访调查。电话调查可以单独使用，也可以结合销售电话同时使用，或者因为要了解或澄清一项特别的事情而使用。有些电话调查是

根据设计好的问题进行的，而有些电话调查的自由度与随意性比较大，如门店店长或主管打给老顾客的拜访电话。同样，这种方式既有优点又有缺点。

优点：

当时间允许而且顾客与门店关系较好时，可以与顾客谈到比较深层次的问题，更详细地了解顾客的想法；

效率比较高，节省调查费用。

缺点：

对顾客的打扰比较大，有些顾客回答调查问题时可能不耐烦；

调查的准确性受调查者的主观愿望与素质的影响大，对调查者的能力要求较高；

由于只能凭声音沟通，有时会误解对方的意思，或对对方的表述理解不深。

（3）现场访问。现场访问又称突击访问，即门店相关人员抓住与顾客会面的短暂机会，尽可能多地获取顾客的意见、看法。现场访问是门店获得顾客意见的一种最重要的调查方法，店长应善于抓住并创造机会展开对顾客的现场访问调查。事实上，可以利用的机会有很多。

①针对特殊顾客的现场访问。例如，对 VIP 顾客的现场访问；对某营业时段内消费大户的现场访问（如店长对大单顾客的礼节性拜访）；对特殊敏感人群的现场访问；对门店的熟客进行现场访问。

②针对不同地点的现场访问。例如，利用顾客办理结账手续的时间询问几个简短的问题；VIP 顾客生日时店长上门拜访；在店内随机访谈。

③针对特殊时刻的现场访问。例如，顾客投诉对于门店来讲，是服务工作中的一个"特殊时刻"，门店工作人员应充分重视这一顾客主动提供的进行现场访问的绝佳时机，抱着一种积极的心态，让顾客畅所欲言。

现场访问同样也是优缺点并存。

优点：

发生在服务与消费的现场，顾客对服务产品的印象还十分鲜活、深刻，往往能提出一些平时被忽略但又十分重要的细节问题；

管理人员对顾客的现场访问给门店工作人员以及现场的其他顾客传递了一个最明确不过的信息：本店是重视顾客与顾客意见的。

缺点：

现场访问收集到的信息不易保存，如果没有一套科学的信息收集、反馈系统，很可能随着访问人的遗忘而消失得无影无踪；

现场访问很难掌握好"度"的问题，谈话的时间、分寸都比较难掌握；

现场访问由于时间条件所限，往往不能全面、深刻地展开调查。

4. 顾客数据库的建立步骤

（1）以门店现有档案建立首批顾客数据库。

（2）通过促销活动或终端活动的建立，收集好目标顾客群名单后，根据经济状况、购买习惯、偏好程度细分顾客群。

（3）数据库信息分类统计处理。

（4）制定首期促销活动方案，主要规避细分市场的竞争。

（5）跟踪消费者的变化及销售反馈。

（6）对反馈信息进行整理，围绕特征性销售发掘、提炼广告素材，推出新的广告诉求点。

（7）占有市场，继续开发潜在顾客群。

5. 门店建立顾客信息数据库需具备的条件

（1）数据库信息中心、硬件系统。

（2）顾客通讯录，包括生日等一系列情感资料。

（3）顾客信息调研表，确定顾客的消费偏好。

（4）数据库销售服务项目。

（5）产品宣传、促销活动资料及其他宣传资料。

6. 顾客信息的应用

顾客信息的充分应用，是拉近门店和消费者距离、建立双向沟通渠道、掌握消费趋势、树立良好品牌形象的有效方法。同时，还可以掌握消费者的动态，建立顾客坚实的向心力和忠诚度，从而培养长期顾客并拓展新客源。

（1）确立目标顾客群。经过一段时间之后，门店就可以对顾客的购买信息加以整理分析，通过顾客购物的档次、品牌、数量、消费金额、采购时间、采购次数等可以大致判断出用户的消费模式、生活方式、消费水平，以及对价格和促销的敏感程度等，利用这些信息就可以将顾客划分为多个不同的消费群体，并从中找出目标顾客群。目标顾客群一般由一次交易达到一定金额的大宗顾客和忠诚度高、长期到本店消费的老顾客组成。目标顾客群的确立对于门店的管理和促销具有重要的价值，因为可以根据这些顾客的特征确定商品的采购数量和促销时机等。

（2）找出重点顾客。通过顾客购买的记录，找出门店的四类重点顾客。

①忠诚顾客。是指对本店忠诚度很高的顾客，这种顾客在惯性消费下，对本店推崇备至。

②好顾客。即配合度高、议价空间大的顾客。这些顾客更注重购物的便利性、时效性，因此，门店应以售后服务追踪等电话访问方式，建立其

对本店的好感度与信任度。

③大顾客。购买数量大，一般多为企事业单位，在春节、中秋节、端午节等相关节日时会为门店带来很大的收益。

④主力顾客。是指每一时段支撑业绩的主要顾客群，不同的季节、节假日、每天的不同时段有不同的消费群体，掌握每一段消费高峰的主力顾客也是开拓业绩的利器。

（3）建立融洽的客店关系。门店与顾客之间建立亲密的客店关系，除了能提升顾客的忠诚度，还可以增强门店的核心竞争优势。也就是说，门店通过顾客资料系统的运作，可以有效地巩固在市场的地位。

（四）建立顾客资料信息库的注意事项

1. 顾客资料收集过程中需要注意的事项

在收集目标顾客资料的过程中，应注意如下事项：

（1）注意隐含的、间接的顾客信息。

（2）顾客是会流动的，持续的信息积累可以让门店顾客信息收集工作始终保持积极的状态。

（3）注意多种开发工具的综合使用，力争收集更全面的顾客信息。

（4）对已获得的顾客信息要及时妥善地保存。

以上做法将为收集目标顾客资料的行动带来一系列的方便，并且能保证所收集来的目标顾客资料的质量。

2. 顾客信息筛选的注意事项

在顾客信息筛选的过程中，要注意信息的真实性和客观性，尽量避免目标顾客的流失，确保对目标顾客资料的利用率和培养的成功率。为此，要注意以下三点：

（1）要选择确认无疑的顾客资料。

（2）顾客资料的传递要进行表格化管理。

（3）在看待和记录顾客信息时应客观，不能凭个人好恶筛选。

（五）顾客信息的维护

顾客信息的妥善维护非常重要，没有随时跟进维护管理的资料等于毫无价值的废资料，不仅对于门店的业务没有什么帮助，反而还浪费了成本。

维护顾客资料，首先要做到动态管理。顾客的情况是不断变化的，所以顾客资料也要不断加以调整。当发现顾客资料有变动时，要及时删除旧的或已变化了的资料，补充新的信息。同时责任人员要对顾客的变化进行跟踪，使顾客资料管理保持动态性。

此外，顾客资料需专人负责，至少保存三年，由于顾客资料只能供内部使用，不宜流出企业，因此顾客资料管理须确定保护的规定和办法，由专人负责管理，对顾客资料的利用和借阅要有严格的制度。

案例

屈臣氏的会员价值管理

拥有180多年历史的国际美妆巨头连锁企业屈臣氏，从1989年开始进入中国内地市场，此后的19年时间里，一直没有着手会员的开发，但是从2008年底，屈臣氏开始发行第一张会员卡，短短五年时间，屈臣氏就在中国内地成功发展了超过2500万人的屈臣氏会员，这不能不称为奇迹。

2010年开始，屈臣氏针对会员的让利以及买赠促销，力度不断加大，就屈臣氏会员管理和会员价值管理等相关问题，笔者亦曾经同屈臣氏广州世贸分店的店铺经理宋小姐做过深入的交流和沟通。她认为：屈臣氏的每张会员卡都是要收取10元费用的，会员卡没有赠送机制，那就意味着五年时间，成功发行2500万张会员卡，带给屈臣氏的直接收益就是2.5亿元人民币，这在零售行业是非常罕见的。除此之外，屈臣氏对于会员的价值增值管理一直比较重视，比如2010年夏季在广州地区就开展了"屈臣氏购物满100元+50积分兑换电影票"的活动，活动一经推出，就取得了良好的效果。

具体活动内容如下：

活动主题：屈臣氏购物满100元+50积分兑换电影票

活动时间：2010年8月5日至2010年8月25日

活动地点：屈臣氏广州各连锁店

免责声明：此信息内容仅供参考，详情请咨询相关商户

活动详情：

屈臣氏购物满100元+50积分兑换电影票两张

会员尊享每购物满100元，即可以50积分兑换《歌舞青春》电影兑换券两张（活动仅限指定城市：北京、广州、上海、成都，共4000张，数量有限，换完为止）

兑换时间：8月5日至8月25日

兑换场次：8月28日或8月29日指定场次

案例分析：

在国内 150 个城市，拥有超过 1500 多家门店的屈臣氏，虽然拥有着超过 2500 万人的会员，但是依然无法摆脱化妆品消费淡季的影响和束缚。

在彩妆和护肤品的销售淡季，屈臣氏非常聪明地着眼于淡季的生意开发。笔者认为：屈臣氏在设定目标客户单价消费地点的同时，更巧妙地将会员的价值回馈融入进来，可谓系统部署、思考缜密。

图 13-1　屈臣氏个人护理用品连锁店店铺实景（一）

图 13-2　屈臣氏个人护理用品连锁店店铺实景（二）

金牌店长达标手册（第二版）

第五篇　服务篇

第十四章　真情服务赢口碑

本章要点：

顾客为什么抱怨？
顾客为什么离开？
顾客为什么投诉？
如何化解顾客的不满情绪，处理客户危机？
金牌店长用真情服务赢得口碑。

一、顾客选择离开的三个理由

"你们这家店，我以后再也不会来了！"

很多时候，店长们都会遇到顾客在不满意之后气呼呼地丢下这一句话扬长而去的情况。一些人会不以为然，认为这或许是顾客未能达成其愿望而一时的气话，该来买东西的时候他（她）还会来。其实不然，据调查统计，58%的消费者在向商家表达不满而发生不愉快之后，再也不会光临；而另有34%的消费者至少在一年之内不会再次光临。可见这个问题是需要引起店长们重视的。

如果顾客不再光临，一定有他的原因。但是店长要习惯将这个问题归纳到店面经营上，从自身找原因，以此来提高店面的服务水平，而不要从顾客方面找客观原因。

从店长的角度讲，有三个方面的原因会导致顾客对门店的不满。

（一）店员替自己找借口

任何借口都无法掩饰店铺服务上的缺陷，只会加重顾客对店员的不满，甚至演化为对整个店的不满。所以当顾客对店铺有抱怨或者不满的时候，最好的办法是为给顾客造成的不便立即道歉，从而取悦于顾客。店员出现的一点小差错也许对门店来说只是很小的事情，但是对顾客来说就成了头等大事，因为顾客以为自己看到的就是全部。因此，在对待顾客的抱怨和不满时，千万不要找理由、找借口说这责任不在于自己，而在于哪个环节，甚至把责任推脱到顾客头上。与其找借口，还不如先老老实实承认自己的过失，然后再尽力使事情好转。当店员能够承担所有责任并改正自己的过失时，本来一件不好的事反而会让店员赢得顾客的信任。

（二）轻视反馈信息

顾客反映的情况是需要反馈的。也许店员觉得顾客反映的信息只是他日常工作中遇到的一个小小的信息，根本无关大局。但在顾客看来，这个信息是他唯一反映给该店的信息，店里居然不重视，根本没有把它当一回事，自然会十分生气。

乔·吉拉德（Joe Girard）是美国著名的营销专家，被誉为世界上最伟大的销售员。他连续 12年荣登吉尼斯世界纪录销售第一的宝座，所保持的连续 12 年中平均每天销售 6 辆汽车、15 年销售生涯中共销售 13001 辆汽车的世界纪录至今仍

图 14-1 乔·吉拉德

无人能望其项背，而且他的业绩全部都是一对一销售给个人的。他的诸多论述之中有一个重要的营销理论——"250 理论"。该理论的大意是：你所遇到的每个顾客都有可能为你带来至少 250 个潜在顾客。如果一个顾客由于不满意而离店铺而去时，店铺失去的绝对不只是一个顾客，而将至少切断与 250 个潜在顾客的联系。

所以对店长来说，你需要教导你的员工，让他们重视顾客反映的信息，并及时给予反馈，不要等到顾客转身走了以后才追悔莫及。

（三）服务意识很主观

顾客的需求是客观的，顾客的满意也是客观的，不是店长和店员想当然的结果。在产品的组合上，要充分了解顾客的需求，尽量选择那些顾客需求量大的商品。同时不要对顾客太随意，顾客要得到满意消费，必然需要一系列的服务来满足他的需求。这些服务对店员来说，也许觉得没有必要或觉得成本过高，事实上很多顾客并不觉得成本过高，而且觉得十分有必要。店长和店员要站在顾客的角度来考虑问题，经常换位思考才能留住顾客。

二、顾客抱怨、不满和投诉的主要原因和化解方法

门店的日常经营中，不可避免地要与顾客发生各种各样的摩擦，正所谓"众口难调"，顾客对门店的商品和服务有抱怨，表达不满，甚至投诉都是市场经济环境下一种正常的现象。发生这种情况并不可怕，关键是店长和门店的从业者对此要有正确的认识，并能在发生此类事情的时候镇定而从容地面对，恰当、合理地处理。

（一）顾客抱怨、不满与投诉的原因

顾客产生不满与投诉的根源多种多样，作为店长，应该对这些原因有较清楚的认识，对各种情况有事先的对策，只有这样，当门店出现类似情况的时候，才能有针对性地进行处理。

总体归纳起来，这些原因具体表现为如下一些方面：

1. 员工的失误和失职

当营业员服务不周、销售礼仪不当、销售信誉不佳，以及所提供信息不准确时，常常会导致顾客抱怨和不满，如果因此给顾客造成损失，顾客当然会投诉。为杜绝此类情况发生，店长应在平时的管理当中树立现代销售观念，树立良好的门店形象；而且也应督促店员平时多学习理论知识，不断实践摸索，总结经验，以不断改进工作，从而取得顾客的信任与好感。

员工常常会出现的导致顾客不满的问题有：

（1）员工的工作技能问题。主要包括：在顾客询问或者需要帮助时反应迟钝；不顾顾客反应，一味殷勤地介绍，引起顾客的反感和抱怨；与顾客的交流缺乏语言技巧，不会说话；不能及时有效解答顾客的问题；缺乏商品知识，一问三不知；不遵守约定（如许诺不予兑现、送货不及时、送货送错地址）；结账时操作错误或收错了钱。

（2）员工的服务态度问题。主要包括：故意误导顾客消费；对不购物的顾客态度冷漠；对顾客的要求不予理睬；对顾客的言语傲慢无礼、态度生硬；对不同顾客的态度有三六九等之分，瞧不起弱势群体；对顾客挑选商品或者提出要求不耐烦；在临近下班的时候催促甚至驱赶顾客；对顾客的冷嘲热讽，甚至态度粗暴。

（3）员工的行为举止问题。主要包括：对顾客肆意评头论足，甚至背地里加以污蔑；在工作岗位上对本职工作流露厌倦、不满情绪（例如，在

当顾客面时抱怨工资低、奖金少、下班晚等）；同事之间因相互间发生矛盾而拒绝协作，甚至在岗位上相互拆台、吵架等；浓妆艳抹，举止粗俗；工作无组织、无纪律；随便吃喝、打闹、说笑等。

上面所列举的这些员工的问题，往往会给顾客带来精神上的极度不快，甚至可能造成损失。可见，店长必须狠抓员工的工作质量，力争顾客不会因此而产生不满、抱怨甚至投诉。

2. 商品存在问题

当商品本身质量有问题（如功能欠缺、价格不当等），或者有关商品的销售整数票据不充分时，顾客自然会提出种种投诉。对源于此方面的不满和投诉，应实事求是地予以处理，在销售商品时保证配件、证书、票据齐全，品质不良的商品应设法改进或者直接下柜不再销售。

在实际工作中，我们常遇到这样一些具体情况：休闲装遇到汗水变色；皮鞋穿不到半个月就开胶、开线甚至鞋底断裂；化妆品使用出现过敏；食品过了保质期等，这些都属于质量问题范畴，门店应该严格把关，坚决杜绝质量有瑕疵的商品进入店内，而过期的商品应该下架。

3. 顾客自身问题

当然，也有一些顾客是因为自身的原因才造成抱怨、不满和投诉的。

（1）顾客带有偏见、成见或习惯。偏见、成见往往不合逻辑并带有强烈的感情色彩，靠讲道理的方法难以清除由此产生的投诉。必须靠耐心的服务和善意的沟通逐步化解顾客对商品、店员和门店的偏见。

（2）顾客的心境不良。在此情况下，顾客可能提出种种投诉，甚至是恶意投诉，借题发挥，大发牢骚。店员应尽量避免正面处理此类投诉，而由店长或其他负责人出面解决比较合适，若顾客真的是胡搅蛮缠且提出非常过分无理的要求，应采取适当措施维护自己的权益。

（3）顾客的自我表现。有些顾客为了表现自己知识丰富、有主见，因此会提出种种问题来为难店员，对此应予以理解，并采取谦虚的态度耐心倾听。否则容易刺伤顾客的自尊心和虚荣心，引发他们的投诉。

（二）及时有效处理顾客抱怨和不满的意义

"金无足赤，人无完人"，任何门店在对顾客服务的过程中，都难免会发生顾客因员工的服务质量、商品质量及售后服务处理等而出现顾客抱怨的现象，因此正确处理顾客抱怨，已成为门店经营上重要的一环。快速、正确、有效地处理好顾客的抱怨和不满，对于门店有着非常积极的意义：

（1）增加顾客对店铺的信赖度。

（2）向店长和员工呈现出店铺的经营弱点。

（3）能培养店铺的基本顾客。

（三）尽快化解顾客不满的策略

作为门店的从业人员，您和您的员工必须相信顾客的不满是有理由的，没有那么蛮横不讲理的顾客。

但是顾客在不满的情况下很难与其进行理性的面谈，同时也可能会做出一些不理智的行为。因此，化解顾客的不满是需要相当的技巧的。店员要学会以尊敬与理解的态度正确地看待顾客的不满，绝不能轻易和顾客发生争吵——哪怕自己明显有道理。

要化解顾客的不满，以下一些技巧可以作为参考：

1. 做一个好的听众

许多店员不愿倾听，特别是不愿倾听顾客的批评意见。这种状况说明了店员在性格上存在着缺陷。80%的矛盾冲突实际上是由于沟通不畅所致。不会倾听的店员当然无法与顾客进行畅通的沟通，进而影响了销售。店员的性格特征中必须具备的一点就是有耐心，有能够倾听顾客诉说的耐心。倾听并不代表店员一定要对顾客的谈话表示认同，它仅表示对顾客的尊重。每个人都有表达自己想法的权利。店员要学会静下来倾听顾客不满的言辞，做一个好的听众，往往能够帮助顾客，同时也帮助自己。顾客在将不满一吐为快之后，其不满的程度往往会有所减轻；而对于店员来说，可以在顾客的说话中把握顾客所投诉问题的实质和顾客的真实意图，从而准备进一步的对策。

2. 学会表达同情和理解

顾客的不满带有强烈的感情因素，因此如果能够首先在感情上对对方表示理解和支持，那将成为最终圆满解决问题的良好开端。表达理解和同情要充分利用各种方式。眼神和表情要适时跟上，切不可心不在焉，否则会更加刺激顾客的情绪。

3. 立刻道歉

明确问题后，如果明显看出店铺要承担一定的责任，则应马上道歉。即使在问题的归属上还不是很明确，需要进一步认定责任的承担者时，也要首先向顾客表示歉意。立即向顾客表示道歉往往能够得到顾客的认同，而且顾客不会在气头上做一些过激的行为。当然向顾客道歉，绝对不能让顾客误认为店铺已完全承认是自己的错误，而应该采用一些既有助于平息顾客的不满，又不会导致顾客误解店铺已经承担了责任的方法。

（四） 处理顾客投诉的一般流程和方法

现代门店应该有一套完善的顾客投诉解决流程，如设置投诉、举报信箱和电话等。这样既能更好地解决顾客投诉，又能为店铺树立良好信誉。

解决顾客投诉的流程如图 14-2 所示。

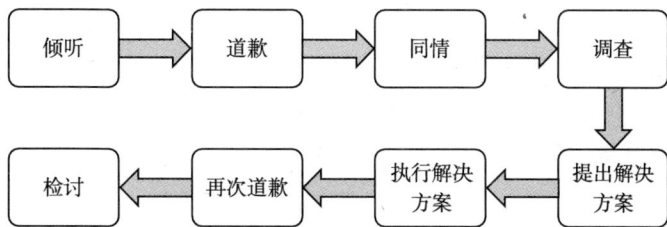

```
倾听  →  道歉  →  同情  →  调查
                                ↓
检讨  ←  再次道歉  ←  执行解决  ←  提出解决
                      方案         方案
```

图 14-2　解决顾客投诉的流程

1. 有效倾听，接受批评

在接待和处理顾客投诉时，首先一定要让顾客把心里想说的话说完，这是最起码、最基本的态度，体现出店方对他的重视和尊重。如果不能仔细听完顾客的诉说，中途打断他的陈述，就有可能遭到顾客最大的反感。店方要让顾客充分地倾诉他的不满，并以肯定的态度诚恳地听其说完，至少可以让顾客在情绪上得到一丝缓和。总之，对待顾客的投诉，首先是要虚心接受，本着"有则改之，无则加勉"的态度来看待顾客的投诉意见。

2. 换位思考，理解同情

在接受顾客投诉时，必须要从顾客的角度说话，了解顾客因不满意所表现出的失望、愤怒、沮丧甚至痛苦，理解他们在某种程度上会情绪失控。店员一定要学会换位思考。站在顾客的立场，想想如果自己是顾客会怎样。当顾客投诉时，他最希望自己的意见受到对方的同情和尊重，希望自己能够被别人理解。因此，对顾客的抱怨，一定要诚心诚意地表示理解和同情，绝不能找一些托词来开脱责任或者对其横加指责。实际上，在投诉处理中，有时一句体贴、温暖的话语，往往能起到化干戈为玉帛的作用。

3. 巧妙道歉，平息怒火

在顾客投诉发生的开始阶段，如果一线营业员和投诉处理人员能够加以平息，往往能够起到事半功倍的效果。巧妙的道歉是平息顾客不满的好办法。一般而言，在顾客投诉初期，他们常常是义愤填膺，情绪非常激动，导致措辞过分激烈，甚至伴有恶言恶语、人身攻击等。在此情况下，门店工作人员最好冷静地聆听顾客的全部委屈，全盘了解顾客不满的原因，然后诚恳地向顾客道歉，用"非常抱歉"、"真是对不起"等话语来稳定顾客的情绪，稍后再商谈解决办法，这样问题就比较容易解决了。

当然，在处理顾客投诉时，遇到不满情绪也不可以一味地使用道歉的字眼儿来搪塞。除了要诚心诚意地了解顾客的委屈之外，最重要的是一定要把道歉的态度清楚、明白地表现在自己的行为上。而在道歉的同时，一定要时刻谨记：

（1）自己代表的是门店的形象，而非个人。

（2）耐心"说明"，而不要找"借口"或"辩解"。

（3）道歉不只是语言，更重要的是要有诚意。

4. 调查分析，提出方案

在接受顾客投诉后，除了调查被投诉的商品的情况是否属实外，还应尽早了解顾客的希望，以便于妥善进行处理。既要尽量满足顾客要求，又要尽可能不损害门店利益。为此，店员在平时的业务过程中一定要用心去体会、积累经验。

有两种比较常见的情况：若是顾客用坚定、高昂的语调重复陈述一件事实时，可以大致猜出这就是顾客心中所想；当顾客反复强调商品的缺点，而不是主动提出退货或者不是强烈要求退货时，说明顾客希望降价销售。

5. 几种典型投诉的处理方法

（1）商品质量问题的投诉。若顾客买到手中的商品质量不良，或者是假冒伪劣，说明门店没有尽到把关的责任，负有不可推卸的责任。此类投诉不仅要在道歉的基础上赔偿顾客的损失，如果给顾客造成不适或损伤的还应奉送一件新的商品和小礼品以表示歉意。

（2）顾客误会产生的投诉。如果是因顾客误会而产生的投诉，店员一定要平静、仔细地把事情的原委告诉顾客，让顾客了解真实情况，但是，也要注意不要将话讲得太明了，否则顾客容易因为下不了台而恼羞成怒。因此应注意：在解释时语气一定要委婉，要诚恳地让顾客易于接受，不要总是强调自己的清白无辜，否则会使原本容易解决的问题陷入僵局。

（3）服务态度的投诉。由于营业员服务态度不佳而产生的顾客投诉，并不像商品质量问题那样具体而有明确的证据，而且即使是同样的待客态度和习惯，也可能因顾客心理的不同而产生不同的反应。所以，这种投诉处理比较困难。不论这种投诉产生的原因是否在营业员，店长都要注意督促营业员改进服务，仔细地听完顾客的陈述，然后亲自向顾客保证今后一定要加强对店员的管理和教育，不再让类似的情形发生。应尽量陪同当事人（即引起顾客不满的店员）一起向顾客赔礼道歉，以期得到顾客的谅解。

（4）无理取闹的顾客投诉。在处理解决顾客投诉当中，会遇到各种各样的顾客，特别是那些蛮横、不讲理的顾客，他们大喊大叫、辱骂甚至有潜在的暴力倾向。对此，我们不要认为他们难缠，而应将他们看做普通人，以平静的心态处理，切不可控制不住情绪，和对方起冲突。

店员抱怨说遇到了一个难缠的顾客时，其实真正意思是说自己处理这种类型的顾客有困难。因此，关键是要反省自己，克服自己潜意识的恐惧，应该问自己："我处理这个顾客投诉存在什么样的困难?"一旦确定了这样的想法，处理就比较容易了。在处理难缠的顾客时，要避免试图向顾客证明他是错误的，这样会使矛盾激化，要使他认同我们即将处理问题的方式。在处理那些别有用心的顾客时，应本着"有利、有理、有节"的原则处理问题，取悦顾客是有一定限度的，应判断顾客的要求是真诚的还是故意的。

（五）处理顾客不满与投诉时的禁忌

在处理顾客不满的时候，有以下一些言行是不能做的：

1. 满口大道理

一个人在气头上，任何道理往往都是听不进去的。如果顾客在气头上，跟他讲道理只会将事情越弄越僵，而且谁又会觉得自己没有道理呢?

2. 急于下结论

在处理顾客不满的时候，结论下得太早，往往会让顾客很不满意，而并不是像传统观点认为的那样，结论下得越早，顾客的态度转变得越快。因此在门店经营中，不要过早地下任何结论，对顾客的不满一定要学会通过其他方式去化解，而不要通过过早地下结论来制止顾客的发泄。

3. 一味"对不起"

盲目地一味道歉往往使人觉得所有的责任都是店铺的责任，必然会被顾客认为自己占了上风，反而变本加厉。歉意是应该表达的，但不要一味地表达，而应该把握好分寸。

4. 言行不一致

答应了顾客做什么就一定要做到，否则就不要答应。店员在答应顾客去请店长过来，就应该把自己的说法付诸行动，而不应该只是说说而已，在对待顾客投诉的问题上，"拖"字诀和缓兵之计都是很不可取的。

5. 批评加指责

不管自己是不是有道理，都不要试图去责难顾客。如果不能满足顾客的要求，是店方的不对。顾客生气是有理由的，他需要的是解决问题的方法，而不是店员的责难。

6. 装聋又作哑

装聋作哑的实质就是爱理不理和傲慢，这只会更加让顾客不满，而不会对解决问题有任何帮助。

7. 责任推干净

推卸责任是极不可取的做法。一些店员往往会把商品的缺陷推卸给厂家，即使是厂家的错，但店铺进货也是有问题的。主动承担责任往往能够得到顾客的认同。

8. 和顾客争论

不要试图和顾客争论。一个人即使是自己错了，在争论的时候也往往会十分顽固地坚持着自己的错误。

三、虚心倾听、魅力语言和微笑服务

前几讲我们不止一次提到与顾客交流和沟通时要注意用心倾听，其实除了倾听之外，有感染力的巧妙语言也是门店从业者的一项必备技能，而作为服务人员，微笑服务则是一个重要的要求。所谓的真情服务，正是从这三个方面在与顾客的交流和沟通中体现的。

（一）虚心倾听是最真诚的沟通

美国著名的心理学家戴尔·卡耐基曾说过这样一句名言："在生意场上，做一名好听众远比自己夸夸其谈有用得多。假如你对客户的话感兴趣，并且有急切想听下去的愿望，那么订单通常会不请自到。"

而下面这个仅有两句对话的微型小说则是对卡耐基这句话的另一种诠释。

"爸爸，我学会说话了，以后还需要做些什么？"儿子问父亲。

"不说话，多听别人说话。"父亲回答。

简短的一问一答，其中却蕴涵着深刻的道理：自从我们学会说话之后，大多数的人都喜欢"说"而不喜欢

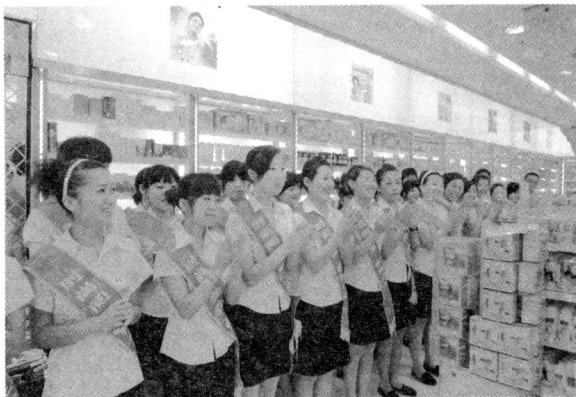

图14-3　山东阅美化妆品连锁店店内实景（二）

"听"；而人们日常生活一半左右的时间都在与他人进行沟通，用于听的时间是说的一半，所以有效倾听才能进行更好的沟通。

1. 少说多听益处多

"上帝给我们两只耳朵，却只给了一张嘴巴"，这句西方谚语似乎在向人们传递：我们应该"少说多听"，更多地注重倾听。

（1）倾听可以使顾客感觉受尊重。美国前哈佛大学校长查·爱略特说过："生意上的往来，并无所谓的'秘诀'……最重要的是，要专注眼前同你谈话的人，这是对对方最大的尊重。"

倾听是人类的一种基本技能，沟通是听和说的艺术。优秀的店员，往往会更多地去听顾客的讲述，而不是滔滔不绝地讲给顾客听。

认真倾听顾客的讲话，是一种礼貌的表现。不仅可以满足他们表达内心想法的需求，也可以让他们在倾诉和被倾听中获得关爱和自信，进而拉近你与顾客之间的距离；反之，你若不能做到认真倾听顾客的讲话，顾客可能就会认为，你没有诚意或者对他们漠不关心，是一种很粗鲁的表现，这样就不能与顾客建立良好的关系。

（2）倾听可以挖掘顾客的（潜在）需求。有些人往往认为只有"说"才能够说服顾客购买，但是，如果你连顾客的期望都不了解，又如何能吸引顾客购买产品呢？只有当你善于倾听，不急于诉说的时候，才能真正了解顾客。

有效倾听是取得顾客第一手信息的直接途径。正如汤姆·彼得斯与南希·奥斯汀所言，信息在传递的过程中，难免被扭曲。而用心倾听顾客的心声，有助于洞悉顾客的真实想法，发现顾客的潜在需求。

正如福特汽车制造公司前董事会主席菲利普·考德威尔曾经说过："假如我们不在乎是否建立了一种风气，假如我们不够细心地去向别人请教、聆听别人给我们提出的意见，那我们就无法知道客户对我们的批评与指教。"

（3）倾听有助于创造和寻找成交时机。倾听并不是为了倾听而倾听，店员在服务顾客时，应谨记倾听是为了成功交易。在倾听的过程中，可以通过客户所说的相关信息，判定顾客的真正需求或者对产品或服务还存在哪些疑问，就可以针对顾客提出的相关问题进行解答，最终达成交易。

2. 努力做到有效倾听

有效倾听是成功销售的前提。但并不是人人都能够做到有效倾听。只顾自己讲，不听顾客说，注定被顾客拒之"门"外。其实，在生意场上，做一名好听众远比你夸夸其谈有用得多，它所发挥的作用绝不亚于陈述和提问。那么，如何才能做到有效倾听？

（1）创造良好的倾听环境，避免受到干扰。要想做到有效倾听，倾听时就要聚精会神，排除环境的干扰，创造良好的倾听环境。例如，周边铃声、音乐，周围人的走动以及谈话声的干扰等。

（2）鼓励顾客说话。有效的倾听必须建立在顾客愿意表达和倾诉的基础之上，假如顾客都不开口讲话，那么即使你再有倾听的本事也是枉然。所以，销售人员必须学会鼓励顾客说话。

眼睛是心灵的窗户，也是人们交流感情的窗口。所以你要学会用"眼"倾听，以关怀和赞赏的眼神去倾听，使顾客从你的眼神中看到真诚与热情，切忌眼神飘忽不定，因为这样容易令顾客产生怀疑。

除无声的语言外，有声的语言当然也必不可少。为了鼓励客户讲下去，要表示你能听懂或者赞同顾客的观点，此时可以时不时地点一下头，并给予一定的回应：

"我明白您的意思，您是说……"、"是的"、"不错"等。

此外，为表示对顾客的谈话感兴趣，你可以对顾客所谈的内容适时提出疑问，或对顾客的观点做出适当的补充，如："为什么……"、"什么……"、"后来怎么样"、"我也有同感，还有呢"等。

在某商店内，一位顾客正在挑选风衣：

"您好，我能帮您做点什么吗？有您喜欢的风衣吗？"

"除了红色和黑色，其他的颜色我都不太喜欢，可是这两款，都没有我要的尺码了。"

"噢，是吗？那您觉得白色的如何呢？"店员问道。

"白色也不错，另外……"客户答道。

这样，顾客喜欢的风衣虽然没有了，但是店员并没有让顾客走掉，而是通过适时适当的提问推荐，鼓励顾客继续交谈下去，把话题引到店员需要的方向上来，以适时进行成交。

（3）集中精力，专心倾听。有的店员在倾听顾客谈话时，迫于对顾客的尊重，往往只是刻意摆出一副认真倾听的样子，思绪早已跑到九霄云外，更是将有效倾听抛于脑后。其实，店员的精神能否集中，能否专注于当前顾客的谈话，直接关系到成交与否和顾客的满意度。

（4）不随意打断顾客的话。在与顾客交谈的过程中，作为店员，你可能会遇到这样的情况：顾客所说的话，并不是你想听的或者离你的销售话题很远。此时你可能迫切希望打断顾客的谈话，但是，随意地打断顾客的谈话，很可能会打击顾客说话的热情和积极性，引起顾客的反感。但我们可以采取提问的方式改变顾客谈话的重点，将话题导向有利于销售的层面。例如：

"既然您不满意您以前的化妆品，那您现在需要什么样的呢？"

（5）设身处地地为顾客着想。有效地倾听并不只是用耳倾听，还要用心倾听，即了解顾客的感受与情绪，设身处地地为顾客着想。有的店员在倾听的过程中，不是仅凭主观臆断，就是选择性倾听，即只听自己感兴趣的部分，对于其他信息则不理不睬。这样获取到的信息必然片面，不利于销售。作为店员，唯有设身处地地为顾客着想，才能真正用心听取顾客意见与建议，切实解决顾客的问题。

（6）了解倾听的礼仪。有人说："和一个毫无反应的人说话，跟和一堵墙说话有什么区别？"在倾听过程中，作为店员，除了要做到全神贯注地倾听以外，还要注意一定的礼仪，既显得自己有涵养，又能表达对顾客的尊重。

倾听的礼仪：

保持与顾客视线的接触，不东张西望；表情自然，面带微笑，和颜悦色；身体微微前倾，双手不要抱在胸前；使用恰当的身体语言；使用礼貌用语，切忌粗语；等等。

掌握一定的倾听礼仪，可以使顾客感觉自己备受关注，进而向你提供大量的信息。

倾听是有效沟通的基础，作为店员，学会有效地倾听，将有助于你真正"听懂"顾客，了解顾客在"话里话外"表达的问题与需求，进而抓住成交的时机。

（二）魅力语言会变不可能为可能

言为心声，语为人境。语言是传递信息的工具，同时通过语言也可以表达对顾客的爱心，所以，语言在很大程度上能体现服务水平的高低。但是，许多员工在店铺的销售过程中，并不注重语言的使用，甚至认为：反正语言是用来沟通的，只要将想表达的意思说出来不就可以了吗？也有人错误地认为：只有在顾客拒绝的时候，才用得上销售话术，在其他场合根本没有必要。

这些人并没有觉察到：在门店的销售过程中，说话是否礼貌、准确、得体，将直接影响到顾客的购买心理和情绪，决定着销售成败。

"我能帮您做点什么"，这通常是美国商店对顾客进店的第一句礼貌问候。这样的问候要比"你买什么"、"你需要点什么"之类的问候更让顾客感觉舒服，因为"我能帮您做点什么"的问候，既没有给顾客造成立即回复你买什么的压力，同时又给顾客一种自己是"上帝"、备受重视的感觉。而"你买什么"这样生硬的问话，一下子把交际的双方置于单纯的买卖

201

金牌店长达标手册（第二版）

第五篇 服务篇

关系之下，没有丝毫的人情味，成交的机会更是微乎其微。这就是语言的魅力。

店铺每天接待数以百计的顾客，主要靠语言与顾客沟通交流，以促成交易。因此，在接待顾客时，必须讲究语言的艺术，提高并掌握"说"的技巧。

1. 魅力语言的特点

在销售过程中，说话清晰、有逻辑，是最基本的要求。思维混乱、语无伦次，必将导致顾客不知所云、无所适从。因此，在接待顾客时，要遵循一定的原则，以便于清晰、准确地向顾客表达自己的意思。

（1）要有逻辑性。必须把握好语言的条理性、层次性以及准确性，并按照一定的逻辑，向顾客清晰地表达自己的意思，以保证沟通的顺利进行。如果顾客问你："这款产品跟那个款式的产品在质量上哪个更好一些？"你却说："这个款式的价格虽然贵一点，但它是日本原装进口的，很时尚，今天是我们最后一天搞活动了，要买就抓紧时间吧！"这样的回答，多少有点让人摸不着头脑，答非所问，而且语言没有逻辑性。即使顾客有购买的意愿，但听了这番话后，大多都会转身走人。

（2）突出重点和要点。销售用语的重点在于推荐和说明产品，也就是产品的介绍，其他的语言仅仅是为重点做铺垫。因此，在接待顾客时，必须抓住重点，突出要点，以迅速地抓住顾客的"眼球"，引起顾客购买的兴趣。不能过多地交谈与产品无关的事情，甚至聊天，以致分散顾客的注意力。

（3）切忌夸大其词。有些店员，为了达到销售业绩，不惜大力吹嘘产品的性能或者质量等，结果只为一时的经济效益，却可能永远失去了一位忠实的顾客。顾客吃亏上当只能是一次，最终受损失的仍然是商店，这就是夸大其词的后果。所以，只有诚实地向顾客介绍推荐产品，才能使门店获得长远的发展。

（4）要通俗易懂。杜绝方言土语以及粗俗的语言，语言要通俗易懂。因为在销售过程中，语言是最有效、最直接的沟通工具，如果店员操着一口浓重的方言土语，很有可能导致顾客听不懂，严重影响产品以及商店的形象。所以要杜绝方言土语，统一使用标准的普通话。此外，销售人员最好具备一定的外语能力，以便于和外国顾客进行沟通交流。而且语言要文明，禁止使用粗俗的语言，即使是同事之间也不能使用。

语言通俗易懂还包括在与顾客沟通时，尽量避免专业性较强的语句。

2. 魅力语言的技巧

假如一个正想戒酒的人走到某家商店的烟酒专柜，店员问："先生，您买不买酒？"

此时，在他的头脑中就会展开买与不买的思想斗争。最后，或许他戒酒的自我控制力获得了胜利，成交就化为了泡影。

如果这位店员这样问："先生，您不买酒吗？"

这时，顾客就会简单干脆地回答："不买！"

如果这位店员再换一种方式问道："先生，您买什么牌子的酒？"

此时，顾客可能就会情不自禁地回答："来一瓶×××吧！"

其实，在这短短的几分钟内，顾客戒酒的心理并没有发生明显变化，却因店员不同的问法而使顾客采取了不同的做法，为什么呢？这就是"说话"的技巧。

在与顾客沟通的过程中，除了要保证语言的准确性、逻辑性以外，还要注意语言的技巧性，技巧性的语言才能展现出语言的魅力以及门店的服务水平。

（1）多使用敬语，避免使用命令式语句。语言是店员与顾客之间进行交流的媒介。店员的语言应该使顾客听起来舒服、愉快、柔和，不要用命令式的语气说话，要多用敬语即请求式的语句，商量的口吻和顾客说话。并适当地运用停顿和重复，以给顾客思考的机会。

一位顾客去某商店买食盐，正好食盐卖完了。

如果店员说："没有了，明天再来吧！"

顾客听了这话，一定很反感，即使明天到货，也不会再来光顾这家商店了。

若店员这样回答："实在对不起，食盐刚好卖完了。不过我们已去进货了，您明天上午再来买好吗？"

虽然两句话表达的是相同的意思，但用这种请求的语气，顾客即使没有买到东西，心情也是愉快的。因为敬语是以尊重对方的态度，请求别人做什么，是一种商量的语气，而不像命令式的语句是要求别人做什么，顾客没有必要听从店员的命令。所以，在销售过程中，要多使用敬语。

（2）少用质疑性的语句。在门店销售过程中，很多店员在向顾客介绍推荐产品时，往往因为担心顾客听不懂自己所说的，而不断地质疑对方：

"你懂吗？"

"你知道吗？"

"你明白我的意思吗？"

这些质疑的语句往往会让顾客反感。从销售心理学的角度来讲，一直质疑客户的理解力，会让客户感觉得不到起码的尊重，客户就会产生逆反心理，这是销售中的大忌。

可以用试探的口吻了解对方："有没有需要我再详细说明的地方？"

这样的语句，令人听起来比较舒服，顾客比较容易接受。

（3）语言要生动形象，语气要婉转。销售的过程就是打动顾客、激起顾客购买欲望的过程，而打动顾客的最有效的办法就是要用形象的描绘。

向顾客推荐，介绍商品时，一定要采用生动、形象的语言。

"你穿上这件衣服很好看！"

"你穿上这件衣服，显得很高雅。"

"你穿上这件衣服，至少年轻了 10 岁。"

这三句话虽然都是为了使顾客购买衣服，但是表达效果却截然不同，所以，生动形象的语言更容易打动顾客的心，最终销售成功。

除了语言生动外，委婉措辞也很重要。在销售服务过程中，总会遇到一些顾客忌讳的话题，在接待这些特殊顾客时，就需要换一种说法，把话说得很中听，让顾客在比较舒坦的氛围中接受信息，最终成交。

例如，对想买低档商品的顾客，不要说"这个便宜"，而要说"这个价格比较适中"；对岁数较大的老人，不能称呼"老太太"，而要称"太太"；对肤色较黑的顾客不说"黑"而说"肤色较暗"或"肤色健康"等。

因此，有人称"委婉"是办事语言中的软化艺术，是店员必备的销售技巧。

（4）善于赞美顾客。俗话说"好话一句做牛做马都愿意"，每个人都喜欢听好话，被人赞美。"赞美与鼓励让白痴变天才，批评与抱怨让天才变白痴"，同样在销售中，话说得好听，就会让顾客主动掏腰包，反之，顾客则会分文不出，拂袖而去。其实，赞美顾客是有原则可以依循的。

赞美可巧妙地从恭维顾客开始，让对方注意你的谈话，进而展开话题。有些顾客经常会带着自己的孩子来消费。此时，店员就可以赞美顾客的小孩，这很容易使顾客"心花怒放"；还可以谦虚地向顾客请教"养教之道"，顾客往往都会滔滔不绝，这样就很容易拉近与顾客的距离，使销售顺利进行。

家喻户晓的说书人——李伯清也曾这样总结赞美："逢人减岁，物超所值。"对于年长的顾客，在猜对方年龄时，不要实话实说，要说得比实际年龄小 10 岁左右。

例如，"您穿上这件衣服真年轻，看上去也就 30 岁"，店员称赞道。"是吗？哪有那么年轻？"顾客笑着说。其实，顾客实际已经 40 岁了，但经店员这样一番赞美，即使顾客知道是店员故意的，但心里还是美滋滋的，心甘情愿地掏钱买衣服。

而"物超所值"则是在猜顾客所买的东西的价钱时，要尽量加码加价，给顾客一种心理上的满足感与自豪感。

其实，赞美就是满足顾客的自豪感，发现顾客的"与众不同"之处，使顾客感到他比别人高一头，他会从内心感激。这样，顾客就很容易解囊。

在某商店里，一对夫妇对标价万元的翡翠戒指很感兴趣。店员介绍后说："某国际巨星也曾对它爱不释手，只因价钱太贵而没买。"这对夫妇听了此言，欣然买下。店员的话语满足了这对夫妇的自豪感，使他们显得比那些国际巨星还要阔气，这就达到了赞美的最终目的。

但是在赞美顾客时，要注意把握赞美的尺度，如果过于夸大其词，就容易给人虚伪造作之感。所以，在赞美顾客时，发自内心、不卑不亢地自然表达，更能震慑人心，让人信服。

（5）不断言，让顾客自己"做主"。在介绍产品的过程中，你除了要做到话语的逻辑、真诚以外，还要做到不妄加断言，避免主观性过强的话语，多用建议性的话语。因为你的审美眼光不一定跟顾客的相同，如果妄加断言就很容易引起顾客的反感。

可以用建议的语气，如"我想/认为，这个比较好/比较适合您。"

此外，还可以把以"我"为中心的句子，如"我觉得这个最好，那个不好。"改成以"对方"为中心的句子，如"您是否认为……"或者"您看这个怎么样"等。

让顾客自己挑选商品，体现了对顾客的尊重，你可以提出真诚的建议，但杜绝断言。

（6）注意语言的幽默性。幽默的谈吐是赢得顾客好感极其重要的因素，每个人都喜欢和幽默风趣的人打交道，而不愿和一个死气沉沉的人待在一起。

幽默就像一把钥匙，能迅速地打开顾客的心灵之门，打破顾客的心理防线，让其在会心一笑后，对你或者你的商品产生好感，诱发顾客的购买动机，促成交易。

在运用幽默的语言时，要注意看清场合以及对象，讲究分寸。幽默的语句往往会比较隐晦，要确保不会引起顾客的误会，杜绝粗俗浅薄以及尖刻无礼的幽默语言。

（7）"先负后正"的语言技巧。在向顾客推荐介绍商品时，应该先介绍商品的缺点即负的一面，然后再详细介绍商品的优点，也就是正的一面。也许有人会提出这样的疑问："如果一开始就说产品的缺点，会不会把顾客吓跑啊？"

请大家区分以下两位店员的表达效果：

店员甲："这款产品价格虽然高了一点，但质量很好，它属于……材质的，经久耐用，而且不含有害化学物质……"

店员乙："这款产品质量虽然很好，它属于……但是价格稍微高了一点……"

两种表达在措辞上并没有变化，但是却达到了截然不同的效果。店员甲的介绍让人感觉：这款产品，虽然价格稍微有点贵，但是一分钱一分货，产品质量有保障，顾客也会欣然接受；而店员乙的介绍让人感觉：这款产品质量虽好，但是价格是其一大缺陷，将介绍的重点由产品质量转移到了价格上。试问：有哪个顾客愿意出高价买产品呢？成交自然化为泡影。

可见，"先负后正得正，先正后负得负"，即先介绍缺点后介绍优点，强调的是优点；反之先介绍优点后介绍缺点，顾客就会只记住产品的缺点。

（8）将枯燥的话题故事化。在门店的销售过程中，顾客往往对店员的推销话语十分反感，那些推销话语都是千篇一律，毫无新意，只会让人觉得枯燥无味。甚至店员自己也会觉得乏味，但是迫于工作需要不得不这样做，如此循环，不论是对店铺还是对店员本身，都没有好处。

销售大师保罗·梅耶曾说："用讲故事的方式进行销售，你就能迎合顾客、吸引顾客的注意，使顾客产生信心和兴趣，进而毫无困难地达到销售的目的。"

其实，任何商品的背后，不论是它的发明、生产过程或者产品自身都有一些有意思的话题。所以，为了达到有效销售，店员可以在介绍产品的时候换一种角度，选择恰当的时机，挑选生动、有趣的部分以讲故事的形式讲给顾客听，不失为一种有效的销售方法。

3. 改变顾客态度的魅力语言

（1）顾客说"我要走了"。

顾客："这双鞋，能再便宜点吗？"

店员："不好意思，女士，这已经是最低价了。您看这鞋的质量……"

顾客："既然不能便宜，那我要走了！"

你也许经常遇到类似的顾客，这些顾客特别不好对付，一旦你不满足他们的条件，他们就会用"我要走了"的话，对你施加压力。对于这类顾客，你可以尝试说服他：

"女士，要走了，别明天来了后悔呀！这几天价格一天比一天高，再说这商品又不错，您也喜欢，何必走呢？再谈一下，怎么样？"

"先生，别忙，先开个订货单？到明天您再来，就省事多了，何必着急，怎么样？"

这样说了之后，顾客就会走也不是、不走也不是，你就再补一句：

"先生，别着急嘛，咱们商谈一下……"

这样你就给了他一个台阶下，他也会把他的疑问都告诉你，当你帮他解决完问题后，成交就不是大问题了。

（2）顾客说"我不买"。

有很多顾客，当你向他推荐介绍产品时，经常会以"我不买了"作为借口来推脱，其实这是对产品或者店员不信任的一种表现。这类顾客往往不会转身离开店铺，而在店里左顾右看地浏览商品，并会听其他顾客评价商品。此时，作为店员应再次主动接近顾客，给他开口的机会，你可以这样说：

"先生，您是不是有什么问题要问？如果有，请您提出来，我马上帮您解决，您觉得怎么样？"

"女士，您觉得我的商品好，可是您现在不买，是不是有什么顾虑？这样好了，您可以到外面打听一下我们的商品到底怎么样，一会儿我再给你开单子，您看怎么样？"

这样顾客就很容易敞开心扉，成交的概率也会变大。

（3）顾客说"到别处去看看再说"。

顾客在购物时，往往都会有这样的心理：货比三家不吃亏。这类顾客疑心比较重，害怕吃亏上当，为了一件商品可能会东奔西跑，跑断腿也在所不惜。对于这种顾客，店员要晓之以情，动之以理："女士，我们的商品您也看了，您觉得很好，而且价格也合理；再说了别处根本没有这样的商品，我们的商品这几天很抢手，货本来就不多了，别错过时机，等你再回来可就卖完了，别后悔啊。何不现在就买了呢，有这么好的东西您还用去别处吗？您觉得怎么样？"

俗话说："买卖不成话不到，话语一到卖三俏。"要想激发顾客的兴趣，刺激其购买欲望，就要讲究语言的艺术，向顾客展示你的语言魅力。

（三）微笑服务结客缘

对于我们来说，微笑如同阳光、水和空气一样重要，生活中不能没有微笑。同样，门店经营更不能缺少微笑服务。俗语说："出门看天色，进门看脸色。"当顾客走进商店，谁都不愿意看到一张张面无表情，目光呆滞的冷面孔，即使货再好，都不足以弥补这一损失。所以才有了"和气生财"、"笑纳天下客"、"人无笑脸莫开店"等传统的经营之道，微笑服务已经成为当今店铺经营者无比推崇的服务法则。

1. 微笑服务的意义

"经营之神"松下幸之助曾说："即使是把一张纸当做赠品，亦可获得顾客的好感；如果连一张纸也没有，笑容就是最好的赠品。"

美国纽约一家商店的经理也表示，她宁愿雇用一个只有小学文化，却有愉快笑容的小孩，也不愿雇用一个神情忧郁的博士。可见，微笑的魅力非同一般，在店员销售商品时，最能使顾客感到满意的就是店员的一张笑脸。

（1）微笑可以感染顾客，化解顾客疑虑。微笑作为一种表情，是友善的标志，不仅给人以美感，而且可以以热克冷、以柔克刚、缓和气氛、化解矛盾。在商店经营中，只要服务的对象是活生生的人，微笑服务就将是永恒的内容。

图 14-4　屈臣氏个人护理用品连锁店店内实景（三）

顾客的性格千差万别，在经营过程中，虽然难免遇到比较难缠、故意刁难你的顾客，但并非所有的顾客都是斤斤计较。面对真诚的微笑、适当的敬语，顾客会感到宽慰，产生满意的感觉。即使出现了一点小问题，顾客也会谅解。

例如，当一位顾客由于对服务或者产品不满意，怒气冲天地来向你投诉时，如果你是一副毫无笑容甚至不耐烦的冷面孔，顾客心中的不满就会更加强烈。相反，如果你真诚地对顾客微笑，往往可以感染他，使他调整态度，最终化解不满。

在一家餐馆，一位客人不满地对服务员说："我们明明说的是汤里不放香菜，你看看这是什么啊？还让我们怎么吃？"由于客人点的菜过多，服务员当时忘了记录。如果服务员此时微笑着说："对不起，是我工作的疏忽，请稍等片刻，马上会给您重新换个汤的，不过汤里加了香菜也另有一种口味，如果各位有兴趣的话，就当做赠送的吧。"客人一听后缓和了语气说："那算了，不用换了，我们就尝尝加了香菜的汤吧。"

微笑服务可以感染顾客，消除顾客的顾虑，扑灭顾客心中的怒火，给顾客带来心情舒畅。服务行业如此，零售行业也如此。所以想换得顾客的满意，我们就要在工作岗位上表现出诚恳、热情、耐心、周到，做到微笑服务。

（2）微笑能够激发工作热情，提高工作效率。微笑不仅能够给顾客带来愉悦的心情，而且能够营造热情、主动、自信等良好的情绪氛围，处在这一氛围内的店员，工作效率也会随之提高。因为当你在微笑服务的时候，你会暗示自己："我愿意为顾客服务。"无形中，你的服务热情被激发出来，并为顾客提供更加周到的服务；此外，处于轻松愉悦状态的你，思维也会越发的活跃，从而更利于你创造性地解决在销售过程中遇到的各种问题，提高工作效率。

（3）微笑服务能为店铺带来良好的形象。在7-ELEVEn便利店内，无论是欢迎顾客进店，还是耐心解答顾客疑问，店员在每个服务环节都始终保持着亲切的微笑。微笑服务已成为7-ELEVEn零售服务精髓的体现，并为其树立了良好的门店形象。

店员的一举一动不仅仅代表着个人，更代表着门店的形象。店员的微笑更能使顾客对店铺印象深刻。

一句"今天你对客人微笑了吗"享誉全球，成为无人不知、无人不晓的服务信条。这正是希尔顿酒店的董事长经常问他员工的一句话。这句话看似并没有什么高深的哲理，但却是希尔顿酒店从一家小旅馆最终遍布世界五大洲各大都市，成为全球规模最大的酒店之一的"法宝"。正如希尔顿当年所想的：微笑将有助于希尔顿酒店世界性的大发展。

2. 如何做到微笑服务

世界上最伟大的推销员乔·吉拉德曾说，"当你微笑时，整个世界都在笑。一脸苦相没有人愿意理睬你"。微笑不用花一分钱，但却能给你带来巨大的好处，微笑买不着、讨不来、借不到，同样也偷不走，它是无价之宝。那么，如何做到微笑服务呢？

（1）用"心"微笑。有的店员可能会说："笑，还不容易吗？谁都会，还用学吗？"在谈如何做到之前，看看以下生活中的服务镜头，哪一种更像你？

镜头一：我的表情倾向于严肃、一本正经的样子。

镜头二：我紧张的时候，脸会涨红，讲话速度会很快，没有时间保持微笑。

镜头三：我疲劳的时候，眼皮会耷拉着，但当有顾客时，脸上会刻意地笑一下。

镜头四：别人认为我的声音总是"升调"，大多数情况下，我能控制自己的表情，该笑的时候笑，并显得很自信。

镜头五：有顾客投诉时，我会一脸严肃地与他谈话。

镜头六：我庆幸自己能自然地微笑，面对顾客。

当接待顾客时，上述的哪个镜头更能赢得顾客的好感呢？

对于顾客来说，店员硬挤出来的笑还不如不笑。微笑服务并不意味着皮笑肉不笑，微笑不是靠行政命令强迫的，在不诚恳的笑容背后，必定隐藏着不诚恳的感情，笑容的真伪是顾客一眼就能辨别出来的。微笑，是一种愉快心情的反应，是礼貌和涵养的表现。微笑服务最重要的是在感情上把客人当做朋友，成为客人的知心人，真诚地为顾客提供服务。所以唯有发自内心的笑，才是顾客需要的笑。

（2）坚持天天微笑。微笑服务并不是说你今天高兴就今天微笑，明天不高兴就不微笑。微笑服务就要做到不管自己高兴不高兴，必须让客人感到高兴。因为商店并不是只经营一天，所以就要求你天天保持微笑，养成天天微笑的习惯，当微笑变成了一种习惯，微笑服务也就进入了新的境界。

（3）保持心胸宽广。心胸宽广是使你保持心情愉快的重要前提，只有拥有宽广的胸怀，你在工作中，才不会因为一时的得失而患得患失，心情起伏不定；只有拥有宽广的胸怀，你在接待顾客的过程中，才不会因为顾客的一时刁难而斤斤计较，耿耿于怀。保持心胸宽广，你就能永远保持一个良好的心境，做到微笑服务。

（4）全方位微笑。一个美丽的微笑并不单单是嘴角的微微上翘，是要用整个脸微笑。当你在微笑的时候，你的眼睛也要"微笑"闪烁。眼睛是心灵的窗户，如果是发自内心的微笑，眼睛的笑容一定非常感人；否则，只会给人"皮笑肉不笑"的感觉，顾客自然也不会感觉舒服。整个脸的微笑还包括鼻子的皱纹以及面颊的上提收缩。

微笑服务应该是全方位的，不仅仅是面部的表情，微笑的同时还要与正确的身体语言相结合。肢体语言也是传递信息的一种途径，只有二者的紧密结合，才会相得益彰，给顾客留下最好的印象。除了无声的肢体语言，有声语言也是必不可少的，微笑要与恰当的服务语言相结合。

当顾客进店时，你要微笑着说"您好，欢迎光临"等礼貌用语；当顾客离店时，同样要微笑着说"谢谢惠顾，欢迎您的下次光临，请慢走！"

只说不笑或者只笑不说都不是微笑服务，微笑服务应是全方位的服务。

请记住：微笑只需要用到脸上14条肌肉，而皱眉头则要用到72条。那何不使微笑常挂在你的脸上，永葆一份愉悦的心态呢？为微笑而服务，为服务而微笑，用微笑赢得顾客，用微笑使顾客满意、舒心，用微笑创造精心的服务。如果说面对生活微笑，生活还你以快乐，那么面对顾客微笑，顾客则会还你以钞票。

四、深入了解顾客所需

顾客需求是指顾客的目标、需要、愿望以及期望，是使顾客决定购买某种商品的动力，是销售的一个核心。只有顾客有需求，才会被你的商品吸引。店铺经营者在制定商品策略时，应以顾客的需求为指导，深入了解顾客所需，因为抓住了顾客的需求，就抓住了顾客的钱袋。

（一）顾客需求的类型

购买动机是由于顾客在生活中遇到某些问题，或者他们的生活现状与其预期的理想效果存在一定差距，为了缩小这个差距，产生了购买的需求。

顾客的需求有现实性需求和潜在性需求之分。现实性需求是指顾客有明确的购买目标，有具体商品的需求，往往顾客的这类需求都易达成交易；而顾客的潜在性需求是顾客并没有明确具体的购买商品，但是你可以从顾客的陈述中获得相关信息，以推测出顾客的需求，继而进行有效的推销。

如果按照需求性质划分顾客需求可分为生理性需求及心理性需求。

1. 生理性需求

生理性需求是人类维持自身生命与生俱来的需求。例如，肚子饿了会产生对食物的需求，口渴了会产生对水的需求。对于这些需求，商店无法改变，只能去适应。

2. 心理性需求

顾客的心理性需求也称为社会性需求，是人受历史条件、社会制度、文化知识水平、种族和风俗习惯等制约而后天形成的需求。例如，对友谊、地位、荣誉等的追求都属于心理性需求。在销售中，顾客的心理性需求因顾客的不同而有差异。只有充分了解"上帝"们的消费心理，才能准确把握顾客的消费需求，促成交易。

日本 7-ELEVEn 便利连锁集团创始人铃木敏文曾说："现在最需要的不是经济学，而是心理学！"如今日本 7-ELEVEn 已成为日本零售业界中的首席企业，年利润高达 1600 亿日元，成为业界屈指可数的高收益企业。其实 7-ELEVEn 的成功不在于它的硬件，而在于它的软件——对顾客心理的深度研究。

（1）顾客的唯美心理需求。爱美之心人皆有之，此种消费心理多体现在城市年轻女性身上。她们在选购商品时，讲究商品的"装饰"和"漂亮"，即注重商品个性和风格。此外，她们也关注商品的包装、款式等形体价值。因此，追求商品的美感成为此类顾客的最大购买需求。

（2）顾客的名牌心理需求。顾客的名牌心理需求多体现在城市青年男女身上。他们重视商品的威望和象征意义。购买的商品牌子要响亮，以此来炫耀自己，不仅是高品质生活的体现，更是社会地位的体现。在介绍商品时，你可利用顾客的崇名心理作为突破口，进行合理销售。

（3）顾客的求新心理需求。此类顾客的购买动机多为"新颖"和"时髦"。他们在购买商品时，好赶"潮流"。这类顾客多为青年男女，一些外国顾客也常有这种购买心理。

一对巴西夫妇来北京旅游，他们穿着奇特。他们走进一家古装戏服商店，当店员向他们介绍古装服装时，他们非常高兴，当即购买了三件不同款式的衣服，并说明要回国举行生日宴会时穿，让所有的宾客感到惊奇。

（4）顾客的求实求廉心理需求。求实求廉的消费心理一般为中低收入顾客的购买需求。他们在选购商品时，核心动机是便宜和实惠，不注重商品的外观、品牌，而立足于商品的价格及效用，讲究商品的"物美价廉"。对于这类型的顾客，我们可以在销售过程中用优惠券、大拍卖之类的销售技巧进行劝说，以促成交易。

顾客："你们商店的这款上衣，怎么卖的?"

店员："您好，这个是今年的新款，400元一件。您若喜欢，可以试穿一下?"

顾客："哦，那有没有比这个便宜一点的?"

店员："那您看这款怎么样，虽然是去年的款式，但是颜色和款式都很经典，而且现在打折促销，只需200元，原价是380元，现在买最合适了。您要不喜欢这款，这边还有其他几种款式，都是参加活动的，价格很合适。"

顾客："好，我试试那件黑色的和灰色的。"

（5）顾客的自尊心理需求。这类顾客能否购买商品，关键在于店员的推销态度。如果他们一进店，便受到店员热情友好的接待，成交并不难；反之，若店员冷若冰霜，顾客则会转身而去，甚至再也不光顾这家店铺。

（6）顾客的安全心理需求。随着科学知识的普及，生活条件的改善，越来越多的顾客开始关注商品的安全性能。有此需求的顾客，要求欲购商品在使用过程中，必须保障安全。例如，食品的生产日期、保鲜期，电器用具有无漏电现象等。因此，作为店员在推销时，就要抓住顾客的安全需求，进行解说以消除顾客的顾虑，成功交易。

（7）顾客的求便心理需求。顾客的求便心理需求多体现在店铺店面选址以及商品结构上，以便利店较为突出。便利店要以满足顾客的求便需求为出发点，以提高购物的便利性为原则。为了提高门店的竞争力和盈利能力，可以丰富便利店的经营手段，如开发一些新的服务业务等，以方便顾客购买。

全球最大的便利连锁店 7-ELEVEn 便利店，在成立之初，其定位就是为社区居民提供生活必需品。7-ELEVEn 最初的营业时间延长为早 7 点到晚 11 点，为了便民服务，现在的 7-ELEVEn 营业时间已改为 24 小时全天候营业。为了提高居民购买商品的便利性，7-ELEVEn 对商品进行了更加细化的划分。例如，在社区的 7-ELEVEn 便利店内约有 3000 个商品品种，其中食品占 75%，杂志及其他日用品占 25%。此外，7-ELEVEn 便利店还从事其他小件物品的销售，如电话卡、圣诞礼品、邮票等都可以在该店买到，而且它还协助所在地区收缴电费、通信费、水费等。7-ELEVEn 正是凭着这些看似平常的商品和服务，充分满足顾客的求便心理需求，做到真正为顾客着想，因此每天吸引了众多顾客的光临，取得了良好的口碑。

可见，零售店重视顾客需求与否，尤其是顾客的心理需求直接关系着交易的成败。

（二）顾客需求的特点

在零售店服务中，了解顾客需求的同时，注意把握顾客需求的特点，以利于随机应变，采取相应的销售策略，这样零售店才会更具活力。

1. 差异性特点

不同的顾客由于所处地理位置、环境的不同，以及年龄、收入、受教育程度等方面的差异，其对商品的需求也有明显的差异。因此，在推销商品的过程中，你要因人而异地灵活推销，对于有不同需求的顾客，不能一味地使用同样的推销话术，否则，只能导致交易失败。

2. 动态发展性特点

顾客需求不是一成不变的，随着生活水平的不断提高，年龄的增长，或者受其他因素影响，顾客的需求会发生变化。一般而言，顾客的需求有一个逐渐由低级到高级、由简单到复杂、由数量上的满足向追求质量的动态发展过程，所以店铺经营者应适时改变销售策略，提高商品质量，以满足顾客不断变化的需求。

3. 易变性特点

顾客的需求更加容易发生改变，即使是同一顾客在不同的时间、地点、情绪等情况下，其需求也不一样。

（三）了解顾客需求的方式

很多店员在销售商品时，最容易陷入这样的误区：在不了解顾客需求之前，就急于滔滔不绝地介绍产品。

例如：

"欢迎看一下××手机，超长待机，超大屏幕，16 和弦……"

此时，顾客大多会轻轻地摇摇头走了。

为了避免顾客"逃跑"，在介绍产品之前应先了解顾客的需求。只有充分了解顾客需求，你才能有的放矢地灵活推销。那么如何才能发掘顾客的需求？

1. 通过察言观色判断顾客的需求信息

店员要做到眼观六路、耳听八方，通过观察顾客的年龄、随身物品、言谈举止、神态气质、穿着打扮等，了解顾客需求，然后为顾客介绍合适的商品。

在某手机商店，店员正与一位 25 岁上下、着休闲服装的男性顾客交谈。

店员："请问是先生您自己用吗？"

顾客："对，我自己用，我以前的手机坏了。"顾客在掏手机的同时，驾驶证也带了出来。

店员："这样啊，那您平时开车比较多吧？"

顾客："是啊，我是开出租的。"

店员："如果是经常在车上接电话，那您看看这款双屏手机，具有导航功能，这样能为您省去不少麻烦；有电话时，您不用打开翻盖，就可以看到是谁的电话。开车时多几个动作就多几分危险。毕竟安全是最重要的。您说是吗？"

顾客："你说得没错，那我就买这款了。"

店员通过仔细观察顾客，大致判断出顾客的生活习惯，进而发掘出顾客的购买需求，促成交易。

2. 通过提问了解顾客需求

顾客的需求多种多样，只有了解了顾客需求，你才能挖掘需求，掌握主动并引导销售。作为店员，选择时机向顾客提出正确的问题，是销售中发现顾客需求的最好方法。反之，如果你不知道提问或不会提问，则会错过销售良机。

在顾客刚进店时，你要热情招待，并尽量问开放式问题。开放式提问一般易于顾客回答，他们可以用自己的语言自由地回答和解释。例如，你可以这样询问顾客："您对目前的产品有哪些不满意的地方？"你还要用鼓励的语言让顾客大胆地说出他们的真实想法。如果顾客的需求不够明确，您必须通过追问获取较多的信息，进而从顾客提供的信息中发掘出顾客的内心需求。

两名店员分别对同一顾客进行提问，以发掘顾客的真正需求。

店员甲："您对这种饼干有什么不满意的地方？"

顾客："不好吃。"

店员甲："那您还有其他不满意的地方吗？"

顾客："饼干的包装不好。"

店员甲："哦，那您还有不满意的吗？"

顾客："没有了。"

下面是店员乙与该顾客的谈话：

店员乙："您对这种饼干有什么不满意的地方？"

顾客："不好吃。"

店员乙："哦，不好吃具体指什么呢？"

顾客："奶味太重，吃起来有点腻。"

店员乙："这样啊，那您还有不满意的吗？"

顾客："饼干的包装不好。"

店员乙："包装哪些地方不好？"

顾客："颜色太淡了。"

店员乙："那您还有其他不满意的吗？"

顾客："没有了。"

店员甲和店员乙，向同一顾客提问相同的问题，但两人获得的信息却不相同。店员甲通过提问了解了顾客对当前产品的不满，但是并没有了解顾客不满意的真正原因；而店员乙，通过恰当的追问，了解了顾客问题背后的问题，全面掌握了顾客对该产品的具体要求，继而发掘出顾客的真正需求。

所以，在进行开放式提问时，你要把握追问顾客的技巧，了解顾客需求背后的详情和原因，注意需求的优先顺序，继而进行合理销售。

除了开放式提问，封闭式提问在推销中也必不可少。如果你不能肯定顾客的需求，就可用封闭式问题进行确认。封闭式提问有助于把顾客引到销售话题。

封闭式提问通常只要顾客回答简单的"是"或者"不是"。例如，"产品的……对您是否重要？""您是否喜欢……"

总之，在提问时，要将开放式的提问和封闭式的提问结合起来灵活运用。在你掌握足够信息的前提下，引导顾客谈话，并进一步确定顾客需求，促成交易。值得注意的是，在提问过程中，切忌连续发问，否则会使顾客产生被审问的感觉，注意制造轻松融洽的谈话环境。

3. 通过聆听了解顾客需求

提问的目的是让顾客说出其内心的真正想法，而顾客说出的信息，你能不能理解，则需要认真地聆听。

顾客在购物过程中，很少直接把自己的需求表露出来，甚至有些需求连顾客自己也不知道。此时你就要通过聆听顾客讲话，听出顾客的"弦外之音"，即顾客的潜在需求。

在某洗衣机商店，一位顾客正在与店员谈话。

顾客："我以前也用过××牌子的洗衣机，它的机体容量太小了，每次洗不了几件衣服。我家有 5 口人，每次洗衣服都得花费大量的时间，而且甩干桶也特别小，浪费了我大量的时间和精力……"

这位顾客在谈到自己以前使用的洗衣机时，表现出极大的不满，实际上顾客的"弦外之音"是：如果有一种洗衣机能够解决我的这些问题的话，我一定会选择。此时，作为店员你应能够"听"出顾客的内心需求，并提供恰当的产品来解决顾客的问题，满足其需求。

在聆听顾客讲话时，你要专注地看着他，不可分神，否则就不能把握客户的真实需求，错过成交机会；在顾客讲话时，你不要轻易打断，要适时给予顾客适当的鼓励和恭维，以获取更多的信息，并适当提问，理出谈话的头绪，引导顾客；对于顾客的谈话若有不解，要适时提问以深入了解："请问您刚才的那句话代表什么意思？"

除了用直接途径了解顾客需求外，还可以用间接的途径如通过在店铺内设置意见箱、顾客意见簿，让顾客填写产品需求调查问卷，或者通过店铺的电子邮箱、网站等媒介了解顾客需求。

五、金牌店长重视售后服务

售后服务是顾客购买商品时重点考虑的因素之一。良好的售后服务能够提高顾客的满意度和忠诚度，进而促进商品的销售。

售后服务是指店铺为已经购买商品的顾客提供的服务。如果说售前和售中服务只是为了让顾客买得称心，那么售后服务就是为了让顾客用得放心。售后服务包括维修服务、换货和退货服务、处理顾客投诉服务和顾客关系维护服务等几个方面。其中处理应对顾客投诉和维护顾客关系在前边的内容中已经有较详细的讲述，在此就只重点分析一下维修、换货、退货的服务，即统称的"三包"服务，这是目前零售业服务之中存在争议较多的部分，也是工商管理部门、消费者协会接到的投诉热点，应该引起每一位店长的重视。

所谓"三包"服务，是指零售企业对所售商品实行"包修、包换、包退"的服务。这是卖方在一定期限内对买方的信用保证，承诺对非人为损坏导致的商品质量问题提供保障。顾客在购买商品之后会因为各种原因提出维修、换货、退货的要求，对于符合"三包"服务标准的顾客，必须友善对待，按照维修、换货和退货的流程，在允许的范围内为顾客办理相关的手续。

1."三包"服务的原则

（1）为顾客提供包退、包换服务，解决顾客的后顾之忧。

（2）为顾客提供规定范围内的免费维修，对于某些零件只收取成本费，缓解顾客的忧虑。

（3）对于顾客准备购买的商品，可按顾客的要求进行部分更改，以满足顾客的要求。

2."三包"服务的标准

（1）当卖出的商品被鉴定为质量问题时，无条件退换。

（2）当退换的商品正在打折时，虽然商品的价格高于现价，也只按现价退款。

（3）当退换的商品存在质量问题时，按购买价格退换。

（4）如果退换的商品价格低于原商品价格，顾客可挑选其他商品补充，直到与原商品价格持平；如果退换的商品价格高于原商品价格，顾客应支付超出金额。

（5）对于人为损坏的商品，不予退换。

（6）对于无购物发票的商品，不予退换。

（7）对于特价商品，不予退换。

（8）对于礼品，只换不退。

（9）对于顾客不满或退换货无法断定责任的，及时向领导汇报。

3."三包"服务的一般流程

（1）服务台接待人员面对要求退换货的顾客时，首先应检查商品是否符合退换货标准，如果符合，填写顾客退换货申请表。

（2）由负责该商品的店员对商品进行鉴别并签字确认。

（3）店长或售后服务业务的主管审批顾客退换货申请表。

（4）在相关领导人监督下，完成换货或者退款的程序。

4. "三包"服务的注意事项

（1）态度谦和，保持微笑，耐心查询并倾听顾客退换货的原因。

（2）对于不同的情况，应采取不同的处理办法：如果是商品质量有问题，应马上向顾客道歉，并按顾客要求予以退换；如果是顾客自身的原因，在按规定退换的同时，进一步介绍本店的其他相关商品；如果是因为店员态度恶劣、用词不当而引起的退货，店长要出面道歉，尽量获得顾客的谅解，避免矛盾升级；如果是顾客恶意索赔，要以正当的理由坚决拒绝，不能让顾客抱有侥幸心理。

（3）加强质检工作，熟悉商品知识。商品上架前，店员应仔细检查商品的质量，防止残次品上架。同时，要了解商品的质量、规格、数量、保存和维护方法等，以便为顾客提供建议，减少退换货的发生。

5. 一般的免责规定

对于下列情形之一，店铺可以免除责任，但应该提供付费维修服务。

（1）因顾客使用、维护、保管不当造成损失的。

（2）非指定维修方拆装造成损失的。

（3）无"三包"凭证及有效发票的。

（4）"三包"凭证型号与维修方产品型号不符或遭涂改的。

（5）因不可抗力造成损坏的。

店长在日常工作中，就要强化员工的服务意识，尤其是售后服务的规章、流程和注意事项必须熟记于心，遇到这些情况要能从容处理。否则要是对售后服务的环节不予重视的话，很容易在顾客群体中造成很广泛的对门店的不良印象，这对于门店来说，是很大的生存危机。

六、怎样吸引回头客

对于店长来说，老顾客是门店宝贵的资源。在上一章中我们就讲过顾客的维护和传承的重要性，因为开发新客户的成本远高于维护老顾客，因此，在门店经营中，要不断想方设法吸引回头客，让老顾客不流失，并让新顾客成为老顾客。

优秀的店长要善于运用各种方法来吸引回头客。

（一）雇用合适的人

门店需要有一种友好的气氛，店员不但要有完成自己工作的意识，还需要有团队合作精神和行动，共同来帮助顾客完成购买行为。当然任何店员都不是天生就具备这些基本意识而知道如何行动的，意识和行动需要后天的培养。这就需要店长在招聘的时候一定要录用那些有培养潜力的员工。在培训的过程中，一定要规范店员的基本行为。一个店铺应该有自己独特的特点，任何店员的行为都不是随意的，而是经过精心培训的，这样才能够表明这家店铺够专业、够水平，自然能够提升门店的形象，让顾客产生较高的满意度。对于门店经营来说，员工的素质是根本的问题，员工的素质高低直接决定了经营的好坏。店长要做好管理，首先就必须提高员工的素质，规范员工的行为，同时还要提高员工的工作技能。

（二）信守承诺

店员对顾客作出的承诺是需要履行的。但是在现实销售过程中，店员在忙于取悦人们并完成销售时，经常作出无法兑现的承诺。很多店员居然忘记了曾经承诺过顾客什么，这对拥有比较稳固的顾客群的店铺来说并不是一件好事，往往容易引起顾客的愤怒。信守承诺是一种美德，也是一个店铺的经营原则。店铺要想建立自己的良好形象，就必须在承诺上下工夫，而不要将对顾客说过的话很轻易地忘却。这也告诫店员，不要轻易对顾客承诺什么，因为任何承诺的履行都会增加成本。

（三）主动和顾客交流

不要等着顾客主动上来跟你打招呼，要学会主动去询问是否能够帮顾客什么忙，这样往往能够将自己的意见介入到顾客的购买决策中去。当看到顾客似乎在寻找什么商品的时候，店员应该主动询问有什么可以帮助的或者直接询问顾客需要什么商品。这样往往能够勾起顾客的话题，一旦在话题上有了主动，顾客自然愿意和店员交流，这样就能影响到顾客的购买，进而了解到顾客的进一步信息。

（四）主动承认过失

如果店员犯了错误，能够主动承认错误，向顾客道歉，往往能够得到顾客的原谅。门店的经营本来就是小本生意，因此在经营的过程中一定要注意客户群的稳固。如果不小心在言语或者举止上冒犯了顾客，一定要及时地向顾客表示道歉，同时一定要有一种真诚和紧张的态度。真诚的态度往往会被别人接受，紧张的态度往往能够博得别人的同情。

店员在冒犯了顾客后主动向顾客道歉往往也是有素质的表现。对于店员和整个门店来说，根本的目的在于销售产品，而不是争论是非曲直。如果能够销售产品，建立一种顾客与门店的互信，那么谁对谁错，确实关系不大。尊重顾客就要从点滴的小事上做起，让顾客感觉到自己受到了尊重；把顾客当做上帝也需要从点滴的小事上做起，让顾客真正感觉到自己受到了重视。这些基本的原则和精神都体现在店员和顾客的沟通之中。店员要学会将矛盾在萌芽状态的时候就处理好，而不要到一发不可收拾的地步才手忙脚乱地去解决。

总体来说，所谓回头客，也是因为顾客对门店产生了感情，建立了深层次的信任而再次购买。这种情节的产生不是偶然的，而是在门店的方方面面、点点滴滴的细节中积累起来的，正所谓"诚招天下客"，应该相信，真诚的服务会使得熟客盈门的。

图14-5　深圳千色店化妆品连锁店店铺员工形象

第六篇　用人篇

第十五章 门店岗位设置和人员招聘

本章要点:

招聘
招聘

门店需要哪些基本岗位?
它们分别肩负着哪些职责?
门店如何招贤纳士?
选拔英才有何奥妙?
金牌店长慧眼善辨真才;
金牌店长重视劳动合同。

一、门店岗位编制和工作职责

门店究竟需要设置哪些必要的工作岗位? 需要哪些人员才能保证正常运营? 这其实是每一个经营者和管理者都应该在脑海中思考和规划的。门店的经营和管理要实现效益最大化就要科学安排岗位人员编制。

门店的工作人员通常情况下可分为管理人员与普通员工两大类, 其中前者的岗位数和人数要明显少于后者。门店可根据实际情况设置相关岗位, 一般具备一定规模的连锁店设置如下岗位: 店经理、店长、店长助理、会计、出纳、营业员 (包括收银员和导购员等) 以及理货员、库管员、验收员、配货员、保洁员等岗位。根据门店规模的大小和经营性质的不同, 岗位人员设置的数量和层级也不一样。例如, 店长这个职位在一些大规模连锁店中就可分为正店长和副店长, 各个不同岗位还可能会配备主任、主管或者组长等管理干部, 而一般营业员还会根据业绩表现和资历分为不同的层级。但小型的门店设置这么多层次则不便于管理。

(一) 门店岗位组织结构

门店一般分为单店和连锁店, 它们的人员编制组成不一样。

1. 单店岗位组织结构（见图 15-1）

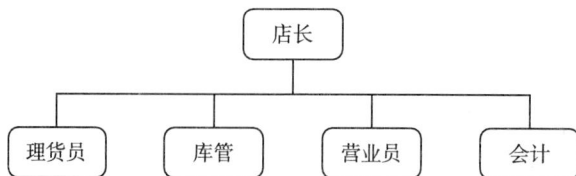

```
                          店长
      ┌──────────┬──────────┼──────────┬──────────┐
    理货员        库管        营业员       会计
```

图 15-1　单店岗位组织结构

2. 连锁店岗位组织结构（见图 15-2）

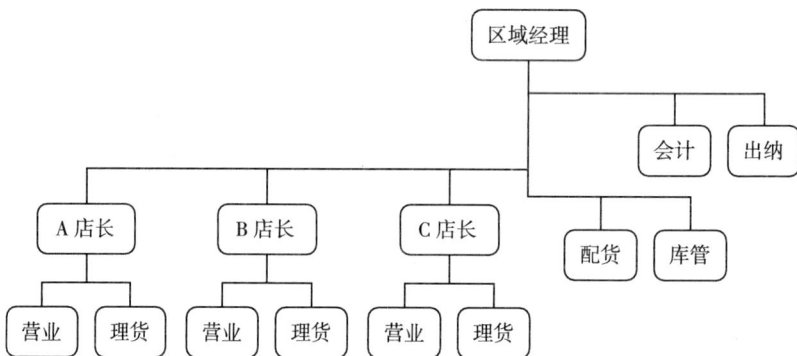

```
                                      区域经理
                                         │
                                      ┌──┴────────┐
                                     会计        出纳
   ┌──────────┬──────────┬──────────┐
 A 店长      B 店长      C 店长      配货        库管
 ┌─┴─┐      ┌─┴─┐      ┌─┴─┐
营业 理货   营业 理货   营业 理货
```

图 15-2　连锁店岗位组织结构

这里需要说明：对于 5 家分店以上的直营门店，一般都应该设置一名区域经理（运营经理）进行监管。

（二）门店各类岗位工作职责

1. 店长助理、主管、主任、组长等岗位

岗位职责：

（1）负责协助监督商品的要货、上货、补货，做好进货验收、商品陈列、商品质量和服务质量管理等工作。

（2）负责协助执行总部下达的商品价格变动。

（3）负责协助执行总部下达的销售计划、促销计划和促销活动。

（4）掌握门店的销售动态，向店长建议新商品的引进和滞销品的淘汰。

（5）掌握门店各种设备的维护保养知识。

（6）协助店长监督管理门店账务工作。

（7）协助店长开展人事管理工作。

（8）执行店长的决策和指示，协助店长收集整理相关资料报表。

（9）出面解决门店的日常事务，尤其是突发性事务。

（10）负责店长及上级总部所分配布置的工作。

（11）做好门店的各方面协调工作。

直接上级：店长。

直接下级：收银员、导购员、理货员、配货员、验收员、库管等。

2. 会计、出纳等财务岗位

会计岗位职责：

（1）执行门店的财务管理工作。

（2）准确、真实、及时地向财务部上交门店的各种报表。

（3）对报表的数据进行汇报、分析和处理。

直接上级：单店是向店长汇报工作，连锁店一般是直接向区域店经理或总部负责。

直接下级：如果是主管职位就要管理出纳等所有财务部门职位。

出纳岗位职责：

现金的有效管理和使用。

直接上级：店长或财务主管。

3. 收银员岗位

岗位职责：

（1）做好营业前的准备工作，认领或交接备用金并清点确认，调试检查收款机器设备。

（2）顾客结账时，认真扫描商品并操作设备，确保核价无误，并告知顾客应付款额，并准确、快速完成欠款收取、找零或刷卡等收银操作程序，后将结算小票交与顾客核对。

（3）当顾客不多时，应替顾客做好商品包装服务。

（4）当顾客高峰时，在认真完成收款工作的同时要确保客流正常秩序，并注意收银台处财物安全。

（5）非营业日，听候店长的其他工作安排。

（6）下班时，完成备用金及收款设备等的交接，按所收货款填写交款清单，签字后上交。

直接上级：店长或营业主管。

4. 理货员岗位

岗位职责：

（1）负责巡视店内货架、橱窗，保持所属货区内的商品陈列布局美观，耐心解答顾客的提问。

（2）掌控所属货区内所有商品名称、规格、用途和保质期以及上架数量等信息。

（3）负责所属货区内所有商品的标价工作。

（4）负责所属货区内所有商品的陈列、整理工作。

（5）负责做好所属货区内商品安全工作。

直接上级：店长或营业主管、组长。

5. 验收员、配货员、库管等岗位

验收员岗位职责：

（1）负责商品到货进店的货物验收工作。

（2）负责到货验收时的票据、商品的核对工作。

直接上级：店长。

配货员岗位职责：

（1）销售、库存分析和销售预测工作。

（2）现有货品的分配。

（3）货品的调拨、补发申请工作。

直接上级：单店一般不设此岗位，而连锁店此岗位通常设在区域中心的核心店或者区域办事处。

库管岗位职责：

（1）门店的物资存放保管。

（2）货品盘存、出入库的管理。

（3）货品的清洁、保管和维护以及搬运。

直接上级：单店一般是向店长负责，连锁店向店长或仓储、物流主管负责。

6. 导购员岗位

岗位职责：

（1）引导顾客购物及热情接待顾客。

（2）不断提高自身素质，充分利用门店提供的资源，根据零售计划，达成销售目标。

（3）充分了解所在地区的消费特性及竞争品牌的优劣势，抓住每一个销售机会，有效地扩大导购范围。

（4）按时保质做好信息的反馈，及时将市场信息和销售中出现的问题反馈给店长，及时将产品样板、宣传资料等的上架率和数量反馈回公司（单店上报给店长）。

（5）做好店内清洁卫生，保持整齐、干净。

（6）协助理货员做好商品陈列工作。

（7）和库管一起（如果不设仓库和库管则独立完成）做好每日、每月的盘点工作。

（8）做好每日的交接班工作。

（9）要妥善保管、维护店内货品和公共财物。

（10）顾客抱怨与投诉的应对和汇报。

直接上级：营业主管。

二、确定招聘用人标准

招聘员工对于零售经营来说是一个非常重要的环节。选择合适的员工，首先要确定招聘标准。只有确定了招聘标准，才能进一步指导后面的工作，鉴别和遴选优秀的员工。

一般来说，适合门店的用人标准主要有以下四项：

（一）高度的工作热情

一个对工作有着异乎寻常的热情的店员，就像进入角色的演员，对待所销售的商品就像对待自己深爱的恋人一样，有着高度的热情和执着。又犹如对待自己的孩子，将一切的优点加诸之上，唯恐别人没有认同感。他不仅深刻地了解所销售的商品，而且深信所销售的商品是最好的，能够满足顾客的基本需求。所以说，高度的工作热情是店员首先要具备的素质。

（二）敏锐的洞察力

具有敏锐洞察力、判断力的店员，善于倾听顾客的要求，并用到位的提问调动顾客说话的积极性，了解顾客的心理、爱好、性格习惯，从而迅速找出你要服务的真正顾客，准确地判断对方的心态，才能采取正确的销售策略，使销售任务顺利完成。

（三）丰富的专业知识

具有丰富的专业知识是零售店人员的核心素质，一个优秀的售货员可以说是半个专家，对所售商品有全面的了解。不仅了解所售商品本身的特点，而且熟悉所售商品的发展趋势、生产厂家的实力等相关内容。更重要的是对竞争零售店和商品优劣势有客观的认识。只有这样，才能为顾客提供购买建议，使顾客对商品产生信任感。

(四) 娴熟的沟通技巧

娴熟的沟通技巧是指店员应该谙熟接待顾客的方法，擅长处理顾客的反对意见，善于维护与顾客的长久关系。做到了这些，才能正确把握顾客的心理，精准地回答顾客的问题，长久地维护与顾客的关系。

只有确定了招聘标准后，才可以依照标准选择合适的人才。

三、招聘方式和招聘流程

店铺在做好招聘计划之后，就要选择一个合适的招聘渠道按照一定的流程展开招聘工作。人员招聘是门店人事管理工作的重要一环，它直接关系到门店能否继续发展壮大。

(一) 门店的人才招聘方式

一般来说，门店人才招聘的来源主要划分为两类：一是店铺内部来源；二是店铺外部来源。在每一类招聘来源中，又有许多不同的招聘渠道。采取哪种招聘来源，选择哪种招聘渠道，取决于店铺所在地人才构成、就业环境、组织的人力资源政策、拟招聘职位的性质以及门店的规模等一系列因素。

某财经学院的一名会计专业毕业生到某超市应聘会计职位，当时主持面试的经理问她："你是通过哪种渠道知道我们的招聘信息的？对我们超市了解多少？"这位大学生说："我是在'前程无忧'网上看到贵公司的招聘信息的，在将个人履历投递给贵公司以后，我就从网上查阅了贵公司的网站。"然后，她如数家珍地将超市成立、建设、发展的过程一一做了描述，负责招聘的领导对她精彩的表述非常满意，结果她被当场录用。

由这个案例我们可以发现，不同的招聘渠道，会让应聘者从不同的角度认识企业，有助于企业招到合适的员工。

1. 内部招聘

店铺员工内部招聘主要有两种形式：一种是内部员工推荐，另一种是内部员工选拔。

内部员工推荐，是指选择某些职位向员工公布，员工向店长或门店的人事部门进行推荐，推荐成功者将获得奖励。通过内部员工推荐应聘者，同时制定鼓励政策发动员工参与到招聘和推荐活动中来，快捷有效，避免时间和资源的浪费。这不但降低了招聘成本，还可以吸收到更高质量的员工。

内部员工选拔是指通过内部晋升、工作调换、工作轮换、人员重聘等方法，从店铺内部人力资源储备中选拔出合适的人员补充到空缺或新增的岗位上去的活动。

（1）内部招聘的优点。

①准确性高。从招聘的有效性和可信性来看，由于对内部员工有较充分的了解，如对该员工过去的业绩评价资料是较容易获得的，管理者对内部员工的性格、工作能力以及发展潜能等方面也有比较客观、准确的认识，使得对内部员工的全面了解更加可靠，提高了招聘的成功率。

②适应较快。内部招聘员工更了解本组织的运营模式，与从外部招聘的新员工相比，他们能更快地适应新的工作。

③激励性强。从激励方面来分析，内部招聘能够给员工提供发展的机会，强化员工为门店工作的动力，也增强了员工对门店的责任感。尤其是各级管理层人员的招聘，这种晋升式的招聘往往会带动一批人进行一系列晋升，从而能鼓舞员工士气。同时，这种招聘方式也有利于在门店内部树立榜样。通过这种相互之间的良性互动，可以在门店中形成积极进取的氛围。

④费用较低。内部招聘可以节省大量的费用，如广告费用、招聘人员与应聘人员的差旅费等，同时还可以省去一些不必要的培训项目，减少了因岗位空缺而造成的间接损失。此外，从企业文化角度来分析，员工在企业中工作了较长一段时间后，已基本融入了企业的文化，对企业的价值观有了一定的认同，因此对企业的忠诚度较高，离职率低，避免了招聘不当造成的间接损失。

许多企业都特别注重从内部选拔人才，尤其是高层管理者的选拔。

（2）内部招聘的缺点。

①因选拔不公、方法不当或员工个人原因，可能会在企业内部造成一些矛盾，产生不好的影响。内部招聘需要竞争，而竞争的结果必然有成功者与失败者，并且失败者占多数。竞争失败的员工可能会心灰意冷、士气低下，不利于企业内部的团结。

②内部选拔还可能导致部门之间出现"挖人才"的现象，不利于部门之间的团结协作。

③如果在内部招聘过程中按资历而非能力进行选拔，将会诱发员工养成"不求有功，但求无过"的心理，也给有能力的员工的职业生涯发展设置了障碍，导致优秀人才被埋没或外流，削弱企业竞争力。

④容易抑制创新。同一企业内的员工有相同的文化背景，可能会产生

"团体思维"现象，这样会抑制个体创新。尤其是当企业内部重要岗位由基层员工逐级升任，就可能会因缺乏新人与新观念的输入，而逐渐产生一种趋于僵化的思维意识，这将不利于企业的长期发展。

2. 外部招聘

（1）互联网招聘。随着互联网的普及，越来越多的人选择上网找工作，网上招聘也面临着一个日益壮大的人才资源库。据调查显示，互联网正以惊人的速度赶超招聘会和报纸广告，成为人才交流的第一大媒体。廉价、快捷、相对稳定的受众以及电子化本身具备的种种优势，使得互联网已成为企业寻找潜在求职者的主要方式之一。因此，选择一家成熟、有影响力、服务好的网站非常重要。

互联网招聘的优点：企业完全主动，可以按自己的要求随时发布招聘职位、修改招聘信息、刷新资料等。

互联网招聘的缺点：投递的简历资料过多，海选工作量大；多数简历都经过了求职者精心包装，有艺术性的夸大成分，这就需要负责招聘的人练就一双火眼，快速从众多简历中提取符合自己需要的简历。

（2）发布媒体广告。媒体广告是常见的一种招聘方式，容易引起注意。但事先无法预测应聘的人数及素质，而且费用高，是较为被动的方式。媒体以报纸广告、杂志广告、车厢广告、电视广告或购物袋广告等为主，涵盖层面较广，适合门店联合招聘时使用，但是费用支出较大。

（3）参加人才招聘会。招聘会是招聘的一种传统方式，在人才市场上扮演着重要角色。这是最直接的面对面的招聘方式之一，可以实现面对面的交流，能有效地促使求职者与企业招聘代表直观地了解彼此的基本情况。但往往应聘者的数量和质量难以保证，招聘效率较低。由于现场招聘时间较紧，应聘双方不能进行充分有效的沟通，不能收集到更多、更深层次的信息。因此，现场招聘不适合大批量的招聘，也不适合招聘高端人才。其主要适应临时补充个别岗位的少量人员，如补充少量的营业员、库管员等。

（4）中介机构搜寻。传统的人才中介机构向求职者和招聘者双方收取费用。它会收集求职者信息，与企业提出的要求做初步的匹配，促成双方达成意向。对于小企业或较低的职位，使用这种方式可将招聘成本降到最低。

（5）猎头公司搜索。对于门店急需的高级管理人员，可考虑与猎头公司合作。这是搜寻高层管理人才的有效途径。这种方式主要用于大中型企业的高端职务，通用性不强，小型企业基本上用不上这种高成本的招聘方式。

（6）橱窗招聘。主要用于招聘基层员工，部分店会在大门前设计橱窗进行招聘或通过政府设置的专业橱窗招聘。橱窗招聘，对于招聘低层次销售人员，是成本最低、效果最好的招聘方式之一。

（二）招聘工作的流程

门店进行人员招聘工作需要有一整套既定的程序，只有严格按照相应的招聘程序开展工作，才能确保聘用人员的质量。

1. 确定岗位人员需求

确定人员需求是招聘工作的前提，店长必须清楚地了解门店的岗位和人员需求情况，只有这样，才能制订出符合门店实际需要的招聘计划。

（1）确定需要招聘的职位。在确定需要招聘的职位时，需要考虑的因素包括：急需填补岗位空缺的部门、职位及其工作内容、职责和权限；店员的流动情况和流动所占的比例；门店和部门的人员结构比例和人才梯队建设情况。

（2）确定各职位的任职资格。这需要店长考虑的因素包括：应聘职位的年龄、性别、外貌、学历或受教育（培训）情况、工作经验、专长、以往的履历和业绩、个性、兴趣爱好、知识技能等。

（3）确定需要招聘的人数。需要考虑空缺职位所需的人员数；掌握求职人数与空缺职位的合理比例，以确定人员招聘的规模。

2. 制订招聘计划

招聘计划是否完善，直接影响招聘工作的成效，因此，每次招聘前，店长应指导相关人员制订详尽、可行的招聘计划并予以监督审核，而后才能正式开始招聘工作。招聘计划的基本内容应包括：

（1）招聘准备工作。所确定的招聘职位、人数和要求等信息（附职位说明书或聘用标准）；最终的聘用标准以及招聘面试方案（如需要进行笔试的还应包括笔试的内容和方案）、面试考官等。

（2）发布招聘广告的渠道。根据前面所讲到过的外部招聘中的各种方式选择适合门店具体情况的媒体渠道，可以是一种，也可以是多种。

（3）招聘成本的预估。主要是结合所选择的招聘方式对招聘过程中广告投放、资金设备投入等所产生的成本进行初步预估和评价，力争尽量降低成本。

（4）甄选考查方式。通常有三种考查方式：

①面试：是一种面对面通过问答交谈的形式进行的考查，能够在较为短促和集中的时间段内综合考查应聘者的各项能力，尤其是沟通和表达能力、应变能力这两个营销行业最看重的素质，一般会在面试中完全地展现

在考官面前。

②笔试：是一种通过在规定时间段内完成答卷的形式进行的人才考查，一般用于对应聘者的业务知识和语言文字驾驭能力的专项考查，能够着重评价应聘者的记忆及思考能力。

③实地测验：是一种通过设计情境的形式对应聘者进行的即兴考查，重点考查应聘者的实际操作能力和工作适应能力。

（5）日程安排。包括面试过程中招聘信息的发布日期，应聘者的初选日期、各职位的面试时间、笔试时间、复试时间，新员工的录用日期，招聘工作的总结或评估日期。

（6）招聘工作所必需的文件资料。包括招聘广告的内容和形式、应聘登记表的内容和形式等各类招聘工作所需的资料文件。

案例

上海屈臣氏日用品有限公司招聘公告

公司行业：批发、零售　　　公司性质：合资（非欧美）　　　公司规模：500人以上

公司简介：

屈臣氏个人护理品商店是屈臣氏集团最先设立的零售部门，在亚洲及欧洲34个市场、1800多个城市共拥有20个零售品牌及逾8900间零售商店，其业务范围覆盖中国大陆、中国香港、中国澳门、中国台湾、新加坡、泰国、马来西亚、菲律宾及韩国，为每周平均总数高达2500万人的顾客提供最大的购物乐趣。其前身是广东大药房，于1828年在广州沙面创办，继于1841年在中国香港开业，后被英国人A.S.Watsons医生接管，随后发展重心转移到中国香港，20世纪80年代末重返大陆市场，先后在国内多个城市开设连锁店。

目前，屈臣氏个人护理品商店每年的业务增长速度骄人。屈臣氏一直都有能力冲破文化及地理上的界限，成功地将个人护理品商店的经营模式拓展到不同市场。

屈臣氏店内的设计环绕"探索"的概念，配合"LOOK GOOD, FEEL GREAT, HAVE FUN"（美态、健康、欢乐）的主题产品。所售来自20多个国家，包罗化妆品、个人护理用品、时款饰物、药物、保健品、糖果、心意卡及礼品等2.5万多个品种。其自创的屈臣氏品牌产品也极受顾客欢迎。长久以来，屈臣氏不只在品质与创新上建立

了相当好的声誉，更赢得了顾客的高度信赖。

招聘职位：见习店长助理　　　　招聘人数：6

岗位职责：

带领店铺管理团队实现销售和利润的最大化，提供指导、培训和原则以确保所辖店铺的顾客服务、店铺陈列、库存管理以及店铺行政工作的高标准执行；保证所有公司制度得到持续的贯彻，同时一直努力降低店铺成本。

薪资待遇：面议

工作地点：南京　　　　　　　　学历要求：大专及以上学历

职位要求：

1. 熟悉卖场日常管理（安全、清洁、POP、订收货、报表等）

2. 了解连锁店铺的收银管理、促销管理、货品管理（货架、陈列、库存等）

3. 掌握员工管理技巧（工作安排、员工培训等）

4. 三年以上卖场管理经验或外资餐饮连锁企业餐厅管理经验

5. 优秀的沟通能力及团队合作精神

6. 具有上进心及吃苦耐劳的工作态度

7. 能够外派到南京以外的省内城市工作（一年）

联系人：华东区人力资源部

电子邮箱：Wayne.he@watsons.com.cn

邮政编码：200032

地址：上海肇嘉浜路 789 号 25 楼 A（B1-2）

Do you want to join a long established and quickly expanding business? Do you want to have massive potential for career advancement? Then Watsons is the place for you!

3. 人才甄选

（1）初步筛选。包括简历初选和先行接见两个阶段，目的是避免不合格的应聘者继续参加以后各阶段的选拔，节省时间和资金，提高效率。

简历初选由负责招聘的人根据应聘简历进行初步淘汰；而初步接见由主持人凭借对应聘者的初步印象，如年龄、性别、外貌等对不符合者进行淘汰。

（2）面试。按照不同的程度，面试可分为初始阶段和深入阶段。如果应聘者在初始阶段被淘汰，就不用进入下一阶段了。初始阶段的面试主要关注基本问题；如工作经验、家庭背景、住址变更、所受的奖励及处罚、前一份工作离职原因等。现在一般企业和门店通常都将这个初始阶段演化为填写较为详细的应聘个人信息表，以求节约时间。深入阶段的面试主要关注工作的动机、性质和行为等，一般也会或多或少问一些业务和应聘职位的相关知识。表 15-1 是门店面试时常用的评价表。

表 15-1　招聘面试评价表

项目	标　准	等　级			
		优秀	良好	一般	较差
仪表	形象端庄，体格正常，神态自若，衣着得体				
口才	口齿清晰，言辞达意，逻辑性强，有感染力				
经验	具有专业工作经验或者同类性质工作经验				
心态	有上进心，有责任感，自律、自制力强				
毅力	善拼搏，能坚持，不轻言放弃				
素质	知识丰富，技能娴熟				
诚意	态度坚决，志向明确				
情商	性格阳光，心理健康，有包容，有涵养				
智商	反应敏捷，思虑细致，善于学习，理解力强				
协作	善于沟通交际，有团队意识			.	
志趣	无不良嗜好，兴趣高雅健康，有一定特长				
综　合					
评语					
面试人		职务		面试时间	

（3）笔试或测验。按照不同职位的性质会在形式上有所不同，一般管理性职位和内部竞聘会侧重于采取笔试方式，而一般店员的招聘多直接采用即兴测验的方式。

总体来说，方式归纳如下：

①笔试答卷法：针对岗位工作性质和特点命制简要的试题，对一般财务人员、库管、收银员考查相关规章制度和常识，而对管理岗位和导购员、促销员等更注重于实际应用知识和题目的考查。要求应聘者在规定时间内完成答卷。

②推销实习法：为应聘者提供相关资料，要求应聘者演示如何向顾客进行销售，然后由主持人做出评判。

③挫折处置法：面试官通过多种方式，如批评、阻挠或表示应聘者已经落选等，让应聘者感受到挫折，就像在销售过程中遇到挫折一样，然后

观察应聘人的反应。

④实地试验法：让应聘者与营业员一起工作，观察他们的实际工作情况，从而判断应聘者满足顾客需求的能力，以及对工作的兴趣、态度等。

4. 录取试用

一般而言，新员工在面试合格后，要经历试用期的考核。原则上，没有相关经验的员工试用期为三个月，期满考核合格者，才能正式聘用。表现优良者，可适当缩短试用时间。关于试用期的考核我们还将在后面详细讲解。

5. 招聘工作评估

一般情况下，在一次招聘工作结束之后，需要对此次的招聘工作进行评估总结，分析整个过程的得失，同时对门店的人力资源状况进行全新的考量，为以后的招聘工作和人事管理工作打下基础。

需要店长们注意的是，门店在招聘店员时，应避免过分依赖以前的经验，因为经验是可以在工作中不断积累的。因此，招聘店员时应重点考查应聘者的热情及学习能力。

四、选择优秀的人才

为了获取优秀的人力资源，不少门店已经有专职的招聘人员负责门店的常年招聘。常年招聘只是一种形式，能否招到优秀的员工取决于很多方面的因素，下面就是招聘工作中应注意的七个问题。

（一）简历并不能代表本人

简历的内容与应聘者个人能力并无直接关系。招聘人员可以通过简历大致地了解应聘者的情况，初步地判断出是否需要安排面试。但应该尽量避免只通过简历就对应聘者做出评价，也不应该因为简历对随后的面试产生影响。虽然我们不能说应聘者的简历一定有虚假的成分，但每个人都有装扮自己的愿望，谁都希望将自己的全部优点写到简历中，同时将自己的缺点深深隐藏。

（二）工作经验比学历重要

对于有工作经验的人而言，工作经验远远比他的学历重要。应聘者以前所处的工作环境和以前所从事的工作最能反映其能力；另外，从应聘者的工作经历中还可以反映出他的价值观和价值取向，这些东西远远比他的简历所显示的信息更加真实、有效。

（三）不要忽视求职者的个性特征

对岗位技能合格的应聘者，要注意考查他们的个性特征。首先要看其在这个岗位上是否有发展潜力，有些应聘者可能在知识层面上适合该岗位的要求，但个性特征却会限制他在该岗位上的发展。另外，由于许多工作并非一个人能够完成，需要团队合作，因此团队合作精神已经越来越为门店所看重。如果应聘者是一个非常自我或者偏激的人，则在招聘时应该慎重。

（四）让应聘者更多地了解门店

招聘和求职是双向选择，招聘人员除了要更多地了解应聘者的情况外，还要让应聘者能够更充分地对门店进行了解。应注意的是，当应聘者与门店进行初步接触时，因为门店的宣传材料或者是专员的宣传，应聘者一般都会对门店有过高的估计，这种估计会形成一个应聘者与门店的"精神契约"。招聘人员让应聘者更多地了解门店的目的之一就是打破这种"精神契约"。应聘者对门店不切实际的期望越高，在他进入门店后失望情绪也就会越大。这种状况可能会导致员工对门店的不满，甚至离职。所以，让应聘者在应聘时更多地了解门店是非常重要的。

（五）给应聘者更多的表现机会

招聘人员应该尽可能为应聘者提供更多的表现机会。例如，在应聘者递交应聘材料时，可让应聘者提供尽可能详尽的、能证明自己工作能力的材料。另外，在面试时，招聘人员可以提一些能够让应聘者充分发挥自己才能的问题。例如，"如果让你做这件事，你将怎么办"，"在以前的工作中，你最满意的是哪一项工作"等。

（六）面试安排要周到

为了保证面试工作的顺利进行，面试安排非常重要。首先是时间安排，面试时间既要保证应聘者有时间前来，又要保证门店相关领导能够到场；其次是面试内容的设计，比如，面试时需要提哪些问题，需要考查应聘者哪些方面的素质等，都需要提前做好准备；最后是要做好接待工作，要有应聘者等待面试的场所，最好准备一些门店的宣传资料，以备应聘者等待时翻阅。面试的过程是一个双向交流的过程，面试安排得是否周到，体现了一个门店的管理素质和门店形象。

（七）注意面试时的形象

实际上，面试时招聘人员也应该注意自身的形象。前面已经讲过，面试的过程是一个双向交流的过程，它不仅是门店在选择应聘者，也是应聘者在选择门店。特别是那些高级人才更是如此。招聘人员不仅要注意自己的仪表和举止，另外还要注意自己的谈吐。在向应聘者提问时，应该显示出自己的能力和素养。招聘人员代表着门店的形象，所以面试不应该过于随便，更不能谈论一些有损门店形象的内容。

五、利用试用期考核人才真伪

门店对符合工作条件的应聘者进行必要的甄别之后，就可以给相应的人选安排工作，开始试用期。试用转正是零售业人力资源管理的日常工作。可是许多门店的管理人员都不知道试用期试什么，而且对试用评估仅仅凭感觉，甚至有的店长在"试用期"上打算盘，认为这是节约成本的好机会，在员工的试用期上大做文章。例如，无限期地试用，以减少工资开支；基层员工只用试用期，到期后一律辞退，另外再招新的员工开始试用，即变相的无限期试用；在试用期内大兴"苛政"，但凡员工出点小问题或者工作不到位，就扣工资，直至扣到员工无法忍受。这三种做法都不是对待和试用人才的正确做法，虽然能图得一时的眼前利益，但是对门店的正常运营和长远发展都十分不利，会形成一种离心离德的不良氛围。

通常，试用期满后让合格者转正，不合格者不得转正或延期转正。那么，试用期究竟试多长时间？试什么？怎么试？对绝大多数店长来说，可能都是一笔"糊涂"账。

孙小姐应聘某超市的导购员职位，通过面试后，报到上班。入职当日，超市所属公司的人力资源部与孙小姐签订了为期两年的劳动合同，并约定了两个月的试用期，试用期岗位基本工资 1000 元，试用期考核合格后予以转正，转正后将在岗位基本工资 1200 元的基础上增加奖金和社保等福利，但劳动合同中并未特别约定录用条件。孙小姐非常珍惜这份工作，除了不迟到不早退外，每天还都提前 30 分钟上班，并把当日全部工作做完后才下班，有时直到深夜。眼看着两个月的试用期快要到了，人力资源部突然通知她试用期考核成绩不合格，并向她发出解除劳动合同通知书。孙小姐不服，向超市经理和人力资源部讨要说法，人力资源部向她出具了试用期考核表，在考核表中有考勤考核、技术操作、主管评分等若干项目，其考核等级总评为 D（不合格），但对每个项目的具体评分则没有写明。于是，孙小姐向当地劳动争议仲裁部门申请仲裁，经过审理，仲裁裁决该商场解除劳动合同违法，并予以撤销。

在上述案例中，超市之所以违法是因为其试用期的考核标准既没有细化，又没有量化，主观性太强，随意性太大，因此不能作为孙小姐试用期不合格的依据。

试用期考核标准的制定很关键。引申到现在国内的零售业，虽然各零售公司和门店对员工都有试用期，但是长期以来，绝大多数零售公司在员工试用期满后的转正问题上都是跟着感觉走。试用期结束后要转正，但转正的依据却几乎没有，完全是凭感觉，认为差不多就可以了，主管领导说了算。至于转正的形式则更是简单，往往是一个团队的同事开一个转正会，大家说一些讨好的话，提一些不痛不痒的建议就转正了，其依据只是主管的签字，员工转正的过程走形式而已，很少有细化和量化的标准。抛开标准和流程，单靠主管一人的感觉，本身就靠不住。如果主管嫉贤妒能或有私心，那么招聘到的贤能的员工就一定会被刷掉，相反招聘来的庸才反倒能顺利通关转正。所以，零售企业构建一套完整的人力资源试用期考评体系，就显得非常必要。

（一）试用期人员的试用内容

1. 道德观和价值观

人无完人，任何人都或多或少有点儿毛病，而试用期就是发现这些毛病，尤其是看道德观和价值观方面的毛病。看这些毛病是否被团队成员所容忍，是否在企业文化能包容的范围之内；其性质是否与企业的价值观冲突，是否和工作本身的业务特点相冲突。而影响到工作的职业毛病在试用期内被发现，就要认真考虑是否给予转正。

2. 专业技能

每个岗位都有自己的岗位要求及任职资格，通过试用期可以了解试用的员工是否符合岗位要求。

3. 工作态度

一个人的工作态度在试用期内，是完全能够看出来的。对工作的态度不一样，自然采取的行动也不一样，这反映的就是一个人的价值观和成就动机。一个没有任何职业成就动机的人，很难对工作认真、负责、勤奋和用心，只有把工作当做生活重要组成部分的人才能勤奋敬业。工作态度不好的员工，或者说没有任何职业成就动机的员工，是绝对不能给予转正的。工作态度有问题而没有注意，转正后对企业的影响就会更大。

4. 工作方法

什么才算是有工作能力，工作能力怎么考核？在试用期内对一个人的工作能力给予综合评价是很难的。在工作中，人的能力就是指工作方法。工作方法来源于两个方面：一是经验，二是思维能力。同样一件事情，不同的人做会有不同的结果，其原因就是工作方法不同。所以试用期考查一个人的能力，就是看他的工作方法。也许在面试阶段，一个人吹嘘自己能力很强，讲了很多做成事情的方法，背景调查时也证明他有很强的能力，但这只是过去时，必须在试用期重新考查。看过南非世界杯的人都会发现那个在巴塞罗那主宰一切、无所不能、视进球如草芥的梅西来到阿根廷队就束手束脚，能力发挥不出来，竟然在世界杯的五场比赛中一球未进。有的人换一个环境就不行了，其原因可能是多方面的，有的人换了环境同样有能力，就是属于适应能力强的人，这样的人才是企业真正需要的人才。

5. 做事的效果绩效

绩效就是做事的效果。现实中有不少应聘者讲起来口若悬河、神采飞扬、思路清晰、滔滔不绝，而落实到实际行动上往往虎头蛇尾，这种人职位越高，危害越大。一般有绩效的人就是做事有计划、有条理，会统筹安排，做事善始善终。这些也是长期养成的职业习惯，是执行力的一个表现。

（二）试用期人员的优劣从何着眼

如何细致考查在试用期的员工呢？从哪些地方的表现能辨别其价值？观察是重要的方法。平时不动声色地观察考核最能发现一个人的工作态度。

最简单的就是观察其上下班时间点的工作表现和工作状态：

试用期内上下班是否总是卡点儿？

上班前早到的时间在干什么？是准备工作，还是和其他人闲聊？

看他下班时间和下班前干什么？是否快到下班时间提前就收拾好东西，一到时间起身就走？

到下班时间是径自走掉，还是和主管打声招呼才走？主管同意其走，是否仍坚持把工作做完才走？

临下班前一个小时安排加班，其工作态度是愉快接受，还是消极接受，抑或加班时心不在焉？

要观察试用期员工的工作方法，就安排一件很具体的细小的事情让其做，然后观察其表现；或者安排一件很难的问题，或者根本没有正确答案的事情，看其做事情的方法。

同时要刻意安排一些突然性的工作，尤其是加班的任务，观察其如何处理工作和生活的冲突。其实，即使不是故意安排，在试用期间每天仍有很多工作要做，这就要看其工作有无方法。如果是销售岗位或客服岗位上的试用期员工，应安排一件成本不高、相对周期短、环节相对多、涉及店铺内外人际交往的事情，然后考查其工作思路和方法，之后再询问他选择这样做的原因，看他能否从中总结出经验。

对销售岗位上的人进行绩效考核比较复杂，要评定出综合绩效，至少需要半年时间。怎么办？可以给其安排一件小事做，并从中观察。例如，试用期员工刚入职不久，许多新工作一时半会儿还插不上手，就安排他做一些看似和工作没有直接关系的事情，通过这些事情来观察其执行力。

（三）试用期人员评估的方法

评估试用期人员主要有以下三种方法：

1. 工作日志考核法

试用期的员工要有工作日志。每天的工作内容都要有记录，这样一清二楚。有些导购员的工作，由于不易量化，更应该做好系统记录，试用期到了，其工作清晰了然，便于客观公正地考核。

2. 关系人360度考评法

为了解决主管一票否决的弊端，最好的办法就是采用360度关系人考评。360度关系人考评，是指与被考评人有业务关系和管理关系的人全部参与考评，根据工作需要设定不同考评人的权重，背对背打分。

3. 关键事件法

这些关键事情一旦触及，必须重罚，要明确试用期员工触及这些事情时处罚的力度。

门店的制度中必须明确员工在试用期的"红线"，对于这些命令的重要条例、纪律的执行采取"触线突然死亡"的规则，即一旦触犯，立即解雇。

六、关于劳动合同签署的相关问题

当门店对应聘的人员作出了录用决定，并且拟录用的应聘者同意接受职位后，就需要与入职的新员工签订劳动合同。这个程序往往被一些中小规模的门店经营者所忽视，他们的认识通常还停留在传统的个体户阶段，认为签合同是大公司的事情，自己小本经营没必要那么大费周折。然而，自从2007年《劳动合同法》正式颁布实施以来，无论是企业还是个人，人们都越来越重视维护自己的正当权益。劳动合同是确立劳动关系的法律文书，也是劳动者与用人单位之间形成劳动关系的基本形式，依法签订劳动合同是促进劳动关系良好运行以及预防、妥善处理劳动争议的前提条件，因此，店长必须重视劳动合同的签订工作，同时要掌握劳动合同的相关政策法规，懂得如何妥善处理劳动纠纷。

从理论上讲，门店中至少要保证一半的员工签订固定期限的劳动合同，这样才能保证生产经营的正常进行，不会因为员工突然提出终止劳动关系而造成工作临时瘫痪。而劳动合同既应保证员工队伍的相对稳定，又要保证劳动力的合理流动。门店与店员应该按照所签订的劳动合同履行彼此的责任和义务，这样才能促使双方的利益都能得到法律有效的保护。

（一）签订劳动合同应注意的问题

许多店长对于员工频繁跳槽的问题都觉得苦恼，辛苦招到的人经过了门店的培养和锻炼，却留不住，给门店带来了一定的损失，也提高了经营的风险。其实究其原因，通常此类现象是因为不重视签订劳动合同而造成的。须知劳动合同保护的不仅是员工，也包括用人单位本身。

可能很多求职者都会有类似于下面这样的经历：

蒋小姐应聘某化妆品专卖店的营业员，面试合格后店长告知她试用期一个月，工资 1000 元，到期合格转为正式员工后，再签订书面劳动合同。她觉得不妥，但看到与她一同被录用的其他两个人也是这样，而且柜组长告诉她："别担心，我们店一直如此，所有员工刚进来时都是这样的。"于是蒋小姐不再表示异议，但一个月试用期满后，她并未能如期转正，而是被告知试用期未达到入职标准，需要再延长一个月试用期继续考查。蒋小姐于是留下继续工作了一个月，但第二个月试用快到期时，店长以试用期不合格为由将她解雇。事后，蒋小姐认为商店违法解约，将该化妆品店告到劳动仲裁委员会。经过调查后，裁定由于该店没有依据法律规定与蒋小姐签订劳动合同，所以要向蒋小姐赔偿双倍工资的赔偿金 2000 元。

从上面的案例中可以看出，员工劳动合同的签署不是一件随意的事情，需要依据《劳动合同法》的规定签署，在签订合同时，需要注意一些关键的问题。

1. 劳动合同一定要书面形式订立

劳动合同是劳动者与用人单位确立劳动关系、明确双方权利和义务的具有法律效力的缔约形式。劳动合同可以对劳动内容和法律未尽事宜做出详细、具体的规定，使双方明确权利和义务，促进双方全面履行合同，防止因一方违约而给另一方带来损失；劳动合同在发生劳动争议时是解决纠纷的重要依据，使用人单位和劳动者解决纠纷更为便利，降低争议解决成本。因此，签订一份完备详尽、公平合理的劳动合同对于企业和员工来说都很重要。

《劳动合同法》第十条规定：建立劳动关系，应当订立书面劳动合同。已建立劳动关系，未同时订立书面劳动合同的，应当自用工之日起一个月内订立书面劳动合同。用人单位与劳动者在用工前订立劳动合同的，劳动关系自用工之日起建立。

在这条规定中，法律充分考虑实际操作需要，给双方一个合理的操作期限，保障了用人单位的权利。但是，店长一定要记住不要超过规定期限，否则会给门店和企业带来不必要的成本和麻烦。

《劳动合同法》第八十二条规定：用人单位自用工之日起超过一个月、不满一年未与劳动者订立书面劳动合同的，应当向劳动者每月支付二倍的工资。

《劳动合同法》第十四条第三款规定：用人单位自用工之日起满一年不与劳动者订立书面劳动合同的，视为用人单位与劳动者已订立无固定期限劳动合同。

通过上面的两条规定，足以看出与员工签订书面劳动合同的重要性，店长切不可抱着侥幸心理而因小失大。

2. 正确行使知情权

《劳动合同法》第八条规定：用人单位招用劳动者时，应当如实告知劳动者工作内容、工作条件、工作地点、职业危害、安全生产状况、劳动报酬，以及劳动者要求了解的其他情况；用人单位有权了解劳动者与劳动合同直接相关的基本情况，劳动者应当如实说明。

根据这一规定，说明在缔约过程中用人单位和劳动者都享有知情权。用人单位在行使知情权时，有权了解劳动者的健康状况、学历、以前的工作经历、专业知识和工作技能等与从事具体工作有关的情况。求职者的个人隐私，则不属于知情权的范围。而劳动者也享有了解企业相关信息的权利。用人单位在让求职者享受知情权时应注意以下几点：

（1）知情权行使的时间是在缔约过程之中，劳动合同尚未订立，双方为了缔结劳动合同而互相了解。

（2）知情权的范围是与缔结劳动合同有关的信息，用人单位的商业秘密则不属于知情权的范围。

（3）用人单位对其提供的信息，如工作内容、工作条件、工作地点、职业危害、安全生产状况、劳动报酬，以及劳动者要求了解的其他情况应负有保证信息真实的义务。

（4）用人单位在实行知情权的时候注意不要侵犯求职者的隐私权。

（5）用人单位在招用劳动者时，对劳动者的健康状况、知识技能和工作经历等主要信息应当予以充分的了解。

如果应聘者没有如实地向门店告知上述信息或者弄虚作假，那么门店就有权解除劳动合同。

需要注意的是，劳动合同的订立需经过双方充分协商，并在协商一致的基础上订立。合同一旦订立，非经双方协商变更或法定原因，一般不得变更合同内容、解除或终止合同。因此，订立劳动合同是一件非常严肃的事情。为了使劳动合同当事人在缔结劳动合同时，能够对对方有一个比较全面的了解，避免或减少今后劳动争议的发生，合同的双方一定要运用自己的知情权，详细地了解对方。

3. 禁止设定担保和收取抵押金

很多店长都担心，由于不了解招进来的员工，万一这个员工在工作当中犯错误，给门店造成巨大损失，而这个员工又一走了之，不赔偿自己损失该怎么办？因此，现在一些门店都要求员工缴纳一定数额的风险抵押金，等员工离开本单位时再返还，甚至部分用人方还支付抵押金的利息，只求降低风险。

《劳动合同法》第九条规定：用人单位招用劳动者，不得扣押劳动者的居民身份证和其他证件，不得要求劳动者提供担保或者以其他名义向劳动者收取财物。

《劳动合同法》第八十四条还规定：用人单位违反本法规定，扣押劳动者居民身份证等证件的，由劳动行政部门责令限期退还劳动者本人，并依照有关法律规定给予处罚。用人单位违反本法规定，以担保或者其他名义向劳动者收取财物的，由劳动行政部门责令限期退还劳动者本人，并以每人五百元以上两千元以下的标准处以罚款；给劳动者造成损害的，应当承担赔偿责任。劳动者依法解除或者终止劳动合同，用人单位扣押劳动者档案或者其他物品的，依照前款规定处罚。

从劳动合同的订立来看，处于优势地位的用人单位当然希望在合同中订立对自己有利的条件，给自己提供最佳保障；而处于劣势的劳动者显然只有两种选择：要么接受，要么走人。正是为了改变这种实质上的不平等，《劳动合同法》才应运而生，目的是对劳动者提供保护。目前，劳动行政部门对这种情况查究得也非常严格，所以，店长如果在招聘中收取风险抵押金或者扣押证件的话，必然会招致一系列麻烦，甚至官司缠身。因此，在与员工签订劳动合同的过程中，一定要了解劳动法规，不要在小事情上翻船。

（二）劳动合同的续签问题

每个门店都需要有一支稳定的经营团队，无论是管理层，还是普通员工，在长期为门店工作过程中，必定要经历劳动合同到期续签的问题。所以店长一定要清楚如何做好员工合同续签的工作。

劳动合同的续订，是指合同当事人双方依法达成协议，使原定的、即将期满的劳动合同延长有效期限的法律行为。

劳动合同的续订，应当具有法定的必备条件。劳动合同续订条件主要有下述几项：

（1）可以续订的只限于一定范围内的定期劳动合同。

（2）劳动合同续订不能超过一定的次数或期限。

（3）劳动合同续订须由当事人双方同意。

（4）在特定条件下劳动合同必须续订。例如，按照规定，劳动合同期满后，因用人单位方面的原因未办理终止或续订手续而形成事实劳动关系的，视为双方同意续订劳动合同，用人单位应及时办理续订手续。

（5）在特定条件下应续订为不定期劳动合同。我国《劳动合同法》规定，在同一用人单位连续工作满 10 年以上的劳动者，在当事人双方同意续延劳动合同的情况下，如果劳动者要求订立无固定期限劳动合同，用人单位则应满足其要求。

有些人误以为只要在一个单位连续工作 10 年以上，单位就必须与自己续订无固定期限的劳动合同。这种错误的理解在于忽视了"当事人双方同意续延劳动合同"这一前提。实际上，若劳动合同到期，用人单位明确不愿意续延劳动合同，无论劳动者在该单位工作多长时间，用人单位都可以终止劳动合同。但是，如果劳动者在同一用人单位连续工作 10 年以上，且双方都有续延合同的明确意愿，此时，只要劳动者提出了订立无固定期限的劳动合同的要求，用人单位必须与劳动者订立无固定期限的劳动合同。

（三）劳动合同的变更问题

劳动合同的变更，是指劳动合同依法订立生效以后，合同尚未履行或者尚未履行完毕之前，用人单位与劳动者本着协商互助的基本原则，在合同主体不变的前提下，根据已经变化的客观情况，通过平等协商，就劳动合同内容作部分修改、补充或者删减的行为。

在这个问题上，门店经常会出现一种情况，就是因为经营需要对员工的岗位编制进行调整，而通常门店会认为员工应该"做革命的一块砖，哪里需要哪里搬"，而换了岗位之后，合同也会发生变更，对于这样的变更，员工只能无条件服从安排，否则只能卷铺盖走人。

但是，按照法律规定，劳动合同签订以后，即具有法律效力，对双方当事人都具有法律约束力，一般不得任意变更或解除，如果需要变更则需要经当事人双方公平协商达成一致。而企业不是不可以根据自身发展需要对员工的岗位、待遇等合同约定的条件予以变更，而是需要秉承平等自愿的原则经双方当事人协商一致。

在劳动合同变更时，店长需要注意以下一些问题：

（1）劳动合同的变更必须在合同的有效期内完成。双方应当对劳动合同变更问题给予足够的重视，不能拖到劳动合同期满后进行。

（2）必须遵循《劳动合同法》规定的平等自愿、协商一致的原则，不得违反法律的规定。

（3）必须遵循法定程序。首先由一方当事人依法向对方当事人提出变更劳动合同的建议，并说明变更的理由和修改的条款，请求对方限期答复；其次由对方当事人在限期内给予答复，表示同意或不同意变更，或者建议再协商解决；最后经双方当事人充分协商达成一致后，签订书面协议，双方签字盖章，变更协议即时生效。

（4）门店根据工作需要调整劳动者的工作岗位时，须与员工协商一致后，才能变更劳动合同的相关内容。

（5）变更劳动合同应当采用书面形式，变更后的劳动合同，需要由双方当事人签字后方能生效，劳动合同变更书应由劳动合同双方各执一份。

（6）对于门店变更名称、负责人、投资人、法人代表等特殊情况，只需向劳动者说明情况即可，不用办理劳动合同变更手续，双方当事人应当继续履行原合同的内容。

（7）变更劳动合同后，被变更的条款不再具有法律效力，但原劳动合同的其他条款仍然有效。

（8）变更劳动合同是履行劳动合同过程中时常遇到的问题，应遵循平等自愿、协商一致的原则，不得违反法律法规的规定重新签订劳动合同。

（四）劳动合同解除的问题

零售业是人员流动比较大的行业，门店经常要做解除劳动合同的工作。在做这项工作的时候一定要了解法律的相关规定，按照法律办事，否则就要付出相应的代价。

劳动合同的解除，是指在劳动合同期满之前终止劳动合同关系的法律行为。它既可以是当事人单方的合法行为，又可以是当事人双方的合法行为。

劳动合同的解除包括约定解除、协商解除和法定解除三种方式。

约定解除，是指在合同中约定解除合同的事项，待约定的事由出现时，当事人有权解除合同。在发生了劳动合同约定的解除条件，享有解除权的劳动者做出解除合同的意思表示后，劳动合同的权利义务即告终止，无须获得用人单位同意。

协商解除，是指劳动合同履行过程中，当事人经协商一致同意解除合同，不需要双方事先的约定或者法律的规定，只要双方愿意随时都可以解除合同，这也是现实中常用的解除劳动合同的方法。协商解除劳动合同时应当注意：必须明确双方的权利和义务，最好以书面的形式固定下来，避免解除劳动合同后的一些纠纷。

法定解除，是指在履行合同过程中出现违反法律规定的情况时，当事人有权解除合同。

作为店长，应该在解除劳动合同的问题上注意以下一些问题：

（1）员工首先提出解除、终止劳动合同的，门店可不支付任何经济补偿。

（2）试用期员工在试用期内提前三日通知门店辞职，可以解除劳动合同。注意这里劳动者解除劳动合同，门店一方是不能附加条件的。

（3）存在下列情形之一的，门店可以单方解除劳动合同：

①员工在试用期间被证明不符合录用条件的。

②员工严重违反劳动纪律或者门店规章制度的。

③员工严重失职、营私舞弊，对门店或公司利益造成重大损害的。

④员工被依法追究刑事责任的。

⑤员工不能胜任工作，经过培训或者调整工作岗位仍不能胜任工作的。

⑥劳动合同订立时所依据的客观情况发生重大变化，致使原劳动合同无法履行，经当事人协商不能就变更劳动合同达成协议的。

具有上述最后一项所述情形的，门店应当提前 30 日以书面形式通知劳动者本人。

（4）依据《劳动法》第二十七条规定，当门店经营不善、濒临破产、进行法定整顿期间确需裁减人员的，应当提前 30 日向全体员工说明情况，征询工会或员工意见，经向劳动行政部门报告后，可以裁减人员。在 6 个月内需要录用人员时，应当优先录用被裁减的人员。

（5）员工具有下列情形之一的，门店不得解除劳动合同：

①患职业病或者因公负伤，并被确认丧失或部分丧失劳动能力的。

②患病或者负伤，在规定的医疗期内的。

③女职工在孕期、产期、哺乳期内。

④法律、行政法规规定的其他情形。

在不得解除劳动合同的情形与解除劳动合同的条件相冲突时，应服从不得解除的原则。

（6）门店有下列情形之一的，员工可以被迫解除劳动合同：

①未按照劳动合同约定提供劳动保护或者劳动条件的。

②未及时足额支付劳动报酬的。

③未依法为劳动者缴纳社会保险费的。

④用人单位的规章制度违反法律、法规的规定，损害劳动者权益的。

⑤威胁或者非法限制人身自由的手段强迫员工劳动的，或者违章指挥、强令冒险作业危及员工人身安全的。

员工被迫解除劳动合同的，不需事先告知单位，同时门店还需支付经济补偿金。

（五）劳动合同终止的问题

劳动合同的终止，是指劳动合同确立的当事人双方相互之间权利、义务的结束。劳动合同终止后，其法律效力自然消失。劳动合同当事人任何一方都不得随意终止劳动合同，只有在法律、行政法规规定的情况下或者在当事人事先约定的劳动合同终止的条件下，当事人才能终止劳动合同。具体而言，劳动合同一般在以下情况下终止：

1. 因合同期满而终止劳动合同

这是针对有固定期限的劳动合同而言的。在劳动合同规定的期限内，双方当事人按照合同规定的全部条款履行了各自的义务，实现了各自的权利，劳动合同期满则自行终止。门店应当提前通知合同即将到期的员工，并办理合同终止的有关事项。若双方当事人都愿意续订合同的，也应提前协商。

2. 因完成规定工作而终止劳动合同

对于完成一定工作量为限的劳动合同而言，虽无明确的时间限定，但一旦约定的工作任务完成，劳动合同即行终止。这类劳动合同不存在续订的问题，如双方当事人愿意继续维持劳动关系，只能订立新的劳动合同。

3. 协议终止劳动合同

为了尊重双方当事人的意愿，法律允许双方依法自行协商议定劳动合同的终止条件，切实保护双方的合法权益。协议终止主要有两种情况：一种是出现双方事先在劳动合同中约定的终止合同的事由；另一种是在劳动合同的有效期限内，双方协商一致终止合同。

4. 经裁定或判决而终止劳动合同

劳动争议仲裁机关和人民法院可根据一方当事人的请求，经调查和审理，有权依法裁定或判决劳动合同终止。如果门店被裁定有过错，需要依照裁定在一定期限内清偿员工的工资，并依照国家有关规定给予必要的经济补偿。

5. 因不可抗力而终止劳动合同

不可抗力是不能预见、不能避免和不能克服的客观情况。如地震、洪水、战争等，在劳动合同履行过程中，如果发生不可抗力，致使原劳动合同无法继续履行，则劳动合同即告终止。

6. 劳动者达到法定退休年龄而终止劳动合同

这个情况门店等零售业遇到的比较少，主要存在于员工流动比较少且相对稳定的大企业中。对于无固定期限的劳动合同，当员工达到法定退休年龄时，劳动合同终止；对于有固定期限的劳动合同，合同期限不能超过职工的法定退休年龄。达到法定退休年龄的职工都应按规定办理退休手续，而不能以合同未到期为由延长退休时间，劳动者办理退休手续后，劳动合同终止。

图 15-3　广西千千色化妆品连锁店 2011 年年会（四）

第十六章 知人善用创造最大效益

本章要点：

成功驾驭人才，

妥善处理人际关系，

创造乐业环境，

打造王牌战队，

知人善任是金牌店长的人事管理标准。

一、做伯乐，更要做驭手

了解中国历史的朋友应该知道，在中国这数千年历史里40多个朝代的开国之君中，有两位赫赫有名的"牛人"是从社会最底层一步步打下江山、登上九五之尊宝座的；这便是汉高祖刘邦和明太祖朱元璋。我们不妨用门店经营管理的眼光看看这两位"牛人"的功业。

刘邦出身于沛县泗水亭长，属于社会底层那种游手好闲者，没有什么赖以谋生的一技之长，曾一度流落到芒砀山里做盗寇，从经营管理的角度讲就相当于被市容城管所取缔的没有经营能力的流动小摊贩，而且还是很不起眼、很不景气的那种。然而，当农民起义爆发天下大乱后，他被杀县令造反起事的哥们儿萧何、曹参请回来，就这样做了这个"沛县小店"的店长。但这个小店实在是太小了，根本没有什么战斗力，很快就被挤出了市场，甚至连"店面"都被抢走了。无奈之下，"刘店长"带着萧何、曹参、樊哙这几个哥们儿投靠了会稽这个大门店的经理项梁。"大树底下好乘凉"，刘邦很快在工作中形成了自己的团队，经过不断发展，又吸纳了陈平、韩信等人才，甚至占领了咸阳这个天下最大的市场。但论实力他还是远不及项羽，而且还有项羽分封的各家大小门店都对他虎视眈眈，他被迫只好也表示愿意退出咸阳市场做项大老板的汉中加盟店。刘邦虽然自己不懂得开发产品，也不擅长拓展市场，但他懂得怎样用好手下的人才，善于发现各人的特长，他让细心睿智的萧何负责财务和策划，让刚正勇敢而且和自己是连襟的樊哙负责保卫工作，让精明练达的陈平负责经营管理和外联谈判，让尽职守信的夏侯婴当司机，而让深富谋略有统帅之才的韩信全面负责销售工作。正是因为这样用合适的人做合适的工作，刘邦在明修栈道、暗度陈仓之后用了四年时间终于彻底打败项羽，一统天下。

朱元璋的出身则比刘邦还要惨，做过放牛娃，当过和尚，要过饭，贩卖过乌梅，没读过书，也没有过人的武艺，完全是靠对人才的巧妙使用成就了宏图霸业。徐达、汤和、常遇春、蓝玉、李善长、刘基、宋濂、胡惟庸这些人都是个性鲜明而且身怀特殊才能的人。很好地约束驾驭这些人，并且让他们为自己用心工作，其实是件非常不容易的事，但是朱元璋的可贵之处就在于此，他不仅能发挥这些人才的优点，而且还能巧妙利用他们的缺点，甚至在最后功成名就之后，将这些功臣逐一清除。可见，明太祖的用人水平高深莫测。

通过这两位皇帝的成功经历，我们可以感悟到，其实在用人大师的眼里，没有无用的人，关键看如何运用。作为店长，建立一个良好的人才观念，正确地选人用人，使人尽其才，才尽其用是十分必要的。

（一）门店的用人原则

1. 门店在不同时期的用人标准不同

门店在创业初期要的是开拓能力强、有奉献精神的拼搏型人才，而且要尽量兼具多种能力。而发展到一定程度后就需要能坐下来做具体工作的人了，不需要你样样通，只需要你一样精。门店在发展过程中要在保持基本稳定的同时，不断地"吐故纳新"，淘汰那些墨守成规、不思进取的人员，这样才能保持旺盛的生命力。这种"吐故纳新"有时是残酷的，但是却是门店发展生存所必需的。

2. 切不可"大马拉小车"或"小马拉大车"

所谓"大马拉小车"，就是小店铺用了大才之人。例如，《三国演义》中的庞统刚到荆州时被刘备派去做了耒阳知县，到任后终日饮酒作乐，消极怠工，这样"大马"也非常不情愿。而且，"大马"一旦跑起来小车又有被颠覆或摧毁的危险。又如，战国后期的兵家大才乐毅在七雄之中相对弱小落后的燕国被委以重任，实行大刀阔斧式的变法强兵改革措施，虽然在短期内凭借自己出色的军事和政治才能发动五国攻齐，三个月攻下齐七十余城，几乎就让人们隐隐看到了乐毅率领燕国铁骑扫平天下的迹象了。然而，激烈的改革和扩张终于使得他这匹千里马将燕国这架破车拉翻了，给最终的灭亡埋下了伏笔。"小马拉大车"虽然没有这个危险性，但是由于"小马"气力太小,"大车"也无法前进。"多深的水养多大的鱼",这才是门店选人、用人的明智选择。

3. 扬长避短,合理配置

有这样一个故事,在一次店长的聚会中,几位店长凑在一起交流经营和管理的经验心得。其中一位店长谈到他手下的三个职员时,颇为恼火,发誓一定要将他们炒掉。另一位店长十分好奇,问:"他们到底有什么错?"

"三个人都不成才。一个整日里杞人忧天,怕这怕那,总担心店铺会出事;一个每天四处抱怨,吹毛求疵;还有一个不忠于职守,爱在外面闲逛。"

第二位店长听后,略加思索后说:"要不把这三个人'发配'到我那儿去吧。"

于是,第二个老板替那三个员工重新分配了工作:让担心出事的人负责安全保卫;让喜欢挑剔的人担任门店货品质检工作;让爱在外闲逛的人主管店铺的产品宣传及推销。这种安排正好符合三个人的性格喜好,于是他们干劲十足地投入到新工作中去了。五个月后,这家零售店的各项工作均有长足进步,利润增长明显,而那三人的工作也受到同事们的广泛赞扬。

世上的人虽然是各种各样,但是,从店长的角度看,大致可分为三类:一是可以信任而不可重用者,是指那些德厚而才疏者,这类人忠厚可靠但本事不大;二是那些有才无德者,主要是指有些本事但私心过重,为了个人利益而钻营弄巧,甚至不惜出卖良心的人;三是德才兼备者,这些是可信而又可用的人。作为店长,都想找到并且聘用第三种人。但是,这种人往往可遇而不可求。为了店铺的正常运营和发展,我们各种类型的人都要用。只有在充分识别的基础上恰当使用,扬长避短,合理配置,才能最大限度地发挥他们的作用。金无足赤,人无完人。世界上只能找到适合做某项工作的人才,很难找到完美无缺的全才。事业要发展,不仅要善于容人之长、用人之长,而且要善于容人之短、用人之短。

日本的川口寅三在《发明学》一书中提出了"善用缺点"的主张,并强调说:"甚至可以认为,人类能取得多大的成就与能否巧用缺点有关。"前面讲的朱元璋和刘邦其实都是善于用人的缺点。胡惟庸性格果决、残忍,因此朱元璋就用他主管刑狱审判,一时"胡扒皮"的威名使得明初吏治民风大为整肃。

人才如花,艳花大多不香,香花大多不艳,艳而香的花大多有刺。艳者取其艳,容其不香;香者取其香,容其不艳;艳且香者取其艳香,容其有刺;善用人者无废人,善用物者无弃物。门店用人,不是在寻求圣人、贤人，而是寻求对店铺有用的人。员工中尽管有的人有这样那样的毛病，但只要不危害店铺的利益，不必过分关注和追究。例如，刘邦在使用陈平时就是运用了这样的原则。陈平投靠刘邦后，就有人告他的状："陈平在家时与他嫂子私通，他的品行被项羽所不齿，所以不得重用，投靠汉王后又收受贿赂。"刘邦找来陈平问情况，陈平说这些事都是真的。刘邦顿时眉头大皱，但是陈平接着说："我哥死后为了侄子我娶了嫂嫂，项羽不重用我我才离他而去，到你这里你没发俸禄我只好收礼养家。我可帮你打天下，但我不是圣贤，你要找圣贤我可以离开。"刘邦听后还是把他留下了。后来，陈平当了丞相，在吕后专政时期为保汉室、灭诸吕发挥了关键作用。

4. 对员工不可太苛刻

该给员工的工资、福利、奖励一定要言必信、行必果。对有突出贡献的员工要按情况给予奖励和提拔。

笔者在给一些企业和专营店做培训时，经常会有人问："冯老师，我每天都非常努力工作，可是为什么我的店经营状况还是不理想呢？"其实造成这种状况的原因就出在他们自己身上。

原因之一：不按时发工资，工资数目含糊。

这是很多门店经营者都曾犯过的一个错误，其实也不是不发工资，只是有时候迟发了几天，或者习惯性地晚发几天而已。可别小看这几天，对员工的积极性影响可是非常大，因为对于员工来说，工资就是其生存命脉，尤其是很多店员都还处于生存期，平时又是月光族，一般离发工资还有几天，上个月的工资就已经花得差不多了，本来期待着这个月准时发工资延续生活的，结果被推迟几天。在这几天里，很多员工心里会有很大的起起落落。时间长了有些甚至会开始想，是不是老板经济紧张，发工资都困难了？是不是老板不重视我们了？老板怎么还不发工资给我们啊……只要员工这样的想法一出来，所有的销售欲望和激情很快就会消失，不知不觉中就会影响销售业绩。所以店长和经营者们一定要记得准时发工资，这样不但会让自己在员工心目中树立起守信的形象，同时也树立起了做老板的威信，千万不要因小失大。另外还有一点，在扣员工的一些违规罚款和计算提成的时候，一定要做到公正、透明、方式正确，哪怕是数目很小的钱，也要相当慎重，如果做得不到位，员工很可能因为一二十块钱变得不服、与公司闹翻甚至走人。我们曾经做过一个统计，发现很多专卖店员工流失率达 30% 以上，流失的员工主要是因为工资方面的原因。所以各位老板千万不要小看迟发工资的事，因为这短短几天或者方式没有做到位，就可能给自己带来不可估量的损失。

原因之二：总是将批评员工业绩差的话挂在嘴边。

很多经营者平时不怎么去店里，可是一到店里，第一件事就是去看业绩记录，而一旦看到业绩不如自己想象中的那样时，就马上责问起店员来：怎么才做这点业绩？这一问，一般的员工激情和兴致都会被问下去，那天的业绩也就这样被问下去了。为什么呢？因为员工需要的是鼓励和激励，而不是责备——特别是无休止的扩音广播式的责备。尤其是现在的店员，他们其实很脆弱。记得以前在江苏有个专卖店，老板娘进店第一件事就是看业绩本，然后就把员工都叫过来问："你们才做这么点？我给你们的工资可是都不少啊……"弄得后来就连公司派去带店的店长也无论如何都不愿在那里待了，说那样根本没办法做业绩了，自己好不容易把店员鼓励起来，却被老板娘这一句话全给打下去了。其实业绩好与不好，可能会受很多因素影响，一进去就看业绩，一看业绩就责问，这样会给店员带来很大的压力，更重要的是店员会觉得自己的努力没有得到认可，更未得到充分的信任。店员会想：既然是这样，反正努力了也不一定能得到认可，不如随随便便做了。员工的积极性下降，随之而来的就是业绩的下滑。

在对待员工的问题上，也要切记莫受个别员工的蒙蔽。因为管理和被管理始终是对立的，为了某种利益或者为了取得管理者的信任和欢心，被管理者往往会自觉不自觉地说出某些假话。管理者千万不要信以为真，最好自己在心里多问几个为什么，不要轻信一面之词。

5. 尊重人的本性

马克思曾说过："人的各种活动，都是为了追求最大利益。"店长和员工走到一起，都是为了追求个人的物质利益或精神利益。虽然其中有感情、友情的成分，但在根本利益发生冲突时，感情、友情就会被冲淡。对于员工日常即兴对店长表的忠心，大可一笑了之，不能太在意，而且也不能要求员工时时刻刻都忠于门店的利益，这是很不现实的。而且，作为店长，也要懂得尊重员工的个人选择，不能把自己认为高尚的道德准则强加于员工。

6. 大胆放权，分级管理

门店稍有发展后，就要采取分级管理。店长多当裁判员，少当运动员，切莫事事亲自过问。这样，既可以满足经理、店长等中层人员的权力欲，调动他们的积极性；又可以客观公正地处理日常门店经营的各种问题，防止出现"不识庐山真面目，只缘身在此山中"的现象；还可以躲过与员工的直接对立，置身事外，以退为进。

7. 重能力而不要排资历

在同等条件下要把处在底层的员工提上来。比如门店需要提拔主管或者副店长，这时候，候选的有一个普通员工和一个组长条件相当，如果把组长提拔上来，他会认为这是顺理成章的事；如果提一个普通员工进入管理层，他就会格外感恩，对店铺的忠诚度和积极性有可能会比经理高得多。虽然组长会受点儿影响，但是，这就给许多能力强、资历浅的员工带来了希望。

用人之道是一门复杂精细的领导艺术，需要管理者在实践中不断地探索和总结。选人艺术保证了门店有才可用，而以对门店的贡献来用人，则可让优秀员工人尽其才，这两个方面互为前提、互为保证，缺一不可。

8."雪中送炭"胜过"锦上添花"

在目前社会就业形势严峻的情况下，选人、用人就有了很大的可选择性。因此选人、用人时，在同等条件下，最好选择那些经济条件较差、生活困难、急需工作的人。"雪中送炭"胜过"锦上添花"，这些人的积极性和忠诚度大多都能为门店带来丰厚效益。

（二）责任与利益相挂钩的驭人哲学

为了充分调动员工的主动性，在制度设计上应充分考虑一个问题，即如何将制度的设计目标与执行者的切身利益最大限度地联系在一起。无论是社会公共管理还是企业店铺管理，都离不开一个环节，那就是制度设计和制度创新。这一环节抓得好，管理绩效将会事半功倍。

在17~18世纪，英国的许多犯人被遣送到澳大利亚流放服刑，私营船主接受政府的委托承担运送犯人的任务。刚开始，英国政府按上船时犯人的人数给船主付费。船主为了牟取暴利，克扣犯人的食物，甚至把犯人活活扔下海，运输途中犯人的死亡率最高时达到94%。后来，英国政府改变了付款的方式，按活着到达澳大利亚下船的犯人人数付费。结果，船主们一改以往的做法，想尽办法让更多的犯人活着到达目的地，饿了给饭吃，渴了给水喝，大多数船主甚至聘请了随船医生。犯人的死亡率最低时降到1%。

船主还是那些船主，为什么他们一开始刁奸耍滑，后来又变得仁慈了呢？并非他们的本性有什么变化，而是规则的改变导致他们的行为发生了变化。设想一下，假如进一步规定：在到岸港口验收时任何一个犯人必须身体健康，体重下降者不列入政府付费范围。相信船主们在途中一定更会将犯人们照顾得"无微不至"，更加极尽"人道主义"之责任。这就是制度创新的魅力所在。

还有一个非常著名的故事是发生在"二战"时期的美国空军和降落伞制造商之间。当时，降落伞的安全性能不够，经常有飞行员甚至在还没走上战场之前的跳伞训练中就摔得粉身碎骨了，为此，军方非常苦恼。在厂商的努力下，合格率逐步提升到99.9%，而军方要求降落伞的合格率必须达到100%。但是厂商则不以为然，他们认为能够达到现有程度已接近完美，没有必要再在这一个百分点的数字上花费成本改进，他们一再强调，任何产品都不可能达到100%的合格，除非奇迹出现。后来，军方改变了检查产品质量的方法，决定从厂商前一周交货的降落伞中随机挑出一个，让厂商的负责人装备上身后，亲自从飞机上跳下。这个方法实施后，"奇迹"出现了，合格率很快变成了100%。一开始厂商们还老是强调难处，为什么后来制度改变后，厂商们再也不讨价还价，乖乖地绞尽脑汁提高产品质量呢？主要原因在于前一种制度还没有最大限度地涉及厂商们的切身利益。

同样的道理，如果在门店的制度制定上，与每个岗位上的员工切身利益紧密结合起来，那么将极大地调动他们的积极性，从而发挥出其最佳的潜力。

（三）运用感情的力量来做好员工管理

感情的力量有时是无法估量的，它完全可以成为有建设性的力量，从而创造一个格调高尚、富有效率的门店工作环境。

我们知道，人们在相互交往中，总是激荡起感情的涟漪，而且会扩散开去，在以后的人际交往中被新的感情加强和补充。门店中员工之间、员工与门店、员工与领导之间的这种感情波动是很重要的。店长对于这种感情波动起着主导作用，他们的情绪和态度具有强烈的感染力。

在日常工作中，店长该怎样以情动人呢？

1. 正确认识感情的作用

注意自己说话的语气、身体的姿态、选用的词语以及情感冲动时的反应，再观察自己的感情流露对别人产生的影响，然后以此调节自己表达感情的方式，以求得到最佳效果。

2. 避免传递消极情绪

当某人向你发泄愤怒和失意的情绪后，你常常会在无意之间把这种消极的情绪传递给别人。在这种时候，你必须认识到这种感情的危险性并防止其蔓延。此外，还要注意阻止不良感情的传播。如果你发现某人的言谈意在报复，你可以主动找他谈心，但切不可添油加醋，不能把这种不良的感情传递开去。

3. 表达信息要简单明了

有时误解也能传播不好的感情。因此，你的表情、语气和语言越是能真实地表现你想说的内容，你被人误解的可能性就越小。

二、员工需要适时激励

店员激励是店员管理的核心内容，良好的店员激励方法，能激发店员最大的工作热情。除了以固定的激励制度提高店员的工作积极性外，店长还应掌握一些方法巧妙地激发店员的工作热情。

激励员工的方法有很多，除了传统的报酬激励法、产权激励法、环境激励法等之外，还有一些巧妙的方法值得店长借鉴。

（一）情感激励法

在一些传统的激励法中唱主角的都是物质，如金钱、产权股票等，而在情感激励法中，唱主角的是店长本人。店长依靠独特的个人魅力，通过巧妙地安排各种活动，使自己与店员之间、店员与店员之间相互沟通，逐渐融合成一个大家庭，使员工产生一种归宿感。店长可施展的魅力有：

1. 以身作则，为店员做出榜样

店长应利用技术上的出色表现来树立权威，通过理性的号召来征服店员的心，使他们在惊叹之余，在工作中也不敢懈怠，更加认真投入。

2. 感性获得人心

体察民情，关心店员的生活、学习，使店员备感温暖，店员自然就会努力工作。

3. 提出"共同愿景"

"共同愿景"是指组织中人们共同持有的意向和景象，它创造出众人一体的感觉，并遍布到一个组织中的所有活动。提出一个全体员工都乐于认可的"共同愿景"，大家只有朝着一个方向努力，才能发挥创造力和工作热情。

（二）竞争激励法

每个人都有一种潜在心理，即希望站在比别人更优越的位置上，从心理学上来说，这种潜在心理就是自我优越的欲望。为了实现这种欲望，人类才会积极成长，努力向前。当这种自我优越的欲望出现了特定的竞争对象时，其超越意识就会更加鲜明。

因此，在员工管理中引入竞争机制，建立能者上、庸者下、平者让的用人机制。通过引进岗位竞争机制，"释放"一些员工的工作积极性和工作热情，改变一些员工安于现状的心理，给员工以工作压力，产生危机感，人人便会积极进取，在工作空间中发挥出极大的热情。

（三）榜样激励法

榜样激励法又称为"鲶鱼效应"，它通过在员工当中树立榜样和典型的方法，以榜样的力量来挑战员工的惰性，树立忧患意识、风险意识、危机意识，调动大家的工作积极性。

榜样激励法的关键之处在于如何找到具有榜样力量的那条"鲶鱼"。可以从内部选拔"鲶鱼"，这些"鲶鱼"熟悉销售情况，不需要磨合期，能够及时发挥作用。此外，从内部选拔"鲶鱼"，给员工指出了一条晋升的途径，员工便会加倍努力成才。

"鲶鱼"还可以从外部引进。无论采取哪种方式，都应当在把握员工心理需求的基础上建立榜样机制，把员工的潜力激发出来。

（四）强化激励法

强化激励法是通过对员工的某种行为给予肯定或否定，以强化积极因素或消极因素来激发积极性的激励方法。可分为正强化和负强化，肯定、表扬、奖励是正强化，否定、批评、惩罚是负强化。

强化激励具有双重作用，正强化能使好行为再接再厉，负强化则能使坏行为改弦易辙，朝着好的方向发展。因此，强化激励在激发员工热情时得到了广泛使用。

三、重视店员人际关系的处理

常言道："家和万事兴。"的确，门店里的员工们和睦相处、精诚团结，便会凝聚成一股力量，专心为门店的兴旺发展努力工作。但是，如果其中出现不和谐因素，彼此之间生出嫌隙，产生摩擦，便会严重影响工作，对门店的正常经营和发展产生十分不利的影响。

要想店员之间和谐相处，对于店长而言，首先要分清矛盾的状态。对于那些隐含的矛盾，要做到明察秋毫、防微杜渐，将矛盾消除在萌芽状态，稳定全体店员的工作情绪。对于已经爆发的矛盾纠纷，你更要迅速了解纠纷的来龙去脉，果断、合理地解决。掌握下面处理人际纠纷的技巧，相信对你有所帮助。

（一）平等沟通

与员工进行沟通交流是管理者经常采取的纠纷处理方式。平等沟通就是管理者在与员工沟通时要公平、客观地对待发生纠纷的双方，不要发生感情倾斜，偏袒任何一方。

管理者首先要认真听取纠纷双方的抱怨和意见，不要去管对错，也不要发表意见，任其自由发泄。而后再对他们的抱怨进行分析，动之以情，晓之以理，并对不合理的抱怨进行友善的批评。通过这样的沟通，你就会对矛盾双方的利益冲突和不满有大致的了解。

（二）因人而异

不同的店员具有不同的脾气秉性，如果发生矛盾的两个店员中，一个活泼外向，豪爽话多；一个性格内向，不爱说话，那找他们谈话了解情况时需要注意采取不同的谈话方式。

对于外向的店员，一般不必有太多顾虑，直接发问即可。对于内向的店员，则要采取诱导的方式让他说出事件的始末，而不能开门见山地直接发问。这样才能详细了解纠纷的起因，继而有效地解决问题。

（三）坦诚相待

开诚布公地交流，对于问题的解决有极大的推动作用。只有你首先做到坦诚，店员才会推心置腹，把心里的不满说出来。掌握了事情的原委，你才能着手解决纠纷。

（四）轻松交流

找员工交流沟通，要以轻松为原则。如果你把氛围搞得特别紧张，员工就不可能说出心里真实的想法。

要做到轻松，首先尽量挑选一个相对安静又无人打扰的环境交谈，因为安静的环境往往让人感到放松，利于交谈。其次谈话气氛也要轻松，管理者在谈话之中，适当地谈些其他话题，对店员保持适度的表扬，就可以让店员感到放心，并以积极的心态来回答你的问题。如果必须批评，最好给予正面建议，以免伤及店员的自尊。

（五）处理公正

在处理纠纷时，应坚持民主、公正的原则。对于挑起事端的一方要严格处理，另一方也要加以警告，以防同类事件再次发生。

由于人们都有爱面子的心理，因此矛盾应尽量在暗中解决，不要张扬出来，尊重店员的隐私。这样做才符合妥善处理纠纷的要求。

处理店员之间的纠纷，既要动之以情，通过交流沟通了解事情的原委，又要晓之以理，及时指出店员的错误，并进行严格果断的处理。这样才能做到公平、公正。

四、金牌店长善于创造乐业环境

工作就像"马拉松"，长得看不到尽头；工作就像表盘上的时针，找不到终点；工作是远途旅人那永不停息的脚步；工作是潮起潮落般的周而复始。如果只把工作当成"营生"的手段，那么店员就会在长期平淡无奇的工作中逐渐产生厌职情绪。正如古希腊哲学家苏格拉底所说："不懂得工作真义的人常视工作为劳役，则其心身亦必多苦痛。"

工作给店员提供接触百味人生、接纳百种个性的机会，通过工作可以实现自我价值，这就是工作的意义。工作的最大动力不是职位和薪酬，而是来自真心喜欢其工作与角色所激发出来的自发性和自主性。那么作为店长，该如何为店员创造愉快的工作氛围呢？

（一）店长要做一个引导者

我们用"当一天和尚撞一天钟"来形容人们被强迫干自己不愿干的事情时得过且过的无奈。但长期以来，大多数的管理者都是以命令的方式来强迫员工做这做那，结果是极大地打击了店员的积极性。

图 16-1　山东恒美化妆品连锁店店铺实景

领导与引导是不同的概念：领导含有命令的成分无疑多一些，而引导包含的命令成分要少得多，更具有亲和力。做一名引导者是企业管理者灵活运用激励原则的高超表现，在员工管理中能够取得意想不到的激励效果。

（二）工作可以变得更有趣

任何人都不会喜欢单调的东西，如果长期地面对单调的工作，会使人觉得枯燥乏味，产生厌倦情绪。而变化繁多的事物总能诱发人们的好奇心，吸引人探究的兴趣。同样的道理，倘若员工本身对工作有兴趣，再加上工作富于变化，那他做起事来便会非常投入，从事富有挑战性的工作，人们之所以斗志高昂，是因为工作本身富于变化，可使人充分发挥自己能力的缘故。

管理者要想有效地激励员工，就要做到以下几点：

1. 改变工作内容

如理货工作与销售工作每半天或一天交换一次，即可发生变化。

2. 改变工作气氛

如更改展示柜台、收银台位置或门店布局，使气氛焕然一新。

3. 将工作分块分段

在短时间内将容易完成的小目标一个个分开。

4. 安排工作中的"课间十分钟"

如在紧张的工作中安排十分钟的喝茶、读书、看报时间，以增加一点乐趣，让店员在单调的工作中得以短暂休息。

（三）从"厌业"到"乐业"

只要用心去挖掘，任何事情都会变得不简单，工作也是一样，当你希望将每一个细节都做到完美无缺时，就会发现工作是多么具有挑战性，而且工作是多么有趣。因此只要调整心态，"厌业"就会变成"乐业"，具体的调整可以参考以下步骤：

1. 改变对工作的看法

看到一件商品，若能联想到该零件可能在何处制造、用途何在、有何特征、同样的产品别家公司有否制造，如此一考虑再经过求证，就能了解同行分布、公司概况，趣味无穷。

2. 专心工作

不管多单纯的工作，都不可能毫无变化，每天到店铺购物的顾客都不可能与昨日完全相同。哪一类型的顾客应该用何种销售技巧应对等，都需要店员专心研究。

3. 营造快乐的工作氛围

快乐就像阳光，照到谁，谁就会感到温暖，所以大家都喜欢与快乐的人一起工作。那么，怎样才能让自己在工作中快乐起来呢？以积极乐观的心态去工作，任何事情都有好、坏两个方面，只想好的一面就会快乐起来。当每位员工都以真诚、关爱对待别人的时候，和谐、快乐的工作环境就由此诞生。

4. 建立积极向上的快乐文化

店长可以逐渐引导员工把工作看做自己的事业。这可以通过一系列具体的形式来逐渐实现。例如，每天开工之前带领大家喊一句振奋人心的口号；在办公室门上贴上小标语；设置一块宣传板报让员工轮流来布置；不是很忙的时候可以做做有活力的工作操。这些其实也算是门店自己的企业文化，对培养门店员工的凝聚力和营造积极向上的工作环境都非常有好处。

五、打造金牌战队，创造最大效益

在市场竞争激烈的当今时代，单枪匹马打天下的个人英雄主义时代一去不复返了！零售店若想健康快速发展，离不开全体店员群策群力的团体作战。所以，在经营过程中，经营者必须重视打造店员的团队合作精神。

（一）团队的五大要素

2010 年夏季在南非举行的世界杯足球赛吸引了万千球迷的眼球，记得在世界杯即将开幕前夕，广州国美推出了"8 年百店齐庆"液晶电视和平板电视的世界杯主题促销活动。这些活动不仅与世界杯足球赛结合紧密，而且对于广大消费者也很有诱惑力。其中有两项比较有意思，一项活动是"名牌联手豪门"，各个品牌与夺冠热门球队捆绑在一起共进退，如创维联手巴西

图 16-2 广西千千色化妆品连锁店表彰
和嘉奖优秀员工（五）

队、三星联手阿根廷队、TCL联手意大利队、夏普联手西班牙队等。消费者可以任意选购这些品牌的彩电，随着这些球队一路打进淘汰赛、四强甚至夺冠，购买相应品牌的消费者就会得到返现，最高返现达1000元。另一项活动就是"与球共舞"，是在三星、长虹、海信、创维、索尼、飞利浦等各品牌电视机中都会有一款型号以C罗、梅西、伊瓜因、鲁尼、卡卡、卡西利亚斯、哈维等当红球星来命名，只要相应的球星在世界杯赛场上有精彩表现，那么购买相应机型的消费者则可得到更具诱惑力的返现奖金，其中如果C罗每打进一个直接任意球、皮尔洛每打进一个直接任意球、梅西每打进一个点球，购买相应机型的消费者都可获得2000元返现，一时间，羊城球迷的眼球都被国美吸引了。

在这里，笔者讲这件事并非是要讲国美的促销活动本身，我们无从证明策划这个活动的人是怎么选择哪个品牌对应哪支球队、哪款机型对应哪个球星的，但是我们不得不佩服策划者的睿智，因为他对"团队"这个概念的理解确实很深刻——在此笔者不去探讨这位策划者是有意还是无意作出最后的选择的。

那些平时不了解足球也没怎么关注世界杯的朋友看到这里可能一头雾水，国美的促销活动和"团队"的概念有什么关系呢？因为，根据世界杯的进程和最终的比赛结果，我们可以发现，国美此次活动返现的奖金应该不会很多，而且一些大奖最后都未能送出。这是因为意大利、法国、英格兰、巴西等人气球队均未取得人们所期待的成绩，而C罗、皮尔洛固然没有打进过任意球，梅西甚至在五场比赛中一球未进。其实熟知足球的人对于出现这样的结果并不会感到意外，因为踢足球是一项讲求团队精神的运动，只依靠大牌球星个人的单打独斗基本上不可能在大赛中取得很好的成绩。

有效的工作团队也正如同一支成功的足球队，全体队员要各就其位，各司其职，同时更要密切配合，发挥整体效能。就像世界杯冠军西班牙队那样，全队始终在一种高度团结的气氛下工作，不管是卡西利亚斯、比利亚、哈维、伊涅斯塔等多大名气的球星都要时刻为团队的集体利益服务，甚至要像托雷斯那样时刻做好为了团队需要而放下身段去甘心打替补的准备。只有这样，才能保持一种高昂的战斗精神，才能获得最终的成功。

团队是指由员工和管理层组成的一个共同体。该共同体要合理利用每一个成员的知识和技能协同工作，解决问题，实现共同的目标。就门店而言，团队就是由全体员工和店长组成的共同体。

自然界中有一种昆虫，它们在吃食物时都是成群结队的，第一只跟在第二只的身后，第二只跟在第三只的身后，由第一只昆虫带队去寻找食物，这些昆虫连接起来就像一节一节的火车车厢。科学家做了一个实验，把这些像火车车厢一样的昆虫连在一起，组成一个圆圈，然后在圆圈中放了它们喜欢吃的三叶草。结果它们爬得精疲力竭也吃不到这些草。

这个实验说明了什么？

（1）它说明团队失去目标后，团队成员就会失去方向，团队存在的价值大打折扣。所以目标（Purpose）是团队的第一大要素。

团队必须要有一个既定目标，而且必须可以细分成小目标，具体到各个团队成员身上，大家合力实现这个共同目标。目标应有效向大众传播，让团队成员都知道这些目标，以此激励所有成员为这个目标奋斗。

（2）目标必须通过团队的另一个要素——人（People）来实现。

有人进行总体规划、有人制订计划、有人实施执行、有人组织协调、有人监督考核，才能最终实现目标。人是构成团队最核心的力量，不同的成员通过分工来共同完成团队的目标，所以在人员选择时要慎重考虑人员的能力、技能、经验等。

（3）团队的另一个要素是定位（Place）。所谓团队定位，指的是团队在企业中处于什么位置，由谁选择和决定团队的成员，团队最终应对谁负责，团队采取什么方式激励下属。

而团队中各个成员作为组成团队的个体，也有自己的个体定位：作为成员在团队中扮演什么角色？是制订计划还是具体实施？

（4）除了定位，团队还需要明确自身的权限（Power）。整个团队在组织中拥有什么样的决定权（如财务决定权、人事决定权、信息决定权等），组织对于团队的授权有多大，它的业务是什么类型等。

（5）团队在开展工作时，必须有自己的计划（Plan），计划就是行动执行方案。目标最终的实现，需要一系列具体的行动方案，可以把计划理解成目标的具体工作程序。

按计划实施，可以保证团队进度顺利进行。只有在计划的操作下，团队才会一步一步地贴近目标，从而最终实现目标。

（二）金牌战队需要团队精神

团队精神是团队的精神支柱，缺少了它，团队将形同虚设，就失去了存在的意义。

1. 团队精神的三大作用

对于门店而言，团队精神有以下三个作用：

（1）约束协调功能。在团队内部树立一种团队精神氛围，有利于约束、规范和控制店员行为。这种约束通过对店员意识的影响，从约束店员的短期行为，转向对其价值观和长期目标的约束。

（2）内部激励功能。处在一个团队中，每个队员都想得到团队的认可，赢得其他人的尊敬。因此，培养一种团队精神，能促使店员自觉要求进步，激发他们的工作热情，在店员之间形成一种你追我赶的积极

图 16-3　广西千千色化妆品连锁店员工团队风貌展示（六）

向上的竞争氛围。而这种工作氛围对零售店来说是十分有益的。

（3）目标指导功能。培训店员的团队精神，有利于引导他们产生共同的使命感、归属感和认同感，逐渐形成一种强大的凝聚力，从而向着共同的目标迈进。

2. 团队精神如何形成

（1）促进彼此间的交流。团队精神要求店员之间能站在对方的立场充分理解对方的想法，消除彼此之间的戒备心理，建立起合作关系。要做到这些，最基本的方法是相互间的交流沟通。促进交流是培养团队合作精神最重要的工作。

这种交流既包括工作岗位上的工作命令、上下纵向的交流、讨论工作和开会之类横向的交流，又包括在工作场所内的谈话、寒暄、打招呼等非正式的交流活动。

（2）树立共同的目标。一个团队首先要有一个明确的奋斗目标，这样大家才会产生合作的意愿，朝着同一个方向努力。而这个共同目标必须建立在大家利益一致的基础上，经过共同讨论决定，这样他们才会乐意执行。

（3）提高管理人员的领导能力。领导者可以说是团队中的"领头羊"，在队员中间具有非同一般的影响力和控制力。其指导能力的好坏将直接影响团队精神的发挥。如果领导能力不够，其对团队的控制力必然处于弱势，团队合作也将难以达成。由此可见，管理者要提高工作上的能力和对事物的判断力，树立领导威信。

在 20 世纪 90 年代初，中国台湾 7-ELEVEn 公司总部就将每年的 7 月 11 日定为了"并肩工作日"，希望能使平日身处文件报表堆中的办公室后勤人员，在这个日子里直接地参与门店营业工作，分担劳务，体恤门店人员工作的辛劳。中国台湾 7-ELEVEn 公司总部推出"并肩工作日"的目的

就是希望后勤人员能够在回味往日工作情景时，或在与同事配合的过程中，发现和了解当前门店作业症结之所在，进而为其解决困扰，消除忧患。

（4）利用外部竞争压力。一个团队若存在外部竞争压力，为了解除压力或者战胜竞争对手，团队成员自然会齐心协力，团结一致打败竞争对手。因此，经营者要善于利用外部竞争压力，让员工意识到竞争者的存在，让这种压力转化为团队内部的动力，即团队合作精神。

总之，店员的团队精神，关键在于经营者的领导。如果你拥有丰富的领导经验，为店员树立奋斗的目标，通过正确的方法促进店员之间的理解、沟通与合作，你的团队就会爆发出无穷的战斗力。

（三）努力打造王牌战队

1. 王牌战队的基本特征

（1）各成员在心理上相互认同。

（2）各成员在行为上相互配合和制约。

（3）各成员对该群体都有一种归属感。

（4）各成员由一个共同目标聚集在一起。

2. 打造无往不胜的王牌战队

团结就是力量，门店要做大做强，就必须建立互相合作的团队。

以"团队人才为本"的企业文化建设是明基建立高效团队的重要元素。在打造"BenQ"品牌时，明基遇到的最大"瓶颈"是如何使3万名员工集结在公司统一的文化之下，这个问题一直困扰着公司领导层。于是一只象征着勇往直前的小狮子的形象应运而生，明基在内部发起"辛巴计划"，如健康一把抓、活力大本营、辛巴小管家等，让员工对明基有了新的认同感。

作为店长，也应该善于通过不同的方式和途径来培养员工的团队合作能力，时刻注重为他们树立团队的意识，将团队塑造成为一个具有现代意识的、能拼搏的、善打硬仗的战斗型团队。

打造王牌战队，店长应该注意：

（1）极力突破自身的心理障碍。

（2）创造轻松活泼的团队气氛。

（3）寻找团队成员积极的品质。

（4）设法让队员理解和支持你。

六、正确对待职员离职

"21 世纪最宝贵的是什么？是人才。"电影《天下无贼》中"黎叔"这句原本诙谐的台词却是实实在在的真实写照。大到国家建设，小到企业发展，都离不开人才。但是，天下无不散之筵席，随着社会的发展和人们观念的日新月异，人才的流动越来越被人们所接受，现在很少再有那种一生只为一家企业服务的情况了，而辞职再上岗也不会再遭受别人的广泛质疑了。

虽然员工的流动越来越普遍，但是一家好的零售企业往往能将自己的员工流动率控制在一定的范围内。通常一线员工的年流动率应该控制在 20% 以内，这样的门店才会有良好的发展基础。而有的门店其员工年流动率已经大大超过了这个范围，有的甚至达到了 80%。这里所说的流动率是针对一线员工而言，并未包含店长之类的管理层。试想：一家原本不算很大的门店如果总是保持着这么高的人员流动率，那将会对正常的营业造成怎样的影响？面试的人一批接一批，而今天有人走明天也有人走，负责人事的部门和人员岂不是每天都要忙着面试和办理入职、离职手续，需要的人力和工作量恐怕要超过营业部门了。就某个部门来说，每天都会有新同事出现，每天都会有老同事离开，在这样部门中的员工怎么会专心于工作，怎么能有凝聚力？

（一）门店员工离职的原因

一个理性的员工在打算离开企业时，往往要进行很痛苦的抉择，对各种利弊进行权衡。从目前情况来看，导致零售企业一线员工产生离开的念头，主要有以下三个方面的因素：

1. 薪资报酬过低

零售企业的员工流失与企业的薪资报酬有密切的关系。以某一个化妆品店的薪资为例，该化妆品店的员工工资在所在地区同行业中比较低，据调查了解，该店男士护肤品柜台的组长一个月只有 800 元，而其他导购员等甚至不到 700 元。然而在该地区其他同档次的化妆品店一线员工的月平均收入在 1200 元左右。由此可见，该化妆品店在薪资报酬方面已经与同地区的行业水平产生了一定的差距。这种差距给员工带来心理上的不平衡。当看到所在企业薪资报酬低于同行业水平时，大多数的人都会因为这个原因而选择离开。

2. 发展空间狭小

一般而言，我国零售企业的部门晋升体系基本上都是遵循着"一线员工→班组长→管理人员"这样一条线路。一般前两个阶段大概都需要一年多的时间去锻炼，但里面还夹杂着一些不确定的因素。如果你的上一级一直没有调动，你也就没有晋升的机会。还有即使调动了，也不一定会轮到你，因为企业会经常从其他门店调配一些优秀的员工来接任这个位置，或者干脆通过招聘引入一些基层的管理人员。久而久之，会使一线员工感觉到前途渺茫，他们还得在未来的 N 年中都一直从事比较简单和重复性的工作，根本无法满足其发展的需要。许多一线的销售人员就是因为看不到提升的希望而选择离开。

3. 管理体制不规范

现在的一些门店还缺乏有效的绩效考核，没有形成一个有效的上级对下级的监督体制。例如，在考勤方面，上班迟到几分钟一般是没关系的，别人代打卡的情况也会出现；奖惩制度不够明确，一样的员工，不一样的表现，但待遇却是相同的。这样，对工作努力、表现优异的员工来说会是一种打击，会刺激他们离开去选择更好的企业。

（二）离职对店铺的影响

一线员工过于频繁的流动会给店铺带来一定的影响，这种影响肯定是弊大于利的。虽然有好的一面，但过于频繁的员工流动所导致的消极影响肯定会更严重。这是所有零售企业都不想看到的。

1. 经营成本上升

店铺对员工的招聘、培训都要支出一定的费用，长年累月下来这将会是一笔不小的开支。招聘需要通过各种媒介进行宣传，培训则需要发放各种资料和其他方面的一些投入，这些都需要耗费一定的成本。一旦员工选择了离开，门店就不得不招聘新的员工，这样就形成了一个恶性循环。新来员工由于种种原因表现出的不适应性，会给店铺在管理上带来困难，这就在一定程度上增加了店铺的管理成本。员工的离职率越高，那么门店所承担的成本费用也就会越大。

2. 工作效率降低

这是一个间接的成本损失。员工在决定离开店铺之前的一段时间往往会表现出工作效率低下、心不在焉的状态。而在离开之后，一旦门店来不及招聘新的员工，就会造成岗位空缺，不得不由本部门的其他人来代替完成辞职者所遗留下来的工作，这就会导致代替者工作的难度增大。

新来的员工由于对工作需要一定时间来适应，可能会直接影响对顾客的服务质量。特别是对一些老顾客来说，新来的员工让其感觉到陌生，很有可能会使其放弃购买，影响门店的销售额，甚至会就此对门店产生不良的印象，认为门店的经营管理不理想，从而减少光顾次数或者不再光临。

3. 员工士气受损

员工频繁的流动对在职员工的情绪肯定会产生影响，可能会引起其他员工"多米诺骨牌"式的离职。因为部分员工的流失不仅向在职员工暗示了还有更好的工作机会在等着他们，而且也向他们说明了本企业肯定存在一些问题，在职员工难免也会产生自己的一些想法。当他们看到辞职的员工得到了比原店铺更好的发展机遇或更好的待遇的时候，可能从来没有考虑过离开的员工，也会因此去寻找更好的发展机会。

（三）建立完善的离职制度

较为规范的零售企业都会制定员工离职的规章制度，在这个制度下，详细列明了员工离职的程序。

离职一般包括：填写离职单、离职面谈、核准离职申请、业务交接、办公用品与企业财物的移交、人员退保、离职生效、资料存档、整合离职原因、离职员工的后续管理等。

下边是某零售连锁企业的离职管理制度，供各位店长参考。

某零售连锁企业人员离职管理规定

为了保证公司人力资源部工作的有效进行，使公司的管理制度更完善，特制定本管理制度，适用于本公司全体员工。

根据《劳动合同法》有关规定，本公司员工离职分为辞职、解雇两种类型。辞职是指员工主动要求脱离现任工作岗位，与公司解除劳动合同；而解雇是指员工不能胜任其工作岗位，或因违反公司相关规定等原因而被免去职务并终止劳动合同。

1. 辞职程序

（1）员工向部门领导或人力资源部门递交辞职报告、填写《员工状况变动表》。

（2）人力资源部对辞职报告进行审核并报公司领导审批，之后将明确的工作交接程序和离职程序告知辞职员工。

（3）有关领导进行离职面谈，了解辞职员工具体情况，就达成的相关事项做《离职面谈备忘录》。

（4）辞职员工按指定期限进行工作交接，内容包括：移交固定资产

（物品移交）、财务、业务关系等，交接完毕后将填写完整的《员工工作交接清单》交与人力资源部核定，之后将相关表格一应归档。

（5）人力资源部统计制作《应付薪资发放表》，并通知财务部发放薪资（奖金发放按有关规定执行）。

2. 解雇程序

（1）解雇按国家有关法律、法规及公司《行政处罚条例》、《财务管理制度》等有关规定执行。部门提出申请，填写《员工状况变动表》，经部门负责人签署后，送人力资源部审核，总部员工解雇需报请总经理批准。

（2）申请批准后，人力资源部安排相关人员敦促其尽快完成工作交接。

（3）交接完毕后，将《员工工作交接清单》报人力资源部审核，人力资源部进行工资结算，并通知财务部发放应付薪资。

3. 离职管理

（1）员工辞职，应当提前 30 日以书面形式通知部门负责人和人力资源部门。

（2）公司解雇员工提前 30 日以书面形式通知员工本人。

（3）总部员工离职，须经部门负责人及总经理批准后方可生效。

（4）片区、分店主管级人员、梯队计划人员以及荣获公司年度表彰人员离职，需经过销售部销售总监的批准后方可生效。

（5）片区、分店其他人员离职由片区经理、店长批准后生效。

（6）未经批准擅自离职超过规定时间的，按解雇处理，给公司造成损失的，应当赔偿公司损失。

（7）员工经批准离职的，工资结算至离职之月；员工主动离职的，工资结算至离职之日。

（8）员工辞职或公司解雇员工，公司不支付经济补偿。

（9）离职人员应在离职申请批准后一星期内到相应部门办理离职交接手续，一个月内完成交接，并在三个月内完成档案转递手续。

4. 离职工作守则

（1）员工离职应做以下工作：填写《员工状况变动表》；配合直属上司、部门领导询问，回答有关离职的细节问题；配合公司各级领导商讨挽留条件，并对挽留条件做出答复；与人力资源部相关人员进行离职面谈；填写《员工工作交接清单》。

（2）离职员工的直属上级应做以下工作：审阅《员工状况变动表》；审阅员工以往业绩；询问员工离职的细节问题；做出是否挽留及挽留条件（包括薪酬待遇、职位等）的建议，上报部门领导处理。

（3）部门领导应做以下工作：审阅《员工状况变动表》；审阅员工以往

业绩；询问员工离职的细节问题；依据建议决定是否挽留及挽留条件（包括薪酬待遇、职位，如有必要可与员工一起讨论）；如员工接受挽留条件，放弃离职想法，则转入升职/提薪管理流程或职位调动管理流程；如不挽留或经挽留无效，则交人力资源部处理；在《员工状况变动表》上签署意见后，交人力资源部行政专员（总部员工需总经理室批示）。

（4）人力资源部应做以下工作：根据公司及人力资源部政策审查《员工状况变动表》；根据《劳动合同法》和公司政策，计算员工离职所需费用和补偿。人力资源部人事行政经理负责监督人事行政助理将所有资料录入数据库。

建立完善的离职制度要注意以下四点：

（1）制定和建立一个完善的离职制度，是为了通过对员工离职系统的管理来了解企业的运营机制状况，并对其变革提供相应的数据与意见，从中得出结论，并指导现行的人力资源管理工作。

（2）每一个程序与环节都必须制定出相应的规范，并做出准确的文字记录。这个可以根据企业的具体情况来制定。

（3）规范的离职管理来源于以前其他管理工作和人事工作的基础，比如办公用品管理、资产管理、股权管理、业务管理、文件资料管理等工作。

（4）规范的操作员工离职程序，能减少人员流失带来的损失，并规避相关的人事纠纷和法律风险。

（四）预防离职带来的负面影响

门店经常会发生员工离职的情况，有的员工能够做到好聚好散，而有的员工则会在离职的时候横生许多事端。

某连锁店的分店经理向他的老板大倒苦水：他手下的一名员工因为长期工作涣散、业绩不佳被辞退了。本来这是很正常的人员解聘，但是这名员工出于不满，临走时不负责任地在部门同事中散布了很多关于公司不好的言论，对门店及他的个人形象造成了很不好的影响。接着这名经理又发觉部门其他人员的情绪出现了波动，工作热情明显减弱，甚至有几个人已准备跳槽到其他公司。离职人员释放出的"毒气弹"致使整个部门陷入了一种消极怠工的混乱状态。

出现这种局面是由于这位经理缺乏管理技巧造成的，其实通过改变管理手段完全可以预防这种情况的发生。那么门店的管理者们如何才能做到防患于未然呢？预防工作可以从以下四个方面入手。

1. 营造和谐的工作环境

其实关于这一点，在之前的内容中就已经讲过，和谐的工作环境有利于促进员工和领导间的关系融洽，而且有助于团队精神的塑造。在和谐的气氛下，员工一般不宜滋生不良情绪。

目前，大多数企业都在倡导人性化的管理，关怀员工被认为是建立上下级信任关系的基础。作为管理人员，只有随时了解员工的心理变化，才能够真正捕获员工的心，用关怀与善意树立起自己在部门中的威信与形象。同时，管理人员要时时关心和体察员工的困难，处处营造相互理解、相互帮助的和谐气氛，让员工感觉到来自管理层的关心，在管理过程中能收到事半功倍的效果。

要营造这样的环境，首先，管理人员在工作上要激发员工的积极性，要多鼓励，少批评；多支持，少打击；多引导，少指责。多倾听员工的意见，多进行换位思考。其次，在生活上要体现出管理人员的人文关怀，关心员工的切身利益，多解决困难，把对员工的关心与爱护渗透到生活的点点滴滴，感动员工。只有这样，才能够让员工心甘情愿地为公司的发展奉献自己的力量。前面例子中的那位经理何不认真分析一下员工工作涣散、业绩不佳的内在原因呢？解雇不是解决问题一劳永逸的方法。就算必须让不适宜在岗的员工离职，也应该在尽量和谐的氛围下进行。

2. 多给员工一次机会

对于长时间工作绩效不佳的员工或者来门店不久表现不佳的新员工，通常我们采用的做法是将其辞退。果断地辞退低绩效员工没有错，不过，应该在辞退之前再给他们一次机会。管理人员可以很明确地告诉他们，门店再给其一个月的时间，在这一个月内其绩效必须达到门店的要求，否则作为管理人员的我们也没有办法让他与门店一起继续发展。这样做可以避免重新招聘本身带来的成本和风险，还可以对留在企业的其他员工表明门店的立场，门店是非常善待员工的，会给员工改正的机会。

3. 用离职教育员工

员工离职后，马上召集其他员工开会，公平、客观地表明该离职人员不适合岗位要求的事实与原因，教育并告诫其他员工不要再犯同样的错误。通过这种做法，对其他在职员工进行教育，告诫他们如果不努力工作也可能会造成同样的结果。管理人员们可以用具体的事例教育在职人员，让他们进一步提高工作效率并遵守门店的规章制度。

4. 巧妙处理辞退员工的问题

企业并非是一个慈善机构，它需要效率及效益。裁减不适应岗位要求的人员、清除损害企业利益的人员，是保持企业效率、保障企业利益的必要手段。然而辞退人员毕竟是一件伤和气的事，管理人员在具体的操作中应掌握哪些原则与技巧呢？

首先，辞退员工应以事实为依据，只有这样，才能使被辞退人员心服口服，同时也不会对公司其他员工造成负面影响。

其次，管理人员在与被辞退人员沟通过程中，应该尽量考虑被辞退员工的情绪，多强调其对公司的贡献，减少因被辞退而给其带来的不快，同时也减少被辞退人员对公司潜在的威胁。毕竟不能每辞退一个员工就给自己或者公司增加一个敌人。

最后，在辞退员工的问题上要慎重，不能带有个人主观情绪或者偏见，尤其是不能采取一些不大光明的手段，这样不仅会使被辞退的员工对公司产生很深的敌意，而且会在在职员工中产生很不好的影响。例如，下面这个案例就是一个教训。

郭小姐是一家日用品零售店的业务骨干，在该店从业已经有四年时间，但是一直没有得到晋升的机会。人力资源部经理发现她想跳槽到另一家公司做店经理，十分紧张，因为她有几单大客户业务还没做完，别人一时也很难顺利接手她手上的工作，万一她走人将对门店的业务造成很大的损失。为了暂时稳住郭小姐，这位经理暗生一计。先是把她请进办公室，自然地谈起即将筹备开设分店的情况，同时暗示她已被老板考虑委以重任。为了使这些"诱饵"更具有诚意和真实性，人力资源部在征得老板的同意后给郭小姐加了薪。这下郭小姐踌躇满志，决定留下大展宏图。待三个月之后，她成功做完业务，同时，别人已经将她的客户转接过来后，那位经理再次找她谈话："分店的筹建工作暂且搁置了。鉴于此，你的职务工资也只好恢复原级。"郭小姐感觉被忽悠了，原来要去的那家公司早已另找他人，她怀着被愚弄的愤怒离职了。在办理离职手续当天，她将此事向原先的同事完全公开，很多人都愤愤不平，而郭小姐也表示，以后一定会让这家店为今天的作为付出代价。

（五）做好离职员工的面谈工作

员工一旦确定要离开企业，除了标准化的离职程序，包括填写离职单、核准离职申请、业务交接、办公用品移交、监督交接、人员退保、资料存档等一系列程序之外，离职面谈是相当重要的一环。对于店长来说，要做好离职面谈，就必须对离职面谈有深刻的理解和充分的准备。

1. 离职面谈的好处

与即将离职的员工进行坦诚的交流，可以消除彼此的误解，并了解门店存在的问题，为以后的管理工作积累经验，可谓益处多多。主要的益处有：

（1）挽留员工。对一些骨干员工的离职，企业要坦诚相对，花时间和员工沟通，了解他们心里的真实想法。对那些离职决定做得比较草率的员工，或是对离职本身就犹豫不决的员工，谈话可以让其改变主意。许多门店的员工普遍比较年轻，做事易冲动，因为不服从公司调动，可能就会提出辞职，而在离职面谈后，冷静下来，感受到公司对自己的关注，往往会留下来比以前更加努力地工作。

（2）发现问题。零售企业的某些制度，在公司内部看或许没有什么问题，但如果放在竞争环境下，可能已经为市场所淘汰，不利于企业发展。经过离职前的面谈，管理者往往能发现这些平时比较敏感的问题，并及时做出改革。

（3）调整招聘。通过与离职员工谈话，店长可以仔细分析离职群体，尤其是分析主动辞退人员的辞职原因，比如这些人员的特点是什么，群体特征是什么等。这样，就会发现这个群体的问题所在，发现他们与门店不相融的原因，在以后的招聘过程中，就能较快剔除不适合的求职者。

（4）消除敌意。有些员工离职，是带着一肚子怨气作出决定的。这个时候，一个公正和不带偏见的离职面谈，可以让员工将不满发泄出来，同时做一些适当的抚慰工作，这样必会取得员工的理解。

（5）立足长远。离职面谈，可以向员工表明，他或许不适合门店，门店或许也不适合他。但有缘经历了人生中的一段时光，彼此就是朋友。这种友善的信息是积极和必要的，能为门店及个人带来长远的利益。

2. 离职面谈常常出现的问题

离职面谈能给企业带来多种好处，但是实际操作起来却并不简单，经常出现各种问题。例如：

（1）离职员工因心存顾虑而三缄其口。在进行离职面谈之时，往往离职员工的离职手续并未全部办理完毕，有时还没到开资日期；有时是还没到年终奖发放时间；有时是新单位还需要从这里了解员工以前的表现情况；有时是还要回来开具证明或者办理一些必要手续等，所以总不免顾虑自己的谈话会影响到这些，于是闪烁其词，不愿多说。

（2）离职员工"事不关己，高高挂起"。反正人都走了，还说那么多干什么？中国人普遍都有"多一事不如少一事"的心态，这在离职面谈中很常见，对于与自己关系不大的事情不愿多说。

（3）离职员工声东击西，虚与委蛇。一些离职员工，因跳槽到竞争对手那里，离职面谈时找些借口进行掩饰，对有关问题避重就轻，谈不出所以然，甚至对领导"戴高帽"，对门店的经营管理大唱颂歌。

（4）离职员工无中生有，恶语中伤。一些员工因对其企业管理人员管理方式不满，或者与某同事素有积怨，就会趁着在离职面谈时，添油加醋地编故事，诋毁他人，往往店铺会在这些事情上处理失当，给个人和集体都造成损失。

（5）离职面谈缺乏技巧，敷衍了事。与国际大公司聘用顾问公司进行离职面谈或聘请有关专业人员进行离职面谈不同，国内零售门店企业大多由人力资源部门的有关人员或者是店长助理"兼任"进行面谈，谈话缺乏技巧，敷衍了事。对于离职面谈中常见的这些障碍和问题，管理者需要真正重视，并通过专业的方式进行解决。

3. 离职面谈的方法

离职面谈要想真正起到消除误会、留住人才、暴露问题等作用，就必须讲究技巧性，做到专业化。

（1）明确谈话目的。离职面谈和一般的谈话不同，它具有明确的谈话目的。针对不同离职人员，谈话的目的和重点会有所不同：对骨干员工离职，谈话目的可能是怎样留住他；如果留不住，要弄清原因何在，了解他下一步的打算并与他保持联系。对一般基层员工的离职，谈话的目的可能在于解释和安抚，消除他的抱怨，并结合他的实际情况给出建议。对经营萧条、经济危机时期的裁员谈话，目的侧重于得到员工的理解，并明确公司提供的帮助和补偿工作。

（2）了解对象背景。离职面谈需要知己知彼。要达到好的效果，一定要对离职人员的基本信息有事先的了解。可以通过查看档案，对其年龄、工作经历、家庭情况以及工作表现等有一个基本的了解；也可以向有关人员了解他的工作表现、个人兴趣、有关的评价资料等。这个工作做扎实了，在离职面谈时，就能掌握谈话的主动权。

（3）熟悉法律制度。有关法律法规，是国家和社会界定员工与企业之间利益关系的文本文件。越来越多的员工的法律意识和维权意识在提高，他们在离职的时候，可能会提到譬如《劳动合同法》上有关的条款要求，对此要能从容应对。公司或门店的规章制度，与员工的切身利益相关，如果离职面谈人员对公司的政策和制度不了解，员工在提及有关问题时，谈话人不能作为公司的代言人，那谈话是没有任何意义和价值的。例如，裁员谈话时，需要了解裁员的政策、补偿方案，以及业界形势、市场表现等信息。

（4）拟定谈话提纲。谈话提纲不一定要写在纸上，但一定要事先想好谈话的内容。离职员工一般都是有工作经验的，要考虑到他们的顾虑、反应，设计有关的谈话问题。谈话者要将谈话提纲与上面的谈话目的、员工的背景信息结合起来，以确保谈话不偏离自己的目的。谈话提纲要考虑到谈话时间的控制，如何在有限的时间内达到自己的谈话目的，是需要认真准备的。

（5）控制谈话气氛。一般来讲，上边四项工作都做了认真准备后，控制谈话现场的氛围应该没有什么问题。但是，谈话人还是要事先做好充分的心理准备，切不可在谈话时对突然的问题和情景束手无策，更不能因为离职员工的一些刁难问题或者激烈言辞而乱了方寸，甚至动怒。离职谈话倡导的是一种平静气氛下的交流，目的在于缓和离职员工的情绪，对其适当安抚，一定不能因为一言不合而发生争吵等不愉快的情况。

（六）正面看待离职者

有没有这样一种企业，无论员工是自动离职还是被辞退，都能让其带着平和的心态和真心的微笑离开？目前看来，似乎没有。为什么做不到这点呢？因为在绝大多数国内企业看来，员工主动离开都是对公司的一种背叛行为。

中国人和中国企业深受 2000 多年儒家传统文化思想的影响，一直将"忠"作为衡量人的道德标准。苏武牧羊式的忠心被千古传颂，而《三国演义》中的吕布纵使有"人中吕布，马中赤兔"对于其天下无敌之勇武的评价，却也被"三姓家奴"的指责所湮没。

"背叛"意味着当事双方的彻底决裂，有可能因此结下深仇大恨，永远不相往来。

"我为什么要让这些背叛我的人回来，这不是鼓励他们可以随进随出我的企业，这会不会形成一个'轻易离职的文化'，这会不会打击那些对企业忠诚的员工？想吃回头草的人肯定是因为自身价值在市场上得不到认可，才回来的。"这是零售企业老板对于"背叛者"的一贯态度。

但是，门店可以辞退一个人，却不能否定一个人。

现在，上至中央，下至企业，都在大力贯彻"以人为本"的科学理念。那么，以人为本是什么？以人为本最重要的就是体谅别人，能够换位思考，学会站在对方的立场上看问题。

在这方面不妨学习惠普的成功理念。惠普的五大核心价值观中就包括：尊重员工、信任员工，每个人都有选择自己发展方向的权利，员工离开公司，是为了个人的事业得到更好的发展，而不是对公司的背叛。公司应当为员工着想，而不能只为公司利益着想，或者为某些领导者的利益着想。优秀的员工回队只会鼓舞在职员工的士气，因为他们用事实证明了本公司的吸引力。

现在社会的环境变了，员工不可能总守着一个公司干一辈子，当他们觉得这个企业的未来前景、现实环境更能增强他们的职场能力时，他们就会选择忠诚。当他们觉得企业不能给他们提供更好的发展空间时，他们就会选择离开。与其单纯地认为员工离职是坏事，不如换一种角度想一想，员工离职也有许多正面影响。平庸者走，为能者的晋升扫清了道路；守旧者走，为新人的大胆开拓摒弃了障碍；业绩差者走，门店更有可能盈利和发展；行为不端者走，为其他员工提供了一个公平的工作环境。

第十七章　科学的绩效考核是有效的管理手段

本章要点：

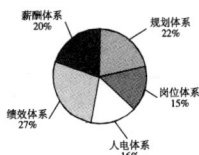

如何规避绩效管理的失误之处？
门店需要科学的绩效管理体系，
以及有效实用的绩效管理方法。
绩效考核是门店人事管理的晴雨表，
金牌店长善于运用绩效考核加强门店管理。

一、绩效管理的七大误区

俗话说："无以规矩，不成方圆。"对店员进行定期的考核评估，才能对员工实现管理和监督，确保店铺的正常运转。

然而在门店具体实施绩效管理的过程中，往往会陷入各种各样的误区。

（一）盲目生搬硬套

相当多的零售企业在导入和实施绩效管理时，不考虑门店自身的实际情况。零售企业的管理体系必须充分考虑门店的特点、发展阶段、战略目标以及员工知识、能力等。不顾企业自身特点，盲目模仿沿用其他企业的管理模式只会导致水土不服。

（二）重考核，轻管理

绩效管理是一个完整的系统，包括绩效计划、绩效反馈、绩效考核和绩效激励和发展等阶段。然而，现实中不少零售企业只关注绩效考核，而忽略绩效管理的其他环节，尤其是绩效反馈。这种做法如同老师只关注学生的测试结果，而忽视平时学习和知识提高一样不科学。在绩效管理的过程中，绩效反馈是重要的一环。员工有清楚的绩效目标并经常收到反馈时才能做得最好。只有持续地提高和改进员工的个人绩效，才能实现企业整体的目标。企业一方面应该建立开放、坦诚、对事不对人的考评原则；另一方面还应该给管理人员提供有关绩效反馈方面的培训，提高他们提供绩效反馈意见的能力，更好地对绩效有问题的员工进行教育。

（三）重个人，轻团队

在管理的现实中，许多门店的管理者们往往是本末倒置。他们多关注于员工个人绩效的管理，轻视甚至忽视企业整体绩效的管理。要知道，企业整体绩效提高才是绩效管理的主旨。

（四）单纯注重考核目标

考核指标的选取一定要特别慎重。企业进行绩效考核要着眼于正确的绩效衡量指标。可以用来考核的指标非常多，企业要找出能驱动价值创造的绩效目标，判断其对企业的影响。绩效管理的目标是确保员工做正确的事情。过多的考核指标只会分散员工的关注重点，使得员工不得不"眉毛胡子一把抓"。

（五）频繁进行考核

管理人员关注绩效考核本是应该，但是过犹不及。无论绩效管理抑或绩效考核，管理人员都需投入大量的时间和精力。过于频繁的考核必定导致考核流于形式，走过场。

（六）认为绩效考核制度一劳永逸

绩效管理体系不是一成不变的、静止的、僵化的体系。建立了绩效管理体系不等于管理工作一劳永逸。不断变化的经济、政治、技术、社会环境对企业的绩效管理不断提出新的要求，所以绩效管理的体系也要不断进行改进。

（七）简单考核，流于形式

不少店铺把绩效考核的目标和用途简单化。对于他们来说，绩效考核＝打分＝发奖金，即通过绩效考核对员工的绩效打分，然后把绩效分数机械地同员工薪酬挂钩。把考核结果同薪酬直接联系没有错，但是，绩效考核的目标是多重的，考核的结果更要广泛地运用在员工招聘、培训和发展、晋升等人力资源管理系统中。通过绩效考核，不仅通过财务方式进行激励，奖勤罚懒，还要通过其他方式，如公开表扬、晋升等对绩优员工进行激励。

二、设计科学的绩效管理体系

为什么在许多企业中考核成了管理者期末不得不做的作业，而不能发挥出绩效考核的管理作用？为什么在企业中考核始终起不到对员工的引导作用？诸如此类问题始终困扰着企业的管理人员和人力资源工作者。要想回答和解决这些问题，使绩效和管理真正成为管理者手中有效的管理工具，而不仅仅是年终的时候不得不去做的文字游戏，我们就必须设计和引入科学的绩效管理体系。

而在现阶段门店的业绩管理工作中，很多门店管理者也都意识到了绩效考核体系的问题，而且非常关心应该如何设计一套卓有成效的业绩管理体系。而业绩管理体系设计确实是业绩管理中的关键环节。一般来说，设计一套完整的业绩管理体系应该考虑选择什么样的考核方法、选择什么人担任考核者、确定什么样的考核指标、如何应用考核结果等几个方面的问题。

（一）以绩效为核心的价值评价体系

对企业来讲，必须建立一套客观、公正的绩效评价系统。这种绩效评价系统必须是以企业绩效文化为核心的，必须是能够与整个人力资源管理系统相契合的，并且同整个企业的战略应该是结合在一起的。完善的绩效评价系统是由以素质模型为核心的潜能评价体系、以任职资格标准为核心的职业化行为评价体系、以战略为导向的绩效考核体系、以经营检讨及中期述职报告为核心的绩效改进体系、以提高管理者人力资源管理责任为中心的绩效管理循环体系五大体系构成的（见图17-1）。

这五个体系并不是孤立运行的，而是互相交错，协同发挥作用。

企业能否产生好的业绩，其决定因素是人的问题。企业中不同的岗位，对人提出的要求不同。对一个人的要求就在于解决岗位适应性的问题，企业必须首先研究具备什么样个性、什么样潜能的人，在某个特定的岗位上工作更容易产生高的绩效，这就是以素质模型为核心的潜能评价体系的研究对象。

通过潜能评价体系解决了合适的人到合适的岗位问题后，还必须面对的一个问题是，这些具有企业需要的核心专长的员工到了特定的岗位之后，如何使员工知道自己所从事的某项工作的职业化特征是什么。这就需

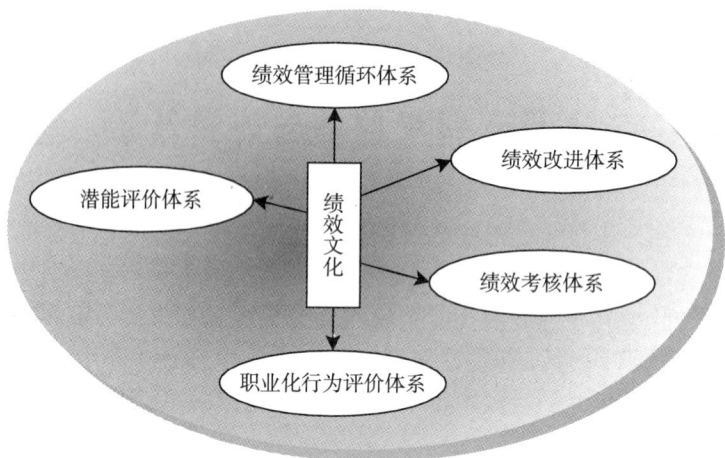

图 17-1 以绩效为核心的价值评价系统

要建立一种能产生高绩效的企业行为规范及标准，也就是建立一套任职资格标准体系，通过该体系规范员工的行为，当员工按照企业所制定的这种标准去做，就能够产生高绩效。对员工是否按照这些规范标准去工作进行评价就是以任职资格为核心的职业化行为评价体系。

任职资格制度将企业的员工进行了层层分类，那么对于不同层类的员工就应有不同的要求，这就是以绩效为核心的价值评价体系。

通过绩效分析找出问题，找出改善绩效问题的行动和措施，这就是以经营检讨和中期述职报告为核心的绩效改进体系。

企业的管理者如何去履行人力资源管理的责任呢？如何来履行这种辅导员工、教育员工、提升员工的责任呢？这就需要建立一个以提高管理者人力资源管理责任为中心的绩效管理循环体系。

（二）科学绩效管理体系的特征

科学的绩效管理体系是什么样的？很多管理者都希望知道这个问题的答案。从最终结果来看，一个好的业绩管理体系一定是这样的：被考核的人员觉得是可接受的，考核人觉得是可操作性的，门店觉得可以鼓励员工努力工作并可以凭借该体系保障门店经营目标的实现。因此，一个好的业绩管理体系至少包括以下内容：人员岗位的合理安排，详细的岗位职责描述及对职工工作的合理培训，明确工作职责和目标，工作内容的量化和标准化，考核内容合理分类，沟通和反馈机制的建立，给员工申诉的机会，等等。

尽管每一个门店的业绩管理体系都必须根据门店的经营战略、门店的文化和管理基础量身定做，但是有效的业绩管理体系都必须具备以下五个方面的特征：

1. 持续性

把业绩管理当做由计划、指导、评估和奖励所组成的持续体系来建立。所有人力资源管理过程的四个支柱都是计划、训练、评估和奖励，削弱它们中的任何一项，整个体系就会受损。它是一个持续的过程，包括设立关键目标、监督实施过程、纠正实施中的偏差并给予反馈、对结果进行奖励和认可。

2. 指示性

业绩管理需要同具体的经营目标挂钩，需要由高层推动。为了解决业绩衡量的困境，把目标与业务战略挂钩并与员工清晰地沟通，使员工能够理解他们的工作目标与门店目标的关系，这是非常必要的。业绩管理必须为实施战略变革提供方向指示，业务驱动因素（如客户服务或质量改进等）须从空谈走向实际行动，并成为每个员工工作的一部分。

3. 量化性

业绩考核指标建立在可量化的目标和行为能力的基础之上。大多数门店都十分看重销售额、利润和营业收入这样的财务指标，这类指标大部分关注的是短期业绩。但是近年来，许多非数字化的指标如顾客满意度和新产品开发能力等变得越来越重要。这些非量化的、分层分级的指标，虽然能使个人目标与门店业绩指标相联系，但许多员工经常抓不住完成工作的要领。

4. 义务性

业绩管理是各级管理者的应尽义务，各级管理者必须主动参与。在前文我们已经详细描述了各级管理者在业绩管理中应该扮演的角色和职责，在业绩管理中，管理人员缺乏责任感是常见的问题。人们通常认为业绩管理是人力资源部门的事，而不是门店经理的事，门店经理认为这是额外的工作，而且往往不具备这方面的技术，因此在给员工提供反馈时很不情愿。

5. 联系性

一项有效的业绩管理体系必须和其他体系挂钩，尤其是和薪酬体系挂钩。当门店改变其薪酬体系时，应当向员工传达两个信息：什么是重要的，员工应当重视什么；新的经营方向要求新的优先次序和新的行为。如果在业绩管理计划中再增加对客户服务或团队凝聚力方面的考核，它本身就会成为门店战略、价值观和使命的强有力的表述。

(三) 设计科学的绩效考核体系

1. 选择科学的考核方法

很多门店在选择业绩考核方法的时候，往往都是在什么地方听说了一个方法觉得很好，就拿到自己的门店内操练一把，这样跟风、生搬硬套，往往是以失败收场。那么，到底如何理性地选择适合自己门店的业绩考核方法呢？

（1）根据管理基础选择。有些门店连基本的业绩管理方法和数据管理体系都没有，硬要上一些要求较高、操作复杂的业绩管理方法，最后反而越弄越乱。门店的管理基础包括很多方面，例如，门店的管理意识、门店的管理制度、门店的信息管理系统、门店的人员素质、门店的文化形态，等等。

（2）根据目的选择。每一评估方法都有其相对优缺点，要针对不同的评估目的采用不同的评估方法，以期实现方法与目的的匹配，尽可能避免评估过程中易犯的一些错误。

（3）根据门店文化选择。不同的门店管理文化特征，对考核方法的选择与实施的影响是明显存在的。而且门店的分工特征、商品特征、人员特征、管理文化不同，对业绩的影响也是不一样的。因此，在选择考核方法的时候，需要认真考虑。

2. 选择合适的考核者

考核者的选择是指门店设计的业绩考核制度由谁来进行考核，可供选择的考核者包括上级、本部门同级、其他部门同级、下属和顾客等。业绩考核者的选择是业绩考核体系设计中的重要一环，直接关系到最终考核实施的效果。在实际工作中，有的门店尽管有一定规模，但最后考核仍然是领导一个人说了算；有的门店采取矩阵式的管理方式，员工跨部门的工作占了非常大的比例，但是考核仍然是直接上级领导说了算……

门店根据什么来决定由谁来对一个部门或者一个岗位进行考核呢？一般来说，业绩考核者的选择主要依据以下三点：

（1）谁掌握业绩信息选谁。由于工作的性质不同，有的岗位的业绩信息由直接上级掌握，有的岗位的业绩信息则由多个主体掌握，如上级、同事、下级甚至是跨部门的领导，因此必须根据掌握业绩信息的情况来确定业绩考核者。

（2）谁考核成本低选谁。考核成本过高，不利于整个门店的运营。有些门店各考核体系非常完备，但是操作起来极其烦琐，牵涉的考核者过多，考核的程序过长，考核所需要花费的时间和所需要投入的人力过大，这样做是得不偿失的。所以，谁实施考核的成本最低就选谁来进行考核。

（3）根据适度制衡来选人。既不能够产生"一言堂"，又不要矫枉过正。在业绩考核中，门店往往特别忌讳"一言堂"的现象，担心会因为某位管理者的个人好恶而影响整个业绩考核结果。于是，很多门店在业绩考核制度中都设置了相互制衡的措施，这种措施在一定程度上是必需的，但是也切忌制衡过度，过度的制衡就会造成大家都做"好好先生"，使得考核流于形式。

3. 设立科学的考核指标

考核指标指的是从哪些方面对工作进行衡量或评估，它解决的是我们需要评估什么的问题。考核指标的选择对于一个具体的业绩考核方法来说是最为关键的环节，考核指标是门店战略导向的风向标，是门店传达对员工工作业绩和行为期望的有力工具。门店绩效考核指标结构如图 17-2 所示。

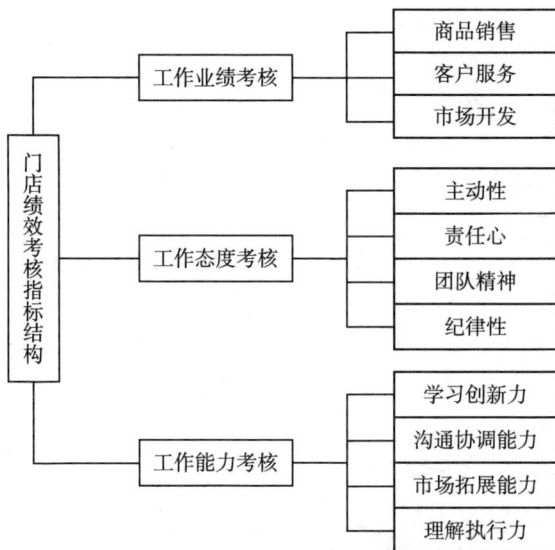

图 17-2 门店绩效考核指标结构

（1）门店经营业绩计划。考核指标是门店经营业绩计划的重要组成部分。在提取部门或岗位的考核指标之前，必须明确制订门店的经营业绩计划。一般来说，门店经营业绩计划包括如下要素：

①业绩计划及评估内容：包括各类关键业绩指标。

②权重：列出按业绩计划及评估内容划分的大类权重，以体现工作的可衡量性及对门店整体业绩的影响程度。

③目标值的设定：对关键业绩指标设定目标值和挑战值两类，以界定

指标实际完成情况与指标所得业绩分值的对应关系。

④业绩评估周期：门店经营业绩计划的评估周期一般为一年一次。

综合各类门店的经验，一般来说门店都采取以下步骤来制订其经营业绩计划：首先，由零售企业的总公司（总店）下达业绩管理系统实施文件；其次，确定总公司（总店）业绩考核指标体系，提出考核方法，推动计划确定，搞好后续管理，收集汇总数据，计算业绩分值；再次，总公司（总店）经过与各子公司（各门店）商讨，确定对门店的业绩考核指标体系；最后，各子门店经过与各部门商讨确定部门业绩考核指标。

（2）考核指标的来源。一般来说员工的业绩考核指标有三个来源：门店战略、岗位职责和门店特殊问题。门店战略首先分解为战略成功关键因素，然后落实为门店的经营业绩计划，再分解为门店各部门的主要价值贡献点，最后部门的价值贡献点结合部门内各岗位的岗位职责，分解为部门内各职位的关键成果。同时，门店、部门和各岗位在每个考核周期内都会有一些特殊的问题需要解决，比如成本问题、质量问题、制度建设问题等，这些问题的解决必然会把责任分解到各个岗位上，必须通过考核指标来推进问题的解决，因此门店、部门和各岗位在考核周期内的特殊问题也成为考核指标提取的一个重要来源。

4. 考核结果的应用

有些看似非常浅显的道理在管理中往往被忽略，业绩考核的结果如果不跟其他体制挂钩，业绩考核就成了为考核而考核，其成效肯定不好。一般来说，业绩考核的结果可以有以下方面的应用：

（1）奖励和惩罚的主要依据。一个门店内的物质利益分配和精神奖励，必须符合贡献与报酬相对应的原则，才能使员工心理平衡，才能激发员工多作贡献。

（2）为具体、全面地了解员工提供依据。门店在发展过程中，都要提拔内部的一些人员到管理岗位上。提拔谁，不提拔谁，不能根据一时的情况，而应该依据员工的总体情况进行分析，连续的考核评估记录可以比较准确地反映员工的总体情况。

（3）让员工能准确地了解自己。使员工知道门店的其他员工和领导对自己的看法及评价，自己在哪些方面应该改进或纠正，哪些方面可以继续发扬。同时，了解自己与其他员工的差距。

（4）为员工今后的发展提供依据。门店可以根据考核评估的记录，很方便地了解每个员工的素质、技能、行为、知识等方面同门店要求之间的差距，这样就可以根据门店的要求为他们制订培训计划和发展规划。

（5）建立良性竞争的工作环境。有效、公平的考核奖惩制度可以使员工心情舒畅，为员工发挥积极性和创造性提供极有利的环境条件。这一点在现代门店管理中是非常重要的。

三、门店绩效考核的原则、流程和内容

零售门店的绩效管理环节看起来非常简单——计划、执行、评估、反馈。然而，真正做起来却远非我们想象得那样简单与轻松。这需要遵循一定的原则，按照一定的流程操作，还必须包含丰富的内容。

（一）绩效考核的原则

门店的绩效管理应该遵循以下的原则：

1. 强化沟通的原则

绩效管理强调沟通。在执行环节需要持续不断的沟通，在其他环节同样如此：计划需要管理者与员工共同参与，达成共识，形成承诺；评估需要就绩效进行讨论，形成评估结果，员工在对评估结果有不同意见时应有申述的权利；不论将结果用于薪酬管理、职位变动还是职业生涯发展，都应与员工进行明确的沟通，许多店铺采用薪酬保密制度，但是，在薪酬的构成、方式等方面应与员工进行明晰的沟通。

2. 目的为先的原则

绩效管理的首要目的是完成任务。或者这样说，绩效管理不是像传统的绩效测评那样，告诉我们在实现目标的路上，我们已经到了什么位置，而是告诉我们如何改进以更好地实现目标。

3. 指标精简的原则

绩效考核的指标应尽可能少，这绝对是真理。设定三个绩效指标，你得到的绩效远比设定十个或者更多无所不包的绩效指标来得好。

4. 提高效率的原则

提高店铺工作人员的工作效率是门店绩效管理的核心目的之一。提高店铺员工工作效率的五个主要因素是：

（1）明确自己的工作任务。

（2）必须自己管理自己的工作效率，工作要有自主性。

（3）不断调整自己的工作状态。

（4）不断地学习，以提升自己的工作能力。

（5）不但关注销售量，还要关注服务的质量。

5. "重行轻言"的原则

在绩效管理中，"做"比"说"重要，在门店管理的其他方面乃至人生中也是如此。在绩效管理中强调沟通，常常会导致会说的人获得更好的评估结果。某些语言表达能力强的人常常可以把想做的事说得不同寻常，但却落实不到行动。对此，绩效管理的原则是，永远根据员工所完成的任务进行评估，而不是他所说的。

（二）绩效考核的流程

门店绩效管理的基本流程由五大部分组成，如图 17-3 所示。

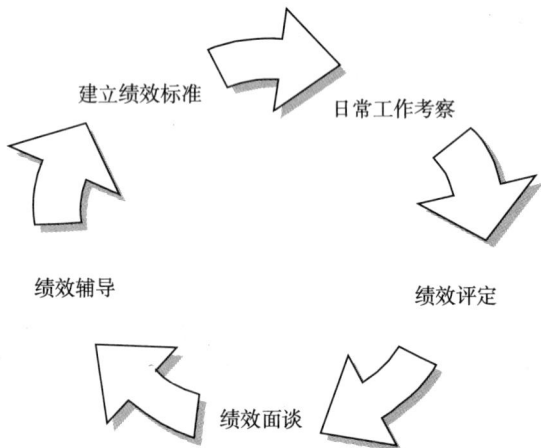

图 17-3　门店绩效考核流程

1. 建立绩效标准

绩效标准，就是门店管理者为员工，或者管理者和员工共同建立的绩效"标杆"、"尺度"。有了这些标准，才有努力的目标，才会有衡量、评估的尺度。标准制定完成后，管理者要对绩效目标进行追踪和衡量，通过持续的绩效沟通和绩效面谈来确保绩效的可达成性和可执行性。

2. 日常工作考察

有了绩效标准后，管理者就要在日常工作中有计划地观察员工的行为，并将其中的一些关键性行为（正面的或负面的都可以）记录下来，形成系统的考察记录，在评估时作为评估的事实依据。

3. 绩效评定（绩效评估）

绩效评定，就是对评估对象的工作表现或工作成果与绩效标准之间的"差距"大小做出衡量和评价，或者说是用绩效标准对工作表现和工作成果进行衡量，可以对绩效进行全面的评估，或以某一标准来衡量。例如，可以在分析公司整体绩效和销售收入的基础上，对一名员工进行评估。对于特定范围内的绩效评估，需要参照单独的标准或目标。

绩效评估的过程，其实就是一个绩效诊断的过程。除了需要对过去的工作表现作一个评价，还要以此作为奖励或惩戒的依据。评估的目的是为了将来的工作表现能够更好，提高组织和个人的生产力，改善工作业绩。评估的关键之处就在于明白：绩效好的时候为什么好？绩效差的时候为什么差？其中的差距或"缺口"在什么地方？原因何在？有什么方法或措施可以弥补这些差距或"缺口"？

4. 绩效面谈

门店做绩效管理，要为员工提供绩效面谈的途径和绩效申诉的渠道。绩效面谈是追踪和辅导员工绩效达成结果的有效手段。在管理者对员工评估之后，需要及时以面谈的形式，将评估的依据、结果及期望反馈给员工，实现与员工的双向沟通。通过客观有效的绩效面谈，可以使员工充分融合到企业文化的氛围中，让员工成为企业绩效的倡导者。面谈和申诉都是沟通的表现，沟通又是绩效管理的灵魂。所以，绩效管理要为员工提供绩效面谈和绩效申诉的机会，给员工提供一个客观、公平、公正的沟通平台。

绩效面谈是一种正式的沟通。在许多公司里，由于没有绩效面谈这个环节，许多店经理为了防止某些下属对将要公布或已经公布的考核结果的不满，常常花许多时间与下属"谈心"。但所谓的"谈心"并不能解决此类问题。

（1）"谈心"是一种非正式沟通，绩效面谈是一种正式沟通。许多事情，如事实的陈述、评估、改进计划等都不宜在非正式沟通中提出。

（2）"谈心"是一种情感的感性交流，绩效面谈是一种理性沟通。

（3）"谈心"比较随意，而绩效面谈是经过精心准备后才进行的。

实质上，绩效面谈与"谈心"是完全不同的两种方式。"谈心"实际上是传统的人事考核的一种补充形式，而绩效面谈则是科学的绩效评估形式，要根据不同类型的员工采取不同的面谈策略。

5. 绩效辅导

在绩效面谈之后，与员工共同制订绩效改进计划。绩效改进计划，是指采取一系列的措施和行动来改进员工的绩效。及时制订有效的、上下同意的绩效改进计划，提出绩效评估和面谈中发现的问题的解决方案，经商讨达成共识，制定出具体的改进办法。

特别需要注意的是，虽然在绩效管理中，绩效辅导属于最后一个环节。但是，绩效辅导实际上贯穿于绩效循环的全过程，或者说，贯穿于每年度工作的全过程。

（三）绩效考核的内容

全面的考核内容是指对店员的"德"、"能"、"勤"、"绩"四个方面进行整体的考核。当然，在具体考核中也有主次之分，"能"和"绩"是重点考核的内容。

1. 关于"德"

主要包括为人是否正直热心、是否勤奋善良、是否有责任感、是否始终为顾客着想等。管理者在对员工进行考察时，应以客观、公平、公正为原则，除了自己的观察外，还应收集顾客的反映和其他店员的意见。

2. 关于"能"

能力考评在员工考核系统中占有相当重要的地位。考核内容包括对知识和技能的掌握程度、服从性、沟通能力、工作效率、工作热情五个方面。

3. 关于"勤"

员工出勤考评是员工整体绩效考评的最基础部分，主要包括是否能够积极主动地协调配合其他部门的工作，是否能够遵守日常服务的规则和岗位纪律等。要做到奖罚分明，对于迟到、早退、病事假等情况给予一定的减分，而对于全勤记录应当给予相应的鼓励。

4. 关于"绩"

绩效考评是员工考核系统重点中的重点。主要是工作质量和数量，如对被分派的工作，是否能够按要求完成，是否按照指示正确办理等。而每位员工的目标，应根据组织目标与职位功能来决定，进而评估期间内的作业成果。

四、常用的门店绩效管理方法

对店员进行考核评估，首先要建立一种公平合理的评核制度，为员工搭建一个科学的发展平台，促进门店管理者与店员共同发展。建立公平合理的评核制度，关键是制定科学的考核标准和考核内容。常用的绩效管理方法有下列几种：

（一）360度业绩评估法

360度业绩评估是指由被评估者自己、上司、直接部属、同事甚至顾客等全方位、多角度来了解被评估者的业绩、沟通技巧、人际关系、领导能力、行政能力……通过这种理想的业绩评估，被评估者不仅可以从自己、上司、部属、同事甚至顾客处获得多角度的反馈，也可从这些不同的反馈清楚地知道自己的长处、不足与发展需求，使以后的职业发展更为顺畅。

实施360度业绩评估法的步骤是：

（1）组建360度业绩评估队伍。

（2）对评估者进行360度评估反馈技术的培训。为避免评估结果受到评估者主观因素的影响，企业在执行360度评估反馈方法时需要对评估者进行培训，使他们熟悉并能正确使用该技术。

（3）实施360度评估和反馈。分别由上级、同级、下级、相关客户和本人按各个标准进行评估，并对评估结果进行反馈。

（4）统计并报告结果。在报告结果时要注意对评估者进行匿名保护。

（5）对受评者提供反馈和辅导。通过来自各方的反馈，可以让受评者更加全面地了解自己的优势和存在的不足，更清楚地认识到门店和上级对自己的期望及目前存在的差距。

360度业绩评估法的优点是：通过评估反馈，受评者可以获得来自多层面的人员对自己素质能力、工作风格和工作业绩等的评估意见，较全面、客观地了解自己各方面的信息，以作为制订工作业绩改善计划、个人未来职业生涯规划及能力发展的参考；更容易得到受评者的认可。而且，通过反馈信息与自评结果的比较可以让受评者认识到差距和不足；有助于促进组织成员彼此之间的沟通与互动，提高团队凝聚力和工作效率，促进组织的变革与发展。

这种考核方法的缺点是：由于该考评法限于周围人士对自身的评价，容易造成"老好人"得分靠前的情况，打击员工积极性，在团队形成"中庸之道"、"一团和气"的现象。而且，该方法工作量巨大，对人力资源工作的要求很大，也需要消耗大量的经济和非经济成本。

（二）交替排序法

交替排序法是根据业绩考评要素，将员工从业绩由好到差进行交替排序，最后根据序列值来计算得分的一种考评方法。在一般情况下，从员工中挑选出最好的和最差的，要比对他们绝对业绩的好坏差异进行评分评价容易得多。

其操作方法步骤是：

1. 列出被评价人选

列举出所有需要进行评价人员的名单，去掉不是很熟悉因而无法对其进行评价的人的名字。

2. 选定项目进行排序

选择一个评价项目，并列出在该项目上，哪位员工的表现是最好的，哪位员工的表现是最差的。

3. 逐步进行交替排序

再在剩下的员工中挑出最好的和最差的。依次类推，直到所有必须被评价的员工都被列出。

这种方法的优点是简单实用，其考评结果也令人一目了然。缺点是凭主管主观判断来选定，结果往往主观性太强、不科学。主管面对的是具体的个人，个人的利益、情感和偏好不可能不掺杂到这种优劣评价中去，容易对员工造成心理压力，不易被接受。

（三）配对比较法

配对比较法也称相互比较法或两两比较法。就是将所有要进行评价的人员列在一起，两两配对比较，其价值较高者可得 1 分，最后将各职务所得分数相加，其中分数最高者即等级最高者，按分数高低顺序将职务进行排列，即可划定等级，但是由于不同职务间的工作内容和工作性质不同，而且对门店员工和门店发展的影响力也不同，因此有时可比性不强，在操作时要格外谨慎。

配对比较法的实际操作原理其实就是像职业体育比赛那样让全部被考核的人员按照考核项目进行两两"捉对对决"，相当于 NBA 或者英超那样打了一个联赛，最后赛季结束了比的是总积分。其基本做法是：首先，要列出一个表格，其中要标明所有需要被评价的员工姓名及需要评价的所有工作要素；其次，将所有员工依据某一类要素进行配对比较，用"+1"或"-1"标明；最后，将每一位员工得到的积分数相加，进行评估。

（四）关键事件法

关键事件法由上级主管者记录员工平时工作中的关键事件：一种是做得特别好的，另一种是做得不好的。在预定的时间，通常是半年或一年之后，根据以往的记录，由主管者与被测评者讨论相关事件，为测评提供依据。

这种方法考虑了职务的动态特点和静态特点。对每一事件的描述内容，包括导致事件发生的原因和背景，员工的有效行为、多余行为或关键行为的后果，员工自己能否支配或控制上述后果。在大量收集这些关键事件以后，可以对它们作出分类，并总结出职务的关键特征和行为要求。关键事件法既能获得有关职务的静态信息，又可以了解职务的动态特点。

关键事件法的具体做法是：分析人员可以向工作者询问一些问题，例如，请问在过去的一年中，您在工作中所遇到的比较重要的事件是怎样的？您认为解决这些事件的最为正确的行为是什么？最不恰当的行为是什么？您认为要解决这些事件应该具备哪些素质？对于解决关键事件所需的能力、素质，还可以让工作者进行重要性的评定。例如，让工作者给这些素质按重要性排序，按重要性将其分摊到各个能力、素质指标中去。

关键事件法的优点是研究的焦点集中在职务行为上，因为行为是可观察的、可测量的。同时，通过这种职务分析可以确定行为的任何可能的利益和作用。它为管理者向下属人员解释业绩评价结果提供了一些确切的事实证据。而且它还会确保管理者在对下属人员的业绩进行考察时，所依据的是员工在整个年度中的表现，而不是员工在最近一段时间的表现。它还能够保存一种动态的关键事件记录，可以使管理者获得一份关于下属员工是通过何种途径消除不良业绩的具体实例。

这种方法的缺点：一是费时，需要花大量的时间去收集那些关键事件，并加以概括和分类；二是关键事件的定义是显著地对工作业绩有效或无效的事件，但是这样就遗漏了平均业绩水平。而对工作来说，最重要的一点就是要描述平均的业绩水平。而且关键事件法很难涉及中等业绩的员工，因此全面的职务分析工作就不能完成。

（五）强制分布法

强制分布法是根据正态分布原理，即俗称的"中间大、两头小"的分布规律，预先确定评价等级以及各等级在总数中所占的百分比，然后按照被考核者业绩的优劣程度将其列入其中某一等级。

实施这种考评方法的基本步骤是：

（1）确定各个评定等级的奖金分配的点数，各个等级之间点数的差别应该具有充分的激励效果。

（2）由每个部门的每个员工根据业绩考核的标准，对自己以外的所有其他员工进行百分制的评分。

（3）去掉若干个最高分和最低分，求出每个员工的平均分。

（4）将部门中所有员工的平均分加总，再除以部门的员工人数，计算出部门所有员工的业绩考核平均分。

（5）用每位员工的平均分除以部门的平均分，就可以得到一个标准化的考评得分。那些标准分大于 1 的员工应得到良或优的考评，而那些考评标准分低于 1 的员工应得到不及格的考评。

（6）根据每位员工的考评等级所对应的点数分配奖金，计算部门的奖金总点数，然后结合可以分配的奖金总额，计算每个奖金点数对应的金额，并得出每位员工应该得到的奖金数额。

强制分布法的优点是：等级划分清晰，不同的等级赋予不同的含义，区别显著。并且，只需要确定各层级比例，简单计算即可得出结果，刺激性强。强制分布法常常与员工的奖惩联系在一起，对业绩优秀的重奖，对业绩较差的重罚。由于必须在员工中按比例区分出等级，会有效避免评估中过严或过松的现象。

其缺点是：如果员工的业绩水平事实上不遵从所设定的分布样式，那么按照考评者的设想对员工进行硬性区别容易引起员工的不满；只能把员工分为有限的几种类别，难以具体比较员工差别，也不能在诊断工作问题时提供准确可靠的信息。

五、门店绩效考核实例

（一）绩效考核制度实例

国内某大型超市绩效考核制度

第一章　考核的目的

第 1 条　绩效考核的目的：提升组织运营效能、提高员工工作效率。

第二章　考核的范围

第 2 条　公司及下属分店。

第三章　定义

第 3 条　绩效——员工在一定时间和条件下，利用必要的资源为实现预定的工作目标而采取的有效工作行为和实现有效的工作成果，包括工作效果、效率和效益等。

第 4 条　绩效管理——对员工实施动态指导与管理，以促进其绩效水平的提升与公司发展目标一致的管理过程。

第 5 条　工作目标——为使工作成果达到规定要求而设定的目标。

第 6 条　关键绩效指标——决定或密切影响员工实现工作目标的关键

工作层面和工作要素。

第7条　绩效标准——界定关键绩效指标的实现程度对工作目标的实现是否有效的规定尺度和衡量标准。

第四章　职责

第8条　总经理

1. 制定公司战略发展格局，确定公司保持长期发展的方针、政策、策略和目标。

2. 审批公司年度或阶段性经营目标。

3. 审批分管副总经理的年度或阶段性工作目标、关键绩效指标及标准。

4. 分管副总经理的绩效评估和改进指导工作。

第9条　总经理办公室

1. 拟定公司年度或阶段性经营目标。

2. 拟定分管副总经理的工作目标、关键绩效指标及标准。

3. 审批各部门、分公司、分店的总体工作目标。

4. 审批各部门负责人的工作目标、关键绩效指标及标准。

5. 审批各级管理人员和重要岗位人员的绩效评估结果。

6. 分管副总经理的绩效评估和改进指导工作。

第10条　分管副总经理

1. 拟定分管部门的年度或阶段性总体工作目标。

2. 拟定分管部门负责人的工作目标、关键绩效指标和标准。

3. 审批各级管理岗位的工作目标、关键绩效指标和标准。

4. 审核各级管理人员和重要岗位人员的绩效评估结果。

5. 部门负责人的绩效评估和绩效改进指导工作。

第11条　各部门、分店负责人

1. 拟定管理岗位的年度或阶段性工作目标、关键绩效指标和标准。

2. 审批其他工作岗位的工作目标、关键绩效指标和标准。

3. 所属员工的绩效评估和改进指导工作。

第12条　各级管理人员

1. 拟定管理范围内各工作岗位的工作目标、关键绩效指标和标准。

2. 所属员工的绩效评估和改进指导工作。

第13条　员工

1. 与主管人员共同拟定所属岗位的工作目标、关键绩效指标和标准。

2. 完成设定的目标、绩效指标和标准。

第14条　人力资源部

1. 提供有关绩效管理体系相关内容的培训和咨询。

2. 协助制定和评估各级工作岗位的工作目标、关键绩效指标和标准。

3. 监督绩效管理过程符合规范操作要求。

4. 就绩效管理过程的有效性和效率与公司高层保持顺畅沟通。

5. 绩效管理过程形成的文件、资料和其他信息的收集、保存和管理。

6. 受理绩效投诉。

第五章　考核的程序

第 15 条　绩效管理原则

1. 工作目标及关键绩效指标管理原则。以各层级工作目标为绩效导向，以支持工作目标达成的关键绩效指标的实现程度为绩效评估的重要参数。

2. 实效原则。通过绩效管理过程的实施，促成实际工作成果和业绩的实效提升。

3. 关键绩效指标设定原则。关键绩效指标的设定来源于财务、顾客、内部经营和学习成长四个方面。

4. 职业规划原则。将员工绩效评估和改进提升与其职业生涯规划紧密结合起来。

5. 物质激励原则。将员工绩效水平与其工作收入部分挂钩。

第 16 条　《绩效管理手册》

1. 建立《绩效管理手册》的部门包括：

（1）本部各部门。

（2）本地分公司。

（3）异地分公司、分店各部门。

2.《绩效管理手册》采用活页文件夹的形式，由人力资源部统一制作和发放，各建立部门负责人指定专人领取、记录和管理。

3.《绩效管理手册》的内容包括但不限于：

（1）所属部门各岗位的《岗位说明书》。

（2）年度或阶段性的《工作目标管理责任书》。

（3）"关键绩效指标明细表"。

（4）"绩效管理日志"。

（5）"绩效面谈（指导）记录表"。

（6）"绩效信息（数据）采集表"。

（7）《绩效评估报告》。

4. 确保加入《绩效管理手册》中的任何有关信息都是经其直接上级确认和隔级上级承认的。

5. 各部门每月 25 日至 30 日将《绩效管理手册》送交人力资源部审核

检查：本地分店的手册送交人力资源部审查；异地分店的手册送交行政人事部门。

第17条 绩效管理区间

1. 完整的绩效管理区间应包含以下内容和阶段。

（1）设定工作目标。

（2）设定关键绩效指标、标准和统计方法。

（3）制订工作计划和进行绩效面谈。

（4）中期改进指导。

（5）绩效评估与面谈。

（6）绩效评估结果输出。

2. 设定阶段性绩效管理区间一般不超过半年；设定年度绩效管理区间，应在每个季度终了时进行中期改进指导与修正。

第18条 设立工作目标

1. 依据公司经营发展战略，相关管理人员在各管理层面上设定年度或阶段性工作目标。部门的工作目标由部门负责人的直接上级设定；各工作岗位的工作目标由该岗位的直接上级设定。

2. 根据不同的工作内容和性质，应拟定合理和适当的工作目标。当业务状况须形成阶段性成果时，应设立阶段性工作目标；当业务状况以年度为总结区间时，应设立年度工作目标。

3. 设定年度工作目标或跨季度的阶段性工作目标时，应在每季度对工作目标的实现情况进行评估、检查与修正，以确保目标的达成。

4. 设定好的工作目标应与责任人签订《工作目标管理责任书》，经直接上级确认、隔级上级承认后，加入《绩效管理手册》。

第19条 设定关键绩效指标、标准和统计方法

1. 设定关键绩效指标和标准的原则。

（1）关键绩效指标、绩效标准、测量、统计方法和评估信息收集渠道的确定，由员工与其直接上级共同进行，员工应服从直接上级合理的设定与安排。

（2）设定的关键绩效指标和标准必须能够直接支持工作目标的实现，否则视为无效指标标准。

（3）设定的关键绩效指标和标准必须满足 SMART 原则。

2. 关键绩效指标的设定维度。

（1）财务类指标。指从财务管理的角度影响目标达成和绩效水平的指标，可列为但不限于财务类关键绩效指标的包括现金流、投资回报率、销售额、支出费用等。

（2）顾客（含内部顾客）类指标。指从顾客与关联方的角度影响目标达成和绩效水平的指标，可列为但不限于顾客类关键绩效指标的包括服务满意度、工作效率、服务人性化、市场份额等。

（3）内部经营（业务流程）类指标。指从主干业务流程的角度影响目标达成和绩效水平的指标，可列为但不限于内部经营过程类关键绩效指标的包括项目周期、项目开发等。

（4）学习与成长类指标。指从学习与成长的角度影响目标达成和绩效水平的指标，可列为但不限于学习与成长类关键绩效指标的包括培训、奖惩等。

3. 设定关键绩效指标应能够直接证实工作目标的达成，即当各项指标达标时，可以确认工作目标达成。管理岗位的关键绩效指标每一维度设定1~3个；其他工作岗位的关键绩效指标每一维度设定1个。

4. 设定关键绩效指标后，结合工作目标的可完成情况，应制定出各指标的绩效标准、测量与统计方法和评估信息的收集方。

5. 关键绩效指标、标准、测量、统计方法和评估信息收集方确定后，应填报"关键绩效指标明细表"，经员工直接上级确认和隔级上级承认后，加入《绩效管理手册》。

6. 公司制订绩效考核计划（一）（见附表）来考核员工绩效中的可量化部分，制订绩效考核计划（二）（见附表）来考核员工绩效中的不可量化部分，各个部门和人员可采用其中符合的指标制定相应的考核表进行考核。

第20条 制订工作计划和进行绩效面谈

1. 每一绩效管理区间开始时，部门或工作岗位的直接上级应与部门负责人或在岗员工进行绩效面谈，确保员工了解：

（1）绩效管理区间和流程。

（2）工作目标、关键绩效指标和达标标准。

（3）目前的准备状态和可使用资源情况。

（4）达成工作目标、关键绩效指标标准必须制订的工作计划。

2. 绩效面谈应使直接上级与员工在绩效管理区间内达成工作目标和达到关键绩效指标标准方面双方认可与接受，如有分歧，可围绕上一级工作目标达成的可能性进行协商，协商不成的，上报隔级上级裁定，裁定结果应获得遵守并执行。

3. 当员工在达成工作目标、达到关键绩效指标标准方面面临困难时，直接上级应协助其制订完成工作目标的工作计划，并提供必要的帮助和指导。

4. 绩效管理面谈结果填报绩效面谈（指导）记录表，经直接上级确认、隔级上级承认后加入《绩效管理手册》。

第 21 条　中期改进指导

1. 直接上级应密切关注所属部门或员工的绩效水平和工作状况，及时掌握相关信息，记入绩效管理日志。

2. 在绩效管理区间内，员工出现无法达成目标和关键绩效指标标准的征兆或工作表象时，直接上级应对其进行中期改进指导。无法达标的因素包括但不限于：

（1）能力不足与技能欠缺。

（2）客观情况转变，完成工作部门难度加大。

（3）个人情况变化。

3. 进行中期改进指导的时间一般为每季度末，紧急情况下可随时给予改进指导。

4. 进行中期改进指导的方法包括但不限于：

（1）直接上级面谈。

（2）隔级上级面谈。

（3）现场工作指导。

（4）修正工作计划。

（5）参加培训。

5. 中期改进指导的信息与结果应记入绩效面谈（指导）记录表，经该部门或工作岗位的直接上级确认和隔级上级承认后，加入《绩效管理手册》。

6. 通过改进指导仍无法达成工作目标、关键绩效指标标准的，经隔级上级批准，直接上级可与员工讨论修改工作目标、关键绩效指标标准，但应确保修改后不影响隔级工作目标的实现。

7. 工作目标、关键绩效指标标准须修改的，应重新填写《工作目标管理责任书》和"关键绩效指标明细表"，报经直接上级确认、隔级上级承认。

第 22 条　绩效评估与面谈

1. 绩效管理区间终了时，直接上级对员工的绩效状况进行评估，评估包括但不限于下列内容：

（1）工作按计划完成的进度和效果。

（2）设定的各项关键绩效指标的达标情况。

（3）设定的工作目标的达成情况。

（4）其他能够反映绩效水平高低的信息。

2. 绩效评估信息的收集、整理与分析。

（1）绩效评估信息向关键绩效指标明细表上规定的信息提供方收集，绩效评估信息应经信息提供方的部门负责人签署确认，认可其有效性。

（2）直接上级对收集到的信息进行整理与分析，必要时向人力资源部寻求协助，确定在绩效管理区间内该员工的工作目标、指标标准达成状况。

3. 绩效评估等级。

（1）优秀——指达成制定的工作目标，达到且超过制定的关键绩效指标标准。

（2）合格——指达成制定的工作目标，达到制定的关键绩效指标标准。

（3）有待改进——指未达成制定的工作目标，个别未达到制定的关键绩效指标标准，通过努力和指导可以达成。

（4）不合格——指未达成制定的工作目标，全部或多数未达到制定的关键绩效指标标准，判断其无法达成。

4. 经对绩效信息进行分析后，直接上级形成绩效评估报告，报经员工隔级上级和人力资源部（分店行政人事部门）审核与备案。

5. 绩效面谈。

（1）绩效评估结果形成并经隔级上级和人力资源部（行政人事部门）审核后，直接上级应尽快安排与员工进行绩效面谈，绩效面谈包括但不限于：

1）工作目标和关键绩效指标的达标评估结果。

2）绩效管理区间内的工作表现优点。

3）绩效管理区间内的工作表现不足。

4）工作改进方法、途径和计划。

（2）员工对绩效评估结果有异议的，可向隔级上级或人力资源部（行政人事部门）申诉，获得答复为最终回复。

（3）绩效面谈的信息与结果记入绩效面谈（指导）记录表，经直接上级确认和隔级上级承认后，加入《绩效管理手册》。

第23条　绩效评估结果输出

1. 奖惩输出：

（1）绩效评估等级评定为优秀的，依据员工基本工资标准，给予0.1~0.3的奖励系数，即奖金=绩效管理区间内员工的月基本工资总额×奖励系数。

（2）绩效评估等级评定为合格的，全额发放工资总额。

（3）绩效评估等级评定为有待改进的，依据员工基本工资标准，减发0.1系数的工资。即减发金=绩效管理区间内员工的月基本工资总额×减发系数。

（4）绩效评估等级评定为不合格的，如预计在下一绩效管理区间内可以改善，则依据员工基本工资标准，减发0.2~0.3系数的工资；如预计不可改善或绩效水平过低的，给予调整岗位或辞退处理。

2. 规划输出：用于制定下一绩效管理区间工作目标、关键绩效指标、标准和工作计划时参照使用。

第24条　其他规则

1. 绩效管理区间的间隔时间最多不超过两周，逾期而未形成的，由员工隔级上级向公司人力资源部做出详细解释，无合理理由的，将对隔级上级按二级处罚执行罚款并限令形成。

2. 绩效管理区间内，出现下列情况的，将对责任方直接上级处以月工资总额的20%罚款，不能改善或情节严重的，给予调整岗位或辞退处理：

（1）关键绩效指标的设定不能促成工作目标达成的，员工直接上级不能向公司人力资源部做出合理、详细解释的。

（2）绩效评估信息收集方不能提供准确信息的，直接上级不能向公司人力资源部做出合理、详细解释的。

（3）员工在绩效管理区间内发生严重工作失误和造成严重工作事故的。

第25条　记录

1.《工作目标管理责任书》、关键绩效指标明细表、绩效管理日志、绩效面谈（指导）记录表、绩效信息（数据）采集表由各部门、分店保留三年。

2. 绩效评估报告一式两联，分别由各部门、分店和人力资源部保留三年。

（二）绩效考核表实例

实例一　××化妆品连锁店店长考核表

考核指标	权重	评分标准	考核得分
销售额	30%	（实际销售额/计划销售额）×30	
毛利额	20%	（实际毛利额/计划毛利额）×20	
损耗率	10%	按门店指标__控制，每下降__加2分，每增加__扣3分	
经营费用	10%	（2-实际费用/计划费用）×10	
工作目标完成情况评价	30%	具体见下面目标分解	
目标分解	权重		
执行力	30%	对公司各项规章制度、考核方案、通知指令的执行力度；与公司其他部门、门店的业务沟通、配合程度	
员工管理与培训	30%	每月至少组织一次员工培训，提高员工工作技能；加强对员工的管理与沟通，及时收集、反馈、处理员工的意见	
工作计划、市调	20%	月底理清下月的工作思路与计划，并按时上交营运总监；每月交两次对竞争店的市场调查报告	

考核指标	权重	评分标准	考核得分
对外关系与安全管理	20%	协调好门店与周边社区、政府相关部门等的关系；妥善处理顾客投诉，遇重大事件及时上报，因处理不当而影响公司形象的每次扣5%；加强对消防、安全、防损等工作的管理	
附加：合理建议	10%	提出的合理建议被公司采纳加5分/次	
考核等级评定	考核得分合计：		
考核结果及面谈确认	考核签名：		

实例二 ××便利店营业员月度考核表

姓名：_____ 编号：_____ 店名：_____

本次考核日期：自____年____月____日至____年____月____日

共计____月____日

项目	考核内容	各项分值	考核得分	评语	
				店长意见	区店长意见
仪容仪表	穿着规范化、统一化	4			
	个人卫生洁净、整齐	3			
	化淡妆、无过多装饰品	3			
	精神饱满、服务规范化	3			
谈吐态度	礼貌亲切的服务用语	3			
	热情、大方、亲切的服务应对之道	3			
	不串岗、聊天、做私事的工作态度	4			
工作素质	适应性和学习能力	4			
	守规情形，忠于本职工作程度与服从性	4			
	诚实性	4			
	工作是否主动、积极	4			
	是否有团队精神	4			
	面对工作压力是否有较好的心理承受力	3			
业务能力	了解店内的有关商品知识情况	4			
	商品陈列是否规范	3			
	设备使用熟练度、准确度	3			
	收银是否规范	4			
工作质量	收银有无差错（收银员）	4			
	是否有介绍商品情况（理货员）	4			
	顾客是否满意门店的服务，有无抱怨、投诉	4			
	排面是否整齐，补货是否及时	3			
	店铺是否维持整洁	3			
	设备保养是否按操作手册去执行	4			

项目	考核内容	各项分值	考核得分	评语	
				店长意见	区店长意见
其他	交班工作移交是否妥当	3			
	是否有防火、防盗	3			
	冷静、有效处理突发事件	3			
	爱护公司公共物品	3			
	节约用电、用水等能源	3			
	能否提出可行性建议	3			

应出勤天数	实出勤天数	迟到	旷工	事假	病假	丧假	扣分	等级
							扣分	

总计分数		

被考核人意见及希望	

被考核人（签名）：＿＿＿＿　　店长（签名）：＿＿＿＿　　区域店长（签名）：＿＿＿＿

实例三　××零售店收银员考核表

考核指标	权重	评分标准	考核得分
营业额	25%	（实际收款额/计划收款额）×25	
差错率	25%	出现收银误差（正负误差超过50元）或备用金管理误差一次扣4分	
耗材控制	5%	塑料袋、收银纸等耗材核定一个额度（如占销售额的比例），控制在额度内合格，每超过2%扣2分	
工作目标完成情况评价	45%	具体见下面目标分解	
目标分解	权重		
业务技能	30%	扫描速度、输入速度等操作技能达到标准（如每分钟分别达到多少商品）；日常收银工作中未出现速度太慢	
工作标准	40%	严格按照收银、客服工作操作流程进行；每发现一次违规操作扣5分	
服务意识	20%	服务意识强，接待客户积极主动、耐心热情；对顾客服务态度恶劣或被顾客投诉经确认存在，发现一次扣5分	
内部沟通与协调	10%	服从工作安排；加强内部沟通，提高部门凝聚力	
附加：合理建议	10%	提出的合理建议被公司采纳加5分/次	
考核等级评定		考核得分合计：	
考核结果及面谈确认	被考核人签名：	考核人签名：	

实例四 ××化妆品连锁店行政出纳考核表

考核指标	权重	评分标准	考核得分
办公费用	20%	按（2−实际费用/计划费用）×20计算	
工作目标完成情况评价	80%	具体见下面目标分解	
目标分解	权重		
固定资产的管理	20%	做好超市固定资产的登记、管理和定期清查	
人事工作	25%	监督员工考勤，及时、准确、公正统计考勤情况；及时、准确办理员工入职、离职手续和促销员的进场、退场手续；督促门店绩效考核工作	
内部沟通与协调	15%	服从工作安排，完成公司各项规章制度、通知文件等在门店的宣传落实；加强与超市员工的沟通，协调员工关系，及时收集、了解和反馈意见	
出纳工作	40%	负责门店现金的管理；监督收银员备用金出入库及长短款情况；及时完成公司要求的各项报表	
附加：合理建议	10%	提出的合理建议被公司采纳加5分/次	
考核等级评定		考核得分合计：	
考核结果及面谈确认	被考核人签名：	考核人签名：	

图17-4 四川金甲虫化妆品连锁店店内实景

第十八章　设置合理的薪酬标准
和职业生涯发展路线

本章要点：

门店需要怎样的奖惩措施？

如何设置合理的薪酬标准？

奖金要怎么发？员工要怎么夸？

金牌店长选择怎样的人才激励方式？

金牌店长有着怎样的职业生涯规划？

一、门店薪酬管理的六大弊病

薪酬管理一直是零售企业的心病。虽然很多门店的生意蒸蒸日上，盈利水平一直在上涨，但由于人力资源的基础性工作严重缺陷，薪酬矛盾越来越突出，薪酬支出也在直线上升，员工的满意度逐步下降，老板在享受着挣钱的快乐的同时，也备受薪酬管理的煎熬。

那么，现在的零售门店中薪酬管理到底出了什么问题呢？

（一）薪酬支付理念模糊

在大多数的零售企业，薪资制度往往都是老板一个人说了算。老板认为，你来给我打工，我付给你工资，这是一种等价交换，薪酬只是给员工上班的回报，完全没有把薪酬管理看做企业管理的重要手段。而员工普遍不了解企业薪酬支付理念，只知道到时间去领钱，但不知道企业的愿景是什么，只知道今天还有工资拿，明天、后天就不知道了。这让员工无所适从，认为老板在变着法儿耍手段、克扣工资，对店铺的向心力和认同感当然逐渐降低。员工也就不会与企业生死与共了，哪天感觉待在企业没有"钱"途了，拍拍屁股就走人。

（二）薪酬制定标准不清晰

门店经营者心中都有一杆秤，谁给我挣钱多了，我就给谁的工资高。企业规模比较小时，这杆秤多多少少还算公平；企业规模大了，员工多了，顾不过来的时候，这杆秤就失灵了，这时老板会觉得，员工的生产效率怎么越来越不如从前了。而员工也根本不知道企业是根据什么来确定薪水，因为企业从来不会告诉员工自己确定工资高低的标准是什么，员工更不知道应该如何争取来获得高的薪酬，最后导致员工工作积极性下降。

在有的零售企业里，员工薪酬差距大，没有内部公平性。由于企业缺乏薪酬支付的策略与依据，且不同阶段的支付能力不同，导致不同层次、不同时期进入店铺的员工薪酬差距越来越大。管理者有时还自鸣得意，这些都是每个员工认可的，再说，企业还实行了密薪制度。实际上，世上没有绝对保密的事情，员工间的薪资根本不可能做到完全保密，而且员工对这样的同岗不同酬，内部薪酬不公平现象是深恶痛绝的。企业的员工满意度不高，工作效率能提升吗？

（三）不讲章法乱调薪

一些零售门店的经营管理者认为薪酬就是和员工讨价还价，按斤论价，用"买菜"的方法购买员工的生产力。在薪酬的计算方式、定额、定级方式上过于斤斤计较，采用"干多少活给多少钱"的思想，甚至有时在工资表上的计算精确到了每一分钱。在调薪的时候，一点也不关心调薪的频率、范围与幅度。在薪酬管理上，极力狠推模糊原则，凭借自己的感觉和小算盘来分配员工的薪资收入，今天觉得谁的收入多于他的劳动付出了，就马上想方设法给他减薪，明天觉得谁还不错，工作挺努力的，就给他加点工资，这样完全是在用自己的那个小算盘衡量每一位员工作出的贡献，而衡量的标准是什么恐怕他自己也说不出个所以然来，只是凭自己的主观判断薪酬的涨幅罢了。这样的薪酬管理模式是无章法、没规范的。

（四）没有结构化薪酬制度

薪酬依据确定后，还需要确定薪酬的结构，这样才能区分薪酬的保障与激励作用，也有利于企业正确核算薪酬的各项成本及相应的投入产出率。

零售企业的销售人员流动性非常大，其中很重要的原因就是销售体系的薪资制度不合理。有的销售性岗位连基本的生活保证都没有，员工安全感太低，导致了内部员工队伍的不稳定。但是许多零售企业的老板对薪酬的想法非常多，也一直在变化发展，不同层次、不同关系、不同时期进入店铺的人，老板会随意给予不同的薪酬水平，很少去想薪酬结构还要统一。员工不清楚自己的收入构成，也不知道每部分收入与自己哪些付出相关，自己的努力就会失去方向。由于没有实行结构化的薪酬制度，其内部公平性则难以实现，薪酬对员工行为的导向作用不明显。门店若不能建立统一的规范化的薪酬体系，员工想在这个店长期发展都不可能。

（五）薪酬晋升通道狭窄

一些零售企业"官本位"思想浓厚，只有升到一定职位，当上管理人员才能提升自己的薪酬水平。员工则拼命去挤"华山一条道"，不管自己能不能做、适合不适合做，都挤破脑袋想升职，只有升职了，才能涨工资。有的零售企业则正好相反，在老板心目中，永远是销售第一，只有商品卖出去才是硬道理。所以从来都重奖销售功臣，给多少钱都乐意，怎么给都行，全无章法。但其他员工想涨工资，门都没有，年底想拿红包，更是天方夜谭。员工对此也无可奈何，于是就削尖脑袋去做销售，导致了岗位的供求比例失调。

（六）片面理解薪酬的含义和构成

目前，我国零售企业对薪酬的理解还停留在工资等物质激励的层次上。其实，工资只是薪酬构成中的一部分，只能满足员工最基本的生理和安全的需要。大量的内在的薪酬激励，如员工对工作的满意度、提供良好的培训和晋升机会、具有吸引力的企业文化、相互配合的团队合作精神和企业对员工的重视等，这些都是薪酬的有机构成。它们属于非货币化的隐性薪酬激励因素，可以显著地降低零售企业的人工成本，而且还可以对货币化薪酬激励起到有力的补充作用。

在我国零售企业中，长期以来大量使用工资这一单一的激励形式，对员工的各种需求则不加重视。这种激励制度对于年轻的、刚参加工作的员工可能会起作用，但对于事业已经小有成就、想要有更好发展的员工来说，作用并不明显。

二、正确认识门店薪酬管理制度

薪酬管理是门店人事管理的核心内容之一，高超的薪酬管理能力是科学和艺术的完美结合。员工的薪酬水平究竟应该向哪些标杆企业看齐？不同级别的员工应该保持何种水平的薪酬差距？不同专业序列之间的薪酬究竟应该如何平衡？绩效和薪酬挂钩的比例以多高为宜……这一系列问题在不时地困扰着店长和店东们。

(一) 薪酬管理的特性

1. 敏感性

薪酬管理是人力资源管理中最敏感的部分，因为它牵涉到门店每一位员工的切身利益。特别是在门店员工的收入来源单一的情况下，薪酬直接影响着他们的生活水平。另外，薪酬是员工的工作能力和水平的直接体现，员工往往通过薪酬水平来衡量自己在门店中的地位。所以，每一位员工都会对薪酬问题产生天然的敏感。

2. 特权性

薪酬管理是员工参与最少的人力资源管理项目，它几乎是店铺老板的一个特权。老板，包括企业管理者认为员工参与薪酬管理会使门店的人事管理增加矛盾，并影响自己的利益。所以，员工对于薪酬管理的过程几乎一无所知。

3. 特殊性

由于敏感性和特权性，因此不同门店之间的薪酬管理差别会很大。另外，薪酬本身就有很多不同的类型，如岗位工资、技能工资、工龄工资、绩效工资等，所以，不同门店之间的薪酬管理几乎没有参考性。

正是因为这三个特性，门店在进行薪酬管理的时候一定要重视员工的满意度。员工对薪酬管理的满意程度，是衡量薪酬管理水平高低的最主要标准。让员工对薪酬满意，使其能更好地工作，是进行薪酬管理的根本目的。员工对薪酬管理的满意程度越高，薪酬的激励效果就越明显，员工就会更好地工作，于是就会得到更高的薪酬，这是一种良性循环；如果员工对薪酬的满意程度较低，则会陷入恶性循环，长此以往，会造成人才的流失。

(二) 薪酬管理的意义和目标

薪酬管理的意义：

（1）合适的薪酬制度可以巩固向心力，减少员工不满；可以促使员工更加努力工作，提升店铺运营绩效。

（2）策略性的薪酬运用可以留住优秀员工，开发员工潜能，亦可招揽外部杰出人才，打造具有竞争优势的团队。

（3）与时俱进的薪酬设计可以塑造企业文化。

（4）和员工利益相结合的薪酬制度，能提供较佳的工作推动力，避免劳资对立，进而提升店铺竞争力，创造店铺与员工双赢的局面。

（5）透明且沟通良好的薪酬制度有利于加速工作绩效的增长。

薪酬管理的目标：

（1）吸引并留住组织需要的优秀员工。

（2）激励员工积极提高工作所需要的技术和能力。

（3）鼓励员工高效率地工作。

（4）创造组织所希望的文化氛围。

（5）控制运营成本。

（三）合理薪酬制度的特征

1. 独特性

店铺必须制定薪酬的一般原则，以便于全体员工遵守执行；然而为了吸引人才，店铺的薪酬制度应具有竞争性。

2. 程式性

什么时候、什么情况下应该调薪，调薪幅度有多大，这些都应该有规则程式可循。

3. 弹性

薪酬制度应该富有弹性，超出规则时，应该有灵活应对的办法。

4. 公开性

薪酬制度应该让员工都知道，这样有利于提高员工的士气与凝聚力。

三、合理有效的奖惩措施必不可少

店长在经营管理中，要想激发员工的积极性，就必须善于运用各种奖惩制度。

奖惩分明是有效管理的重要准则。凡是在企业中成绩显著者，店长都应当给予必要的奖励；对工作失职或者责任心不强而给企业造成损失的员工，店长应该按规定予以批评教育，甚至是惩罚和制裁。

（一）门店奖惩措施中的不科学现状

当今许多门店的团队之所以无效率、无生气，归根到底是因为它们的员工考核体系、奖罚制度出了毛病。很多店长从来就没有忽视过对员工的奖励，但是常常犯以下一些错误导致奖励并没有起到激励作用。具体如下：

（1）店长需要提升门店的工作效率，但却去奖励那些看起来最忙、工作得最久的人。

（2）店长要求成员合作，却奖励销售队伍中的某一成员而牺牲了其他人的利益。

（3）店长总是讲看重员工对店铺的忠诚度，却不提供有力的工作保障，而且将最高的薪水和加薪晋职的机会给那些威胁要离职的员工。

（4）店长光说要节俭，但却以最大的预算增幅来奖励那些将他们所有的资源耗得精光的成员。

（5）店长需要事情简单化，却奖励使事情复杂化和制造琐碎的人。

（6）店长要求和谐的工作环境，但却奖励那些最会抱怨而且光说不练的人。

（7）店长希望对问题有治本的答案，但却只奖励治标的方法。

（8）店长需要有创意的人，却不奖励那些敢于特立独行的人。

（9）店长要求工作的质量，但却设下不合理的完工期限。

（10）店长需要创新，但却奖励墨守成规的成员。

（二）合理有效的奖励原则

店长应该对作出贡献的员工给予奖励，但是合理有效的奖励作为一种门店人事管理手段，必须要遵循一定的原则。

1. 一人一事不可双重奖励

店长在奖励店员的时候不要在已经以其他方式奖励了的事情上再实施奖励。如果奖励被认为是因一份工作得到的双重荣誉，它的分量就会减轻，甚至会在员工之中制造不和谐，从而起到相反的作用。

2. 奖励不同于安慰，也不能是施舍

店长不要在员工精神状态存在问题的时候开始一项奖励计划。出于某种原因，店长似乎认为奖励会对付精神状态问题。其实这种认识大错特错了，在这种情况下，员工会认为你的奖励只是一种安慰，甚至是一种怜悯和施舍。如果薪酬太低、政策不公平、培训缺乏的话，单纯一个奖励计划不会使员工认为店铺是理想的工作环境。实际上在这种环境下，奖励在员工们看来似乎像开玩笑，因为它根本无法解决关键的问题，只是像在给哭闹的小孩子分棒棒糖。

3. 奖励不能替代薪酬

店长应该懂得不要使奖励成为补足薪酬的替代物。有些店长往往喜欢在大多数人的基础工资水平较低的情况下，对少数人采用大量的现金奖

励。他们认为，按照比较偏激的做法，对某些人采用现金奖励的方法将会激起其他人获得同样奖励的欲望。这就大错特错了。这种方法是自欺欺人，只能暂时将员工的注意力从工资问题上转移，甚至还会使薪资矛盾激化。更有些店长喜欢耍小聪明，将员工加班工作、超工作量的薪酬部分用奖励的方式抵消掉，甚至将员工岗位工资中的某个部分拿出来以奖金的名义发放，以达到节约成本、粉饰太平的目的，殊不知这样做是对员工的一种变相欺诈，将会使员工产生强烈的抵触情绪，也会为门店埋下定时炸弹。

（三）必须做到有错必惩

与奖励相对应的惩罚措施必须具备。如何正确地认识惩罚管理？怎样的惩罚管理才能获得最好的效益？这是很多店长都感到困惑的问题。一般来说，处罚比奖励对人的"刺激"更大。如果店长给员工加薪 100 元，员工会很高兴；不久，员工的薪水又被店长降掉了 100 元，虽然员工的收入与以前相比没有变化，可这个时候他只剩下对店长的仇视。

2002 年度诺贝尔经济学奖获得者卡尼曼通过心理学研究发现了人类决策的不确定性，即人类的决定常常与根据标准的经济理论做出的预测大相径庭。他断言：在可以计算的大多数情况下，人们对所损失东西的价值估计，比得到相同价值时的估价高出两倍。而且，当所得比预期多时，人们会很高兴；而当失去的比预期多时，就会非常愤怒和痛苦。所有问题的关键在于这两种情绪是不对称的，人们在失去某物时愤怒和痛苦的程度远远超过得到某物时高兴的程度。

店长往往对那些工作不努力、绩效不佳、迟到早退及不守纪律的员工很头痛，尤其是一些老员工。他们的能力对店铺而言，可能已经没有太大的价值，但却经常倚老卖老地破坏制度。对于这类员工的惩罚就不能惩罚过广，而应该抓典型、杀鸡儆猴，让老员工有所收敛。

对于店长来说，如果惩罚用得过多，就会失去效力，员工会认为店长除了惩罚以外，没有什么好的管理方法。惩恶扬善是一种好的激励方式，但惩罚滥用就会失去原有的激励作用。店长在实施惩罚之前，可以先与员工讨论具体情况，确定没有误解事实之后再责备员工的不足之处。在责备中要强调你所期望的行为，同时让员工明白问题在于他不当的行为，而不在于他本人。责备的重点在于改变员工不良的行为，而不是羞辱他本人，就是要做到对事不对人。

四、年终奖的艺术

每到年底，年终奖都会成为经营者和员工们共同关注的话题，而如何发年终奖并通过年终奖来激励员工，为门店发展发挥作用，则成为摆在经营者面前的难题。

据一项调查结果表明，员工对年终奖的认同度达到了 62.5%。很多店铺员工表示：自己在和同行及朋友进行交流时，年终奖这一话题可以让其产生自豪感，也可以让其产生挫败感，而且这种感觉将会延续很长时间。

可见，年终奖的发放对鼓舞员工士气和调动员工工作的积极性发挥着重要作用。年终奖就像一只看不见的手，可以激励员工努力工作，也有可能对员工造成打击。

（一）发放年终奖的三大原则

1. 有效沟通原则

一家小超市的老板每次开会的时候，都在员工面前鼓气，并许下誓言："你们要好好干，年终给大家发丰厚的奖金"，或者来个君子协定，只要达到某目标，年终奖每人比去年增加 N 倍。于是员工满怀希望，拼命工作。但到年终发奖金的时候，员工的年终奖却莫名其妙地取消或缩水，与老板的承诺相去甚远；员工大为不满。然而，老板们却拿出一大堆理由来搪塞此事，或者支支吾吾，顾左右而言他，员工最后大失所望，却又没地方可说理。最后，这家超市的营业员三天两头都在换人，而且外界都认为这个店老板是个不讲信义的人，都不愿与他合作。

店长或者店老板在年终奖发放过程中，要注意与员工之间的沟通。在沟通过程中，对员工做得好的，要充分肯定其成绩，同时，对不足之处，也要指出并提出改进要求。有些效益不好的公司，不能实现原来的承诺，同样也需要与员工进行沟通，获取员工的谅解，而不应未作任何解释就扣除员工的奖金；一般情况下，只要老板充分与员工沟通，员工基本上都能理解企业的困难。

2. 公平公正原则

设计不合理的年终奖分配方案往往会给企业带来许多的负面影响。一旦方案付诸实施，势必造成优秀员工的流失，所以在发放年终奖的时候，首先需要设计一套合理的分配体系，并让每个员工都知道分配方法和分配制度，这样才有利于员工对企业的理解和支持，并确立企业奖罚制度的公信力。

3. 奖励多元化原则

年终奖正在由过去的福利性质，逐渐成为激励机制的一部分，表现得更个人化、更市场化。根据员工需求特点，可以采取多种奖励并存的方式来激励员工，达到最优激励效果。例如，除了发放现金外，可以采取评选年度优秀员工、年度销售明星等方式共同激励。同时，对不同类型的人员，根据不同需求采取不同的激励方式。例如，给上进的年轻人学习深造的机会、组织辛苦工作了多年的员工旅游等。像屈臣氏、麦当劳等连锁企业对于这点就做得非常到位，如表 18-1 所示为屈臣氏的奖金福利方案。

表 18-1　屈臣氏护理用品店福利方案

福利类别	内容	福利类别	内容
培训类	门市训练 1. 新进门市人员训练 2. 员工在职专业技能训练	奖金类	1. 年终奖金 2. 三节礼金 3. 生日礼金
	外训课程 1. "乐在工作"核心职能训练 2. 自我启发教育训练 3. 各项最新管理类及专业类教育训练 4. 语言能力训练 5. 内部讲师养成训练	假期类	1. 年特休 2. 男性员工陪产假 3. 不扣薪病假 4. 家庭照顾假 5. 女性同仁生理假 6. 女性同仁育婴假
	管理训练 1. 基层主管基础营运课程 2. 中阶主管营运管理进阶训练 3. 高阶主管策略管理训练	保险类	1. 劳保 2. 健保 3. 团保
认证类	1. 药师讲座协助取得认证 2. 储备药师在职进修辅导考照	补助类	1. 结婚礼金 2. 丧葬奠仪金
休闲类	1. 员工国内旅游补助 2. 员工聚餐补助	其他	1. 员工购物优惠 2. 特约商店

（二）如何巧发年终奖

很多老板抱怨，发放年终奖让自己费力不讨好，花了钱却惹得员工一肚子的不高兴。同时，对于员工来说，也有一种心理预期，年终奖的发放是老板对自己工作认可度的衡量标准。

门店给员工发放年终奖的本意是为了激励士气，因此必须考虑如何起到发放的效果，如果没有效果甚至产生反作用，那还不如不发。一般来说，企业年终奖的发放形式有两种：一种是完全张榜公开的形式；另一种则是保密的形式。具体到每个门店，究竟采取哪种形式，就应该分析利弊。

第一，年终奖的发放不公开，其好处在于能减少因员工之间相互攀比所带来的种种麻烦以及心理受到挫折的员工士气低落等问题。

第二，年终奖的发放不公开，容易导致员工产生猜疑心理，从而不利于员工对企业的信任和忠诚，同时也与企业的管理民主化以及现代企业管理所倡导的员工参与、团队合作和加强企业文化的理念背道而驰。

第三，即使年终奖的发放在操作过程中实行保密制度，比如有些企业既不公开公布个人的年终奖数额，又不允许员工之间相互打听，但在实际上却未必能够实现真正的保密。在中国特有的文化背景下，当企业与员工缺乏良好的正式沟通时，小道消息（尤其是涉及钱这种敏感的问题时）不仅会无孔不入，而且有时候还会在企业内部闹得沸沸扬扬，谣言满天飞。

结合门店的实际情况，发放年终奖要考虑三个情况：

1. 制度是否健全，是否被员工所认可

年终奖的发放是否应当公开，在很大程度上取决于企业的人力资源管理水平高低，尤其是企业中是否存在科学的、完善的工作绩效评价制度。因为依据客观的绩效评价结果来判断员工对于店铺的贡献和价值，并依据这种结果来拉开员工之间的年终奖差距，这是可以为大家所接受的，年终奖的公开不会产生过多的负面效应。因此，在企业的人力资源管理系统较为健全、管理比较规范的企业中，应当公开年终奖的计算以及发放方案。

2. 奖金是否很具竞争性，彼此差异是否很大

年终奖的发放是否应当公开，还取决于企业员工对于奖金差距的接受程度。在中国目前这种变革时期，不同企业中的员工对于年终奖拉开差距的接受程度是不同的。如果企业既缺乏良好的工作绩效评价制度，又不希望再延续吃"大锅饭"的状况，那么企业可以尝试性地以保密的形式确定并发放奖金。

3. 门店的规模大小和发放者的威望高低

较小规模的卖场，可以以红包的形式发放年终奖，而不必采用公开的奖金发放制度。一方面，在较小的零售店铺中，店经理或老板对于员工的业绩、工作表现和能力等，有比较清楚和较为全面的了解，所以仅依据其个人的经验判断来确定每个人的奖金数额也比较客观公正；另一方面，小店因为受到资源的限制，不像大公司那样具有完整的人力资源管理部门，甚至没有专门的人力资源管理人员，不大可能像大企业那样详细地制订出科学合理的年终奖发放方案。另外，小店的员工往往会倾向于把年终奖看成是老板或经理人员个人对自己的奖赏，而不大会把它看成是一种组织行为，因此，年终奖的发放本身在员工眼里就带有主观的成分，他们也比较

能够接受各种可能的结果。

但是，门店经营者们必须清楚，年终奖并非是解决一切问题的灵丹妙药，它只能在相对较短的一段时间内（一般是年终或者过年期间）掩盖门店管理中的一些问题，暂时缓和矛盾，可以为管理者们赢得时间来解决问题。而且年终奖并非员工所追求的全部。

因此，店长要注意以下几点：

（1）重视日常管理，不要将问题积压在年底，避免将年终考核及年终奖发放变成一场运动。

（2）强化绩效考评，淡化年终奖功能及发放形式。

（3）考虑多种奖励方式，不要企图毕其功于一役。

（4）引导并教育员工要从企业发展的角度考虑问题，要考虑长远，不要只注重眼前利益。

五、精神薪酬不容忽视

现代零售企业如何激励员工成了管理者面临的一大难题，而薪酬作为一种最基本的激励工具，对调动员工的积极性起到关键的作用。然而，目前许多零售企业的管理者在设计企业内部的薪酬体系时，往往只注重员工的经济收入等物质报酬，而忽视了员工的精神报酬，最后导致企业虽然给了员工很高的工资，但员工忠诚度、满意度仍然不高，严重的甚至跳槽。

什么是员工的精神收入呢？从广义的角度讲，薪酬是由两种不同性质的内容构成的，包括经济报酬和非经济报酬。经济性报酬，是指企业付给员工的工资、奖金和各种津贴和福利等报酬；非经济报酬，主要包括工作保障、个人荣誉和发展空间，以及对员工突出工作成绩的承认、培训机会和优越的办公条件等一系列内在的报酬。

员工的精神收入，是指员工个人对企业及其工作本身在心理上的一种感受，属于非经济性报酬的范围。员工通过自己的努力工作得到的非经济性的奖励就属于员工的精神收入。

这种奖励又可分为职业性奖励和社会性奖励。职业性奖励又可以细分为职业安全、自我发展、和谐工作环境和人际关系、晋升机会等。社会性奖励由地位象征、表扬肯定、荣誉、成就感等因素构成。

现代的企业，习惯于把员工看成是"金钱的奴隶"，无视员工的忠诚度和敬业奉献精神，对员工在工作过程中应该感受到的尊重、友谊、关怀、个人价值及获得的学习机会、发展空间等一律漠视，而认为给员工钱就是给了员工一切。诚然，企业对员工的物质报酬在某种程度上、在一定的范围内对员工起到了很好的激励作用。人们为了生存和得到更好的物质生活，的确在为金钱而工作，但是他们更为生命的价值而工作。事实上，他们希望通过工作发挥自己的最大潜能，使自己的能力得到充分展现和承认，从他们的每一次成功中体现自身的价值。他们渴望从工作中得到乐趣和享受，而不仅仅是为了赚取更多的工资。

(一) 单纯的物质激励容易产生的问题

1. 工资成本过度增长

企业为争取或留住某些优秀的人才不得不增加工资开支，导致企业的人工成本不断上升。工资是企业的很大一笔开支，尤其在零售行业里所占比例更高，如果仅用工资这唯一的杠杆来解决员工的激励问题，必将会引起工资成本的大幅提高。而且，很多的问题并不是提高工资能解决的。

2. 员工忠诚度降低

由于企业对员工的关注很少，会造成员工对企业的忠诚度和满意度逐渐降低。对现代企业来说，关注员工的精神报酬因素，并用这些因素去弥补薪酬机制中的缺陷和不足，是实现有效的薪酬管理不可缺少的环节。这样，企业减少了对过高的薪资水平的依赖，转而使员工更多地依靠内在激励，也使企业从仅靠金钱激励员工、"加薪再加薪"的恶性循环中摆脱出来。

3. 扭曲了员工的价值观

门店如果忽视了员工的精神报酬，就会导致企业中人性化和精神层面的东西缺失，大家只是看着"人民币"的面子才做事干活，多给钱多干活，少给钱少干活，不给钱的坚决不干。长此以往，则在企业内部会形成浓厚的拜金主义的风气，无论是对于门店的经营还是员工个人的发展都非常不利。

4. 使员工丧失掉积极性和责任感

在单纯物质激励的长期作用下，公司与员工的关系就会逐渐演变成为赤裸裸的雇佣与被雇佣的关系。由于缺少感情联系的纽带和必要的信任基础，导致企业与员工之间形成一种对立的局面，很难调动员工的工作积极性和责任感，而且不能培育员工的主人翁地位。

(二) 增加员工的精神收入的方法

1. 增加精神奖励

提高物质奖励自然皆大欢喜，但对于因实力不济而力不从心的中小型店铺来说，精神奖励同样也能达到良好效果。

一句祝福的话语、一声亲切的问候、一次有力的握手都将使员工终生难忘。当员工工作表现好时，不妨公开表扬一下；当员工过生日时，一张精美贺卡，几句祝福问候语，一次简易的生日 PARTY，将会给员工极大的心理满足。对员工的建议与构想，要多肯定。

2. 注重员工兴趣的激发和培养

一般来说，员工工作兴趣的激发与培养依赖于以下一些因素：

（1）岗位安排：岗位与人的相互匹配有利于员工提高工作兴趣。

（2）目标设置：目标的具体性、挑战性和个人价值观影响员工的工作兴趣及工作水平。目标设置应当遵循具体、难度适中、具有个人价值、可以被个人接受的原则。

（3）激励机制：工作的过程既是实现组织和团体目标的过程，也是实现个人目标的过程，组织目标与员工目标应该成为命运的统一体。

3. 改善企业内部员工的人际关系

据有关调查显示，有相当一部分员工的离职是由于公司内部人际关系不和引起的。马斯洛的需要层次论说明，人的需要分为生理、安全、自尊、社交和自我实现五个层次。

人们从事工作不仅仅为了挣钱和获得看得见的成就，对于大多数员工来说，工作还满足了他们社会交往的需要。

沃尔玛就非常重视对于员工改善人际关系的培训。此类培训主要是使员工对人际关系问题有一个比较全面的认识。包括：员工与员工之间的感情、交往；员工自己本身的社会关系和心理状况；员工对单位、整个组织的认同感或疏离感；在组织内，部门与部门之间的关系等。

4. 引导员工的发展方向

企业用不同的方式告诉员工发展方向，让员工看到自己的发展前景。从某种角度讲，职业计划应着重于实现员工心理上的满足，而不一定需要晋升。如果一个人的职业计划不能在组织内实行，那么这个人迟早会离开这家企业。因此，企业应在职业计划方面帮助员工，从而使双方的需要都能得到满足。

5. 营造良好的工作环境

良好的工作环境是留住人才的关键。良好的工作环境一方面能提高员工的工作效率，另一方面能确保员工们的身心健康。倡导"以人为本"的办公设计理念，对办公桌椅是否符合"人性"和"健康"原则进行严格检查，以期最大限度地满足员工们的要求。有条件的话还可以在每天上、下午设立专门的休息时间，员工可以放音乐来调节身心。

六、合伙股份制——长效双赢的人才激励方式

米西尔是美国著名的国际服装公司的创始人。他年轻时从西点军校毕业之后参加了美国陆军，几年后成为一名连长。在连长的位子上，米西尔干了两年。这个连后来被称为"西点的米西尔连"。米西尔用两年的时间把这个美国陆军最涣散的一支部队改造成为一支"铁军"。米西尔后来解释他成功的秘密是"让每一个士兵自觉地认为这是我的连队"。

后来米西尔因为伤残从军队退役，他成立了著名的米西尔国际服装公司。在米西尔公司内，所有的员工都做到了这一点：这个公司是米西尔的，也是我的公司；这家店铺是米西尔的，也是我的店铺。

让每一个员工都把公司和店铺当成自己的，让每一个员工都以合伙人的心态来工作，米西尔因此获得了巨大的成功。

对于经营者而言，门店的生存和发展需要全体员工的努力；而对于员工来说，需要获得的是丰厚的物质报酬和精神上的成就感。从表面上看起来，彼此之间存在着对立，但是，在更高的层面上，两者又是和谐统一的——门店需要忠诚和有能力的员工，业务才能正常开展，员工必须依赖店铺的业务平台才能充分发挥自己的才能。能将原本对立的关系转化为合作共赢的关系将会是门店发展成熟、做大做强的趋势。

因此，一种让员工来做合伙人的制度——员工合作股份制应运而生了。

（一）员工合作股份制的简要操作方法

1. 建立切实可行的合作股份制度

对于中小型门店而言，首先就是要学习借鉴大公司、连锁店的股份制经验，然后结合自己门店的实际情况，设计出一套可以长期推广落实的员工股份制合作方案。这个方案应该包括员工入股指标、入股形式、操作细则、门店经营目标、收益分配方式等各方面。

制度方案拟订之后要先自查一遍，将不切实际的条款和与《劳动合同法》等相关法规抵触的条款予以删改。然后将草案公示，可以邀请员工代表探讨，进一步修改，征得多数员工同意之后就可以实施。

当然，最好的做法还是在一个恰当的时机（例如，门店开业伊始、扩大规模、经营管理改制等阶段）推出此方案，这样就会省去员工讨论的程序，使制度尽快确立下来。

2. 确定员工股份合作方式

这是合作股份制具体落实的第一步，因此一定要非常注重其可行性，也要注意实施的技巧。一般来说，不宜过急过猛，最开始先不要直接从员工的工资下手，强行将员工的薪酬扣出来作为合作股份，这样做很可能引起员工对于制度的抵触情绪。通常人们是不愿意接受自己的劳动所得被强行扣下的。在确定门店资产股份配比之后，最合理的是先给每个员工赠送少量的基础股份，一般是不超过 10 股，价值不要多，大约相当于员工的平均月工资的十分之一。这样就有利于制度的进一步实施。而后，在实施过程中可以逐步推广，引导员工以各种形式主动入股，例如，从每月的岗位工资中划出相当于社保金缴纳比例的一部分入股。在员工入股时签订股份合作协议书。

3. 将员工绩效考核纳入股份合作体系

把绩效考核纳入股份合作体系很关键。对原有的绩效考核制度进行改革，将员工贡献的多少通过绩效考核量化成为股份。可以根据考核的结果划定一定的档次，设定具体的股份奖励指标，对于优秀的员工给予股份奖励。

4. 年终分配股份收益

将绩效考核引入股份合作制度之后，其实也就是将股份和员工的奖罚直接挂钩，员工则更加直接地体会到了自身工作的优劣和收入的关系，而当年终的时候按照股份比例将门店的利润作为股份收益让员工分享，这样则使员工更直接感受到了门店效益对于自己利益的影响。在这个步骤中，关键是要做好两个工作：一是门店盈利账目要透明，管理要科学，以得到广大员工的认可，不能使股东信服的股份制是失败的；二是要切实做到收益共享，严格按照股份比例核算收益。

5. 将制度长期贯彻下去

在股份制实施的初始阶段，肯定会遇到各种问题和阻力，但是要有能将其长期坚持下去的决心。在年终股东分红时要鼓励优秀的员工和骨干增加股份，可以在年终奖励中给予较多的股份奖励。增加了骨干员工的经营股权，就能促进制度的长期贯彻实施。

（二）员工合作股份制度的优越性

1. 最大限度地发挥了员工的主人翁意识

每一位老板都是自己店铺最具有"执行力"的人，因为他是在为自己工作。而如果一个优秀的员工能够以老板的心态对待工作，向老板学习，他也会获得巨大的"执行力"，甚至比老板执行得还好。

美国某杂志评出的近20年来最优秀的服装店经理亨特，应邀到加州大学伯克利分校发表毕业演讲时说过："不管你在哪里工作，是一家公司，还是一家小的店铺，都别把自己当成员工——应该把公司和店铺看做自己开的一样。"

有的人在为他人工作，也有的人为自己工作。我们在为他人工作时总是认为老板太苛刻，为自己工作时却觉得员工太懒惰，太缺乏主动性。其实，一切都没有改变，改变的是我们看待问题的方式。乔丹当年在公牛队时，他曾为了加薪而闹得沸沸扬扬，甚至一度号召全体球员结成联盟，共同争取加薪。但是，当他身为奇才队的董事时，却又为了降低员工的待遇而组织了一轮又一轮的讨论，甚至一度求援于律师。

员工股份合作制就是将员工的角色转变为经营者，使他们成为股东，使他们成为门店的主人。什么样的心态将决定过什么样的生活。当员工具备了合伙人的身份和心态，他就会去考虑店铺的成长，就会去考虑店铺的明天，就会感觉到店铺的事情就是自己的事情，就知道什么是自己应该去做的、什么是自己不应该去做的，就会像老板的合伙人一样去思考，就会像老板的合伙人一样去行动，为店铺的发展贡献自己最大的力量。

2. 极大地促进了员工和老板之间的关系

成功守则中有一条很重要的定律——待人如己，也就是凡事为他人着想，站在他人的立场上思考。作为店铺老板，多考虑员工的利益，对员工多一些支持和鼓励；而员工通过合作股份制也能充分理解门店经营者的困难，会更加积极地为门店贡献自己的力量。劳资双方彼此能够在经营和发展的过程中更多地达成共识和谅解，一起为共同的利益向着同一个方向努力，极大地促进了门店的和谐。当员工以合伙人的心态和身份来看待老板时，他就不会认为老板整天只是打打电话、喝喝咖啡而已。

3. 为经营者提供了融资空间

当员工合作股份制步入正轨之后，门店每个月都可以减少一部分在薪资方面的现金投入，而可以利用这一部分资金更好地投入到门店的经营之中，甚至有时候可以帮助门店渡过资金周转的困境，从而实现了内部融资。有了这个融资空间，门店可以更加从容地应对经营之中的各种风险，提高自身免疫力，对业绩的提升和发展非常有益。

（三）合作股份制对于店长的基本要求

（1）店长在实施合作股份制之时，首先要对门店的发展有清晰的目标规划，不能抱有走一步算一步的想法。

（2）店长要担负起带头人的责任，不能把让员工入股当成是替自己分担责任，如果门店的经营发展出现问题，市场决策出现失误，最主要的责任还是店长自己。

（3）要端正心态，不能把合作股份制度当成为自己敛财的手段，要清楚，员工投入的股份还是属于员工的财产，只是由作为门店管理者和决策人的店长来用于门店的经营发展。

（4）实施这种合伙人入股的方式，关键是要做好"取信于民"的工作，在开始实施的时候，不妨学习一下商鞅变法时的徙木立信，从而消除员工对新制度的疑虑。

（5）要由股东共同推选大家认可的专门人员来管理和监督股金的使用情况和股份变更情况，对于股份资产做到透明管理、科学使用、账目清晰。

（6）要尽量多吸收对门店经营贡献大的骨干员工的股份，以利于门店的长远发展，而要避免平庸者和懒惰者占有过多股份。

（7）在员工入股、退股问题上，要实施自愿原则。

七、门店职业生涯规划

职场上有句名言："今天站在哪里并不重要，重要的是下一步迈向哪里。"成功的人生需要正确的规划，合理规划自己的职业生涯，是每一位店长迈向成功的第一步。通过制定职业生涯规划，可以明确自己的职业生涯目标以及如何实现这些目标。

所谓职业生涯规划，是指个人发展与组织发展相结合，在对个人和内外环境因素进行分析的基础上，确定一个人的事业发展目标，并选择实现这一事业目标的职业或岗位，编制相应的工作、教育和培训行动计划，对每一步骤的时间、项目和措施作出合理的安排。它涉及两个方面的内容：第一，个人对于人生理想、职业价值观、兴趣爱好、个性特征、能力状况等方面的认识；第二，个人对其一生中的职业发展、职位变迁及工作理想实现过程的设计。

（一）职业生涯规划的特性和基本原则

1. 职业生涯规划的特性

（1）可行性。职业生涯规划一般具有事实依据，并非是美好幻想或不着边的梦想，否则将会延误职业生涯发展机遇。

（2）适时性。规划是预测未来的行动，确定将来的目标，因此各项主要活动,何时实施、何时完成,都应有时间和时序上的详细安排,以作为检查行动的依据。

(3) 适应性。规划未来的职业生涯目标,牵涉到多种可变因素,因此规划应有弹性,应留有余地,以增加其适应性。

(4) 持续性。人生每个发展阶段应能持续连贯衔接。

2. 职业生涯规划的基本原则

(1) 持己所爱。从事一项你所喜欢的工作,工作本身就能给你一种满足感,你的职业生涯也会从此变得妙趣横生。兴趣是最好的老师,是成功之母。调查表明:兴趣与成功概率有着明显的正相关性。在设计自己的职业生涯时,务必注意:考虑自己的特点,珍惜自己的兴趣,择己所爱,选择自己所喜欢的职业。

(2) 持己所长。任何职业都要求从业者掌握一定的技能,具备一定的能力条件。而一个人一生中不能将所有技能都全部掌握。所以你必须在进行职业选择时择己所长,从而有利于发挥自己的优势。运用比较优势原理充分分析别人与自己,尽量选择冲突较少的优势行业。

(3) 持己所需。社会的需求不断演化着,旧的需求不断消失,新的需求不断产生。新的职业也不断产生。所以在设计你自己的职业生涯时,一定要分析社会需求,择己所需。最重要的是,目光要长远,能够准确预测未来行业或者职业发展方向,再做出选择。不仅仅是有社会需求,并且这个需求要长久。

(4) 择己所利。职业是个人谋生的手段,其目的在于追求个人幸福。所以你在择业时,首先考虑的是自己的预期收益——个人幸福最大化。明智的选择是在由收入、社会地位、成就感和工作付出等变量组成的函数中找出一个最大值。这就是选择职业生涯中的收益最大化原则。

(二) 门店职业生涯管理的意义

1. 职业生涯管理是资源合理配置的首要问题

人力资源是一种可以不断开发并不断增值的增量资源,因为通过人力资源的开发能不断更新人的知识、技能,提高人的创造力,从而使无生命的“物”的资源充分尽其所用,特别是随着知识经济时代的到来,知识已成为社会的主体,而掌握和创造这些知识的就是“人”,所以企业更应注重人的智慧、技艺、能力的提高与全面发展。因此,加强职业生涯管理,使人尽其才、才尽其用,是企业资源合理配置的首要问题。如果离开人才的合理配置,资源的合理配置就是一句空话。

2. 职业生涯管理能充分调动人的内在积极性

职业生涯管理的目的就是帮助员工提高在各个需求层次的满足度，使人的需求满足度从金字塔形向梯形过渡最终接近矩形，既使员工的低层次物质需要逐步提高，又使他们的自我实现等精神方面的高级需要的满足度逐步提高。因此，职业生涯管理不仅符合人生发展的需要，而且也立足人的高级需要，即立足于友爱、尊重、自我实现的需要，真正了解员工在个人发展上想要什么，协调其制定规划，帮助其实现职业生涯目标。

3. 职业生涯管理是门店长盛不衰的组织保证

任何成功的企业，其成功的根本原因是拥有高质量的企业家和高质量的员工。人的才能和潜力能得到充分发挥，人力资源不会虚耗、浪费，企业的生存成长就有了取之不尽、用之不竭的源泉。通过职业生涯等管理努力提供员工施展才能的舞台，充分体现员工的自我价值，是留住人才、凝聚人才的根本保证，也是企业长盛不衰的组织保证。

（三）门店员工的职业生涯规划

1. 个人职业规划的基本步骤

（1）确定志向。志向是事业成功的基本前提，没有志向，事业的成功也就无从谈起。俗话说："志不立，天下无可成之事。"立志是人生的起跑点，反映着一个人的理想、胸怀、情趣和价值观，影响着一个人的奋斗目标及成就的大小。所以，在制定生涯规划时，首先要确立志向，这是制定职业生涯规划的关键，也是职业生涯中最重要的一点。

（2）自我评估。自我评估的目的，是认识自己、了解自己。因为只有认识了自己，才能对自己的职业作出正确的选择，才能选定适合自己发展的职业生涯路线，才能对自己的职业生涯目标做出最佳抉择。自我评估包括自己的兴趣、特长、性格、学识、技能、智商、情商、思维方式、思维方法、道德水准以及社会中的自我，等等。

（3）职业生涯机会的评估。职业生涯机会的评估，主要是评估各种环境因素对自己职业生涯发展的影响，每一个人都处在一定的环境之中，离开了这个环境，便无法生存与成长。所以，在制定个人的职业生涯规划时，要分析环境条件的特点、环境的发展变化情况、自己与环境的关系、自己在这个环境中的地位、环境对自己提出的要求以及环境对自己有利的条件与不利的条件，等等。只有对这些环境因素充分了解，才能做到在复杂的环境中避害趋利，使你的职业生涯规划具有实际意义。

（4）职业的选择。职业选择正确与否，直接关系到人生事业的成功与失败。据统计，在选错职业的人当中，有80%的人在事业上是失败者。正如人们所说的"女怕嫁错郎，男怕选错行"。

（5）职业生涯路线的选择。就是指要向哪一路线发展。

（6）设定职业生涯目标。职业生涯目标的设定，是职业生涯规划的核心。一个人事业的成败，在很大程度上取决于有无正确适当的目标。没有目标如同驶入大海的孤舟，四野茫茫，没有方向，不知道自己该走向何方。只有树立了目标，才能明确奋斗方向，犹如海洋中的灯塔，引导你避开险礁暗石，走向成功。

目标的设定是在继职业选择、职业生涯路线选择后，对人生目标做出的抉择。其抉择是以自己的最佳才能、最优性格、最大兴趣、最有利的环境等信息为依据。通常目标分短期目标、中期目标、长期目标和人生目标。短期目标一般为1~2年，短期目标又分日目标、周目标、月目标、年目标。中期目标一般为3~5年。长期目标一般为5~10年。

（7）制订行动计划与措施。在确定了职业生涯目标后，行动便成了关键的环节。没有达成目标的行动，目标就难以实现，也就谈不上事业的成功。

（8）评估与回馈。俗话说："计划赶不上变化。"的确，影响职业生涯规划的因素诸多。有的变化因素是可以预测的，而有的变化因素难以预测。在此状况下，要使职业生涯规划行之有效，就须不断地对职业生涯规划进行评估与修订。其修订的内容包括：职业的重新选择；职业生涯路线的选择；人生目标的修正；实施措施与计划的变更；等等。

2. 门店员工职业生涯发展路线

一般情况下，门店员工通过自身的努力工作，经过一定时间的经验积累，个人的职业生涯都会有所发展，表现突出者经过自身的不断学习、提高，就会逐步走上管理岗位。门店员工职业发展路线如图18-1所示。

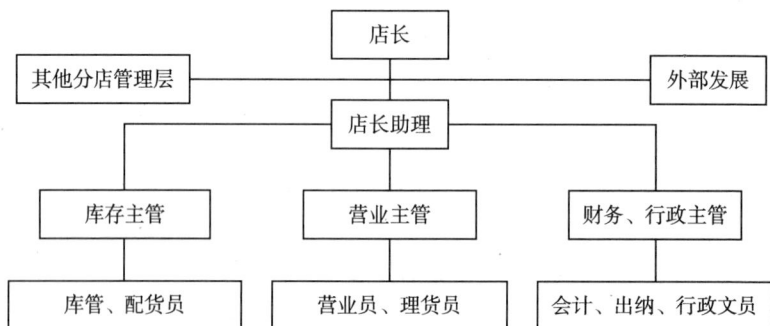

图18-1　门店员工职业生涯发展路线

（四）店长的职业生涯规划

由一名普通店员升至店长是一个漫长的过程，而门店培养一名店长也要付出高昂的成本。因此，除了升至店长后不能胜任而被迫降职外，无论是门店还是店长本人都会选择长期留任。从表面上看，店长职位就如同一个金饭碗，收入较高且很稳定，但正是由于这种稳定性使很多店长掉进了一个陷阱。

因为在正常情况下，一个人在一个岗位上任职一年半以后就会趋于成熟，继续担任原来的工作岗位则有可能因为新鲜感的消失和工作缺乏挑战性而使员工的能力陷入平庸。

此外，当你升任店长职务之后，可能会发现自己很难再得到提升。此时，是选择留守本职工作还是争取更高职位？是选择自主创业还是通过跳槽走向职业生涯的更高峰？前者需要耗费很长的时间且需要抓住恰当的时机，后者则必须承担失败的风险。作为一名店长，你的职业生涯发展的出路在哪里？

1. 寻求内部发展

寻求内部发展是指不通过跳槽而直接在企业内部寻求更高的职位，这种方法一般适用于企业规模庞大、门店数量众多、店长仍有较大升职空间的企业。寻求内部发展主要有两个方向：一是横向的，即往影响力大的门店发展，以此实现自我的职业生涯发展；二是纵向的，即向集团总部发展，走专业化职业生涯的道路。

（1）争当企业明星店的首席店长。一般大中型零售企业都有一些核心的主力明星店，这些店的店长将会受到更多的关注，不但福利待遇高，升职的机会也更多。非首席店长们想获得职业生涯发展，最便捷的办法就是争当明星店的首席店长。当然，升迁的前提是在销售或管理上的贡献超出总部的期望值。

（2）成为企业营销领域的专才。店长可以结合自身的优势走专业化的道路。例如，在某个特定的专业领域进行知识、经验的累积，对业务进行深入的研究与了解。只要你在胜任店长一职的基础上，在企业内做到该领域的第一，升迁之门就会随时为你敞开。

（3）晋升为企业的高层管理者。一个店就是一家企业的缩影，企业的总经理管理的是企业的人、财、物和商品的进、销、存，而店长管理的是门店的人、财、物和商品的进、销、存。从职业生涯发展的角度看，店长更有机会成为企业的高层管理者，因为他们已经在实际工作中得到锻炼。事实上，零售企业的总经理大部分都有店长的管理经验。

（4）成为合伙人。很多观念领先的零售企业为了留住优秀的人才，开始推行企业内部创业制度，让符合要求的优秀员工加盟，成为公司的合伙人。优秀的店长具有经营管理一家店铺的能力，如果加盟自己的公司开分店，既可以发挥自己的特长，又可以低成本、低风险创业，是店长职业生涯发展的一条较好的出路。

2. 寻求外部发展

寻求外部发展是指在企业内部发展的空间受限时，只能通过寻找外部相似企业的相近岗位或自主创业来获得职业发展。值得注意的是，选择外部发展存在很多潜在的风险，对于追求稳健的店长来说，最好还是寻求内部发展；而对于喜欢挑战且敢于冒险的店长而言，寻求外部发展则可能会闯出另一片广阔的天地。

寻求外部发展主要有跳槽和自主创业两种选择。

（1）跳槽。如果发现自己的能力应对目前的工作绰绰有余，而又遇到更好的工作条件，如待遇、工作环境、发展机会等，那么，作为店长的你不妨主动通过跳槽升迁获得更好的发展机会。在选择跳槽升迁之路时，建议尽量选择那些有较大发展潜力、处于增长期的行业及企业，以便促进自身职业生涯的发展。

（2）自主创业。由于担任店长期间累积了大量的经营管理经验，如果在店长职位上长期得不到提升，看不到职业发展前景，优秀的店长很有可能选择自主创业。自主创业的方式多种多样，有资金、有项目的可能自己或找人合资开店，从职业经理人转为股东；没资金、没项目的可能根据自己的经营管理经验做一些管理咨询方面的项目。

总之，不管通过何种方式寻求职业生涯发展的出路，店长都需要在完成本职工作之外，适时地做好职业生涯规划，加强能力的锻炼，在担任店长期间就为以后的出路做好相应准备，这样才能提高店长职业生涯发展的成功几率。

图18-2　山东喜爱化妆品连锁机构公司总部前台（一）

图18-3　山东喜爱化妆品连锁店店内实景（二）

第七篇　发展篇

第十九章 完善的培训体系是发展的原动力

本章要点：

培训是门店寻求发展的必要手段，
新人入职需要岗位培训，
日常工作需要业务培训，
专业人才需要特殊培训，
金牌店长更需要经历精英培训。

一、门店培训的内容及形式

培训是提高员工业务素质和工作能力的一种有效的方式，是根据实际工作的需要，为提高劳动者素质和能力而对其实施培养和训练。无论是在大型企业还是在中小型店铺，培训都是一项重要的工作，必须得到足够的重视。

门店的培训一般分为三种：新员工的培训、老员工的培训和管理人员的培训。

（一）新员工的培训

新员工不再是企业的局外人，但还没有完全被企业接纳，此时他们会感到一种很大的心理压力。为了减少这种压力感，交流是非常重要的途径。企业在这个阶段通过向他们传递各种信息，帮助他们完成由非员工向员工的转变，由此决定了以下各项培训内容。

1. 企业文化培训

（1）文化精神层次的培训。这类培训是让员工认识企业的理念。通过了解发展史，了解企业宗旨、企业哲学、企业精神和企业作风。新员工应清楚地知道：企业提倡什么，反对什么；应以什么样的精神风貌投入工作；应以什么样的态度进行人际交往；怎样看待荣辱得失，怎样做一名优秀的员工。

（2）企业文化制度层次的培训。组织新员工认真学习企业一系列的规章制度，如考勤、奖励、财务、福利、晋升制度等；以及与企业经营活动有关的业务制度和行为规范，如站姿、礼貌用语、怎样接待顾客、怎样接电话、服务禁忌等。在学习的基础上组织新员工讨论和练习，以求正确地理解和自觉地遵守这些行为规范。

（3）企业文化物质层次的培训。让新员工了解商场的内外环境、各部门和单位的地点和性质、本商场的经营范围及各种视觉识别物及其含义。

总之，通过企业文化培训，新员工可以形成一种与企业文化相一致的心理定势，较快地与企业的共同价值观相协调。

2. 业务培训

（1）参观门店运营的全过程，请熟练的工作人员讲解主要的工作流程。

（2）请企业的业务经理给新员工上课，讲解企业中最基本的理论知识。

（3）根据各人的不同岗位，分类学习本部门的有关业务知识、工作流程、工作要求及操作要领。

3. 案例研究及模拟实习

由门店领导以案例形式讲解本企业在经营活动中的经验和教训，使新员工掌握一些基本原则和工作要求（如售货员开发票时，一定要注意商品名称与实际售出产品的一致性，尤其是贵重商品等）。而后可进行有针对性的模拟实习。

4. 开展对新员工的"传、帮、带"活动

无论是库管、理货员、导购员还是收银员，以及职能部门的工作岗位，都应派素质高、有经验的老员工，对新员工进行具体、细致、系统的辅导和指导，如服务技巧、办事方法等。

（二）老员工的培训

除了新员工的培训外，在职员工的培训也是企业提高员工素质的基本途径。它通常有以下几种形式：

1. 岗位培训

了解每个岗位必须掌握的理论知识、专业知识和实践知识。许多企业已在逐步实施"持证上岗"的方案。

2. 转岗培训

当门店或上级企业对员工进行内部调动时，针对新岗位的要求补充必要的新知识、新技术和新能力，以适应新环境的要求。

3. 脱产进修

这种培训方式主要用来培养门店紧缺人员或者特别的工作职能，以为未来培养高层次的管理人才。但是目前在国内的小型门店中，这种培训形式因为成本较大，一般很少采用。

（三）管理人员的培训

对员工的培训固然重要，而管理层人员素质的提高也不容忽视，因为他们的决策和工作能力同样影响着门店或者企业的发展，因此也必须引起足够的重视。

1. 店长培训

其培训内容主要是店铺管理和经营所要求的系统管理理论和技能。例如，管理学、市场营销学、会计学、企业经营战略、企业文化、商业企业管理、人力资

图 19-1　笔者受邀为四川金甲虫化妆品连锁机构的干部、员工进行专业培训（一）

源开发与管理等专业知识。另外也包括学习和实地考察优秀门店或知名企业的经营管理经验。

2. 各层次管理人员培训

主要形式有管理知识培训班和企业内部研讨活动，对各部门的管理人员进行专门的培训，为门店的发展培养高素质的管理人员，促进管理队伍的新陈代谢。

由于经济和技术的发展，培训已经无可置疑地成为每个企业日益重视的一项活动。企业不仅进行各种不同层次、不同内容的培训，而且加强对人员培训工作的管理，加强规划性和针对性，选择恰当的方法，保证培训的质量。使企业能通过培训，切实提高人力资源的素质，增强其竞争力和活力。

二、入职培训是基础

针对新员工在工作能力上的实际情况，特别是一些应届毕业生，缺乏工作经验。为了让他们尽快地投入到工作中去，进行岗前培训是十分必要的。

（一）入职培训的内容

对新入职的员工的培训应该包括以下五个方面的内容：

1. 企业文化培训

讲述门店概况、企业宗旨、企业精神、发展目标、经营哲学等，从而使员工明确：企业提倡什么、反对什么；应以什么样的精神面貌投入工作；应以什么样的态度待人接物；怎样做一名优秀的员工。

2. 规章制度培训

新员工不可能一开始就熟悉企业所有的规章制度，在本阶段主要是要让员工了解他们最关心的以及不了解就难以开始工作的制度。

例如，考勤制度、请假制度、奖惩制度、薪酬福利制度、财务报销制度、人员调配制度、培训制度、考核制度、晋升制度、岗位责任制度、安全规程、员工行为规范等。

3. 环境培训

让新员工了解与其工作、生活联系密切的部门和场所，如仓库、财务部门、餐厅、洗手间、休息室等。

4. 职业技能培训

员工的素质是知识、能力和心理素质的综合反映。知识培训，是指受训员工按照岗位需要进行的专业知识和相关知识的教育。这包括本店商品和服务的基本知识、企业的基本经营特点、本部门的主要职能、基本的工作流程、工作要求及操作要领等。其中尤其要重视员工的服务意识，要让消费者感觉到商品的附加价值。一般的服务大致可分以下三个阶段：

（1）销售前，包括营业现场准备、维护商品陈列状态、保持场内清洁、必须掌握的商品知识等。

（2）销售中，接待顾客的基本技巧、向消费者微笑问好、回答提出的问题、介绍商品等。

（3）销售后，建立各种保障制度，解除消费者的后顾之忧；举办各种讲座、优惠销售等活动，建立良好的公众关系；迅速、合理、有效地处理顾客的不满等问题，都属于售后服务培训的内容。

5. 其他能力培训

（1）与业界相关的基本知识与管理术语。例如，专卖店的机能、零售业的定义、商品的毛利率及周转率、管理术语等。进入这个行业，就应了解相关的术语。

（2）该行业应具备的专门知识。以化妆品行业来说，除了对产品特点、品牌文化背景、卖点等熟练掌握之外，还要对流行趋势、市场环境等有所把握。

（3）熟悉销售常识，掌握岗位仪容、举止规范。熟知待客的基本用语、应对技巧以及对顾客抱怨的处理等。

（4）懂得商品展示陈列的基本技巧。例如，色彩搭配、展示构图，配合商品体积、造型及外观，做最吸引人的陈列等。

（二）入职培训的程序

门店新员工培训的目的是相互了解、打消疑虑、适应工作、培养员工的归属感。在组织培训时由人力资源部与用人部门共同完成。具体的培训程序可以参见表 19-1，门店可以根据自身的实际情况进行内容设置。

表 19-1 新员工入职培训程序一览表

姓名		部门		职位	
执行部门	培训项目	培训内容		执行情况	
人力资源部	迎新介绍	企业与员工 公司概况 组织架构和岗位设置 公司目标			
	保险和福利	养老保险 医疗保险 假期 其他福利			
员工所在部门	主管介绍	与主管见面 介绍部门情况 介绍工作岗位			
	制度	熟悉基本规章制度			
	同事介绍	与同事见面			
	熟悉环境	熟悉门店工作环境和相关设施			
	参观	参观部门 参观公司			
	工作入手	指派老员工帮带 工作安排 作息时间和考勤 岗位工作技能培训			
人力资源部意见			签字		
部门主管意见			签字		

三、常规业务培训就是练兵

古人说："养兵千日，方能用兵一时。"门店的员工只有经过平时的定期培训，才能在关键时刻对门店的发展发挥出关键的作用。

而由于新事物、新情况不断出现，进行及时的充电培训也很重要。因此，定期给员工必要的培训，是快速提高店员素质的最好方法。

（一）培训内容

每开一家 7-ELEVEn 分店，在开业前，总部都会对主要经营者进行课堂训练和商店训练，并教授其 POS 系统的使用方法、接待顾客的技巧以及商店的经营技术等。此外，为了提高店员或临时工的业务经营能力，总部还会对他们的商品管理、运营以及接待顾客等内容进行集中的短期基础训练。

通常，对员工进行培训，主要包括以下几个培训要点：

1. 店员基本知识

这是店员进入店铺零售行业的基础，这些基础知识包括店铺规章制度、服务态度、商品的毛利率、周转率以及一些管理术语。进入店铺零售这个行业，就应深入了解相关的行业知识。尤其对于新员工，更要加强这些基本知识培训，确保其熟记并掌握。

2. 相关商品知识

除了基本知识以外，店员还应掌握店内商品的相关知识。经过培训，店员应该了解相关商品的基本情况、优缺点、使用方法等，这样才能协助顾客选购最好的商品，满足顾客的需要。此外，店员还应当了解竞争对手所供应商品的优缺点、熟悉店内经营商品的流行性以及商品的实用性，以及各加工厂、制造厂商的信誉情况。

3. 展示陈列知识

展示陈列知识包括商品摆放、色彩搭配、展示构图等。此外，像店内一些吊牌的制作、悬挂的作业技巧，也应进行学习。

4. 销售知识

销售知识培训要求店员做到熟知待客用语、掌握应对技巧和缓解顾客抱怨的技巧、敏锐地鉴别不同类型的顾客并尽快适应。做到了这些，将大大提高店铺的销售额。

5. 店铺经营政策知识

店员往往是店铺的代言人。因此，店员要通晓店铺经营政策，特别是那些与顾客直接有关的政策。比如商品经营利润、赊销业务、送货和议价等。

6. 团队精神

团队精神是店员教育和培训最重要的一个方面。一般情况下，零售门店店面不大，员工也不多，容易形成比较融洽的工作关系。但是一旦相处不当，出现矛盾，不仅影响员工的工作情绪，还给店铺的员工管理带来很大的困难。从这个意义上讲，培养员工的团队精神，让他们互相交流、互相沟通，形成一个富有活力的团队，是店铺走向成功的前提条件。

在7-ELEVEn，对于员工的阶梯式培训程序主要包括：新进人员→助理店长→储备店长→副店长→店长→组长→副课长→储备课长。新进人员首先要接受四天半的培训，其中一天的门店实习；助理店长在新进人员培训半年左右时接受培训，这个阶段的培训内容主要是偏重报表作业方面，因为7-ELEVEn希望门店里不仅仅店长和副店长懂得报表作业；副店长培训是在助理店长得到升迁之后，由储备店长负责进行新的培训，但是这次升迁必须要经过考试，而且要组长、区课长推荐。之后再以升迁的结果进行副店长培训、新进店长培训、组长培训、副课长培训和储备课长培训。

在7-ELEVEn，一般员工的升迁，可以以一名大学毕业生在该企业的成长过程为例说明：如果他在门店的基层工作表现良好，那么经过三年可升至副课长，升至课长又需要三年，再经过三到四年可升至助理，至于助理以上的职务，则需要经过五到六年，或者更长时间的历练。

（二）培训方法

店铺可根据培训对象、阶段、目标及内容的不同来选择最适合的培训方法。目前，零售店培训最常用的方法包括以下四种：

1. 专家培训法

专家培训法是指请专门的培训教师教授店员掌握专业理论知识，如消费心理、职业道德、商品知识、服务规范、作业规范等。可由高校教师或企业管理咨询专家进行教授培训。

2. 学习提高法

学习提高法指店员在日常工作中，通过相互学习与交流，扬长避短，提高自己的整体服务水平，从而提高零售业绩。可由零售店管理人员组织店员在日常工作中进行，不必专门组织时间进行培训。

3. 案例分析法

案例分析法通常是将店员一天的工作拍摄记录下来，然后让店员观看，分析不足的地方，并提出改善的措施。有利于培养受训人员主动思考、发现问题及解决问题的能力。

4. 会议法

会议法是零售店管理人员培训店员常用的一种技巧，在一些日常销售会议及参观访问活动中，店长可以就相关内容对店员进行培训。这种培训方法既方便经济，又有利于培养团队精神。

确定了培训内容，选择合适的培训方法，就可以培训出一流的店员。值得注意的是，在培训时，针对不同的员工，如有经验的和无经验的，所培训的内容和方法也应该有差别。

四、门店员工培训应注意的问题

（一）根据不同类型员工开展培训

在任何一个组织中，员工可以分为四大类，即"人在"、"人材"、"人才"、"人财"。店铺作为组织的一种存在形式，也不例外。我们了解店铺人才类型的目的是找出不同类型员工的问题点，有针对性地进行店铺人员培训。

1. "人在"型员工

该类员工工作意愿不高，工作能力也不强。他们最大的特征就是"当一天和尚撞一天钟"。一般情况下，他们不迟到、不早退、不搞破坏，但在没有监督的情况下也不干活。这类人是所有企业的老板都不欢迎的，但遗憾的是，在一般的企业当中，这种员工不在少数。不过他们也并非一无是处，分内的工作也会完成，虽然称不上优秀，但能保证工作时间"人在"，上司在时他们也积极地表现自己。可是只要失去监督，他们就会耍滑、偷懒，无所事事。"人在"型员工通常为老员工和个别新员工。一般老员工表现为：精神面貌欠佳、态度消极、没有主动性、缺乏上进心、对工作的关注度低、学习能力差；而新员工表现为：自信心欠缺、工作缺乏主动、较少参与到团队中、需要由他人交代及安排工作任务、对任何事都很少关心。

2. "人材"型员工

该类员工虽然工作意愿高，但是工作能力却不强。他们态度积极、工作认真，对门店、企业忠诚度高，十分珍惜目前的工作。但非常遗憾的是，他们能力有限，工作经常做不好，或者不能胜任工作中的变化；也有可能是原来工作胜任，但是跟不上时代的发展而落伍，只能从事一些简单的、辅助性的工作，不能去做一些关键性工作。他们最可贵的正是其良好的工作态度，如果对这些员工进行培养和加工，他们可能会成为企业的栋梁，他们好比是企业优良的原材料，即"人材"。"人材"型员工的核心特点是：表现稳定、有经验、尽心尽力、任劳任怨、希望给予支持、难接受意见、安于现状、无独到见解。

3．"人才"型员工

该类员工工作意愿低，工作能力却非常强。他们最大的特征就是有才华，具有一定的专业才能和其他方面的才能，但是因为心中存在某种情绪，或是客观条件促使他们无法施展自己的才华。他们有才，但是不能转化为效益和财富，所以他们只是"普通的人才"。"人才"型员工也就是我们通常意义上所说的"问题"员工。对待这类员工，要视具体情况分别对待，对于小问题或者才能无法施展的情况应予以引导，进行针对性培训，激发员工发挥才能。而对于存在严重性格缺陷或者无职业道德者，可以考虑在无法起到应有的培训效果的时候，清除出团队。

4．"人财"型员工

该类员工工作意愿高，工作能力也强。他们的特点是能积极主动地、创新性地完成岗位工作，为企业创造价值与财富，在企业工作中起到核心和主导作用。他们不但能为企业带来财富，而且能高度认同企业文化，所以在门店中备受欢迎。

由分析可以看出，只有"人财"型员工才是顶尖级人才，他们有能力并且愿意与企业共同前进，这样的员工才能给企业带来真正的财富，可以为企业创造价值。但要注意，对于"人财"型员工要不断地给予认可和鼓励，否则"人财"型员工也会有向"人才"型与"人在"型员工发展的可能。培训的目标也就是使门店的员工都尽可能地转变为"人财"型员工。

（二）合理规避培训风险

近几年来，由员工跳槽等原因引发的与店铺争议事件，有不断攀升的趋势。门店好不容易培训出来的员工还没有用就跳槽了，因此，如何规避培训风险，对门店来说也至关重要。零售专家认为，培训风险的防范可从以下四个方面入手：

1．依法签订劳动合同

与员工建立相对稳定的劳动关系，合同中明确门店或企业为员工提供培训机会，员工利用所学为店铺的服务年限，以及与违约赔偿等有关的条约。制订相应的培训计划，做好员工个人职业生涯的规划，为每位员工提供广阔的发展平台，使每位员工的个人利益与店铺的整体利益紧密结合起来，从而实现个人与门店的"双赢"。

图19-2　笔者受邀为四川金甲虫化妆品连锁机构的干部、员工进行专业培训（二）

2.加强企业文化建设

企业文化即门店的核心价值观，是门店的灵魂。企业文化在某种程度上替代了制度，以一种无形的力量规范、引导门店员工的行为，用高尚的目标、精神、理念、道德标尺塑造人，增强员工对门店和企业的认同感、归属感、信任感，增强员工的活力、凝聚力，降低了员工流失的风险。

3.加强人事档案管理

人事档案管理对员工个人来讲仍具有重要的意义。现在的人事调配制度，仍然实行"档随人走"的原则，有效管理员工的档案，建立员工的业绩、诚信档案，能在一定程度上对员工起到约束作用。

4.合理分担培训费用

一些门店之所以在员工培训方面存在短视行为，除追逐眼前利益外，还有一个重要原因，那就是培训费用的负担。员工培训费，特别是长期培训费用很高，门店经营者都不想做冤大头，为他人作嫁衣。因此，可据不同情况，通过双方协商，本着店铺为主、个人为辅的原则，由门店和个人共同分担培训费用。同时，应加大岗位培训，制定相关激励政策，鼓励员工自学，鼓励岗位成才，可以大大降低门店的培训成本。

五、从普通到金牌——店长的培训

目前，随着金融风暴的影响，国外零售业巨头在国内扩张的趋势稍有放缓，国内零售企业及庞大的零售店群体期待着扩张，准备向外资零售店发起挑战，可是这时候经营者发愁了，因为他们发现扩张愁的不是缺乏资金，而是找不到能够担当重任的人才。面对零售业缺乏管理人才的现状，大部分民营零售企业老总都感到无奈。

店长是至关重要的人才，门店成功与否，在很大程度上取决于店长的管理能力。店长是政策方针的传达者，也是教育员工的指挥者；是营业活动的管理者，也是营业资产的保全者；是商业情报的收集者，也是商业活动的工作者；是问题纠纷的调解者，更是全店的代表。

管理人员的梯队建设是目前零售企业面临的最大挑战之一。管理人员的梯队建设不好，企业的持续发展就会受阻，这时需要培训机制发挥作用。

综观目前国内零售店店长培训的现状，我们不得不承认外资企业已经走在了前头。例如，家乐福就是一个很鲜活的案例。

自 1995 年进入中国至今，家乐福已开设了 68 家分店。每开 1 家店，就意味着需要 1 个店长、5 个处长、20 个课长以及更多服务部门管理人员。企业规模的快速扩展，对家乐福的人才储备提出挑战。在店铺管理过程中，家乐福的店长相当于企业的总经理，拥有相当大的权限，同时也肩负着更多的责任。家乐福各家店都有不同的特色，主要就是因为店长具有因地制宜快速决策的能力。家乐福的店长任命以内部提拔为主，近 60%的店长都是由本土成长起来的职业经理人担任，其中不乏从收银员一步步成长为店长的人才。所以，店长培训是家乐福培训项目中的重中之重，也是启动最早的管理人员培训项目。家乐福的店长培训，每年举办一到两次，从全国各地分店挑选出优秀的候选人，送至上海总部进行为期 10 个月的集中培训。每一个候选人都是"百里挑一"的。其培训课程包括店长就职培训、财务、人力资源、团队管理、市场营销和美工培训等 15 个。除了接受严格的培训外，候选人还要参观国内大型超市，进行 8~10 天的欧洲访问，参观家乐福在全球的分店及竞争对手的门店，最后举行隆重的毕业典礼及报告会。候选人同时会收到一份详细的报告，记录着他们的面试表现与培训成绩；毕业后，他们将进入到家乐福店长的队伍中去。

通过家乐福的案例我们可以看出，店长需要具备多方面的能力，需要定期地分阶段进行培训。那么，如何对店长进行专门的培训呢？

（一）角色融入培训

如果说门店是一支独立作战的部队，那么店长则是这个部队的最高指挥官。如果他不能很好融入自己所扮演的角色，那么最后肯定是全军覆没。在本书第一篇中，我们曾较为系统地介绍了店长所扮演的角色，在日常培训中，店长更应该深刻检查自己的角色定位，看看自己是否真正融入各种角色之中了，培训的目的也是要使店长强化角色意识，帮助其做好各项工作。

（二） 服务理念培训

在市场上，同类型的门店很多，服务不好，会直接导致营业额的下降。对店长来说，除了硬件必须过硬外，软件也必须跟得上。店长必须牢固服务至上的思想，从而带动整个团队的服务水平。

（三） 商品管理培训

主要是商品进、销、存的管理培训。例如，商品按哪种分类比较科学、方便，不同商品的季节性更替集中在哪几个时段等。同时，还需要了解产品库存的状况、每天销售的状况、顾客退货的数量及种类、哪些商品销售得比较好、哪些商品不太受顾客青睐以及来货的时间，这些都需要店长了然于胸，这样才能形成一种全局观。而经历这样的培训也是使店长在以后的工作中形成一种全局性的专业工作习惯。

（四） 销售技巧培训

店长也要做销售的工作，也就是店长自己也是一个销售员。店长是整个店面的代表，如果店长的销售技巧不够娴熟或者不能服众，那么对店员的管理就更困难了。店长销售技巧的培训相当关键。一个拥有良好销售技巧的店长，对外可以招揽更多的顾客，对内可以作为员工学习的榜样。

（五） 团队精神培训

2006 年德国世界杯的官方用球是由德国阿迪达斯公司制造的"Teamgeist"，中文译名叫"团队之星"，寓意 11 个人的足球赛要靠大家的配合、团队的精神。一个门店的运营和成长，也要靠团队的力量来完成。作为店长，首先要以身作则，用人格魅力和实际行动来领导大家，以主人翁的态度、严谨的工作作风，塑造良性竞争的工作氛围，激励大家为店铺的明天齐心协力、同舟共济。而在这项专门培训中，店长不仅是一位接受培训者——学习者，同时也肩负着在以后的工作中将团队精神传承给他的团队中的每位成员的责任。

（六） 经营管理培训

要培养目标管理能力。一个店长是否合格，最直接的体现就是营业额是否上升，所以培训店长的经营能力十分必要。比如通过调查顾客的购买单价，为今后收集、采购商品或进行变价做一个数据参考；通过客流量的多少进行适当的人员分配等。同时，店长必须要掌握纯利润，要懂得营业额是显现于外的，而纯利润却是内在的数字，唯有充实内在，才能步入健全的经营轨道。而店长的经营管理技能的培训是一个多元化的、长期性的培训项目，要通过不断地学习以及不断地在实际工作中摸索总结来实现提高。

（七）行政能力培训

店长除了要有较强的销售能力外，同时必须具备相当的行政能力和卓越的管理才能，能公正、公平地处理员工之间的关系和作出正确的业绩评估。从全局出发，根据员工的性格特点进行科学分工和严格督导，激励员工的工作热情，冷静、灵活地处理突发事件，这些能力都是需要店长通过不断接受专门培训来提高的。

当然，对于店长的培训远不止上述这些而已，有许多具体的、专业性强的知识技能也是需要经过特别培训的。表 19-2 是国内某知名化妆品连锁店对于店长的培训课程安排，大家不妨予以参考和借鉴。

表 19-2　某化妆品连锁店店长在职培训课程设置

序号	培训课程	课时（共计 48）
1	店长的职责与功能发挥	2
2	新员工培训技巧	2
3	领导艺术	2
4	沟通协调技能	3
5	人事管理培训	4
6	团队理念和精神	3
7	处理员工夙愿的技巧	2
8	门店岗位业务技能	5
9	商圈开发与掌握	3
10	成本控制	3
11	财务管理	4
12	业绩目标管理	3
13	促销的企划与执行	3
14	宣传与汇报	3
15	客户开发与渠道维护	4
16	客户投诉处理	2
17	论文——如何当一名优秀的店长	

案例

屈臣氏的店铺业绩管理

在国内拥有 1500 家直营店铺，超过 2500 万名会员的国际美妆连锁巨头——屈臣氏个人护理用品连锁店，对于店铺业绩达成以及绩效管理，有着严格的规范标准和作业要求。据屈臣氏广州天娱店店铺经理林小姐透露，屈臣氏店铺管理系统的考评测试中，针对店铺经理的晋级考试中，关于店铺业绩的管理图解，对于其在工作中的帮助和影响很大。

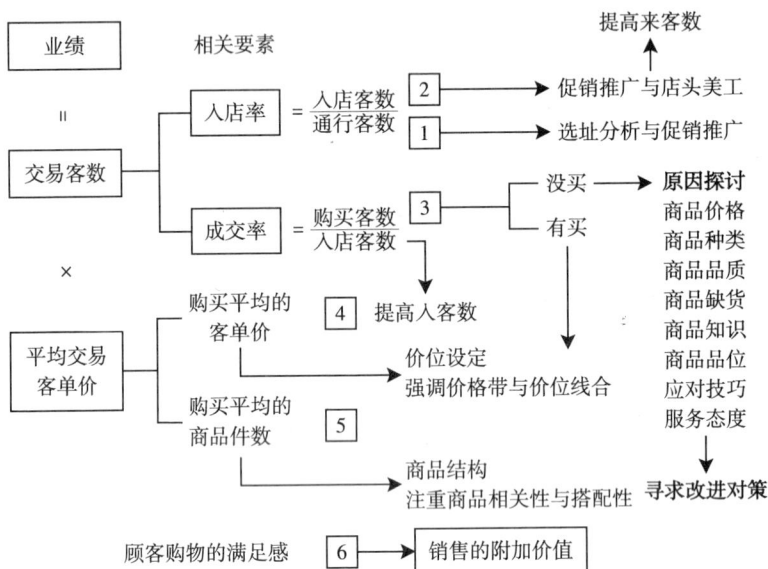

案例分析：

虽然管理单店，店长的职责所在就是要经营好店铺的业绩，但是，众多的店铺管理者却不清楚单店的根基是什么。

客单数和客价，谁更重要？

通过上图，相信大部分的店铺管理者的理解和认识不尽相同，这也就客观形成了很多店铺之间的经营差距，其关键因素就在于对于客单数的重视程度和提升技术。

用品类管理的理论来指导和提升客单价的策略贯彻，重视店铺氛围营造和零售店铺品牌的推广，则会对客单数的贡献有着积极的作用。

图19-3　屈臣氏个人护理用品连锁店主题促销推广活动实景（四）

第二十章 门店的生存、发展和扩张

本章要点：

门店如何生存？
门店如何发展？
门店如何应对危机？
门店如何扩张？

一、中国零售业门店的生存危机

竞争者是零售商面临的市场环境中最为重要的一个要素，也是目前国内零售店面临的最主要的挑战。只有领先竞争对手一筹，门店才能在竞争中立于不败之地。

市场竞争包括两个方面：一个是竞争对手的综合实力；另一个是竞争手段的有效性、正当性或合法性。从这两个方面来看，本土中小型连锁零售企业都处于相对弱势的地位，在过去相当长一段时间都一直面临着生存的压力，而且将面临越来越大的生存压力，说中国零售店正处于生存的危机中一点不为过。

（一）国内市场完全对外开放

随着我国实行改革开放的政策以来，外资不断涌入，特别是中国加入世界贸易组织（WTO）之后，中国零售业在企业股权比例、开店地域以及数量等各方面向外资完全开放，乘此东风，沃尔玛、家乐福、好又多、百盛等跨国企业在中国发展突然加速。根据商务部商业改革发展司的调查，到 2005 年上半年，中国连锁 30 强中的七家外资企业合计销售额为 497.3 亿元，店铺数为 2255 家，而在短短的三年之后的 2008 年，这两项数字都增长了近 75%，虽然，随后的金融风暴使得这种扩张之势稍有缓和，但是外资零售业继续保持着快速增长的势头，并且加大了收购国内大中型零售连锁企业的力度。相对具有较强资金实力和丰富经营经验的外资公司高速扩张，使其占有了原本就有限的市场空间中的较大份额，几乎将国内零售商挤出了购买力强的大中城市市场。

（二）宽进宽出导致行业鱼龙混杂

按照一般的经济理论，进入和退出的低壁垒会导致很多潜在的竞争者都能很方便地进入本行业和退出本行业，行业的投机者会不断出现，这个行业的竞争也必然会更加激烈，甚至是恶性竞争。

进入壁垒低主要表现为：

一是资本壁垒要求低，目前只要符合法定最低条件 50 万元的注册资金，并提供法定会计师事务所出具的验资证明，就可以注册成立一家商业企业。对于房租、装修等巨额前期投资，很多都是采用垫支和延期支付房租的形式尽量减少投入，只需要提前少量投入就可投入招商营业，再用后续资金填平前期窟窿。这些后续资金包括银行贷款、收取进店费和占用供货商货款。当这些后续费用能够维持正常经营并有一定积累以后，就可以用同样的方式去发展自己的商业连锁。当然，这样必然使供货商陷入名目繁多的"进场费"和无限拖延账期的深渊。

二是几乎不存在进入政策壁垒，零售行业属于国家几乎完全放开的竞争性产业，因此几乎没有任何进入政策壁垒，任何人经过合法营业登记以后都可以进入。

进入壁垒低必然导致该行业有大量的竞争者，激烈竞争难以避免。

退出壁垒低的主要表现为：如果只希望短期经营，进入时不需要大量的固定资产投资，因此，即使退出，也不会造成巨大的资产变现损失。所以在经营了一段时间，获取了大量的现金销售收入以后，零售商可以很轻易用消失、远走海外、突然关闭等方式退出并且不会承担较大损失。

（三）盲目恶性竞争导致元气大伤

国内目前的零售店大都被外资企业的强势进军挤到相对狭窄的空间，在这种情况下，很多零售企业缺乏科学的合理规划，不思考如何另辟蹊径，而是一味盲目地与竞争对手近身肉搏。它们的策略无非是缩减成本或者价格战这两招，一味只盯着眼前利益。但是这种缺乏规划的短视行为只能造成门店过于集中于黄金地段，不仅对于外资连锁企业和大型连锁店毫发无损，而且还会自相"践踏"，其结果只能是元气大伤，使处于弱势地位的民营店更弱。而价格战往往是这些小型店铺打不起的，它们没有大型企业严密科学的促销规划，也没有大型企业雄厚的资本，盲目价格战的后果就是利润越来越低，入不敷出而降低成本，随之就是降低产品质量和服务质量，使得其更不具有竞争力。

（四）政策扶持致使强者恒强

为了确保本土零售业能有足够实力抗衡外资的市场攻势，国家制定了许多优惠政策。在 WTO 的规则框架内，优先支持上海百联、北京华联等大型本土零售企业做大做强，通过快速并购等方式进行大规模扩张，为此特别安排了高额的国家政策性贷款。与此相对应的是，大量的中小型连锁零售企业却难以通过正常的渠道获取信贷支持，只能在这些政策的实施中充当被并购和被击垮的角色。

未来的中国零售业市场必然还将在相当长的一段时期内出现"赢家通吃"的局面，中小型零售连锁企业必将面临更加恶劣的生存环境，很多企业已经到了生死存亡的关键时刻。

二、门店要先生存再发展

古人云："不积跬步，无以至千里；不积小流，无以成江海。"每位经营者都幻想着开店成功，幻想着一夜暴富。然而，开店做生意，讲究的是脚踏实地，切忌好高骛远。经营者只有一步一个脚印地走下去，才能完成原始资本积累，在市场上站稳脚跟，赢得人气。

图 20-1　河南色彩化妆品连锁店店铺实景（二）

零售店只有先生存，在市场上站稳脚跟，而后才能发展。所以经营者做生意选产品切忌贪大求全。

刚开零售店时，由于没有雄厚的资金实力，王先生选择了在农村畅销的一些针头线脑、火柴洗衣粉等小件商品来卖。这些商品不但本钱小、利润薄，而且还多、乱、杂，不好管理。那时，许多人看他忙得热火朝天，脚不沾地的样子，都劝他别再干这吃力不讨好的活儿了。有这精力，还不如卖点儿赚钱快的商品。

但他并没有听别人的劝告，而是一门心思地经营了下来。有些商品，比如火柴，在别的店铺里只是附带卖的商品，在他这儿却是主销商品，品种也多，乡亲们有需要都到他的店里来买。随着业务量的增加，他的零售店规模不断扩大，最终成为了镇上最大的小商品批零商店。

由此可见，小生意照样能够做出大市场来。

当然，在开店经营过程中，为了让店铺先生存，经营者要尽量减少投资那些利润高、风险大的经营项目。虽然有些商品有着很高的回报率，但高利润的同时，也存在着很大的经营风险。

笔者的一个朋友李老板，做烟酒百货生意。他平时就颇有冒险精神，小打小闹也成了好几笔生意。后来，他偶尔听到同行介绍说邻县烟和本地烟相比，价格要高出许多。说者无心，听者有意。李老板就动了赚大钱的心思："何不利用地区价差赚他一笔呢？"于是他就和当地同行去组织货源。几天后，李老板带着从市场上收来的近 500 条卷烟到邻县去卖，却在高速公路上被蹲伏在收费站的烟草稽查人员逮了个正着，钱货两空。

李老板的经历告诉我们，生意是靠脚踏实地做出来的，而不是靠头脑发热，一时贪念。

总之，零售店应先求生存再求发展，切勿好高骛远、贪图业绩、罔顾风险。只有扎好根基，才能创造利润，进而扩大经营。

三、如何化危机为商机

老子曰："福兮，祸之所伏；祸兮，福之所倚。"福与祸是一对相伴相生的患难兄弟。因此知福方能知祸，知祸方能知福。零售商在经营店铺的过程中遇到各种危机，应积极应对，化危机为商机。危机有多大，商机就有多大。

让我们先看一下肯德基的危机管理。

前几年，禽流感的爆发给肯德基造成了巨大影响。面对危机，肯德基的应对态度十分积极。肯德基广东区市场经理邀请各大媒体，在广州维多利广场首层的肯德基店内举行记者招待会，就其安全的鸡肉供应体系作了长达半个多小时的介绍，并向全社会庄严承诺：肯德基有完善的系统与措施，有信心、有把握为消费者把好安全关。

听完介绍的消费者从而消除了心头的疑虑，明白肯德基的鸡肉产品是系统把关，并经过 2 分 30 秒到 14 分 30 秒、170℃以上高温烹制，可以放心吃。

本来看似不利的一件事，肯德基积极采取措施，通过媒体与消费者对话，消除了许多消费者的疑虑，化危机为商机。

面对危机，经营者秉持以下原则，积极应对，方能化险为夷。

（一）临危不乱

潜伏性和意外性是危机的重要特点。经营者面对突如其来的危机，应做到临危不乱。乱则无法看清危机实质，无法找到有效的应对方法。经营者要牢牢抓住危机实质，尽快分析危机产生的原因，在第一时间迅速做出判断，并制定相应的应对策略。

（二）快速反应

好事不出门，坏事传千里。在危机出现的最初 24 小时内，消息会像病毒一样，以裂变方式高速传播。在传播过程中难免谣言四起，以讹传讹，破坏店铺的形象。

因此，经营者要在危机发生的第一时间，快速反应，做好各方言论的搜集、基本立场的确认、"官方"声明的拟定等。同时与媒体和公众进行沟通，从而迅速控制事态。

（三）积极主动

在危机发生后，利益是公众关注的焦点，因此无论谁是谁非，经营者应该主动承担责任，以积极的态度去赢得时间，以正确的措施去赢得顾客，创造妥善处理危机的良好氛围。

（四）真诚沟通

真诚沟通是指危机发生后，经营者要做到"诚意、诚恳、诚实"。"诚意"是指经营者应站在受害者的立场上表示同情和安慰。"诚恳"是指通过新闻媒介或直接向公众致歉，态度要诚恳。"诚实"是指经营者如实说明事实真相，消除顾客的疑虑与不安。从而赢得公众的理解和信任。

（五）注重善后

危机管理既要着眼于当前危机事件本身的处理，又要注重危机后的善后处理。积极寻找危机发生的原因，完善危机预防体制，防止危机再次发生。同时还要做好补救工作，重新树立店铺的形象。

危机管理是一门艺术，经营者处理得当，就能够化险为夷；处理不当，店铺有可能要关门大吉。因此经营者要善于应对危机，转危为安，只有这样，我们的零售店才能做大做强，永续经营。

四、怎样获取知名度和美誉度

（一）如何获取知名度

品牌认知的获得是一个反复的过程。为了更好地解决这个问题，我们先从认知的过程进行分析。任何一种品牌的认知都经历了品牌无意识、品牌感知、品牌记忆和品牌认知的过程。消费者的品牌认知线：品牌无意识→品牌感知→品牌记忆→品牌认知。

图20-2　零售标杆——汇美舍个人护理用品
连锁店店内实景（五）

品牌无意识很类似于品牌无知名度，但这里更注重的是从消费者心理进行分析。一种品牌没有进入消费者的感觉范围之内就是品牌无意识，这种无意识是任何一个产品的开始阶段。品牌的无意识是企业和门店都不能容忍的事实，尤其是大众生活用品。

品牌感知是指消费者知道这种品牌，可能需要或多或少的提示才能记起来。之所以能进入这一阶段，是因为这种品牌的宣传或者口碑到位，使品牌概念进入了消费者的感觉圈。

比品牌感知要深一层的就是品牌记忆。消费者可能有意或者无意地记下了一些品牌信息，如"农夫山泉有点甜"、"晶晶亮，透心凉"等。这些品牌信息能够进入人记忆的海马区就有它们值得记住的道理。它们或者朗朗上口，或者感人肺腑，甚至只是特别好笑。

品牌认知是这一过程的目的地，它的一个重要衡量标准是消费者能够轻而易举地将这种品牌的产品和其他品牌产品相区别开来。比如要吃汉堡包和炸薯条不会去"必胜客"，去国美不会是要买化妆品。

根据对以上消费者品牌认知过程的分析，针对所处的不同阶段，给出具体的提高品牌认知的办法。

如果处于品牌无意识阶段，门店应该开展对产品和服务的宣传。这种宣传手段的确定只是完成了工作的一个方面：做正确的事。另一个重要的方面是正确地做事。这就要求选择合适的媒体发布产品信息，媒体选定之前还必须做相当细致的市场调查工作，如信息受众的分布和接触信息的方式，等等。当然具体细节在品牌策划中会谈到。然而在这一阶段需要注意的问题就是信息的发布方式要明确，信息的发布载体要有新意。发布方式的明确主要是为了节约宣传费用，选择在某个或者几个媒体的时间段发布一定要做好周密的计划和安排，对于那种漫天撒网的做法不仅会浪费资金，而且会削弱效果。发布载体要有新意，主要是考虑到如今信息量的巨大，不是每一个信息都被消费者接受，90%以上的信息是被消费者忽视和拒绝的。只有能吸引消费者眼球的、有新意的信息才有被消费者接受的可能。但是仍需要指出，新要有度，不能新过了头，要考虑到消费者的接受能力和理解能力。广告艺术不是电影艺术，更不是行为艺术。

如果处于品牌感觉阶段，这一阶段的主要任务就变成了纠正或者加深消费者感触。

如果门店及其商品处于品牌记忆阶段，就表明企业的前期努力已经开始有了成效。之所以产生品牌记忆，是因为该品牌已经有了深入人心的趋势，要不消费者怎么会选择光顾呢？这种记忆的获得是消费者购买行为发生的前兆。

不过对于一个自由竞争的市场经济来说，竞争者的大量存在尤其是强有力的竞争者的绝对优势使消费者对品牌的唯一记忆出现的概率极小。消费者往往能找出一类产品的很多品牌，能找出同类性质的几个门店。比如吃快餐可以去肯德基，也可以去麦当劳，买家电可以去国美，也可以去苏宁，而性质相同或相似的化妆品店就更多了。货比三家是消费者的权利和习惯，也是对消费者处于市场购买劣势的一种补偿，是任何消费者有意或者无意表现出来的行为，尤其是在耐用生活消费品和高档商品的购买中。在这一阶段最应该值得注意的就是产品的质量、服务和销售人员的介绍。产品的质量和服务是影响品牌口碑的重要方面，而销售人员的介绍是促成消费者作出购买决定的关键时刻。因此，品牌运营者一定要对产品质量进行控制，完善产品服务和对销售人员进行岗位培训。

门店要获得品牌知名度，需要做到以下三点：

（1）要取一个令人心仪的名字。可口可乐在介绍到中国来的时候就有个译名的问题。当时有人将它译为"可口可辣"，但最终还是定为可口可乐。因为"乐"字很能代表中国人的传统文化和愿望。如今很多的企业都在重金征集广告语和店名，这固然是一种促销手段，同时也表明了名称对企业的重要性。具有亲和力、令人心仪的名字往往能促使消费者产生购买冲动。给门店取个令人心仪的名字是相当必要的。

（2）宣传广告语要朗朗上口。这一方面我国有着得天独厚的资源。从古诗到对联，从辞赋到戏曲，甚至是歌词台词，中国人一直讲究平仄押韵和对仗工整，这也养成了中国人喜欢押韵句式的习惯，朗朗上口的广告语更能被消费者记住，门店广告语一来激励团队全体成员共同奋斗；二来促使顾客对店铺有更深的了解。

（3）品牌宣传一定要与众不同。与众不同不代表标新立异，任何标新立异的品牌宣传都是做作的行为，而与众不同是为了创造产品宣传的差异化，防止千人一面、千篇一律，既是创造品牌形象差异化，又是为了使消费者更好地识别品牌。它的实质是在创造一种概念，从而告诉消费者在这一产品概念所涵盖的领域，我的产品是唯一的，我的服务是唯一的，都是最好的。如果总是和竞争对手相同或相似，那么市场占有率如何就完全取决于消费者的偏好，这不是一种主动积极的做法。

（二）如何获取美誉度

门店品牌美誉度的获得主要是通过三个途径来进行的：

1. 公共关系

公共关系的重要方式是制造新闻和举办公益活动。门店品牌运营者要敏锐地发现和积极地创造对品牌有利的新闻。有的新闻是客观存在的，只需要敏锐的观察力。有这么一个故事，说的是有一个人写了一本书，然后送给总统看，总统看后礼节性地说了一句写得很好。于是书商抓住了这个"新闻"，大加宣传，说这是总

图20-3 零售标杆——汇美舍个人护理用品
连锁店店内实景（六）

统看过说好的书，结果这本书出奇的畅销。这个故事告诉我们要抓住新闻的热点进行宣传，也可以依靠经营者的机智和知识给品牌创造一个神话。可口可乐公司的保险柜里究竟锁住的是一张白纸还是一个神话？相信理智的消费者不难给出正确的回答。在可口可乐口味已经和别的可乐口味没有多少区别的情况下，这个神话就是它的卖点，就是它创造的新闻。每一个消费者有意或者无意地受到这种神话的诱导，从而产生了购买行为；竞争者也因为有这个神话在前面作为障碍而无法超越它。

2. 口碑

口碑的宣传作用是很难估量的。有口皆碑的品牌自然能够迅速得到很多人的认同。口碑的培养是一种细致的工作，这就要求经营者在实际的经营中力求做到每一个消费者满意。消费者没有任何投诉并不能说明什么，很多消费者不愿意花费时间来较真，这次吃了亏就没有了下次了。对于消费者的投诉一定要进行及时和有效的处理，给消费者一个满意的答复，消费者的损失必须加倍赔偿，真正能够来投诉的消费者本身是对这个企业有感情的人，这种人就是购买八成产品的二成顾客，本身就是企业最宝贵的资源。如果企业对这一部分人的要求都不予以重视的话，何谈口碑？何谈品牌的美誉度？

3. 故事

很多人爱讲故事，主要是因为所有人爱听故事。如今的企业爱讲故事，主要还是因为消费者爱听故事。通过故事灌输企业的经营理念和真诚为顾客着想的观念更能打动消费者。社会上流传了很多关于海尔的故事。比如送货上门时车坏在路上，于是销售人员走了十几里山路将冰箱背到了消费者家中。这样的故事都说明了海尔经营的一个至关重要的理念——真诚到永远。其实不管这些故事是真是假，有人传诵就是有它存在的理由。又如，在中央电视台晚间的时段，经常会播放一个关于武则天和竹叶青酒的传说故事，人们一般也不会去考证它的真假和可信度，但是既然有着这么久的美誉历史，当然会引起消费者的兴趣。门店通过故事来取得较好的美誉度也是可行的，有故事的店才有人情味，才能吸引人们去购买。

五、要做品牌运营商

在不少经营者的眼里，打造品牌是一个既花钱，又费力的事情。仅凭着产品的性能、质量、外观、市场做生意更直接，因此店铺没有必要去打造品牌。

持这种想法的经营者都犯了一个错误：没有认识到品牌的价值。一个好的品牌，能给店铺带来较高的知名度和良好的口碑效应，是门店经营长盛不衰的关键所在。因此，经营者要把打造店铺的品牌高度重视起来，做一个品牌运营商。

打造门店的品牌形象，经营者需要有长远的眼光，从以下几个方面采取行动。

（一）产品定位，打造品牌的基础

经营者要想成为品牌运营商，首先要对自己所卖的产品有一个准确的定位。

你想卖的产品是什么？在这类产品中属于哪个档次？你希望你的产品给顾客留下什么印象？你想做薄利多销还是走精品路线？这些就是你的定位。

只有给产品准确定位，顾客才能准确了解产品的情况，并对产品产生深刻印象，有利于店铺品牌的塑造。7-ELEVEn 连锁便利店的商品多是一些畅销的名牌日常用品，价格也高于一般的平价商店，它的服务对象是那些早出晚归、图方便、收入较高的职业人士。基于这一准确定位，7-ELEVEn便利店才在这一细分目标市场创立自己的差异化服务，打造出与其他零售业态显著不同的品牌形象。

（二）讲求诚信，打造品牌的原则

要想做生意先做人，人的形象树立起来了，门店品牌的形象自然就树立起来了。

打造品牌形象，经营者需要做到讲诚信和勇于承担责任。经营者脚踏实地做好每件事，店铺才能有良好的信誉。当你承诺让顾客 100% 满意的时候，就要毫无怨言，准备好承担各种责任。

如果是一时马虎看错东西算错了价格，你要毫无怨言亏本出售；如果客人有点挑剔苛求完美，你要毫无怨言承受指责并且力求下次做到完美。这样才能在顾客那里赢得信任，门店的品牌形象才能慢慢树立起来。

一诺千金，说起来容易做起来难，但是坚持下去，你得到的不仅仅是交易额，还有顾客的好口碑。好口碑带来好人气，好人气带来好生意。

（三）熟悉产品，打造品牌的内容

要塑造品牌形象，经营者还要熟悉产品的相关知识。这样，当客人有疑惑时，你就可以给予客观分析，提供专业咨询；当客人显得盲目时，你不能因为客人的无知，就欺瞒误导。

只有对自己经营的产品有深刻的了解，才能推荐给顾客，让顾客产生信任并购买。

（四）严格定价，打造品牌的标准

打造门店品牌形象，需要一个严格的价格体系，即严格定价、严格制定折扣条例，并做到严格遵守。

要严格定价，首先要合理定价。如果价格过高，顾客在货比三家后会发现还有更便宜的，就不会再来买你的产品；如果价格混乱，顾客永远不知道自己是否拿到了最低价，也永远无法对店铺产生信任；如果价格过低，又会让顾客对产品品质产生怀疑。

除了合理定价以外，经营者还要坚持区分新老顾客，给予不同的折扣条例，不要随意改变定价原则和折扣原则。坚持原则，才能打造出一个正规的品牌形象。

（五）做好售后服务，打造品牌的保障

经营者要想打造门店的经营品牌，首先要在消费者的心目中留下好印象。而做好售后服务，是最有效的方法。做好售后服务，才能拥有大量稳定的老顾客。

俗话说"水滴石穿"，品牌形象也不是一两天就能够树立起来的，它是由点滴汇聚而成，是厚积薄发的结果。经营者需脚踏实地走好每一步，经过长期不懈努力，才能在消费者的心目中树立自己的经营品牌。

六、学习力就是竞争力

门店的生存之道在于拥有持久的竞争优势，发展之本在于核心竞争力的增强。要持久保持店铺的竞争优势，关键就在于比竞争对手具备更好、更快的学习能力。从某种程度上说，学习力代表竞争力。

门店间的竞争，最终表现为人才的竞争。因此打造学习型门店，鼓励员工不断学习、更新知识结构、最大限度地发挥自己的潜能，是门店参与知识经济时代竞争的必然选择。

如何打造学习型门店，提高核心竞争力呢？

（一）店长要做学习型的领导人

一个好的经营者不仅要懂管理知识，而且要懂商品专业知识；不仅要了解自己的行业，而且对别的行业也要有所了解，既要是专家，又要是通才。而学习是提高领导能力的关键。只有不断学习，经营者才能把各种知识融会贯通，举一反三，有所创新。

茉茉开了一家小店，她认为，开店正确的心态就是不断学习。她说："我们小卖家，刚刚起步，还在学习阶段，或许是没有经验，或许是没有技巧，没关系，学习再学习。"

平时，茉茉一旦遇到不懂的事情，就认真把它作为必学的功课。

现在的茉茉还在学习，她每周都会去珠宝饰品做得最好的几家店，看它们的优点是什么，自己还有哪些不足。同时注意自己又出现了哪些竞争对手，竞争对手的优势是什么。

茉茉说，学习要与时俱进，才能不断保持自己的优势！

通过持之以恒地学习，茉茉现在可以说是一个行家里手了，把门店经营得井井有条。

活到老，学到老。作为门店经营者，为了提高综合能力，必须养成计划性学习的习惯，坚持自我学习与自我评价相结合，转变学习观念，培养学习的积极性、主动性，努力学习门店管理的相关知识。

（二）打造学习型的团队

经营者除了提升自己的竞争力外，还要让员工有竞争力。员工有了竞争力，能够提供更多令顾客满意的服务，门店才有竞争力。

要想提升员工的竞争力，就要组织团队学习。团队学习不仅能够使每一个员工听到不同的声音，还能把这些不同的声音都集中成一个声音。

员工通过互动、互相推心置腹的研讨，最后形成一个共识和共同目标。这样行动起来，就能步伐一致，凝聚人心，使员工在精神上和行动上保持一致。

通过学习交流，推心置腹地互相启发，员工间可以取长补短，增强个人的竞争力。团队学习还对那些不思进取的人形成一种鞭策，督促其去学习。

然而，学习并不是一朝一夕之事，经营者要做到持之以恒。学习的过程是能力的积累，是迎接挑战的准备。经营者只有提升门店整体的学习力，才能保证门店长久的竞争力！

七、知己知彼才能百战不殆

怎么样在门店运营和扩张中做到知己知彼呢？那就是要做好竞品调查工作。

竞品调查，顾名思义就是对竞争对手的产品进行调查。从更广泛的意义上来说，是对竞争对手的经营情况进行调查。随着竞争越来越激烈，竞品调查成为很多大公司经常性的工作。作为门店经营者也很有必要经常开展此类工作，知己知彼，百战不殆。我们要考察清楚对手的情况，才能制定出相应的经营策略。

（一）竞品调查的内容

1. 调查竞争对手门店的品项

竞品在该门店中有多少个品项，直接关系到调查方新设门店准备经营多少个品项的问题。

竞品具体是哪些品项？竞品所有的品项我们是否都有？竞品没有的品项我们是否也有？在调查时，一方面，要比照竞品品项；另一方面，也必须要考察当地的真实需求。

2. 调查竞品的优势

任何一种产品，都有一定的生命力，也都有其存在的优势。我们要抓住竞品的优势进行仔细的分析，能够击溃它，我们就与它正面交锋；如果不能战胜它，我们就尽量避免与它正面冲突。

3. 调查竞品的价位

竞品的价位是必须认真分析的一个重要因素。如果我们有竞争对手都有的单品，我们能否比竞争对手价位低？如果我们有竞争对手没有的单品，我们可以定得略高一些，以便预留出其他费用和今后的降价空间。

4. 分析对手的优势

在调查中可以发现，品种优势与价格优势有很大的区别。价格优势取决于成本优势和企业发展战略。而品种优势与企业对消费者需求了解程度有关。我们与对手怎样交锋，取决于我们对手的优势是什么，我们该从哪些方面寻找自己的优势。尽量避免对手的优势，尽量发扬光大我们的优势。用我们的强项打击对手的弱项。

如果竞品的单品价格无优势，则应在其同一品种产品的紧邻位置上铺货，用优势价位同等品项进行冲击，以争取较大主动权。一丝一毫的价格优势都会成为未来战胜对方的法宝。

（二）获取竞品信息

了解了竞品调查的内容后，接下来就是如何获得这些信息，这需要一定的方法。

1.制定顾客调查表，进行信息归类和分析

一张设计完整的调查表往往是我们了解竞争对手的第一步，我们要根据调查对象身份、年龄段、消费层次的差异设计不同的调查表。另外，调查表的设计应满足我们的调查需求，比如经营护肤品品牌的门店，要了解当地的竞争品牌及它们的相对优势，就可以把调查表的项目分为"您最喜欢的护肤品品牌"（当地有的品牌）、"喜欢这些品牌的原因"、"最喜欢这些品牌的哪些商品"、"是否拥有该品牌专卖店的贵宾卡"、"一年购买护肤品的消费大约多少"等，以及一些根据自己想要得到的数据而设置的相应项目。

2.以顾客身份对竞争品牌和周边门店进行暗访调查

这是国内门店运用比较多的一种信息获取方式。做过生意的人就知道，经常可以见到在某一时段，门店有些人看东西很认真，并不时地向导购询问各种商品信息，可最终什么都不买，更能看到一些门店张贴着"同行勿入，面斥不雅"一类的告示，这些都说明有竞争品牌市场调查人员的存在。对于进行此项工作的市场调查人员，需要他有很强的市场观察能力，并对市场信息有敏锐的嗅觉，同时还具有很好的沟通和记忆力。如果有这样的人员，那么他们将是门店的一笔重要财富。

3.搞好与周边门店的关系，与其信息资源共享

这点看似容易而做起来很难，因为我们通常所理解的竞争就是你我之间的生死之搏。但竞争不等于战争，并不表示与竞争品牌和周边门店搞对立。相反，应该与它们保持好的关系，并与之进行销售数据和信息的共享，而达到共赢的目的。三国时期还经常会有孙刘联合抗曹、魏吴联合伐蜀的战略资源共享，何况今天的门店呢？

（三）竞品分析的方法

1.客观分析

即从竞争对手或市场相关产品中，圈定一些需要考察的角度，得出真实的情况。此时，不需要加入任何个人的判断，应该用事实说话，主要分析市场布局状况、产品数量、销售情况、操作情况、产品的详细功能等。

2. 主观分析

这是一种接近于用户流程模拟的结论，比如可以根据事实或者个人情感，列出对方门店的优缺点与自己所销商品的情况，或者竞争对手竞品与自己产品的优势与不足。这种分析主要包括：用户流程分析、产品的优势与不足等。

3. 竞争对手的销售商品类别分析

竞争对手和周边门店的商品类别销售数据对商品的销售有非常重要的参考价值。例如，一家做时尚休闲服饰品牌的商店，商品类别非常广泛，而隔壁有一个定位与自己完全相符的专业牛仔品牌专卖店。这时自己的牛仔服饰销售数量肯定会受到冲击，那么在订货管理中就要避开与之相近的牛仔款式，而挑选与之有一定差异的牛仔款式，并减少牛仔服饰的订货数量。又如，与自己的同类竞争品牌，其衬衫销售较好，而自己则是T恤更为强势，这样自己在订货管理中则应把重点放到T恤上，同时研究该品牌衬衫的特点，在自己的衬衫订货当中加以区别。当然，这里所说的订货管理的订货量减少是指订货数量，而不是在款式数量上，如果减少了款式数量就会让整体的陈列和搭配不合理，从而影响整体门店陈列形象。只有充分发挥自身品牌优势，避开对手的强势，才能在激烈的市场竞争中处于更强的地位。

4. 竞争对手的促销调查与分析

竞争对手和周边门店的促销对自己的销售有着非常大的影响，这一点在现今的连锁店销售中显得尤为突出。曾经有两个相邻的定位相似的门店，在节日的促销战中，A店制定了"满100减20，满200减50"的活动，B店得到这一情报以后马上制定对策——"满50减10，满100减20，满200减50"。这两个看似差别不大的促销活动，却让B店在此次活动中大获全胜，因为虽然其活动力度相似，但由于B店的相当一部分商品价格均在50元以内，而在此地区购物的消费者很多都只是买一两件商品，这让B店的活动更有优势。这不得不说是对竞争对手促销方案的调查而起的作用。

所以，在经营过程中，对于促销手段的调查应该进行合理的分析，同时应该注意扬长避短，注意发挥自己的优势，最终达到最佳效果。以上商场促销的案例就充分说明了这点，不仅要注意分析竞争对手的促销手段，还要分析自身的产品及价格体系，同时还要考虑消费者的购买行为及消费习惯……只有将各种数据进行有效的综合分析，才能达到最终的活动效果，赢得市场先机。

对于竞争品牌的调查和研究，是为了自己更好地找到市场切入点，而不是竞争对手做什么自己就做什么，最终走向价格战的误区。所以，不能只是天天待在门店里面，要走出去，观察当地的整体市场，多了解对手的数据和情报，并将所收集到的信息记录归档。在收集和整理出的数据和信息中，切忌把自己的优势与对手的弱势进行比较和参考，这样只会让自己为自己辩解。分析对手的信息和数据要持之以恒，往往越是难以调研到的数据就越有价值。及时了解对手的销售数据和销售特点，可以有效提升门店在当地的竞争优势。

八、从单店到连锁店的扩张之路

每位小店经营者都梦想有一天把自己的小店做大，如何实现这一梦想？毫无疑问，那就是开分店（连锁店），规模化经营。但是从单店到连锁店，若无审慎规划，拟定相关配套措施，盲目扩张，就会陷入危机，难以自拔。

（一）怎样才可以开分店

要想成功开分店，需要具备的条件有：

1. 雄厚的资金实力

雄厚的资金实力对门店扩张来讲至关重要。如同渔民打鱼，没有船怎能出海？所以雄厚的资金实力是门店发展的基础，是不可缺少的"推动器"。

当然，在考虑资金投资时，一定要留有余地，否则前期投入过大，后期就可能资金不足，陷入被动。

2. 规范的内部管理

只有规范化管理，规模才能被无限复制。管理如何规范化？最简单有效的方法就是统一标准，即实行统一操作流程、统一做事规范。无论是市场调查，还是新品选择；是新店开张，还是老店改造，都要设计好操作规范，规划好运作流程。将统一运作标准形成共识，执行流程规范成为习惯。

3. 专业化的员工队伍

初开小店时，你可能并不注重员工的文化素质，但现在要把小店做大，实现连锁经营，你就要具有一支专业化的员工队伍。如果你的员工队伍还保持着原来的水平，便不能支持门店的发展。

4. 充足的竞争力

经营者要真正让自己的每一家店面落地生根，长久不衰，充足的竞争力是不可或缺的。你只有时刻留意市场信息，不断地去挖掘学习有用的新东西，不断地去调查、分析、研究市场和项目，充实自己，才能避免落入竞争的恶性循环之中，成为百年老店。

谈到竞争力，很多人会认为门店的竞争力主要集中体现在门店的客流量和客单价方面。为什么我们一般的化妆品专卖店的客单价大多在 20~30 元，屈臣氏中国大陆门店的客单价平均在 44~46 元，而家乐福的客单价平均在 80 元左右，上海家乐福古北店的客单价甚至会超过 100 元？门店的竞争力表现是否仅仅如此？下面，笔者给广大读者举一个例子：

山东青岛喜爱化妆品连锁店南京路店门前每天平均的客流量（注意不是人流量，而是目标顾客经过的人数）约 400 人，该化妆品专卖店的平均商品成交价为 50 元。请问：这个店 1 天的、1 月的、1 年的极限营业额分别能达到多少呢？

由于：

专卖店营业额 = 客流量 × 进店率 × 成交率 × 客单价（含联单率）× 回头率

那么：

1 天的营业额 = 400 人 × 100% × 100% × 50 元 × 100% = 20000 元；

1 月的营业额 = 400 人 × 100% × 100% × 50 元 × 100% × 30 天 = 600000 元；

1 年的营业额 = 400 人 × 100% × 100% × 50 元 × 100% × 30 天 × 12 月 = 7200000 元。

结果出来了，720 万元？一个店，一年，这有可能吗？

笔者认为，这当然有可能。因为零售生意本身就是做"乘除法"，收获和损失都是成倍的。

专卖店的竞争力不仅仅体现在门店的外在形象上，它更体现在其竞争力的优势上。笔者认为：专卖店的营业额高低取决于成交人数和成交金额，而影响成交人数的主要因素有：客流量、进店率和成交率；影响成交金额的主要因素包括：客单价和联单率。

当单店具备了以上四个条件，就具备了开设分店的实力，从小店走向大店，实现连锁经营，就不再只是梦想。

（二）发展分店需要周密计划

很多门店经营者认为，多开分店，走连锁经营就能多赚钱。但他们往往忽视了一个问题：开分店并不是 1+1 的简单累加，其中蕴涵着很深的学问。发展分店之前需要经营者在选址、资金、人员选配、管理制度方面做好周密计划。

1. 选址计划

开店选好地址，等于成功了一半。同样，选好分店的地址，就等于连锁经营成功了一半。

因此，在开设分店之前，应做好分店的选址计划。

分店选址，除了确定具体店址的商圈，对商圈的相关因素，包括人口特征、经济状况、竞争状况、交通状况、辐射范围、网点地址的可获性进行综合性分析之外，关键在于如何布局这些分店，才能使它们都生存下来。

根据常识，三角形最稳固。若所开分店呈三足鼎立之势，点和点连接起来，就能守住中间的三角部位，不管顾客从哪儿来到哪儿去都在你分店的包围中，生意自然就会好。

同时，经营者还要考虑新店的位置是否方便自己统筹两边的经营，是否方便统一的进货配送。

2. 资金计划

开设分店要投入大量的资金，这是毋庸置疑的，因此在开设分店之前，需要经营者未雨绸缪，做好资金计划。

做好开分店前的资金计划，须做好以下两步：

（1）确定自有资金。要想开分店，要对自己有多少可动用资金了如指掌，这样才能做到合理安排资金，不至于出现捉襟见肘的现象。

（2）确定分店资金使用总量。确定分店资金使用总量，需要考虑的因素有：房租、装修、产品和设备的采购、宣传、人员招聘、证件申办和筹办期间的杂费等。

资金使用如若没有计划，就像带兵打仗没有章法。因此，门店经营者应把资金计划高度重视起来。

3. 人员选配计划

目前，许多门店经营者对店内主要业务还是亲力亲为，这样照管一个店是可以的，但随着分店的开设，你需要配备店长和店员来打理分店。

（1）甄选店长。甄选店长，既可以对外招聘，尽快地找到合适的人选，又可以从优秀员工中进行考核选拔，保证人选的质量。

无论采取哪种方式甄选店长，首先都应慎重地对应聘者进行考察，评估应聘者是否具备门店管理者应有的素质，评估内容如下：

①领导能力。门店要取得良好的业绩，单靠店长一个人是难以完成的，必须依靠门店全体员工的共同努力来实现。因此，对于店长来说，具备良好的领导能力就显得十分重要。店长具备了良好的领导能力，与员工搞好协调、沟通、协作，才能调动每一位员工的积极性，使全店上下同心

协力共同搞好门店的经营工作。

②创新能力。优秀的店长应当具有良好的创新精神，要对个人的成长计划不断更新，敢于打破门店销售局面，创造出新的门店销售方法，从而创造更好的门店销售业绩。

③自我管理能力。店长是一个艰辛、职业压力大而又富有挑战性的职业，因此在挑选店长时要注重其自我管理能力。自我管理能力，要求店长要有强烈的使命感，把门店经营工作当作自己的事业来努力，爱岗乐业、尽职尽责，同时还要具备良好的职业道德，做到以诚信为本。

④敏锐的市场洞察力。考察应聘者是否具有敏锐的洞察力，就要看他是否树立高度的市场意识，善于捕捉市场机遇，及时做好客源开发、促销推广和营销管理等工作。

⑤经营能力。店长必须具备一定的经营能力，确保门店的利润，才能称得上是合格的店长。有了店长的经营能力，门店才能创造出更高的利润。

（2）选配店员。选配店员，也有两种途径。既可以从储备人才中挑选，又可以对外招聘。但都要遵循一样的标准，分店店员选配标准如表20-1所示。

表20-1 分店店员选配标准

选配标准	具体要求
身体标准	身体素质良好，性别、年龄、身高符合行业的要求
个性标准	热情大方、性格开朗、为人诚实、工作细心、富有耐心、动作敏捷
能力标准	具有一定的文化水平，好学上进、思维灵活、观察能力强、沟通能力强、能快速掌握商品的技术知识和零售服务技能
经验标准	具有零售销售经验者可优先考虑

当然，行业不同，对店员的具体要求也存在差异。经营者可以以此为基础，根据自己门店的实际情况增加或删减某些要求。

4. 管理计划

多店经营与单店经营的关键区别在于管理的系统化和规范化。经营者经营第一家店时所采用的家庭作坊式的管理，对于分店来说并不具有太多的可借鉴性，因此，制订系统化、规范化的管理计划，成为经营者在开设分店之前的必做功课。

系统规范的管理计划，有助于提高员工工作效率和增加营业效益。主要分为三大部分，分别是：

（1）人事管理。制定刚柔并济的人事管理制度，既要严格考核员工平时的表现，又要妥善安排员工工作，提高其工作效率。

（2）货品管理。货品管理的宗旨是确保每件货品保持在最良好的情况，以备顾客挑选。为实现这一宗旨，经营者要制定一系列的货品管理制度，包括次货和退换货处理制度、货品配送和储存制度等，要求员工做到有法可依。

（3）店铺管理。要管理好店铺，就要从售点环境、产品陈列、店员分配入手。

①卖场环境。经营者要制定统一的售点环境标准，为顾客提供一个舒适、明快的现场购物环境。

②产品陈列。各家分店的产品陈列，应坚持"同中有异"的原则，其中"同"是指一致的商品主题，"异"是指各分店根据实际情况，采取不同的陈列方法。

③人员调配。门店经营者可以根据各分店顾客流量，适当调配机动员工予以配合。

古人云："凡事预则立，不预则废。"万事开头难，做好计划是关键。所以请广大门店经营者在开设分店之前做好周密的准备计划，方能创造更美好的明天。

（三）分店网点布局

网点布局是单店发展成为连锁经营模式能否成功的前提。划定适当的商圈，布局适当的网点，连锁店的规模经济效益才能得以实现。

连锁扩张亦如行军打仗，如何选点，如何驻军，如何指挥，都需要以战略的眼光和全局性的思维来对待。所谓"谋定而后动"，连锁企业应当规划恰当、思虑周全，以保障布局合理、平衡发展、扩张成功。

正确的网点布局，在坚持"连锁分店的设置必须与商圈总体发展相适应，必须方便企业的货物配送，必须有利于新店增设，必须有利于获取较大的经济效益"的四大原则下，应做到以下几点：

1. 确定商圈

确定具体店址的商圈，就是要对商圈的相关因素，包括人口特征、经济状况、竞争状况、交通状况、辐射范围、网点地址的可获性进行综合性分析。

2. 预估规模

通过对商圈内的人流、经济、竞争、交通、辐射范围等情况的综合考察，大致了解了商圈的基本情况，就可以确定分店的规模，从而决定投资规模。

3. 分店布局

整体布局分店，就要统一规划，从全局思考。

（1）在同一商圈要避免重复设置分店，即使商圈条件允许开设第二家分店，也要做到差异化经营，经营规模大小要区分开。

（2）两个分店的距离不宜过近，如果过近则不仅加剧了商圈内的过度竞争，也不利于自己的发展。

（3）不能孤立地考虑每家分店的选址，要以联系和全面的观点来对待。

4. 把握节奏

节奏是音乐的灵魂，没有节奏的音乐是一堆散乱的音符。节奏同样是连锁扩张的灵魂，没有节奏的连锁扩张将使企业散如飞沙，在市场的风雨中消弭无形。优秀的店铺经营者必当掌握连锁扩张的节奏，在征战市场时张弛有度，争取开一家分店就成功一家。

总之，零售店的扩张，是一种艺术。既要统一规划，高瞻远瞩，又要有张有弛，把握节奏，稳扎稳打，方能挥写出行云流水般的胜利篇章，实现连锁网点合理布局。

(四) 连锁经营战略

战略规划是连锁经营全程解决方案的重中之重，也是店铺连锁成功与否的关键所在。

从某种角度而言，连锁战略就是一种竞争战略。因为任何一家零售企业（店铺）都处在一个激烈竞争的环境中，只有灵活运用竞争战略，打造核心竞争优势，才能成功扩张，走向连锁。

1. 价格竞争战略

所谓价格竞争战略，是指在市场竞争环境下，企业通过制定低于同类产品的价格或相对地抬高或降低价格，以维持和扩大市场份额，战胜竞争对手，增加销量和取得盈利的定价策略。

沃尔玛连锁超市在采用价格竞争策略方面就打出了自己的一片天地。它通过采用"天天平价"稳定定价策略，获得了丰厚利润。

"天天平价"可能不是最低价格，但它绝对是一个合理的较低价格。

成功稳定的价格策略可以降低成本，带来更准确的需求预测、更好的顾客服务，值得借鉴。

2. 非价格竞争战略

随着经济的发展和消费者收入的增加，价格已不再是影响购买决定的唯一重要因素，所以从其他领域寻求竞争手段成为连锁经营的必选之路。

除了价格之外，连锁经营可选择的竞争领域还包括人才、商品采购、产品开发等内容。

（1）人才战略。随着商业竞争的白热化，人才之争是未来竞争中的热点。因此通过各种途径来吸引人才，培养人才，留住人才已成为了连锁零售战略规划的重要内容。实施人才战略，加大对员工的培训力度，才能保持可持续发展能力。

实施人才策略，应遵循"合理规划、系统培训、分级负责、加强考核"的原则，做到以下三点：

①坚持先人后事的经营哲学，进行人力资源的优化组合，把合适的人放在合适的位置上。

②充分重视培训工作，要把培训作为一种战略投资，为企业未来的发展而作的投资。

③实施科学的绩效考核，从"德"、"能"、"勤"、"绩"四个方面综合考核员工。

（2）开发自有品牌战略。自有品牌目前日益受到商业企业的重视，尤其是大型零售连锁企业的重视。如屈臣氏自有品牌的商品占到了所有商品的30%。

创建了自有品牌，不仅杜绝了假冒伪劣，保证了商品质量，而且掌握了商品的自主定价权，还能比较准确地掌握市场动态，从而根据市场需求来设计、开发新的商品。这样就能在市场竞争中处于先发制人的有利地位，掌握竞争主动权。

（3）"大物流"战略。为了及时、准确地为各家分店提供货物，必须整合物流据点分散的格局，增强物流的集约度。实施"大物流"战略，设置物流中心，优化物流路径，实现顺畅运行。

（4）空间消费战略。空间消费战略是指连锁店铺可利用店面设施来开发开放、舒适的公共空间，促进顾客的消费。经营者可以在店内设置长凳、饮水机，播放轻柔的音乐，使前来光临的顾客可以完全放松身心。尤其是诸如超级市场这样的零售业态可以考虑在店铺周围开拓绿化带，配以凳子、桌子、遮阳伞、儿童玩耍的投币电动设施等，建成一个小型的休闲广场，定能吸引更多顾客。

（5）差异化战略。差异化战略是以不同于竞争对手的商品、服务、形象为顾客服务，从而赢得固定的消费者。它回避了直接竞争，特色是这一战略的核心。如肯德基的口味、麦当劳的速度、沃尔玛的快速周转均是差异化的表现。要实施差异化战略，就要找到自己的特色，做到人无我有，人有我优，始终保持差异。

总之，店铺经营者可根据自己的实际情况，综合考虑以上各种战略，来规划自己的连锁战略，实现连锁经营。

九、金牌店长的提升法则

金牌店长的超凡能力决定了终端门店的突出销售业绩，决定了门店和品牌的发展能力。金牌店长的提升会带来门店业绩的相应提升和迅速发展。

对于金牌店长能力的提升，需要一个系统体系作保证，无论从管理层面、团队层面，还是执行层面，这些都缺一不可。只有系统地提升了店长的能力，终端门店的销售能力才能够得到系统地提升。根据终端店长的工作性质和管理特点，我们从提升店长能力的角度出发将金牌店长的能力成长分为四个层面：

打造一个系统：门店管理系统。

做到两个提升：销售业绩提升，团队能力提升。

实现三个途径：专业的素质，系统的能力，有效的方法。

打造四个力：影响力、感召力、凝聚力、亲和力。

（一）打造一个系统

门店作为终端销售的最小单元，"麻雀虽小、五脏俱全"。门店管理的各个方面，都折射着组成企业管理的要件，门店管理需要从人、财、物三个角度来进行管理和实践，从人员管理、店面管理、货品管理、财务管理、危机处理、团队管理、策划管理、培训管理、客户管理等多个方面进行管理。只有这样才能够实现门店管理的平稳运营。

建立门店管理系统要从门店管理的实际情况出发，首先，根据门店管理的核心工作进行分解，明确门店管理的最核心的职能，即哪些工作是门店管理中必不可少的内容；其次，根据核心职能进行职能分解，即哪些工作是必须执行的；再次，确定每个岗位要做哪些工作来满足核心职能的需要，并通过具体的岗位分工来保证核心职能的实现；最后，用明确的操作流程来保证核心职能的稳步实现。如图20-4所示。

（二）做到两个提升

两个提升包括销售业绩提升和团队能力提升。

门店的核心职能是实现销售的增长，满足团队能力的提升。门店作为企业销售体系的最小单元，肩负着完成销售指标、实现盈利预期、提升品

```
┌──────────────┐
│  确定核心工作  │
└──────┬───────┘
       ↓
┌──────────────┐
│  分解核心工作  │
└──────┬───────┘
       ↓
┌──────────────┐
│  形成关键岗位  │
└──────┬───────┘
       ↓
┌──────────────┐
│  关键流程保障  │
└──────────────┘
```

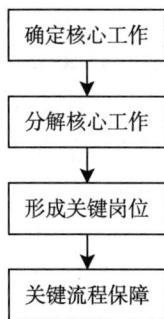

图 20-4　门店管理系统的四个步骤

牌影响的核心工作，因此，要建立一套符合门店发展的目标，来推动企业的稳步发展。门店作为销售的最前端还肩负着培养优秀人才，实现团队能力提升的重任。

销售业绩的提升要依靠完善的门店管理体系，优质高效的服务能力，不断创新的市场策划能力来实现。销售业绩的提升是依靠系统的能力，虽然优秀的导购和店长在一定程度上能够推动销售能力的提升，但是，从企业发展的角度来看，只有建立起稳定高效的门店销售系统才能够保证企业的稳步发展。

销售技能提升的四个步骤：

（1）熟知公司商品。

（2）精通销售技能。

（3）精于观察顾客。

（4）勤于总结问题。

团队能力提升是团队中的每个人都要分享销售能力提升带来的业绩提升，只有这样才能够保证团队的成长与组织绩效的成长相一致，才能够为企业培训出更多的优秀销售管理人员。团队的能力提升是每个销售团队中的人员能力提升的综合体现，只有每个人的能力都得到提升之后，团队的能力才能够得到系统的提升。

做好基础管理的目的是提升销售的业绩，通过销售业绩的提升，带动团队能力的提升。店长要记住：我们不是一个人在战斗，不能让自己成为战斗英雄，其他的人都是烈士。要成为一个英雄的团队，而不是一个优秀的个人。

（三）实现三个途径

"专业素质、产品知识、销售技巧"这三个要素是销售人员实现销售必不可少的关键内容，无论缺少哪一个，销售工作都是不完美的。因此，我们要在这三个方面下工夫。

门店综合能力的提升，需要店长从三个方面努力才能稳步实现：提高销售人员的专业素质，让销售人员具有良好的产品知识和优秀的销售技巧。而且，门店店长能够从人力资源管理的角度激发团队的战斗力，并团结和凝聚好团队中的每一个人员，共同努力以实现公司的销售指标。

门店管理系统是保证门店稳步运营的关键，只有建立一套符合市场实际情况，并能够稳步运营的体系才能够保证企业的稳步发展。有效的门店管理方法是店长在解决管理实践中所遇到的各种问题的保证，其中包括团队的管理技巧和客户的销售技巧。只有方法有效、到位才能保证每次问题都得到完美的解决。

(四) 打造四个有力

门店店长作为门店管理的最高长官，他的"影响力、感召力、凝聚力、亲和力"将直接影响着门店团队的战斗力，具有丰富的管理经验和勇于实践的能力才能够树立良好的影响力。具有能够带动团队共同成长的能力才能够具有团队的感召力，要凝聚团队中的每一个成员，实现团队的凝聚力，并且具有良好的亲和力来保证团队的良好共事氛围，保证企业文化的良性发展。

要实现以上目标，作为门店店长必须具备良好的行为习惯和沟通能力，只有坚持不懈地按照正确的方法来工作才能够保证目标的实现。门店管理是一件循序渐进的工作，只有不断地总结和提炼才能够在工作中形成一套独特的方法，才能够真正地体现店长的模范带头作用。根据店长的日常管理情况，我们要很好地运用成熟的管理理论，来保证工作目标的实现。

图 20-5 河南时尚女友化妆品连锁店公司总部实景

十、团队建设和人才管理

（一）背景

中国的零售业在高速发展的同时，其竞争也是空前惨烈的，就是商品零售业的"战国时代"。然而在这个"凡有血气，必有争心"的大争之世，国内零售店所处的地位却是尴尬的。没有为世人所津津乐道的零售店品牌，没有历史积淀深远的零售业百年老店，没有可以扩地四海的雄厚资本，没有深入人心、成为文化的成功理念。

过去 10 多年，面对屈臣氏、丝芙兰、万宁、中国香港莎莎等外资军团的强大攻势，本土零售企业的生存空间被一再弹压。众多的行业零售经营者不禁要问：究竟何以至此？在笔者看来，在零售领域"土洋之争"的关键因素，无非四项指标（如图 20-6 所示）：其一，品类管理；其二，零售技术；其三，团队建设和人才管理；其四，标准化体系建设和规范化流程管理。然而，在这其中，只有第三项指标是有生命力的（动态指标），其他指标都是没有生命力的（静态指标），因为其余各项指标都是以第三项指标为贯彻和落实的。

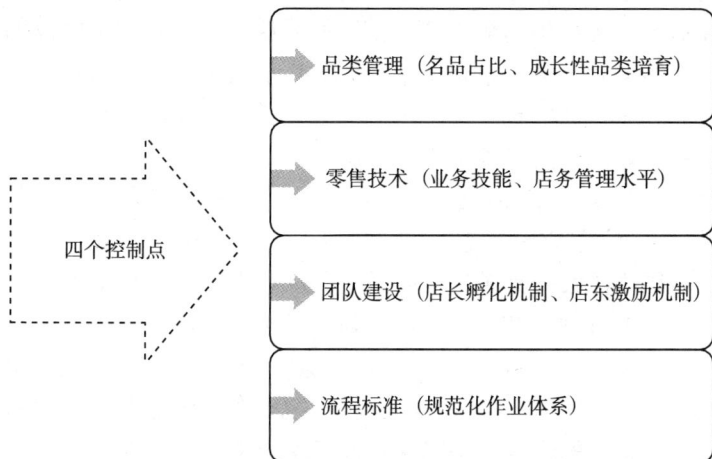

四个控制点 →

品类管理（名品占比、成长性品类培育）

零售技术（业务技能、店务管理水平）

团队建设（店长孵化机制、店东激励机制）

流程标准（规范化作业体系）

图 20-6 化妆品零售企业竞争力的关键指标

有句俗语："兵熊熊一个，将熊熊一窝。"这分明道出了人们对于团队领导者之重要性的认可。中国化妆品店渠道虽然历经了近 20 年的发展，但是论及系统建设和团队孵化，却大都乏善可陈。伴随着行业竞争的再次加剧，我们却遗憾地发现：行业零售管理人才匮乏的局面仍然没有得到根本改观，零售企业各级管理人才的断层、缺失现象依然得不到解决，以及团队建设过程中造血机能的缺失和紊乱，已经严重制约了行业零售企业的快速发展。

"才荒！""才荒"现象不容乐观且正在蔓延！

（二）困局 VS 成因

1. 为什么会缺人

这里所说的缺人，指的并不是缺人手，而是缺人才！

在笔者看来，人才短缺最主要的原因有三个：其一，零售业属于服务业，很多 80 后、90 后的年轻女性缺乏吃苦精神，不愿意从事门店营业工作；其二，零售业的底薪现状是会聚人才最大的障碍，目前很多化妆品店店员的年薪都在 2 万元以下，这同日益增长的物价生活成本形成了鲜明对比；其三，个人发展看不到希望，很多 80 后、90 后的年轻女性缺乏行业经验，担当不起店长的职责，却大都不愿意从基层干起，企业文化和干部团队又不能让其看到希望，认为自己的前途是没有希望的！正如福建浓妆淡抹连锁机构总经理薛孝香所言："人都是为希望而活着！"

2. 缺什么人

现阶段，中国化妆品零售行业普遍缺乏的是基层管理人才，一味依赖人才的输血方式无法根本解决"才荒"的矛盾，唯有建立可持续的人才造血机制和人才孵育环境，才是未来行业零售发展的出路！行业零售企业急需解决店长严重短缺的现状，本土化妆品连锁店更是呼唤金牌店长！中国化妆品零售行业渴求具有实操能力的高水平人才！

针对人才招募和培训供给的现实矛盾，早在 10 年前，屈臣氏就已经筹办起了"屈臣氏零售学院"和"屈臣氏金牌店长训练营"。历经 7 年，已经成为中国本土第一连锁的广州娇兰佳人，对于人才供需的问题自是体会深刻，外界或许并不知晓，实际上娇兰佳人早已在浙江温州建立起了自己的人才培训基地。此外，3 年前将总部迁至北京的亿莎，也在两年前将原锦州总部改造为亿莎商学院，这些事例无外乎都在传递给我们一个信号：解决人才梯队的建设，将成为未来零售企业持续发展的原动力！

通过下面几则门店招聘广告（见图 20-7~图 20-11）的对比，先抛开地区差异所造成的薪资竞争力因素，相信我们一定不难看出，即便是招聘门店基层人员，也是一项技术工作，一则招聘广告不仅告知了企业择人的标准和要求，更关键的是这还间接地传递出了你的企业文化，从而决定了什么人会被你吸引，你会找到什么样的员工！

图 20-7　河南时尚女友化妆品连锁店门店招聘广告

图 20-8　广西千千色化妆品连锁店门店招聘广告

图 20-9　广州娇兰佳人化妆品连锁店门店招聘广告

聘储备店长

6 个月成为店长　你 hold 得住吗？

这不是一个朝九晚五的工作，你必须有充沛的精力适应三班倒的工作时间；这里没有吹着暖气的办公环境，你必须在门店第一线热情服务好每一位顾客；这会打破你敲打键盘的梦想，你必须擦亮橱窗、拖干净地板、擦干净货架。这将是考验你在 180 天后是否可以胜任为一名合格店长的挑战之路！

如果你的双脚可以立足大地，梦想不会常常飞越云霄。

如果你的笑容可以传递欢乐，热情不会渐渐打折消逝。

欢迎你加入喜士多便利店，叩开连锁零售业营运管理的大门！

■ 面试及入职流程

```
初试 → 门市实践两周 → 复试 → 各阶段培训与实践评估 → 晋升
```

图 20-10　国内便利店连锁巨头喜士多华东区域门店招聘广告（一）

第1个月 你要懂得	第2个月 你要懂得	第3个月 你要懂得	第4~6个月 你要懂得	第1个月 你要懂得
• 维持整洁、温馨的购物环境 • 让顾客觉得来店内购物是愉快、快速的 • 每天都要检查有没有过期坏掉的商品 • 让顾客觉得就像家里煮的美食般的好味道 **职员**	• 让门店里各种设备保持正常运转 • 避免与顾客发生不愉快的状况 • 门店的电脑如何操作 **辅导人**	• 门市操作手册的内容并会操作 • 各种文件、表格的制作与使用 • 货架上的商品数量要与电脑里的一样 • 关心新伙伴并分享你的工作经验 **辅导人**	• 学习要多与顾客互动的小技艺 • 了解客人从哪里来,喜欢买哪些商品 • 知道卖哪些商品是顾客需要的 • 学习如何赚更多的钱并能减少开销 • 让同事们能与你一样快乐、努力地工作 **储备店长**	• 请将这6个月学到的知识技能、经验用到店长工作中、能够不断地学习、积累,成为一名德才兼备的优秀店长
月收入:2400~2800元				月收入3200元 (含)以上

图 20-11　国内便利店连锁巨头喜士多华东区域门店招聘广告(二)

(三) 职业技能 VS 店长孵化

笔者一直认为,卖化妆品要比卖服装难!

化妆品店不比服装店,不完全是由于有无产品有效期的问题,关键是对比门店营业人员,销售化妆品需要掌握的知识、技能确实要比兜售服装门槛高。

古语有云:"为者常成,行者常至。"

目前分布在国内三四线低线市场上的超过 16.5 万家的化妆品店,大都还为低客流量、低进店率、低成交率、低客单价、低客单件的"五低现象"所困扰。如何借助渠道间的资源、推进门店的聚客张力、生存瓶颈和竞争优势,已经成为了当务之急的主要症结和系统矛盾。

究其原因,在这其中,从业人员的职业技能问题更是不可小觑!

或许有人不以为然,那么笔者以表 20-2 为例,给以补充说明:

表 20-2　广西千千色化妆品连锁机构 10 分钟化妆考核标准

店名：　　　　　　　　　　姓名：　　　　　　　　　　日期：

广西千千色化妆品连锁机构
10 分钟快速化妆考核标准（七点妆）

化妆流程	标准画法	要求与分值	总分值	得分情况
1. 底妆	底妆基础步骤（隔离、粉底、定妆） (1) 考核者应站在顾客右边，使用产品过程时应使用美容指进行操作 (2) 使用粉底或定妆时手法应是按压、点拍、顺着毛孔纹理均匀涂抹 (3) 粉底颜色选择应与模特自身皮肤相接近 注：在上妆前模特基础护肤步骤要到位	(1) 站位正确 5 分 (2) 操作时手法正确 5 分 (3) 出现底妆不均匀或脱妆现象扣 5 分	15 分	
2. 眉毛	(1) 眉形应与模特自身脸型设计（常用眉形有标准眉 1/3 眉、1/4 眉） (2) 标准眉画法： 眉头：处于鼻翼与内眼角垂直线； 眉峰：处于眼睛平视前方黑色眼珠外侧正上方； 眉尾：处于鼻翼以及外眼角延长线 (3) 眉头淡、眉腰粗、眉尾细 (4) 眉笔颜色选择可根据模特头发、皮肤、瞳孔等，相近颜色进行选择	(1) 眉毛出现过长杂乱现象扣 5 分 (2) 画法正确 5 分 (3) 模特选择颜色适合 5 分	15 分	
3. 眼影	(1) 眼影晕染范围不可超过眼窝处 (2) 眼影颜色选择应与整体妆容或服装搭配 (3) 眼影晕染过程应是由下往上、由深到浅衔接晕染	(1) 晕染过程手法正确 10 分 (2) 超出眼影晕染范围扣 5 分 (3) 颜色选择适合 5 分	20 分	
4. 眼线	(1) 眼线根据顾客粗细要求 (2) 画法：以中间为出发点，内眼角由内向外画、外眼角由外向内画 前——细 中——粗 尾——翘 注：也可根据自己习惯手法进行操作	(1) 画法正确 5 分 (2) 眼线明显 5 分	10 分	
5. 睫毛	(1) 选择睫毛膏根据顾客睫毛类型选择纤长、卷翘、浓密类型 (2) 取睫毛膏时应是旋进旋出 (3) 在使用睫毛膏时先把睫毛夹翘 (4) 上睫毛膏时让顾客看自己膝盖，刷睫毛膏应是从睫毛根部由上往下刷两遍、再由下往上与 Z 型进行重复使用	(1) 睫毛不出现结块、平直得 2.5 分 (2) 使用手法正确、睫毛卷翘纤长可得 2.5 分 (3) 在夹睫毛过程有夹到顾客扣 5 分	10 分	

广西千千色化妆品连锁机构
10 分钟快速化妆考核标准（七点妆）

化妆流程	标准画法	要求与分值	总分值	得分情况
6. 胭脂	(1) 胭脂选择与年龄、肤色、整体妆容搭配。浅色系：适合年轻皮肤较白人人群。橙色系：适合年轻时尚另类人群。深色系：适合年龄偏大与肤色偏深人群 (2) 打法（使用刷子是以侧面蘸取胭脂）长脸型：从颧骨向耳中横扫。圆脸型：不可横打，颧骨末端扫向颧骨下方，不可低过鼻底线。四方脸型：颧骨下方扫至太阳穴面积不可低过唇的平行线。菱形脸：从太阳穴方向扫向颧骨，面积不可低过鼻底线。标准脸：从笑肌处扫向太阳穴方向。由字脸：从颧骨的最高点扫向耳朵上方 (3) 上胭脂时应在手上进行调色	(1) 胭脂颜色适合模特得 2.5 分 (2) 使用方法、手法正确得 5 分 (3) 使用刷子正确得 2.5 分	10 分	
7. 口红	(1) 口红颜色选择：根据唇色、年龄以及唇型搭配 唇色偏深：应选择口红颜色偏深 唇色偏浅：应选择颜色偏艳丽 唇色偏红：应选择颜色偏浅 (2) 使用口红注意事项：在涂口红前先使用润唇膏进行打底 如果唇型不明显者需使用唇线笔勾出轮廓进行修饰 如唇形过大者不可使用带 3D 类型口红 如唇形过小者应尽量使用带珠光类型口红或唇彩 (3) 使用手法：上口红应是从左嘴角由外向内到唇中再从右唇角由外向内均匀涂抹，重点需要唇彩突出三点区	(1) 正确选择颜色与使用手法得 5 分 (2) 有使用唇刷得 5 分	10 分	
8. 整体效果	(1) 整体妆面与模特自身形象相符 (2) 妆面清晰、自然 (3) 无明显晕染或未画部位	(1) 选择颜色或妆面清晰自然得 5 分 (2) 无晕染得 5 分	10 分	

注：本次妆面以（生活妆、职业妆）为主题、操作时间均为 10 分钟、超时所有分数均扣除。

　　通过表 20-2，我们有理由确信，针对新员工，如何进行入职培训？如何将岗位职责形成规范标准？针对老员工，如何强化职业技能达标考核？如何将岗位技能提升形成阶段性成长目标？

　　这些问题在连锁企业内部，则显得尤为关键。

　　在零售管理工作中，门店的经营与管理过程是一项繁杂而全面的工作，琐碎的零售工作应接不暇，很多店铺经营者和店长被大量销售事务性

金牌店长达标手册（第二版）

第七篇　发展篇

工作缠身，无法保证敏锐的观察力和洞察力，自然保证不了高效、扁平的店铺执行力。

持续关注、充分分析店铺的客流量、进店率水平，很多店长也许每日为此积极地付诸行动，但是，如何跟进改善、系统评估店铺的客单数和客单价指标，很多店长大都办法不多，或是无暇顾及！

为什么要分析客流量、进店率、客单数和客单价？到今天为止，笔者和一些化妆品店铺经营者或是店长们讨论起来，绝大多数人仍然对于这些零售常识和经营工具不清楚，或是没有掌握。

客单数和客单价，实际上是营销店铺一对非常重要的经营指标，门店经营时，店长感受最深的是销售变化的不可测，总认为靠天吃饭，销售经常是一时天上一时地下，完全没有可控性。出现这种现象主要就是因为对交易次数和客单价形成原因分析不透彻，如果能够深度分析成交原因和客单价变化原因，则能通过有效控制影响销售变化的因素，从而达到门店经营向良性发展的目的。所以，作为金牌店长，总是习惯性地将分析客流量、进店率、客单数和客单价，同成交率、联单率、回头率、费用率、利润率等关联指标相结合起来进行系统的分析评估，并把此项任务当做了店铺管理的一项首要工作。

所以，金牌店长一定不要充当金牌营业员，金牌店长的价值就是激活店铺和团队的潜能，管理和创造更多的生意机会。笔者认为：培养金牌店长，一定要从"强化门店管理和弱化店长销售功能"着手，这样才能根本解决店长无法调动的困境以及加速零售企业扩张发展的需求。但是，这项工作却不能一蹴而就，而是要建立起四个方面的机制，具体包括：第一，加强对店长管理能力的培训；第二，加强门店督导的职责，但是先不弱化店长的销售功能；第三，加强总部的管控能力以及促销、商品、VI、CI管理等功能；第四，重新设计店长的考核方式及薪资计算方法。

目前行业零售连锁企业，最重要的任务不是让经营型店长升级为管理型店长，而是将每天忙忙碌碌、缺乏创造力的杂事型店长转变为营销型、经营型店长，也就是极具作战能力的金牌店长。

金牌店长，不仅是店铺的经营者，而且还要成为一个全能教练，更是一位船长！除了管理店铺、商品和团队之外，他需要时时刻刻关注店铺的三项指标：其一，销售额（基本指标、冲刺指标、挑战指标）；其二，毛利额（毛利率不等于毛利额）；其三，费用额（基本费用、工资、促销费等）。金牌店长更应该成为股权店东，习惯性地用店铺经营者的思考方式处理问题和解决问题，学习店铺经营者决策时总是在销售额、毛利额、净利润的平衡之间进行考虑。

所以，只有把店长从销售中解救出来，摆脱具体化的事务性工作，打开视野、促进思考，才能够有助于其成为文武张弛的金牌店长！

（四）团队建设 VS 人才管理

记得化妆品观察执行总编邓敏女士曾经问过笔者，如何评价目前国内各区域连锁机构在团队建设和人才管理方面的客观状况？笔者给出了这样一个答案，见表 20-3。

表 20-3　国内知名连锁店团队建设和人才管理状况评分

序　号	公司名称	门店数量（家）	员工总数（人）	个人评分（分）
1	广州娇兰佳人化妆品连锁机构	600	7000	80
2	北京亿莎化妆品连锁机构	92	1200	80
3	四川金甲虫化妆品连锁机构	90	1000	90
4	福建浓妆淡抹化妆品连锁机构	22	260	90
5	四川美乐化妆品连锁机构	76	800	80
6	山东烟台恒美化妆品连锁机构	40	400	90
7	浙江全雅化妆品连锁机构	26	300	90
8	山东三信汇美化妆品连锁机构	30	300	80
9	广西千千色化妆品连锁机构	30	300	90
10	河南时尚女友化妆品连锁机构	15	220	80

看到此处，很多读者可能会有疑问了！你的这个评分有何依据，为什么只有两个层次的分数？具体理由，笔者在这里简单阐述如下：

（1）两个分数：之所以有两个分数，道理很简单，90 分是优秀，80 分则是良好，换言之，80 分的零售企业，在团队建设和人才管理方面还有一定的提升空间。

（2）团队建设：主要指连锁企业内部组织结构和团队建设方面是否完善，在这里，主要考察两项指标：其一，前台总人数和单店的平均人数；其二，后台总人数和平均单店后台服务人数。

（3）人才管理：主要指连锁企业内部业务、技术、管理等各类人才的孵化环境和存量状况。例如：在四川金甲虫连锁机构，自诩山寨式管理的刘总（企业老板刘船高现在可不兼任总经理了）可以整日闲云野鹤般地云游山水之间，这主要是有赖于他公司的管理团队；在浙江全雅连锁机构，我们很难想象，一个 50 岁出头的职业财务经理（工龄仅仅 3 年），相信随意去到任何一家连锁企业（20 家连锁店、5000 万元年销售规模）出任总经理一职，都是称职的！在福建浓妆淡抹连锁机构，笔者更是无法想象，

金牌店长达标手册（第二版）

第七篇　发展篇

薛总可以把公司的司机训练成一名优秀"选址经理"！

（4）人效指标：主要以营业规模和员工人数的劳动生产率水平指标进行的结果评估。例如，在福建浓妆淡抹连锁机构，2012年平均人效价值约为50万元/人，2012年直接劳效价值约为38.46万元/人。

（5）团队激励：在福建浓妆淡抹连锁机构，围绕着员工持股计划的推行，股份制改革已经初显成效，在公司内部已经有15位员工成为了公司股东；在广西千千色连锁机构，将员工从店长培养成店东的旗手计划已经践行数年，不仅超过半数的店长已经成为了店东，更有部分优秀店长已经成为了公司的中高层领导，从而有效地稳定了团队的健康成长！

（6）企业文化：企业文化属于精神层面的追求，员工在满足最基本的物质生活之后，最关心的也是企业文化和未来发展。正是基于此，肩扛人工占比25%的高指标，山东烟台恒美连锁机构毅然自信面对，在过去的两年间，其每年大手笔花费数百万元搞年会、派奖金，已经成为了恒美文化的一部分，因而在行业中备受关注和赞誉。

（五）结语

探究零售，终究要究其本质。零售的本质是什么？想必很多人一定会回答——零售的本质是规模！这样的回答，笔者认为其实过于牵强，因为规模虽是最终的期望结果，然而却忽略了期间的过程，所以笔者认为，没有优秀人才和一流团队作保证，很难会取得成功！

因为我们众多化妆品连锁企业，不仅仅是在经营化妆品生意，更关键的还是在从事零售工作。

记得学界对于零售的最新概论包括：零售是管理，零售是细节，零售是纪律，零售是效率，零售更是激励，零售还是销售商品和解决问题！

在这其中，哪一项又和"人"的因素脱得了干系！所以，"人"的因素才是最重要的！更是最需要花费精力去思考的！

第八篇　财物篇

第二十一章　金牌店长是理财高手

本章要点：

如何做到精打细算？
管好钱，管好账，管好物，
制度管理保安全，
开源节流生财路，
做金牌店长，做理财高手。

一、做精打细算的生意人

俗话说："吃不穷，穿不穷，算计不到就受穷。"平常老百姓过日子需要精打细算，开店搞经营，也要学会精打细算，能省则省。着眼于每一个环节，多方面去考虑，把有限的资金用在关键处，算好每一笔账，才能降低经营成本，实现利润最大化。

（一）精打细算很必要

零售店大部分属于小本经营，小本生意做在灵活，赢在精明。的确，小本生意因其投资少、经营规模和范围有限，要想取胜靠的是小而精、处处精打细算，而非规模和数量优势。

因此，零售店店长做到精打细算很必要，倘若处处大手大脚，吃了上顿没下顿，资金周转难免会出问题。

在精打细算上，笔者的一个开百货商店的朋友就有自己的一套方法。

他家里有辆小货车和一辆电动三轮车。平时，都是他自己开着货车出去进货，如果是一些不着急用的商品，就用物流车辆进行配送。因为物流车配送的客户多、商品多，所以费用也相对较低。他说这样比去租专用车辆要省去更大的成本，这些小账、细账你不得不考虑。

的确，他这样做既节约了人力资源成本，又降低了商品物流成本。同样，我们从经营零售店的每一个环节入手，细心考虑，也可以找到节约开支的好办法。

（二）精打细算，从控制成本做起

开一家零售店，房租、店面装修、人员工资、货源支出以及经营周转资金的预留等，方方面面都要投入资金，消耗大量的成本。成本低，利润就高；成本高，利润就低，甚至导致亏本。

因此，零售店的小本生意要获得高额利润，就要精打细算，从控制和降低生意成本做起。

说到控制成本，经营馄饨店的小高有自己的话要说："小本生意，利润微薄，必须在成本上精打细算！"这是他遭遇开店失败后得到的教训。之前他由于缺乏管理经验，花钱大手大脚，根本就没有控制成本的意识，最后落得是资金捉襟见肘，馄饨店陷入困境。

而现在他算起账来，比女人还细。他一般只进一家的面粉，不仅质量有保证，而且还可以享受作为长期客户的那一点点优惠。虽然很少，但能省一分是一分。在用水用电上，小高同样"抠门"：洗完用具的水可以用来拖地……就这样，在一点一滴的节省中，小高的馄饨店起死回生了，不仅经营业绩直线上升，知名度也在不断提高。

在商品经营的其他方面，从许多细节上入手，你同样可以做到精打细算，深耕细播。

比如开店初期，经营中不会有太大的旺季，许多事情可由店主自己干，这样可以精减人员，降低人力资源成本；如果雇用了店员，则要合理安排人力资源，充分利用每个人，使成本降到最低。

在采购货物时可以采取和其他店主联合进货的方式，这样就可以降低采购成本。在储存货物方面，提高商品的周转率，就可以提高产品销量，从而缩短库存货物的存放时间，减少库存货物的数量，降低商品储存成本；你也可以制定严格的资源管理制度，节约每一滴水、每一度电。

再多的资金也是有限的，你只有规划好每一分钱，用好每一分钱，才可以使零售店健康稳定地发展，在激烈的竞争中立于不败之地。

二、开源节流是理财法则

很多零售店经营失败，其中原因之一是资金规划缺乏系统性思维，只是简单、粗放地规划现金流，在经营过程中错误地操作现金、成本和销售收入等项目。最终因为资金跟不上而倒闭了。因此，要想零售店的资金运转顺畅，必须合理规划资金，优化使用现金流。

因此，经营者应秉着充分准备、留有余地的原则，做到以下几点：

（一）编制现金预算

现金流使用合理与否，关键在于各项费用的管理，而费用管理的关键又在于费用项目的划分和预算。因此，要规范和完善现金流的使用，首先要制定合理的预算。

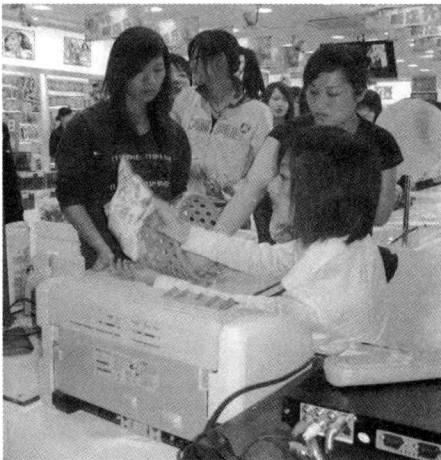

图 21-1　广西惠之林化妆品连锁店店内实景（五）

编制现金预算可采用现金收支法。零售店通过现金预算的编制，可全面知晓现金流入、现金流出、现金多余或现金不足等情况，并针对现金不足部分制定筹措方案，对多余现金制定利用方案。从而全面审视零售店面临的风险，促进财务管理水平的提高。

（二）严格控制现金出入

对现金流入、流出的控制应当在分析现金流入、流出各环节的基础上，加强控制关键控制点或关键控制部位。现金流入、流出的控制包括不相容职务分离、文件记录、独立检查等。作为店主，你必须对店铺日常现金流入、流出的全过程进行监督检查，明确每项资金的流向和目的，必要时可请专业的财务管理机构帮忙，保证现金流入、流出的真实和合法。

（三）控制日常的现金流

现金流的日常控制内容很多，主要有：

1. 严格区分店铺开支和生活开支

许多店铺经营者往往将生活开支与生意开支混在一起，错误地认为反正是在花自己的钱，分不分开无所谓。于是就随意挪用生意上的资金补贴家用，随意将生活费用花在生意上，无法正确核算各项费用和收益，非常不利于资金规模的控制和管理。因此在日常管理中，应严格区别店铺开支与生活开支。

2. 合理分配流动资金和固定资金

一些经营者总以为开店资金无非就是房租、装修费用、工资和进货费用几大块，等实际运行起来才发现用钱的地方还非常多，水电费，物业管理费以及零售店的各种日常开支等，纷繁复杂。这些都属于流动资金的范围。

流动资金的开支范围相当广泛，只有清晰地估计流动资金的使用范围和数量，合理分配流动资金和固定资金，才能实现现金流的优化组合。

3. 经营资金要专款专用

在日常现金管理中，要确定合理专用资金，尽量做到专款专用。这样一方面能保证商品的正常销售，另一方面又有利于协调其他环节的资金运转。而不能无计划地使用资金，拆了东墙补西墙，到头来现金管理一片混乱。

4. 加大账款回收力度

零售店应加大那些时间较长、风险较高、难度大的账款的回收力度，对内积极清理内部"三角债"，以加快现金周转。

三、管好门店的流水账

理财是门店管理的重头戏，理财有方，才能以钱生钱，获取更大的利润。而要做到理财有方，最基础的工作便是每天记好账。

（一）小账本，大作用

小郭和小马开店多年来一直保留着他们用过的记账本。说是记账本，其实就是两个很普通的笔记本，但每一笔账都记得十分认真。账本的最后一页写着："2005 年 7 月 10 日到 2006 年 11 月 18 日"，而且每一页都写着具体的时间。

翻开第一页，清楚地记着开张当天的情景：2005 年 7 月 10 日，卖出学生桌一台、椅子一把、护眼灯一盏，收入 420 元。

小马说，他和小郭的学生桌专卖店能活到今天，这两个破旧的账本可谓是"功不可没"。从账本上他们不仅能得知当天的收入，而且经过对一段时间内商品销售情况的总结，还可以看出哪种商品好卖、哪种商品不好卖，给他们进货提供了参考。

小小账本，竟有如此大的作用。

坚持记录流水账，才能真正体现预算的落实状况。也能从账本的内容中了解到哪些是必需的消费、哪些是不必要的消费，从而为下一次的预算提供依据。

同时账本在手，对以往的消费状况也有一个明确的记录，不至于出现钱花完了，却不知道花在了哪里。

的确，凡事就怕认真去做。小马和小郭的认真带来了他们今天小小的成就，所以，广大店铺经营者也应该认真起来，记好每一天的账，累积下来，仔细分析，就可能创造出丰厚的财富。

（二）小账本，大原则

在一些店铺老板眼里，记账就是简单地记录下今天卖了多少钱，花了多少钱，别无其他。殊不知记账也是一门学问，里面有很多东西值得学习。记好一门账，须做到"清、细、全"三点。

1."清"

"清"指的是清楚、明了，清晰的账目是门店生存的依据，发展的基础。要想做到账本清楚明了，一目了然，关键是详细记好分类账。

要记好分类账，门店经营者应该根据门店经营环节的不同为每一个环节设立一个账本，如日常销售有销售的账本，采购有采购的账本，储存有储存的账本，这些可以随时记录各个环节的现金出入情况。到最后把分类账本汇总，你还要准备一个汇总账本。

详细记好分类账，还表现在记录日常销售情况时，根据商品种类的不同要分类记账。这样在看账本进行分析时，就可以一目了然地知道哪类商品销售情况好，哪类不好，节省很多时间。

2."细"

"细"指的是记账时要做到细致入微，不放过一丝一毫的成本付出。

要做到细致入微，账本名目分得要细，不同的经营环节、不同的商品种类、不同的资金分类都要囊括在内。

3."全"

做到了"细"，就为账本的"全"做好了准备。"全"是指账本的内容要囊括门店所有的开支，不仅包括固定支出，还要包括流动支出；所有的收入，不仅包括营业内收入，还要包括营业外收入。

要做到账本内容的"全"，你需要把事先分好的各类账本汇总在一起，制定一个总账本，这样你才能对门店整体的经营情况有所了解。

在记账时做到"清、细、全"三点，并且"今日事，今日毕"，当天的账当天记，日积月累，你就会对自己小店的情况心知肚明，而不是一本糊涂账。

四、规范的收银操作流程

收银作业作为门店销售服务的关键一环，收银台就像一道闸门，商品从这里流出，现金从这里流入，稍有疏忽就会造成店面的损失。它直接关系着门店的经济效益，也关乎着顾客对门店的最后印象。因此店铺必须高度重视收银作业这一环节，规范收银流程，做好每一个细节。

要做好收银工作，关键是要求收银员做到：准确、礼貌、迅速、规范。只有把这四个标准贯彻到收银的每个环节中去，才会确保高质量地完成收银工作。规范的收银流程如下：

（一）准备工作

收银准备工作是准备好收银要用的各种工具，具体包括：

1.认领备用现金

认领备用现金是收银准备工作的第一个环节，在此环节需要注意的是每天的备用金要定额领取，包括各种币值，纸钞硬币兼备，还要备足零钱，方便找还顾客。

2.检查收银机的运转情况

此环节要收银员检查收银机、刷卡机等设备能否正常工作，补充发票存根联及收银联的装置是否正确，机内的程序设计和各种统计数值是否正确或归零。

图 21-2　广西惠之林化妆品连锁店店内实景（六）

3.其他事项

其他事项包括收银员要了解当天的促销活动、特价商品，从而加快结账速度。

做完以上的工作后，收银员检查服装仪容，佩戴好工号牌，就可以开始工作了。

（二）收银操作

该阶段的收银工作重点是商品与货币的收付，要求是准确、快速。具体规范有：

1. 确认商品价格

在收银过程中，收银员在把商品输入收银机时，最好读出每件商品的价格，让顾客听清楚。结束后要报出商品金额总数。

在收银过程中，收银员有责任确认商品价格的正确与否，如果发现价格错误，应立即进行核查，是商店的错误还是顾客偷换价格标签，核实后应立即通知店主加以纠正或处理。如果是零售店的失误，应耐心向顾客解释。

2. 收款

收银员在收款时，要说明应收款数、实收款数和找零款数。

收银员在结算货款时，如果商品有折扣，应让顾客出示会员卡。

顾客的付款方式不同，收银员应区别对待。如果现金付款，要清点清楚，把购物小票和所找零钱一同交给顾客。如果是信用卡付款，要确保顾客输入密码的安全性，并让顾客在刷卡小票上签字。

3. 装袋

商品装袋是收银员为顾客现场服务的最后一个环节，也是收银员的一个重要职责。

收银员在装袋前要先询问顾客是否需要购物袋，如果需要，就拿出相应的袋子装好商品。如果不需要，顾客自带购物袋，也要帮顾客装好。

在选择购物袋时，要根据顾客所买商品的大小来选择。

多种商品一起装袋，硬的商品放在底部，正方形或长方形的商品放在两侧，瓶装或罐装的商品放在中间，以免受损。最后放较轻或软的商品。

对于一些大宗商品，应捆扎好确保包装无误后，再交给顾客。

不同种类的商品要分开装袋，尤其是一些潮湿的、易渗水的生鲜食品。容易串味的食品也要单独装袋。

装完袋，将商品交给顾客，收银员为顾客服务的工作就完成了。然而收银工作还没有完，在营业后还有一些事情要做。

（三）后续工作

收银的后续工作主要是核算现金。具体包括：

1. 核对账目总数

收银员必须核对收银机内显示的营业收入总数与货款总数是否相符，准确无误后填写营业收入表，并签名。如果有误差，及时查明原因。

2. 现金入库

在账目核对无误后，将所有现金、购物券、单据等放入店铺指定的地点，并登记。

3. 扫尾工作

收银员的扫尾工作是关闭收银机，拔掉电源，做好卫生打扫工作。

就这样，一套完整的收银流程就完成了。严格要求店员按照规范来做，收银工作就不会出差错。

五、金牌店长懂得合理避税

合理避税，不同于偷税、漏税，它是指纳税人在法律允许的范围内，采取一定的形式、方法、手段，回避纳税义务。作为零售店主，虽然你不是财务管理专家，但也可以在店铺经营过程中采取一些措施，实现合理避税。下面是一些合理避税的方式，广大店主可根据实际情况适时而用。

（一）利用税收优惠避税

税收优惠是国家对某些纳税人和征税对象给予鼓励和照顾的一种特殊政策，纳税人可以把这些规定作为有弹性的税收漏洞进行避税。

比如国家规定：对安置残疾人员就业的企业或个体户，残疾人员数目占全体员工比例达到一定标准的，给予减税或免税。

根据这一规定，你就可以在不影响正常的工作的情况下，合理选用几个残疾员工。既可以合理避税，又不影响正常营业。

另外，如果你的店内招有下岗职工，符合国家帮助下岗职工再就业政策，也可以得到税收优惠。

要想利用税收优惠政策合理避税，经营者应先了解国家有哪些税收优惠政策，因此有必要先学习一下税法的知识，找到这些优惠政策，再具体实施。

（二）利用财务核算避税

利用财务核算避税是纳税人利用财务核算方法，通过对成本利润等各项内容的计算、组合，实现一个最佳成本值，最大限度地抵消利润，从而少纳税或不纳税。这种财务核算是依照合法的成本计算程序、核算方法进行公司内部成本的核算活动，绝不是故意夸大成本、乱摊成本。

你也可以利用财务核算方法，找到店内每一个消耗成本的环节，都要计算在内，那样你就找到了最大的成本值，相应的利润就会减少，所要缴的税也相应减少。

(三) 利用无形资产避税

无形资产是指长期使用而没有实物形态的资产，具体包括专利权、非专利技术、商标权、著作权、土地使用权、商业信誉等。

无形资产虽不具有实物形态，但如果加以合理利用，也能带来经济效益，甚至可以创造出更多的超额利润。

作为零售店主，你可以利用的无形资产有零售店的信誉、房屋土地使用权、商品代理权等。在顾客面前树立良好的信誉，合理利用房屋土地使用权和商品代理权，同样可以给你带来无形的利润，从而实现合理避税。

(四) 利用费用分摊避税

门店的费用开支有多种内容，如财务费用、劳务费用、管理费用、福利费用、各项杂费等支出，其中劳务费用支出和管理费用支出较为普遍，可利用费用分摊法将其他费用分摊在这两项费用中，从而扩大门店的成本，降低纳税的金额。

要想利用费用分摊法，你要准确梳理门店的各种费用，做到合理分摊。

(五) 利用让利销售避税

让利销售，大幅降低销售价格，以换取价格优势，增强产品市场竞争力，可以减少销售税额。

在第六章中，我们讲到了商品促销的一些常见形式，如打折、赠送购物券、返还现金等，不同的促销方式其税收负担不同，获得的税后利润也不同。经营者可以选择适合自己的税后利润最高的促销活动，实现合理避税。

总之，合理避税的方法有很多种，需要经营者根据具体问题具体分析。门店要想多赚钱，合理经营才是主要渠道，切不可一味只想着如何避税。

六、门店设备物品的管理维护

门店的内部设备是保证正常运营的物质基础，我们可以设想，在设备无法正常工作，物品缺这少那的情况下，怎么能够保证员工正常工作、顾客正常购物呢？

因此，对于店内的设备物品必须有一套健全的制度进行严格的保管和维护。

（一）设备使用规范

1. 电梯使用规范

电梯使用应严格遵守国家相关规定、定期检验。对于门店来说，电梯主要有自动扶梯、货梯、观光电梯三种，在使用时应注意：

（1）电梯由门店管理人员统一开启、关闭。

（2）不得用自动扶梯和观光电梯搬运货物。

（3）保持电梯清洁，不得将杂物扔在扶梯上。

（4）不可擅自按按钮紧急停机，如发现异常应及时通知店长。

（5）专梯专用，不得混淆使用。

（6）货梯不得超载。

2. 空调使用规范

（1）空调温度不宜与室外温度差异过大，一般保持在±5摄氏度，在夏天，室内需要制冷降温时，室内温度也不应低于27摄氏度。

（2）空调气流速度调节在合适的范围内。一般来说，室内以0.1~0.2米/秒变动的低速气流对人体最为适宜。

3. 封口机使用规范

封口机主要用于压封商品塑料包装袋，其使用标准如下：

（1）每次压封时间应控制在10秒钟以内，严禁超时。

（2）压封强度不宜过大，且应等塑料袋冷却后方可取出。

（3）严禁空压机器。

（4）应经常用干抹布擦拭机身，保持接口处电热丝洁净。

（5）清洁时必须切断电源。

4. 打价机使用规范

打价机用于商品价格标签的打印、粘贴。具体使用标准如下：

（1）按照打价机说明书中的装纸要求将打价纸装入机内。合上打价机底盖时，严禁用力过大。

（2）核对实物和标价签无误后，按照标价签上的编码和价格调出相应的数字，并核对打出的价格、编码是否正确。

（3）调校数字时，轻轻拉动数字调节器尾端，将指示箭头对准所调数字的位置后，再转动数字调节旋钮，调出所需数字。当箭头在两数字中间位置时，严禁转动调节旋钮。

（4）使用打价机时不能用力过大，应将机身出纸部位轻触商品，严禁敲击商品。

（5）打价机使用完毕后应放在指定位置，严禁随手放在商品上、货架上或者地上。

（6）当打出的字迹不清晰时，必须给油墨头加墨，加墨量一次在2~3滴。

（7）严禁用手向外拉打价纸底带。

5. 扫描仪使用规范

扫描仪是店铺收银台最常用的设备之一，也是时常出现故障的设备，必须了解并掌握其使用方法。

（1）手持扫描仪：

①开机前，先检查一下设备连接端子是否插在正确位置。

②如有异常现象，须及时与维修人员联系。

③接通电源后，扫描仪绿色指示灯亮，同时听到"嘀"的一声响，即表示扫描仪处于待机状态。

④使用时应注意商品条码是否有断码、变色、模糊等现象。

⑤商品扫描时，手握扫描仪手柄，将扫描窗口对准商品条码，商品条码与扫描仪之间的距离不超过30厘米。

⑥当扫描仪发出"嘀"的一声响，表示商品条码已被识别输入。

⑦待机时，须小心置放于托架上，当收银台关闭时，也须切断手持扫描仪的电源。

⑧平常要保持扫描仪表面清洁，轻拿轻放，严禁摔碰。

（2）台式扫描仪：

①保证台式扫描仪的位置摆放正确。

②接通电源后，绿色指示灯亮，内置马达高速旋转，听到连续的"嘀嘀"声，并产生垂直向上、纵横交错的激光网，表示扫描仪正常工作。

③扫描商品条码时，应注意条码是否有断码、变色、模糊等现象，若商品条码正常，应将商品条码朝下，顺箭头方向扫入，听到"嘀"的一声响，表示条码信息已被正确扫描。

④扫描仪待机时，应用盖板遮住扫描窗口。

⑤如果扫描仪面板上红灯亮、扫商品时听不见"嘀"的一声响或扫条码后无商品资料显示等现象时，应立即通知维修人员检查。

⑥平常注意避光、避灰尘，保持扫描窗口表面的清洁。

⑦非工作时间须切断电源。

6. 电脑设备使用规范

（1）电脑：

①必须保持清洁卫生、摆放整齐，未经许可，不得随便移动、私自拆卸及野蛮操作。

②严禁随意删除电脑内的各种软件、数据，随意使用外来软件等，确因工作需要应报上级领导批准，经信息部检查后方可。

③严禁随便修改电脑设备的设置，如系统配置、口令、IP 地址等；禁止撕毁电脑设备外的标识性文字、封条等。

④严禁利用网络异地传输大批量和大型图形文件，严禁使用他人的用户名及密码或利用电脑及网络设备泄露店内资料。

⑤在一台电脑上不能开多个用户窗口，操作人员离开时必须退出应用程序。

⑥工作结束后，先退出所有的应用程序，再退出操作系统，关主机电源，关外围设备电源，最后关 UPS 电源。

⑦如果电脑出现故障，要立即通知维修人员，严禁自行维修。

（2）收银机：

①收银机由收银员负责日常使用及管理工作。

②每天必须清洁收银机及其外围相关设备。

③定期对收银机的键盘、打印机、内壳进行清洁，每月不少于一次。

④开机时须先打开 UPS 电源，再开启主机电源；关闭时必须先退出收银系统，关闭主机电源，再关闭 UPS 电源，盖上防尘罩。

⑤不能用力敲击键盘、随意转动客户屏，防止造成客户屏数据线松动或扭断。

⑥在收银机上不能放置任何物品，其周边也不能放置液态物品，以防液体浸入机身。

⑦当收银机不小心浸入液体时，须立即切断电源，通知信息管理人员到场处理。

⑧严禁频繁开启和关闭收银机，随意搬动、拔插收银机后盖的电源线、数据线。

（3）UPS：

①保持 UPS 外壳的洁净；严禁把 UPS 放置于潮湿的地方，严禁在 UPS 上及在使用中的 UPS 外围放置任何物品。

②开启电脑设备之前应先开启 UPS，关闭 UPS 之前应先关闭电脑设备。

③在开启或使用 UPS 中发出警报声及非正常声音时，须立即通知信息管理人员。

④在带电的情况下严禁搬动 UPS、拔插 UPS 上的电源线。

⑤不能在 UPS 上接与电脑无关的设备，禁止超负荷运行。

⑥未经信息部人员的许可，严禁以任何理由打开机壳。

⑦在使用中 UPS 电源一旦短路，必须立即切断电源，通知信息管理人

员到场处理。

7. 电子防盗设备使用规范

（1）防盗门应保持连续通电工作，严禁随意断电。特殊原因断电后必须间隔 5 分钟后再开启。

（2）防盗门周围半米内不能有金属物品或装有防盗标签的商品。

（3）在粘贴时要尽量保证软标签的平整，禁止折叠。

（4）金属商品或带有铝铂纸的商品不能使用软标签。

（5）对于一部分为金属，另一部分为其他材料的，把软标签贴在其他材料上面。

（6）营业前收银员应检查消磁板的电源是否插好，硬标签放在上面发出的响声是否正常。

（7）营业前门店行政人员要检查防盗门的电源是否插好，软标签通过时是否能正常报警。

（8）收银员收银时，首先用扫描器阅读商品条码，确认商品信息进入电脑后，再把商品放在消磁板上。高度不超过 10 厘米的商品直接放在消磁板上即可消磁，高度超过 10 厘米的商品则将商品放在消磁板反转商品，以确保商品已经消磁。

（二）设备检修与事故处理规范

1. 设备检修制度

（1）分配专人按所负责范围对设备的维护保养，并经常检查开关、插座的清洁和损耗情况。

（2）要定期维护保养设备，认真做好清洁、润滑、紧固、调整、防腐工作，保证设备正常运行，及时详细填写设备维护保养记录。

（3）设备在运行中发生影响安全操作的故障时，应采取相应的检修措施，并通知上级，严禁设备带故障运行。

（4）设备大修计划应由运行人员根据设备运行时间和情况提出，由主管设备的店长和技术人员共同制定并明确检修保养的项目、方法、时间和责任者。

（5）设备检修在正常情况下每半年检修一次。

2. 设备档案管理制度

（1）设备技术档案应该由店长安排专人负责管理，店内的所有设备均要建立技术档案，依据设备种类，按时间顺序存放。

（2）设备图表应由专人妥善保管，均要分类编号，归档管理，供设备维修管理人员查阅。

（3）店内的所有设备均应进行分类，分部门建立设备档案，内容包括：设备名称、出厂合格证、检验单、安装质量检验单、试用记录、维修保养记录、改进安装记录、运行日志等。

3. 设备事故处理制度

店内的设备一旦发生事故，将会直接影响到店铺的正常经营活动，因此，在这种情况下，必须马上启用备用应急设备，采取应急措施挽回损失和影响，并保护现场，及时上报。有关管理人员要立即赴现场检查、分析、记录，及时做出处理。

事故发生后，相关人员要将"设备事故报告单"送交有关领导批示，并由设备维修部门和店长解决。对于事故的责任人，要查明原因，根据规定，视情节轻重给予必要的经济处罚和行政处分；如果已触犯法律，则按国家法律程序处理。

事故的事后处理要做到"四不放过"：事故原因不查清的不放过；缺乏切实有效的防范措施的不放过；缺乏常备不懈的应急弥补措施的不放过；事故责任人和员工未受到教育的不放过。

七、门店的安全管理制度

常言道："安全第一"，门店的一切经营活动都是以保证安全作为前提基础的，没有必要的安全保障制度和应对措施，就无法保证正常的营业秩序，甚至会由于一件突发事件导致灭顶之灾的降临。因此，作为一店之主，店长必须未雨绸缪，制定出细致、全面的安全管理制度和紧急突发事件应对预案。

（一）安全与消防管理

店铺安全与消防管理的工作对象为店铺所控制范围内的所有人员及所有财产。"所有人员"不仅包括本店的员工，而且也包括所有正在光顾本店的客人，以及合法地待在本店的其他人员。"所有财产"指的则是上述所有人员与本店的所有财产。因此，店长必须要十分认真地开展并实施安全消防工作并对其进行科学管理，把门店的安全与消防管理作为整个店铺管理的有机组成部分。

1. 开、关店安全操作规范

大部分门店在非作业时间内，未安排人员留守。为了防止窃贼夜间闯入、窃取财物，通常与保安公司合作，安装安全系统。因此有必要对开/关门的作业加以规范，以确保门店的夜间安全保障。

（1）开、关店门时间。开、关店必须由特定人员在规定的时间开、关安全设定，并依照正常的规定作业进行开、关门。

（2）开、关店门责任人。负责开、关店的人员除了必须在记录簿上加以记录并签名外，还必须附有至少两位人员的附属签名，作为证明。

（3）关店门注意事项。

①清点现金，检查收银机、财务室、库房、店长室，并且上锁。

②除必需的电力外，其他不必要的电源应关掉，所有插头也应拔掉。

③检查店内每一角落，包括仓库、作业场、机房、员工休息室及厕所等，防止有人藏匿于店内。

④员工安全检查，如检查员工是否携带门店物品。

⑤关门离开时应提高警觉，注意周围有无可疑状况。

（4）开店门注意事项。开店门后，应检查正门入口、后门、财务室门、库房门及等门窗有无异状，要确保一切正常，没有被破坏的迹象。

2. 消防管理制度

门店应特别注意消防工作。据统计，火灾是我国零售业门店损失的第一大因素，其造成的损失要远高于人们通常意义上认为的盗窃因素。因此，店长要注意视门店规模和具体人员配置情况，设立消防管理应急小组，由店长亲自领导，负责对门店实施严格的消防安全监督工作。主要任务包括：

（1）负责对门店员工进行消防知识传播和防火宣传教育。

（2）制定各种防火安全制度，督促各部门贯彻落实安全防火措施。

（3）负责检查店内各部位的防火安全情况以及各种消防设备、灭火器材，发现隐患及时督促有关部门进行整改。

（4）负责调配补充消防灭火器材，并与有关部门定期进行消防设备检测、保养、维修，及时排除消防设备故障。

（5）负责制定重点部位的灭火方案，并负责组织演练。

（6）管理好消防业务档案。

3. 门店应配置的消防器材

为加强门店自身的消防自救能力，门店必须配备必要的消防器材，实行专柜安放，专人管理。主要器材包括：

手提式二氧化碳灭火器（或推车式干粉灭火器、推车式二氧化碳灭火器）；消防扳手、消防斧；消防头盔、消防面具、口罩；救生绳、备用水带、水枪；铁锹、铁铲、消防桶、斗车、沙袋等。

4. 消防报警系统的检查

对消防报警系统的检查包括日检、月检和年检。

（1）日检。

①按主机复位键，检查主机系统是否有异常、故障的显示。

②按消声键，消去控制器的声音。

③按复位键，或恢复到机器报警前的正常状态。

（2）月检。

①完成日检全部内容。

②控制器主要工作电压测试。

③逐个检查楼内端子箱、箱门关闭及箱体情况是否良好，外观是否洁净完好，箱内接线是否良好。手动方式和自动方式的转换、交流电源和备用电源的转换是否正常。

④公共场所烟感器、温感器安装倾斜度不大于45度，与底座接触是否良好，外观是否洁净完好。

⑤任选两处手动报警器进行模拟报警，测试报警功能是否正常。

⑥如在检查中发现问题，应立即修复。

⑦对不洁净烟感器、温感器进行清洁，对可能接触不良的部位进行加固。

（3）年检。

①查看设备、设施使用年限是否超期，特别是手提式、轻便的灭火器应及时更换。

②进行抽点、模拟式联动检查，确定是否需要完善、修正。

③对所有公共部位的烟感器和温感器进行外观检查，对有污渍的进行清洁。

④对楼层内端子箱进行内部清扫、接线紧固。

⑤配合相关管理部门和公安消防部门检查。

5. 火灾报警处理

为确保店铺在发生火灾时能够得到迅速准确的处理，各部门和员工在紧急情况下，应按照自己的职责有条不紊地做好灭火疏散抢险安全工作。当出现火灾报警时，可遵循以下程序处理。

（1）装有消防报警系统的门店一旦发生火情，各种探测器将火灾信号传到消防控制中心。

（2）发现火情，立即拿起消防专用电话直接接通消防控制中心，报火警；使用普通电话时应牢记消防控制中心及市消防局的报警电话。务必讲清：报警人的姓名和身份、火灾发生的具体地点、燃烧物质和火势大小，并问清楚接报人姓名。

（3）启动手动报警器，使楼层警铃报警。如果发现火情比较严重不能控制时，方可启动手动报警器，因为手动报警器和警铃联动。若报警，必然惊动店内和店外附近所有相关人员，故除非情况严重，否则不要使用。

（二）员工作业安全管理

工作人员作业方式不当，可能会造成对顾客或员工本身的伤害。例如，补货作业不当、大型推车使用不当、卸货作业不当等都可能造成商品掉落，砸伤或压伤顾客或员工。

1. 搬运安全作业管理

工作人员要知道正确的姿势和操作规程，以避免造成自身的伤害。工作人员要使用必要的个人防护用品，以保证人身安全。工作人员要会正确使用搬运的工具，专业的工具由专业人员操作或必须取得上岗证。工作人员要有保护商品不受损失的意识，以适当的方式进行搬运，保证商品不受损坏。工作人员要在劳动时注意周围的环境，既避免危险因素的侵害，又避免伤及周围的顾客、同事或设施等。

2. 装卸安全主要管理

工作人员要有正确的劳动姿势，以避免造成自身的伤害。工作人员要会使用必要的个人防护用品，以保证人身安全。工作人员要树立保护商品或物品不受损失的意识，以适当的方式进行装卸，坚决避免野蛮装卸。装卸后商品应如何摆放在安全的区域内，是员工在装卸时应考虑的安全因素之一。如将拆卸的设施随便放在通道上，可能会伤及过往的其他同事等。

（三）店铺关键部门安全管理

对于店长来说，要做好店铺的安全工作，需要抓住几个关键点，对于门店来讲其安全工作的重点不外乎收银、仓库等存放现金与物资的关键部门，以及容易引发消防事故的易燃易爆品等。

1. 门店关键部门的安全管理

店内关键部门为存放现金、票证和贵重商品的部位，其管理要求为：

（1）关键部门工作人员必须廉洁奉公，遵纪守法，严格遵守店铺财经制度和物品管理制度，坚持现金、票证当日回笼。各部门必须指定专人负责支票的使用和保管，支票印鉴须单独放入保险柜，不得与财务章及其他印章存放在一起。保险柜必须拨乱密码，钥匙按规定数量配置并由专人保管，必须随身携带，不得随意放置或存放在办公地点，下班后开启保险柜报警装置，原使用保险柜人员调离岗位应及时更换密码。

（2）在领用支票时，必须建账登记，将单位名称、日期、用途和金额等内容填写齐全，存根留底。对未用掉的支票，应于当日交回财务室。一旦丢失，应积极查找，迅速办理挂失手续，并及时报店长备案。填写支票时，内容必须真实准确，字迹清晰，不得随意涂改支票。

（3）领用发票要建账登记，由专人保管，填写发票时要内容齐全，本人签全名，不得为他人提供假发票。

（4）在收受顾客支票、汇票时，须验明本人身份证，并登记身份证号码和电话号码。在核实对方确切身份后，坚持做到：市区3天内付货，远郊县5天内付货。顾客备车提货时，须登记车辆号码。

（5）每天到银行送款时，不得用包排队，造成人包分离。门店售货员、收银员在点款时应背对顾客，并保持相对距离，现金严禁置于柜台及收款台表面。

（6）收银员必须坚守岗位，收款台必须控好插销，在受到外界干扰时，也不能擅离职地。需要找人替岗时，须请示店长，经同意后方可。

（7）私人不准在店内收银台、柜台套换挪用外汇，更不准非法买卖。如有违反，按套取、贪污国家外汇有关规定处理。

（8）员工工资、奖金和其他现款，必须指定专人负责领取发放。

（9）贵重商品的登记手续必须齐全，账物相符，定点存放，设专用库房，专人负责保管。

（10）店铺关键部门要门窗牢固，安装防盗设施和设备。

（11）店铺关键部门的安全防范工作，必须做到职责明确，制度落实。坚持入口检查，各部门随时查，并做好记录，每月进行一次全面检查，发现隐患及时整改。

（12）巨额现金必须配备专车、专人到银行存取，并由安全保卫部派人护送，确保安全。

（13）因关键部门工作人员不负责任，造成差错，一律由经管人赔偿，造成重大损失者，要追究刑事责任。

2. 门店要害部门安全管理

门店要害部门和重点安全管理部门为配电室、空调室、液化气设备管道、员工餐厅操作间、地下机房、锅炉房、贵重商品库房、危险品库房、自动安全系统总控室、收银台、档案室、计算机房、电话总机室、财务审计部及店长室等。其管理要求为：

（1）要害部位的主管工作人员和部门领导为要害部门责任人，均须与店长签订责任书。

（2）严格重点要害部门工作人员上岗前的条件审查，未经培训达标者不得上岗操作。建立重点岗位人员档案，对不符合条件的工作人员及时调离。

（3）严禁非工作人员进入重点要害部门。

（4）重点要害部位必须建立安全制度，经常进行安全自查，每天签检查记录单，发现问题迅速整改。

（5）店长要经常组织人员定期对店铺要害部位进行安全检查，保证设备设施保持良好状态。

（6）重点要害部门必须由店长制定突发事件预案，并做好备案。

3. 监控系统的安全管理

（1）营业大厅。店铺营业大厅是顾客集散的重要场所，一般要安装大角度旋转的摄像机，并在入口分别安装固定视角的摄像机，以确保对客流情况的控制。

（2）财物集聚部门。店铺内财物集聚的地方是总银箱、贵重物品专柜、收银柜、仓库等。这些地方容易发生盗窃，安装摄像头可及时发现并记录危害财物安全的情况。

4. 易燃、易爆物品安全管理

化妆品店一般是易燃易爆物品比较集中陈列着的，对这些特殊商品应注意妥善管理。

（1）易燃、易爆物品保管人和部门管理者是该项安全管理责任人。

（2）易燃、易爆物品应指定专人保管、搬运，并注意物品特性。

（3）易燃、易爆物品库内不得使用移动式照明灯具、碘钨灯和60瓦以上白炽灯，且要远离明火。

（4）易燃、易爆类物品应远离其他易燃易爆物品。

（四）店铺紧急事件管理

店内发生的紧急事件，是最能考验店长的素质与能力的时候。在这种情况下，作为一名优秀的店长一定要为全店员工做好带头与表率作用，要做到临危不乱，并对形势加以冷静地分析与评估，随后根据自己的判断果断地采取相应的对策。

1. 紧急事件的基本类别

（1）人身意外：是指顾客或员工在店内发生人身意外。

（2）突然停电：是指在没有任何预先通知下的营业时间内突然停电。

（3）火灾：有一般火灾和重大火灾之分。

（4）恶劣天气：是皆台风、暴雨、高温等天气。

（5）威胁、恐吓：店铺受到信件、电话等威胁或恐吓。

（6）抢劫：是指匪徒抢劫收银台或顾客的金钱。

（7）骚乱：店内或进出口处发生的骚乱。

（8）爆炸物：店内发现可疑物或可疑爆炸物。

2. 处理紧急事件的基本原则

（1）做好预防工作。做好日常的安全防卫工作，消灭隐患，减少紧急事件的发生。

（2）尽量减少人员伤亡、财务损失。人的生命是最珍贵的，因此所有的救援工作首要任务是保全和抢救人的生命，其次才是财物损失的减少。

（3）及时、迅速进行处理。发生紧急事件后，首先保持镇静，有序组织事件的处理，安排事情要责任分明，岗位确认，反馈迅速，一切行动听从指挥，随时调整策略以应付情况的变化。

3. 几类特殊事件的处理

（1）停电应急处理。

①停电：

立即启用备用发电机，保证店内照明和收银区的作业；

只能使用紧急照明、手电筒，不能使用火柴、蜡烛和打火机以及任何明火；

如收银机不能运转，收银员立即将收银机抽屉锁好，并坚守岗位；

收货部停止收货；

现金室停止工作，现金全部入金库锁好；

安全保卫员立即对店铺的进口、出口进行控制，在暂时不知道停电时间的长短时，可先劝阻顾客暂不要进入；

店长要协助安抚顾客情绪和巡视现场，避免发生混乱和抢劫等；

如需要停业关店的，则进行顾客疏散工作；

所有人员坚守岗位，专人负责询问停电原因及停电时间长短，店长应该根据实际情况决定是否停止营业。

②来电：

全店恢复营业，部门优先整理顾客丢弃的零星商品，并将其归位。

（2）人身意外事故应急处理。当发生意外时，要第一时间向有关部门报告，顾客有意外发生时要报告店长、安全主管，员工要报告该部门管理人员、安全主管，并办理工伤处理程序中的相关手续。如顾客有晕倒、突发病发生应立刻通知相关人员进行必要的急救处理，尤其是老年人、残疾人、孕妇及儿童，并迅速拨打急救电话120，请派救护车，由店内人员送顾客到医院就医。如属意外伤害、重大伤害时，员工应立即到医院就医，顾客应在门店安排的专人陪同下立即到医院就医，将具体情况及时上报店长，以便更好处理善后事宜。

（3）天气灾害应急处理。店长必须每日关注天气情况，不仅是为了防范恶劣天气带来的灾害，更是提高顾客服务、关注销售的一种体现。一般的恶劣天气，由气象部门预报的预警信号来体现。在台风、暴雨等恶劣天气即将来临时，应提前将天气预报的告示在员工通道或饭堂等明显位置贴出。检查户外的广告牌、棚架是否牢固，广告旗帜、气球是否全部收起。检查斜坡附近的水渠是否通畅，有无堵塞。撤销室外的促销活动展位，准备好雨伞袋和防滑垫，密切注意往低洼处进水的区域，将商品或物件移走，以防止内涝造成财产损失。

（4）暴力及骚乱事件的应急处理。

①如发现店内有人捣乱，立即通知安全人员到现场制止。

②阻止员工和顾客围观，维持现场秩序。

③拨打110报警，将捣乱人员带离现场，必要时送交公安机关处理。

④对捣乱人员造成的损失进行清点，由警察签字后做汇报，如有重大损害要通知保险公司前来鉴定，作为索赔的依据。

⑤发现任何顾客在店内打架，立即通知安全人员到现场制止，不对顾客的是非进行评论，保持沉着、冷静，要求顾客立即离开店铺。

（5）可疑爆炸物应急处理。

①发现可疑物后，立即汇报店长。

②经店长许可后，立即打110报警。

③不可触及可疑物，画出警戒线，不许人员接近。

④疏散店内人员和顾客，并停止营业。

⑤静待警方处理直至危险解除，再恢复营业。

（6）抢劫应急处理。工作人员要保持冷静，不要做无谓的抵抗，尽量让劫匪感觉正在按他的要求去做。尽量记住劫匪的容貌、年龄、衣着、口音、身高等特征。尽量拖延时间，以等待其他人员的救助。在劫匪离开后，第一时间拨110报警。立即凭记忆用文字记录，填写"抢劫叙述登记表"。保护好现场，待警察到达后，清理并报告现金的损失金额和物品损失数目。

八、巧妙应对财务危机

资金是门店生存和发展的基础，是门店存在的灵魂。门店的经营过程也就是资金的流动和形式不断变化的过程。但在门店经营中，往往出现资金短缺的情况，这对门店经营很不利。出现资金短缺的主要原因有：

（1）门店原始资金投入不足，主要靠贷款维持，再加上门店快速扩张，在经营中抽出过多的资金而发生资金流转困难。

（2）门店经营中由于管理不到位，造成某个环节资金周转受阻，比如有很多存货积压等。

（3）门店经营出现亏损。当门店发生亏损，尤其是亏损额大于店铺的折旧提取额时，直接结果是门店流动资金逐渐减少，引起资金短缺。

此外，存货的变质、财产的毁损、坏账损失等都会引起门店资金的短缺。

资金就像门店的血液，通过周而复始的运转才给门店带来货币的增值。门店一旦出现贫血，必须及时加以解决。

解决门店资金短缺的办法可以归纳为两种：一是从外部筹资；二是从内部寻找所需要的资金，比如加快存货的周转、合理利用信用资金等。

从内部寻找资金，首先就要加快存货的周转：一方面要向上游供应企业寻求货款交付时间的推延；另一方面要采用比较积极的促销政策，通过顾客的购买行动来解决资金短缺的问题，这也是最根本的途径。加速对畅销商品的促销工作，其收效往往比较明显。

门店在刚开始运营的时候一定要有一笔资金，这笔资金应该能够保证门店在连续几个月没有任何收入入账的情况下也能生存下去。

店长也可以广开渠道，比如为生产企业提供零售点广告服务等。

其实最好是避免出现资金短缺的情况，门店要严格控制现金流不要随意动用流动资金，要通过各种服务和产品来充当资金与别人达成交易，这是比较可行的办法。同时在销售好的时候，一定要抓紧销售，回笼资金。

图21-3　广西惠之林化妆品连锁店店内实景（七）

第二版后记

客单数、客单价和客单件，一个都不能少！

在 2012~2013 年度宝洁公司化妆品店渠道高峰论坛的现场培训课上，多位与会嘉宾问及笔者如何管控门店的客单数和客单价指标？大家把分析门店交易次数和客单价提到了一个空前的重视高度，这是一个很好的兆头，它标志着门店老板们对于零售的理解以及门店的经营管理水平已经明显提高了！

为什么要分析客流量、进店率、成交流、连带率、回头率以及客单数、客单价？到今天为止，笔者和一些化妆品店店主探讨时，仍有很多人认为这套营销理论和零售技术太繁杂，完全是多余的花架子，没有必要。然而，事实恰好相反，通过对于本土 500 家区域优势化妆品店调研我们发现：①96%的门店经营者认为分析每日、每周和每月的客单数指标非常关键；②78%的门店经营者在门店入口处安装了计数器；③64%的门店经营者通过客单价水平，管控门店的商品结构；④81%的门店经营者通过客单数和连带率，制订门店的主题促销活动方案；⑤43%的门店经营者通过客单件指标分析会员贡献和会员返店周期，制订会员促销方案。

因此，早在 2008 年，笔者就开始围绕着零售门店的经营参数展开深入解析，尤其是关于门店的客单数、客单价和客单件（购物篮指标）。

客单数和客单价实际上是一个非常重要的指标，门店经营时，店长感受最深的是销售变化的不可测，总认为靠天吃饭，销售经常是一时天上一时地下，完全没有可控性。出现这种现象主要是因为对交易次数和客单价形成原因分析不透彻，如果能够深度分析成交原因和客单价变化原因，则能通过有效控制，影响销售变化原因，达到门店经营向良性发展的目的。因此，作为门店管理者，应该将分析人流量、门店交易次数和客单价作为一项重要工作。

那么，怎样才能提高入店人流量、交易次数和客单价呢？在日常经营中，影响入店人流量、交易次数和客单价的因素有很多，简言之，具体包括：

1. 店铺环境和气氛营造

很多店长、员工把门店在营业时间不开灯、不开空调作为功绩来宣传，笔者觉得不可思议，其实充分照明和营业场所的室内温度是一项基本指标（就是一般商品储存条件也要求室内温度在 0~30 摄氏度），这直接影响到机会成交。有一次笔者去参观广西的一家门店，当时室外的温度已达 38 摄氏度，由于该店层高小且又没开空调，笔者在店铺待了不到 10 分钟就已挥汗如雨，这样的购物环境，谁还愿意再来！

关于店铺环境和气氛营造这两点笔者亦感触颇深，目前中国排名第一的本土连锁店但凡新店开张、店庆或是大型促销活动档期期间，所有的门店都会用气球拼接成拱门，促销海报、促销堆头、DM 手册更是大量投放在店铺入口处，有效地提升了门店的顾客进店率。

2. 商品结构和补货能力

进店人流不能成交，门店商品储备的品种、数量和补货能力是一方面原因。笔者常和一些化妆品店店主和店长探讨，如果门店没有安装计数器，我们尽可能在店里记录和统计一下进店人数、通行客数，从而推算一下顾客流失率，需要反思有多少是因为商品丰满度不合理、未储备造成的？有多少是因为公司商品结构和产品缺货造成的？有多少是因为备货不足造成的？据此，无论是主观原因还是客观原因，都需要自己努力进行改进。

3. 品类驱动和丰满陈列

很多化妆品店老板之所以关注商品绝对毛利水平，忽视零售店的竞争本质，其原因就在于对于零售本质的漠然和无知。

归根结底，化妆品零售店一定要靠单品、黄金单品或品类杀手来赢取利润。随着市场竞争的加剧、商品的品类更加繁多，单品制胜和品类管理已成为化妆品连锁企业在日常管理中最为重要的手段之一。除此之外，化妆品零售店还要靠丰满的陈列赢取顾客"眼球"。终端促销在现代营销中显得越来越重要，除了现场促销活动，如折扣、减价、赠送、现场示范等，商品展示与陈列及 POP 广告（凡是在商业空间、购买场地、零售商店的周围、内部以及在商品架设的地方所设置的广告物）等也愈发显得重要。强化品牌在终端的展露度，以增加销售。

4. 主题促销和活动方案

笔者认为：门店的常规促销战术其实大同小异，比如买赠活动，哪行哪业都做，我们也常学着别人搞买赠，但效果总没别人做得好，却不知其中道理，同样买赠，别人赚钱我们却赔本，这是为什么呢？客单价。做活动预案前，先要明确一个方向，本次活动是亏本赚吆喝，还是为了提高交易次数或客单价或销售额毛利额。举一个例子，一门店每日平均销售6000元，成交次数100次，客单价就是60元，如果单纯从提高额单价的目的出发，买赠起点就要高于你平常的客单价，比如一次性购买80元的才有送，如果是为了提商交易次数，可将买赠起点放低或加大送出比例，如果为了提高销售和毛利额则要从客单数和客单价两个方面入手。

5. 专业知识和销售技能

2009年，笔者受邀参观了山西某化妆品连锁店，参观前，我曾要求随行的同事注意计算一下进店人流和有效人流，同时观察一下他们的商品连带销售能力。果然不出笔者所料，该连锁门店之所以业绩存在问题，不熟悉商品知识、不懂得妆容技术、不会搭配销售是三个最主要的原因，这些店员，只知道死推那些高毛利品牌、贴花品种以及销售顾客指明购买的品牌，而不知道如何引导顾客消费和进行顾客的顾问式销售。一同参与调研的同事回来跟笔者说，怎么他们店里的导购人员那么多品牌连听都没听过，我们在那儿待了45分钟，指导他们做了三笔业务，搭配销售和连带商品就有800多元，我只回复了一句话：这就是精与不精、懂与不懂的差距。

6. 商品质量和产品价格

在门店经营过程中，哪些交易未成功是质量原因？哪些未成交是价格原因？质量原因导致回头客流失，同时存在潜在赔偿风险，集中反映的价格问题或是敏感品种价格，一定要作调整。

除了上述因素，交易次数和客单价还受门店所处商圈、所处地理位置的购买力和顾客群体属性影响，我们按地理位置可以把所有门店划分在几种属性里，如地处交通要道、老居民区、新居民区、校园区、商业街、商超店内等，通过分析相同地理位置门店的交易次数和客单价找出规律，检查门店各商品上级品类的销售毛利明细或汇总情况找出标杆。

7. 零售效率和会员管理

零售业就是要保持高效率、高流转。商品的周转次数是零售业重要的指标体系之一，它体现了零售业的效率，如果不能很好地解决这个问题，企业将陷于库存积压，资金流不畅等诸多问题中。市场在淘汰低效率的零售企业，零售企业也在选择中淘汰低效率的供应商。"末位淘汰"不仅应用于人力资源管理上，而且日益被商家所重视，从而应用在对于品牌和经销商的管理上。在效率问题上，不能单纯地追求速度和数量，更要注重质量和品质。

零售就是靠不断增加的会员来使自己立于不败之地。对于一个商店来说，如何锁定固定的消费群体是其在市场竞争中赢得份额的重要举措，而会员制是零售业日益重视的一种重要营销手段。众多的化妆品店店主都明白这样一个道理，但是却很少有人关注会员的转化率、会员的返店频次和交易周期，很少有人将客单件指标同会员占比两项指标相结合，进行零售分析和数据研讨。

8. 优势服务和零售管理

化妆品店的目的在于为消费者提供全方位的价值服务。从某种意义上讲，零售就是服务，服务创造价值，服务工作管理到位，就是企业形象塑造、无形资产的增值。"顾客是我们的衣食父母"、"顾客满意是我们永久的追求"、"顾客永远是对的"这些企业的服务理念是通过实践而提炼出的精华。只有视顾客为上帝，顾客才会反过来将商场视为自己的家，有了家的感觉，双方才会在"双赢"中各自获益。

管理是企业永恒不变的主题，想把化妆品店做得好、做得活，使门店得以长足发展，就得千方百计地提高店铺经营效率。因此，化妆品门店的零售管理更是要创出特色模式，提高科学管理水平，才能进一步提升企业的核心竞争能力。

最后，由衷感谢各位读者对于本书再版的大力支持！

冯建军

2013 年 3 月 8 日于广东广州

后 记

把店长从销售中解救出来！

笔者曾经做过调查：店长和金牌店长的定义分别是什么？两者有着怎样的具体区别？很多人告诉笔者：店长除了是一个销售高手之外，还应该是一个培训师；也有人认为：金牌店长，除了是一个销售高手之外，还应该是一个经验丰富的教练。

话虽不错，但是在现实工作中，不是销售高手自然成不了店长，即便是销售高手也不一定就能成为金牌店长。

在零售管理工作中，门店的经营与管理过程是一项繁杂而全面的工作，琐碎的零售工作应接不暇，很多店长被大量销售事务性工作缠身，无法保证敏锐的观察力和洞察力，自然保证不了高效的执行力。

正如本书中所述，金牌店长不同于店长的资质和水平，因为彼此间关注和考虑的问题角度以及视野有着很大的不同。

持续关注、充分分析店铺的客流量、进店率水平，很多店长也许每日为此积极地付诸着自己的行动。但是，如何跟进改善、系统评估店铺的客单数和客单价指标，很多店长大多办法不多，或是无暇顾及！

为什么要分析客流量、进店率、客单数和客单价？到今天为止，笔者和一些化妆品店铺经营者或是店长们讨论起来，绝大多数人仍然对这些零售常识和经营工具不清楚，或是没有掌握。

客单数和客单价，实际上是店铺销售一对非常重要的经营指标。在门店经营时，店长感受最深的是销售变化的不可测，总认为靠天吃饭，销售经常是一时天上一时地下，完全没有可控性。出现这种现象主要就是因为对交易次数和客单价形成原因分析不透彻，如果能够深度分析成交原因和客单价变化原因，则能通过有效控制影响销售变化原因达到门店经营向良性发展的目的。所以，作为金牌店长，总是习惯性地将分析客流量、进店率、客单数和客单价，同成交率、联单率、回头率、费用率、利润率等关联指标，相结合起来进行系统的分析评估，并把此项任务当做店铺管理的一项首要工作。

所以，金牌店长一定不要充当金牌营业员，金牌店长的价值就是激活店铺和团队的潜能，管理和创造更多的生意机会。笔者认为：培养金牌店长，一定要从"强化门店管理和弱化店长销售功能"着手，这样才能根本解决店长无法调动的困境以及加速零售企业扩张发展的需求。但是，这项工作却不能一蹴而就，而是要建立起四个方面的机制，具体包括：其一，加强对店长管理能力的培训；其二，加强门店督导的职责，但是先不弱化店长的销售功能；其三，加强总部的管控能力以及促销、商品、VI、CI管理等功能；其四，重新设计店长的考核方式及薪资计算方法。

在过去的三年间，行业中一直在反复高喊和积极强调品类管理，但时至今日品类管理为什么不能有效组织和落地实施？直到不久前在北京同亿莎美程化妆品连锁机构董事长井岩先生举杯聊天时，笔者才深刻意识到，其实这根本就是零售企业结构性的问题，很多事情的成败在于组织架构是否合理、功能是否发挥，这才是关乎行业零售企业成败的关键。

目前行业零售连锁企业，最重要的任务不是让经营型店长升级为管理型店长，而是将每天忙忙碌碌、缺乏创造力的杂事型店长转变为营销型、经营型店长，也就是极具作战能力的金牌店长。

金牌店长，不仅是店铺的经营者，而且还要成为一个全能教练，更要是一位船长！除了管理店铺、商品和团队之外，他需要时时刻刻关注店铺的三项指标：其一，销售额（基本指标、冲刺指标、挑战指标）；其二，毛利率；其三，费用额（基本费用、工资、促销费等）。金牌店长更应该成为股权店东，习惯性地用店铺经营者的思考方式处理问题和解决问题，学习店铺经营者决策时总是在销售额、毛利额、净利润的平衡之间进行考虑。

所以，只有把店长从销售中解救出来，摆脱具体化的事务性工作，打开视野、促进思考，才能够有助于其成为文武张弛的金牌店长！

最后，再次感谢所有读者朋友的支持！

冯建军

2010年11月12日于广东广州

金牌店长达标手册（第二版）

后记